VIELHEITEN
Leipziger Studien zu Roma/Zigeuner-Kulturen

D1723958

VERÖFFENTLICHUNGEN DES INSTITUTS FÜR ETHNOLOGIE
DER UNIVERSITÄT LEIPZIG

Herausgegeben von Bernhard Streck & Lothar Bohrmann
in Zusammenarbeit mit dem Forum Tsiganologische Forschung

Reihe: Tsiganologie • Band 2

Obwohl die Reihe Tsiganologie des Instituts für Ethnologie der Universität Leipzig für
Monographien vorgesehen war, die aus dem gleichnamigen Lehr- und Forschungsschwer-
punkt hervorgegangen sind, ist auch dieser zweite Band ein Sammelband geworden. Als
Begründung muss darauf verwiesen werden, dass viele Einzelprojekte noch nicht über
das Stadium von Magisterarbeiten hinausgelangt sind. Da deren Themen aber derart
repräsentativ für die heutige Diskussion sind und ihre Differenzen Breite und Profil des
Forschungsfelds sehr gut wiedergeben, haben sich die Herausgeber des Sammelbandes
mit den Betreuern der Reihe und dem Forum Tsiganologische Forschung geeinigt, die
zur Zeit in Leipzig laufenden tsiganologischen Forschungsarbeiten des wissenschaftlichen
Nachwuchses als Anthologie der Öffentlichkeit vorzustellen.

THERESA & FABIAN JACOBS (Hg.)

VIELHEITEN
Leipziger Studien zu Roma/Zigeuner-Kulturen

Leipziger Universitätsverlag GmbH

2011

Bibliografische Information der Deutschen Nationalbibliothek

Die Deutsche Nationalbibliothek verzeichnet diese Publikation in der Deutschen Nationalbibliografie;
detaillierte bibliografische Daten sind im Internet über http://dnb.d-nb.de abrufbar.

Das Werk einschließlich aller Abbildungen ist urheberrechtlich geschützt.
Jede Verwertung außerhalb der engen Grenzen des Urheberrechtsgesetzes ist ohne Zustimmung des
Verlages unzulässig und strafbar. Das gilt insbesondere für Vervielfältigungen, Übersetzungen, Mikro-
verfilmungen und die Einspeicherung und Bearbeitung in elektronischen Systemen.

© Leipziger Universitätsverlag GmbH 2011
Layout: Nina Stoffers
Umschlag: Stoffers Graphik-Design
Satz: Julia Burda
Druck: DDF GmbH, Leipzig

ISBN 978-3-86583-599-4

für

BERNHARD STRECK

Zum Geleit

Unter dem Titel „Tsiganologie" lehrte Professor Bernhard Streck als Leiter des Instituts für Ethnologie der Universität Leipzig zwischen 1998 und 2010 eine relationistische Sozialwissenschaft. Ihr Fokus war auf die Bestimmung des Verhältnisses zwischen den Kulturen der Roma/Zigeuner und ihren sozialen Umwelten gerichtet. Aus dem zunächst ins Leben gerufenen „Lektürekurs Tsiganologie" erwuchs ein weites Spektrum pluralistischer Forschung und Lehre, um sich die Vielheiten kultureller Ausdrucksformen aus diesen asymmetrischen Minderheit-Mehrheit-Beziehungen und deren Dynamiken zu erschließen. Mit der zeitweiligen Anbindung von Elena Marushiakova, Vesselin Popov und Udo Mischek, die im Sonderforschungsbereich 586 „Differenz & Integration" zur wirtschaftlichen Symbiose und kulturellen Dissidenz von Roma/Zigeuner-Kulturen in der Schwarzmeerregion forschten, entstanden Rahmenbedingungen für die internationale Vernetzung einer stetig wachsenden Forschergruppe, die sich im Jahr 2005 im „Forum Tsiganologische Forschung" (FTF) institutionalisierte. In gemeinsam mit Studenten, Doktoranden und Postgraduierten organisierten Seminaren und Workshops wurde nicht selten kontrovers, aber dennoch fruchtbringend diskutiert, Exkursionen nach Ost- und Südosteuropa wurden unternommen und Kolloquien gehalten, Bücher zum Thema publiziert und das Online-Journal „Tsiganologische Mitteilungen" ins Leben gerufen. Als Schnittstelle zwischen Wissenschaft, Politik und den Lebenswelten von Roma/Zigeuner-Kulturen gehörten Kulturveranstaltungen und populärwissenschaftliche Vorträge zur wichtigen Öffentlichkeitsarbeit der Forschergruppe, denn sie ermöglichten einen regen Austausch mit außeruniversitären Einrichtungen wie zu verschiedenen Aktivisten. Neben diesen außenwirksamen Synergieeffekten des FTF widmen sich bis heute Studenten und Doktoranden ihren individuellen Forschungsthemen in Studienabschlussarbeiten und Dissertationen. Die ethnologisch geprägte – aber stets interdisziplinär orientierte – Verbundarbeit wird dabei oft als Diskussionsforum genutzt, um sich anhand der eigenen empirischen Daten mit dem interaktionistischen Ansatz auseinanderzusetzen.

Das vorliegende Buch vereint nun zwölf individuelle Beiträge, die im Umfeld der in Leipzig gelehrten Tsiganologie entstanden. Sowohl überarbeitete Auszüge, Zusammenfassungen und Weitergedachtes aus Studienabschlussarbeiten als auch Beobachtungen und Erkenntnisse aus intensiven Feldforschungen sind hier versammelt. Die Schreibphase vieler Beiträge überschnitt sich dabei mit Vorträgen der im Sommer 2010 stattgefundenen „Ringvorlesung Tsiganologie". Die international anerkannten Ethnologen Paloma Gay y Blasco, Judith Okely, Patrick Williams, Leonardo Piasere sowie Elena Marushiakova und Vesselin Popov, die allesamt einen ihrer Forschungsschwerpunkte in der Tsiganologie bzw. den Romani/Gypsy Studies haben, inspirierten viele der Autoren, weit über ihre bisherigen Überlegungen hinaus zu gehen. Auch Bernhard Streck selbst, der das Kolloquium mit einem seiner letzten Vorträge vor der Emeritierung im Herbst 2010 abschloss, rief dazu auf, sich weiterhin mit Forschungsfragen zu den transterritorialen Kulturen der Roma/Zigeuner auseinanderzusetzen.[1]

Zu Perspektivwechseln und Diversitätsbewußtsein angeregt, schlug sich bei den Autoren dieses Bandes eine pluralistisch verstandene Tsiganologie in der Vielfalt gewählter Forschungsansätze nieder. Ethnopoetische Gedanken und diskursanalytische Überlegungen stehen daher wie selbstverständlich nebeneinander, Einflüsse aus der Kommunikations- und Medienwissenschaft vertragen sich mit philosophischen Konzepten und in einem dialogischen Miteinander befruchten sich die Wissenschaften der Sprachen, Musik, Politik und Geographie. Die Beiträge bilden somit einen kaleidoskopischen Einblick in die interdisziplinäre Auseinandersetzung von Nachwuchswissenschaftlern mit einer über zwölf Jahre gelehrten relationistischen Tsiganologie. Zur Vervollständigung wird dem Leser eine Auflistung bisher angefertigter Abschlussarbeiten bis 2010 zur Seite gestellt.

Die in diesem Buch versammelten Aufsätze, die nun einer weiteren Öffentlichkeit zugänglich gemacht werden, wollen diese in Leipzig zu einem Netzwerkknoten gereifte Forschung zu den Vielheiten der Roma/Zigeuner-Kulturen in ihrer ganzen Breite abbilden.

Die Herausgeber

---

1   Die Vorträge liegen als Onlinepublikation vor und sind unter www.behemoth-journal.de verfügbar: Streck, B. (Hg.) 2011. Para-Ordnungen – Para-Orders. *Behemoth* IV(1).

Inhalt

JULIA GLEI

Weibliche Lebenswelten
Rituale vor dem Spiegel und im Haushalt in Shutka/Mazedonien

Eine Frage der Darstellung

Wahrheit. Wahrheit ist vielschichtig, uneindeutig und widersprüchlich. Sie darzustellen, macht die Wissenschaft sich zum Ziel. Ihr zirkuläres Scheitern bringt sie gleichfalls voran und wirft sie zurück. Der Ethnologie wird oft ein Problem mit der Wahrheit nachgesagt. Die Ethnopoesie, auf deren Ideen ich mich berufe, hält der Kritik ob vieler Gründe, die ich später nennen werde, ungleich schwerer stand. Trotz dessen habe ich – dem Pluralismus der Wahrheiten ergeben – diesen Zugang gewählt, da die Vorteile, diese widersprüchliche Realität darzustellen, überwiegen.

    Die meisten Ethnologen stellen sich zu Beginn ihrer Veröffentlichungen die Frage nach der Darstellung ihrer Beobachtungen und Daten sowie ihrer Rolle selbst im Feld. Williams schreibt im Vorwort von Taubers Buch „Du sollst keinen Ehemann nehmen!": „Je näher man den Mitgliedern der Gruppe ist, die man studiert, desto mehr neigt man dazu ihr Verhalten zu reproduzieren."[1] Ihm wurde die Frage gestellt: „Und wenn deine Beschreibung aus der Sicht einer Frau geschrieben worden wäre?" Die einzige Antwort, die er darauf geben konnte, war: „Sicher, es wäre eine andere; aber ich weiß nicht, wie sie wäre." Um der Verzerrung durch Übersetzung zu entgehen, nutzt Tauber in der Arbeit

---

1   Tauber 2006:IV.

die Sprache und den Rhythmus der Sinti. Okely schreibt zur Methodik: „... any sug-
gestion that the anthropologist merely be ‚natural' or ‚her/himself' is unrealistic. There
are inevitable difficulties in relying on intuition and the self formed in another culture."[2]
„Wenn ein Gegenstand eine starke emotionale Kraft entfaltet, wie beispielsweise der der
kulturellen Andersartigkeit, so nimmt dieser Prozess einen besonderen Charakter an."[3]
Die Darstellung dieses Charakters, wie ihn Sjørslev in seinem Artikel herausstellt, ist
besonders deutlich seit der Writing-culture-Debatte in der Ethnologie zum Thema geworden. Sjørslev vergleicht den Schriftsteller mit einem Besessenen:

> „Sofern in Trance zu fallen – ‚Fallen' im Sinne von Entäußern –, eine Kunst ist, so
> stellt sie auch eine Voraussetzung dar, um einen literarischen Text zu schreiben. Beide
> Vorgänge zusammen können mithin zu einem besseren Verständnis des individuellen
> Schöpfungsprozesses und dessen Rolle innerhalb der Gesellschaft beitragen."[4]

Als ich mir Gedanken über die Form und Struktur meiner Arbeit machte, stieß ich bei
der Literaturrecherche auf den Zweig der Ethnopoesie und konnte feststellen, dass unser
Fach eine lange und bedeutende ethnopoetische Tradition vorzuweisen hat.[5]

Ethnopoesie

1966 erschien von Barnet[6] „Der Cimarrón". Dieses Werk wurde von Lévi-Strauss als eine
völlig neue Gattung der ethnologischen Literatur beschrieben, dessen Kennzeichen es
gewesen sei, alles von einem persönlichen Standpunkt zu schildern, womit eine Ver-
trautheit mit der Wirklichkeit der untersuchten Ethnie vermittelt werde, die weit über
alles früher Versuchte hinausgehe. Ein Cimarrón ist ein entlaufener Sklave, in diesem
Fall der 103jährige Esteban Montejo, welcher jahrelang einsam in den Bergen lebte und
von Barnet und einer Gruppe Ethnologen besucht wurde. Michel Leiris, der französische
Schriftsteller und Ethnologe, ist ein weiterer Leuchtturm im Rahmen ethnopoetischer

---

2   Okely 1983:42.
3   Sjørslev 2002:67.
4   Sjørslev 2002:83.
5   Berühmte Beispiele: Victor Segalens „Stèles" und „Peintures"; Michel Leiris „Die Nereide des Roten
Meeres"; Hubert Fichte „Die schwarze Stadt"; Isabelle Eberhardt „Sandmeere".
6   Der kubanische Lyriker, Romancier und Ethnologe entwickelte dieses Buch anhand von Tonband-
aufnahmen mit dem 103jährigen Esteban Montejo. Er beschäftigte sich viel mit afro-kubanischen
Religionen.

Versuche in unserem Fach. „Sein Ideal ist, in Ethnologie und Poesie zur vollständigen Erfassung dessen zu gelangen, worin man lebt."[7] Die Melancholie empfindet Leiris als Boden, dem die Erfahrungen entwachsen. Wer die Chance nutzt, sich auf die ethnographische und die poetische Praxis einzulassen, erfährt in der Totalität der Erfahrungen im Feld die eigene Subjektivität. Dabei ist jede Erfahrung und jede Schrift immer schon Über-Setzung. Sein Konzept soll aber nicht allgemeingültig sein, denn jeder Mensch, jeder Produzent, stellt auf die ihm eigene und passende Weise die Beziehungen zur „Objektwelt und seinen Sujets her".[8] Durch diese literarische Herangehensweise könne laut Hinrichs der einzelne Autor Realität vermitteln. Neben der Aufarbeitung der Authentizität, Erfahrungsintensivität und versuchten Wahrhaftigkeit über Methodik und Theorie muss er gleichfalls seine Verstrickungen in die Beobachtungs- und Erkenntnissituation anerkennen und erforschen. Ohne diese (eigen-)analytische Perspektive würde sich die ethnologische Poetologie verlieren.

Münzel, Schmidt und Thote haben ihren Sammelband der Frage „Was ist Ethnopoesie?" gewidmet. „Ethnopoesie ist dazwischen, weder nur Ethnologie noch nur Poesie. [Ein] Drahtseilakt zwischen wissenschaftlichem und freiem Schreiben."[9] Nach der Krise der ethnographischen Beschreibung löste sich die Ethnologie vom Glauben an das Sammeln von Daten – stattdessen versuchen einige Vertreter, das eigene Umfeld und das des Beschriebenen mit einzubeziehen. In der Ethnopoesie wurde daraus Nachdenklichkeit über die emotionale Begegnung mit dem Fremden. „Zum einen geht es um die Beschreibung des Fremden und zum anderen um die Beschreibung des Ichs in der Fremde, sei es während der Reise oder der Feldforschung."[10] Die ethnologische Perspektive ermöglicht dem Autor eine Präzisierung seines *sujets* und sie begrenzt ihn in seiner poetischen Freiheit: Er bleibt an sein *sujet* gebunden. Wenn er sich löst, verlässt er dann den Bereich des Ethnopoetischen? Oder ist es denkbar, sich der ethnologischen Perspektive zu bedienen, ohne sich an sie gebunden zu fühlen, sie zu transformieren, so dass sie nunmehr als Potential, nicht aber als Begrenzung fungiert? Geertz[11] verlangt von wissenschaftlichen Texten, dass sie einen ästhetischen Maßstab an die Darstellung ihrer Forschung anlegen. Er sprengt die formalen Grenzen des Faches und nutzt die Qualitäten einer literarischen Schreibweise, um den Leser zu verführen.[12] Geertz will nicht mehr Beschreibung und Interpretation kategorisch trennen. Daraus ergibt sich ein schmaler

---

7   Heinrichs 1992:76.
8   Ders.:77.
9   Münzel/Schmidt/Thote 2000:7.
10   Ebd.
11   Geertz 1990.
12   Heinrichs 2000:17.

Grat zwischen Wunsch nach einer wissenschaftlichen Erfassung der fremden Kultur und einer eher literarischen Darstellungsweise. Diesen schmalen Grad zu begehen, macht auch mir nicht wenige Schwierigkeiten. Für den Ethnologen hat das laut Heinrichs folgende Konsequenzen:

> „sich einerseits auf den triebhaften Dreh- und Angelpunkt seines Interesses zu besinnen und andererseits sich als Textproduzenten zu begreifen. So löst sich das Bedarfs-Schreiben von seinen bloß reproduzierenden Anteilen ab und schließt sich an die Kreativität und das literarische Schreiben an."[13]

Dichte Beschreibungen in dieser Manier können als Entsprechungen zu der im ethnopoetischen Text angestrebten Komplexität an Zugangsweisen und Methoden angesehen werden – „[als] Versuch, Schichten der Wirklichkeit in ihrer Heterogenität adäquat abzubilden".[14] Es existiert ein tradiertes Denkmuster, das besagt, das Literarische ist das weniger informative:

> „Es ist die Frage, ob Zitatnachweise und der Vermerk genauer Orts- und Zeitbestimmungen bei Feldforschungsberichten den Text überprüfbarer machen als ein literarisches Verfahren, bei dem diese Nachweise mit in die Organisation des Textes hinein genommen werden."[15]

Überprüfbarkeit heißt hier nichts anderes als Überprüfung durch die Angehörigen des eigenen Wissenschaftsbetriebs. Für das Überprüfen der Daten, Aussagen, Zitate und deren Beurteilung können aber auch die Angehörigen der erforschten Gruppe zugelassen werden. Laut Heinrichs kommt ein Großteil unserer Fehlinterpretationen dadurch zustande, dass wir das uns als fremdartig Erscheinende auch als fremdartig deuten und in seiner Normalität verkennen. „Normalität und Exotismus sind bloß Bilder unserer Vorstellungswelt, Projektionen. Beide können wir produktiv für unser Verständnis von Wirklichkeit nutzen, wenn wir ihr Potential und ihre Verzerrungen erkennen."[16] In der Einleitung des Sammelbandes steht für die Autoren die Frage, „inwieweit das Zustandekommen und die Ergebnisse von Forschung in der ‚Fremde' nun wissenschaftlich darstellbar oder nur poetisch ausdrückbar sind?", im Mittelpunkt. Die gleiche Frage habe ich mir auf der Suche nach Darstellungsmöglichkeiten ebenso gestellt. Es ergibt

---

13 Ders.:20.
14 Ders.:20.
15 Ders.:30.
16 Ders.:31.

sich eine Grenzüberschreitung, der man unterschiedlich begegnen kann. Schließlich lädt der „[…] Vorstellungsinhalt der ‚Ethnopoesie' ein, sich weiter mit den Möglichkeiten der Darstellbarkeit, des Spiels mit den verschiedenen Medien und dem Versuch von Grenz-überschreitungen zu beschäftigen."[17]

Ries zeichnet in seiner Doktorarbeit[18] den persönlichen Prozess einer kreativen, selbstreflektierten Darstellung und Textproduktion anschaulich nach, und so konnte ich zahlreiche bedenkenswerte Hinweise auch für meine Arbeit ableiten:

> „Alle Daten dieser Studie sind durch die Sammlung des Feldforschers subjektiv pro-duziert, durch die anschließende Auswertung des Wissenschaftlers spezifisch selek-tiert und schließlich durch die schriftliche Formulierung des Autors individuell tex-tualisiert worden."

Seine Exkurse behandeln Fakten, die durch ihre Umordnung und Neumontage zur Fik-tion geworden sind. Damit stellt er deutlich heraus, dass der Autor sein Feld konstru-iert. Durch das Schreiben aus der Ich-Perspektive soll auf die teilnehmende Beobachtung und die daraus sich ergebende Subjektivität seines Blickes aufmerksam gemacht werden. Wichtig ist Ries, dem Leser zu zeigen, wie die Arbeit und die enthaltenen Interpretationen entstehen konnten. Verschiedene Formen und Schriften helfen dabei, die unterschied-lichen Textarten deutlich voneinander abzugrenzen. Für diesen Weg habe ich mich, wie bereits erwähnt, ebenso entschlossen. Ries benutzte wie ich kein Aufnahmegerät während seiner Forschung. Die niedergeschriebenen Zitate müssen folglich als memorisierte, also fiktive Fakten verstanden werden. Eines der zentralen Ziele seiner und nun auch meiner Darstellungsweise ist es, vor allem ein Gefühl zu vermitteln und die Sinne anzusprechen. Sich zur Ethnopoesie hin zu wenden heißt, die Stärken der Ethnologie und der Poesie zu nutzen, um so ausbalanciert, nicht konträr, zu beschreiben.

---

17 Münzel/Schmidt/Thote 2000:10.
18 Ries 2007:49.

„Sie ließ ihren Teig im Troge dort und ging zu tanzen fort."[19]

Kaffeebraun

Die großen Augen kaffeebraun
Unter Himmeln herbstlich mild
Auf Terrassen kann ich in sie schaun
Doch fern bleib ich, mein Weiß ein Schild.

Gold und Silber tragen beide Hände
Der Nagellack ist nicht mehr frisch
Nicht eine Arbeit hier, die sie nicht fänden
Bis weit nach Zwölf das letzte Licht verlischt.

Von Zeit zu Zeit erstrahlen sie im schönsten Tuch
Gleichen fast den Märchenfeen, aus dem Buch
was sie nicht haben, die Haare zauberhaft
Im Staub von Shutka wehn.

Schönheiten

Ich war überrascht, wie viel Zeit am Tag regelmäßig für das Zurechtmachen eingeplant wurde. Zwischen den allgemeinen und speziellen Aufgaben im Haushalt darf der ausdauernde Blick in die diversen Hand-, Bad und Flurspiegel, egal wie zerkratzt und angelaufen sie sind, nicht fehlen. Zur Schönheit gehört das sich schmücken und Schmuck „umfasst alle Ergebnisse jener Bestrebungen, die das Erscheinungsbild eines Individuums in – seiner Meinung nach – vorteilhafter Weise verändern. […] Dabei variiert das ästhetische Empfinden extrem in den verschiedenen Kulturen."[20] *Alle Frauen der Familie finden sich im Wohnzimmer ein, um sich gegenseitig die Haare zu färben. Auch wenn ich durch Shutkas Straßen gehe, fallen mir immer wieder junge Mädchen und Frauen auf, die auf der Terrasse oder auf den Stufen vor dem Haus gerade ihre Haarfarbe auswaschen. Oder ich sehe sie Wäsche aufhängen, während auf ihrem Kopf Ammoniak und Wasserstoff-*

---

19 Bonsack 1976:61.
20 Schienerl zum Begriff Schmuck, in: Streck 2000:219.

peroxyd das Schwarz aus jeder Strähne zieht. Blondieren heißt immer auch, seine Haare extrem zu strapazieren, doch kaum ein einziges Mädchen verzichtet darauf. Schon die kleinste Nachbarin aus dem Haus gegenüber probiert die Farbtöpfe durch. Favoriten sind rot und blond. Ich habe selbst oft meinen Gastschwestern oder Nachbarskindern auf Wunsch Frisuren gemacht, wobei ich erkennen konnte, dass selbst kurz geschnittene Haare extrem zerstört waren. Dieser Zustand ist aber völlig irrelevant. *Baró Phrál*[21] *(mein Gastbruder, 17):* „Who cares about hair?" Die häufig stattfindende Prozedur, die aus Gründen der Sparsamkeit lieber zu Hause veranstaltet wird, ist keineswegs ein reines Frauenmetier. Vor allem die jungen Männer verbringen viel Zeit mit der Haarpflege und tragen fast alle einen einheitlichen Schnitt. Nur wenige Männer fallen heraus durch lange oder lockige Haare. Pápo (mein Gastvater) hasst es, wenn Männer sich die Haare färben oder Ohrringe tragen. Aber den Frauen gesteht er es nicht nur wohlwollend zu, sondern verlangt es regelrecht – was mir klar wurde, als er mich auf meine zu seltene Schminkpraxis hinwies. Wer sind nun die jungen Frauen, mit denen ich die meiste Zeit verbrachte und von denen ich nicht nur *schminkinava*[22] lernte: *Meine Gastschwester Tikní Phén (19) und ihre Mutter Dej haben dasselbe Augenzwinkern, dem immer etwas Verschwörerisches anhaftet, wenn sie es einsetzen. Ich kann mir vorstellen, Dej war früher ein wenig wie ihre „wilde" Tochter und hegt insgeheim eine besondere Zuneigung zu ihr. Überhaupt gleichen sich auf der einen Seite Tikní Phén und Dej und auf der anderen Barí Phén (meine Gastschwester, 21) und Pápo äußerlich. Dej hat zwei Töchter geboren, die verschiedener nicht sein könnten. Barí Phén und Tikní Phén sind – auf den ersten Blick – wie zwei ungleiche Schwestern aus dem Märchen. Die eine blond, fromm und mütterlich, die andere schwarz, selbstbewusst und unbeständig.* Um nicht in Klischees zu verfallen, möge nicht verschwiegen werden, dass sowohl die eine als auch die andere in manchen Momenten das Kleid tauschten. *Sie teilen sich tagein tagaus dasselbe Bett und die Aufgaben im Haushalt. Dort gibt es kleine Unterschiede: zum Beispiel hackt Tikní Phén das Holz für den Ofen auf der Straße – sie erledigt diese Arbeit sehr gekonnt und stolz, denn nur sie hat die Muskelkraft dafür. Barí Phén ist ganz und gar verantwortlich für Tiknó Phrál (mein Gastbruder, 8). Sie erfüllt jede mütterliche Aufgabe, vom Haare kämmen und anziehen über zur Schule bringen und abholen bis hin zum Hausaufgaben machen und ins Bett bringen. Manchmal streiten sich die beiden, aber wenn, nur kurz und still, mit verhärteten Gesichtern, als ob die Feindschaft schon seit Kindertagen, was Dej mir erzählte, Nahrung findet. Ich habe diese Feindschaft oder Konkurrenz selten deutlich gespürt, sie haben sich arrangiert und leben gut mit ihren*

---

21 Alle Namen sind anonymisiert. Ich habe einfache Verwandtschaftstermini wie kleine_r (tikní_ó) bzw. große_r (barí_ó) Bruder/Schwester (phrál/phén), Vater (pápo) und Mutter (dej) in Romanes gewählt, um die Personen zu unterscheiden.
22 Romani für „schminken".

Gegensätzen. Tikní Phén ist extrem kontaktfreudig und hat einen besonderen und lauten Humor, sie ist sehr emotional, weint und schreit schnell, ist impulsiv. Glaube ich ihren Eltern, verliebt sie sich so schnell sie sich wieder trennt, ist von den damit verbundenen Gefühlen gleichermaßen getroffen und umschlossen. Sie hat einen besonderen Sinn für Rhythmus und Sprache, tanzt leidenschaftlich gern vor dem Fernseher und übt genaue Schrittfolgen, schreibt zurückgezogen auf die Terrasse oder im Doppelstockbett Gedichte in mazedonisch und Tagebuch, vor allem wenn sie sehr traurig oder sehr glücklich ist. Das alles könnte sie wie ein Geheimnis hüten, doch ihr Verlangen sich mitzuteilen, lässt sie auch die intimsten Fotos den Nachbarskindern zeigen. Sie liebt ihre Fotos, denn sie ist darauf wirklich ausgesprochen gut getroffen und hört dafür gern die Bestätigung. Barí Phén ist ganz anders, wie die Eltern sagen. Sie ist die Beständige von beiden, ist ihrem Verlobten Elvis seit Jahr und Tag treu, wartet auf ihn in der Gewissheit, irgendwann zu heiraten und mit ihm nach Italien zu gehen. Sie wünscht sich zweimal Zwillinge, ist entzückt von jedem kleinen Kindergesicht. Da Dej die erste ist, die das Haus morgens verlässt und erst 17 Uhr wieder zurückkommt, haben sich meiner Meinung nach neue und für Shutka relativ unübliche Lebenswelten ergeben. *Die älteste Tochter übernimmt vollkommen die Mutterrolle, auch wenn die Mutter heimkehrt, bleibt die Verteilung gleich, denn sie ist viel zu erschöpft und dadurch passiv, um zu agieren. Das ist natürlich nicht immer so. Es gibt Momente, zum Beispiel an freien Tagen oder wenn die Töchter gar nicht da sind, in denen Dej Pápo den Kochlöffel ohne Aufhebens aus der Hand nimmt oder nach Tiknó Phrál ruft, um ihn von der Straße wegzuholen. Barí Phén trägt nie aufreizende Kleider (im Gegensatz zu Tikní Phén) und geht nicht tanzen (nach eigener Aussage, weil sie es nie gelernt habe, gut zu tanzen). Stattdessen widmet sie sich der Reinhaltung des Hauses mit solcher Akribie und Intensivität, wie Pápo die täglichen Speisen zubereitet. Dabei träumt sie von ihrer Hochzeit und ihrem neuen Leben, außerhalb der gewohnten Grenzen.*

Zur perfekten Aufmachung gesellt sich neben gefärbten Haaren unbedingt das Schminken, dabei vor allem Make up und Wimperntusche. Diese Grundausstattung gehört bei den Mädchen zwischen 15 und Anfang 20 fest dazu. *Barí Phén telefoniert lachend mit einer Freundin, räumt dabei weiter rum, Tikní Phén glättet ihre Haare, jeder kümmert sich um sich. Heute Abend gehen wir ins Café, ich lasse mich von den Mädels schminken,* würde ich zustimmen, würden sie das jeden Tag bei mir machen. Sich nicht viel und regelmäßig zu schminken fällt aus dem Rahmen. Gibt es einen besonderen Anlass, wird der Aufwand bis ins Unendliche gesteigert. In den Festen zur Hochzeit oder zur Beschneidung gipfelt die Anbetung der Glätteisen und Farbtuben. *Ich käme auf mindestens drei Stunden am Tag, wenn ich die Zeit zum „schön machen" stoppen würde. Aber nicht jeder Tag ist gleich. An einem verbringt man eine Stunde im Badezimmer, um sich so gründlich zu waschen, dass es für eine Woche reicht. Dazwischen erlebe ich es, dass sich selbst Barí Phén nicht einmal die Haare kämmt, bevor sie das Haus verlässt, weil sie einfach nur mit Hausarbeit und Tiknó Phrál zu tun hat. Oder weil nichts Offizielles anliegt wie ein Besuch oder Arbeit. Sie geht nur einmal die Woche – entweder Samstag oder Sonntag etwa fünf Stunden arbeiten – kaum zu glauben, dass ich immer noch nicht weiß, wohin sie eigentlich geht. Ich weiß nur, dort gibt es einen Computer, den sie benutzen kann (denn sie hat Elvis einen Brief von dort geschrieben) und ich bin mir ziemlich sicher, dass es auch mit sauber machen zu tun hat, da sie mit Rückenschmerzen nach Hause kommt. Vor der Arbeit macht sie sich sehr schick, Make up und Rock.* Ich beobachte in Shutka, auf den Straßen, im Basar, bei Besuchen, Festen und im häuslichen Alltag eine besondere Verwandlungskunst und Asymmetrie – mit Schmuck und Schminke als Accessoires, aber am Körper der Trainingsanzug; Farbe in den Haaren, die aber dann recht ungepflegt oder unaufwendig getragen werden. Es kommt auf den Anlass an – bekommt sie eine Einladung zu einem Fest oder geht abends in die Disco oder auf den Corso, verwandelt sich eine Romni schnell zu einer fast nicht wieder zuerkennenden, und das meine ich sprichwörtlich, Schönheitskönigin. *Ich stehe jeden Mittag und Abend vor der Schule, um Tiknó Phrál hinzubringen und abzuholen – dabei sehe ich die vielen Jugendlichen und Kinder mit ihren Eltern. Viele achten auf die Ordnung ihrer Kinder, aber die meisten Kleinen sehen so aus, wie man eben aussieht, wenn man den ganzen Tag draußen spielt. Die kleinsten Kinder laufen mit den Latschen (Paputsche) von den Großen rum, sehr gekonnt und erstaunlicherweise ohne hinzufallen.* Manchmal ist das Aussehen so wichtig, manchmal so sehr Nebensache. Wie einleitend in der Bemerkung zum Schmuck notiert, sind die Vorstellungen von Schönheit und Ästhetik von Kultur zu Kultur, wohl aber auch von Stadt zu Stadt, so vielfältig wie kaum ein anderer Aspekt des sozialen Lebens. Anders als in Shutka sollen die „Gitanas, by contrast [to the Payas], not wear trousers, bathing-suits ore miniskirts. [...] When they sit – always careful not to show their thighs – [...]"[23] Das Schönheitsideal der Gitanos in Jarana/Spanien stellt sich sehr verschieden dar, obwohl der Aufenthalt der Forscherin Gay y Blasco, wie man gleich vermuten könnte, nicht allzu weit zurück liegt: „The Gitano ideal of femininity is closer to 1950s Hollywood images of women – plump, curvy, with big breasts and big buttocks [...]".[24]

Eine Ahnung davon, was schön ist und was dagegen nicht der Norm entspricht, bekam ich in den folgenden Begebenheiten: *Die Frauen, die verheiratet sind und Kinder haben, sind geschätzt zu 90% dick und verwenden kaum Mühe mehr darauf, sich wie als sie Jugendliche waren, zurecht zu machen. Meistens tragen sie weite lange Röcke oder*

---

23 Gay y Blasco 1999:79.
24 Gay y Blasco 2002:80 (*Mozo* und *moza* sind Ausdrücke für Junge / junger Mann und Mädchen / junge Frau.).

Trainingsanzüge. Die Haare sind einfach zum Zopf gebunden. Treffe ich ältere Frauen mit Kindern, die trotzdem noch herausgeputzt herumlaufen, stellt sich meistens heraus, sie sind geschieden und haben wahrscheinlich dadurch wieder ein Bedürfnis nach der alten Prozedur. S.[25] *Ehefrau ist im Gegensatz zu allen anderen verheirateten Frauen, denen ich begegnet bin, noch sehr schlank. Sie ist die Mutter von zwei Mädchen und vielleicht bald eines dritten Kindes, denn S. wünscht sich sehr einen Sohn. Wenn er einen festen Job findet, meint er, lässt er es noch mal auf einen Versuch ankommen. Ich denke auf der Fensterbank darüber nach, während Barí Phén drinnen mit der Cousine ihres Verlobten erzählt. Sie hat zwei Kinder, trägt immer wenn ich sie sehe einen Jogginganzug, der ihr Übergewicht aber nicht verstecken kann. Ich habe sie nie lachen gesehen, ihr Gesicht ist immer besorgt und die Augen schauen mir erschöpft entgegen.* – Elisabeth Tauber gibt einen ähnlichen Hinweis auf die Verschiedenheit von unverheirateter und verheirateter Frau:

> „Manila – gegen deren offene, glänzende Haare, ihr stark geschminktes Gesicht, ihre neuen Stöckelschuhe, ihren kurzen durchsichtigen Rock und ihr weit ausgeschnittenes T-Shirt ihr Vater nichts einzuwenden hat – bleibt während des Festes in meiner Nähe. Dort stehen die noch nicht geflüchteten Mädchen, die schillernd aus der Menge der verheirateten Frauen, die lange meist graue, braune, blaue, schwarze, selten bunte Röcke tragen, hervorstechen."[26]

Der klassische Blick auf die „Zigeunerfrau" (vor allem in der Romantik geprägt[27]) steht für mich in starkem Kontrast zu den verheirateten Frauen, denen ich in Shutka begegnet bin: „Throughout Europe the Gypsy woman is presented as sensual, sexually provocative, and enticing. [...] She is thought to be sexually available and promiscuous in her affections, although sexual consummation and prostitution are elusive in the image."[28] Die Treue der Frau ist ein enorm wichtiger Wert – jede Zurschaustellung von Schönheit wäre gefährlich. Ist eine Frau verheiratet, ist sie für den Heiratsmarkt uninteressant. Sie muss sich nicht mehr schön machen, schlank sein und die neuste Mode tragen wie die jungen Frauen. Diese Betonung von Reinheit und Jungfräulichkeit hat Gay y Blasco hervorragend beschrieben: „At the centre of Gitano ideas about sexual desire is a preoccupation with female virginity that permeates all aspects of daily life."[29] *Gestern ging es beim*

---

25 Henning, ein mitreisender Promovend aus Leipzig, wohnte bei S. und seiner Familie, deren zweigeschossiges Haus mit Laden nicht weit entfernt lag von der Volt-Dizni-Straße.
26 Tauber 2006:178.
27 U. a. Gronemeyer/Rakelmann 1988:219.
28 Okely 1983:201–214.
29 Gay y Blasco 2002:64.

Anblick schöner Frauen im TV um das „Was ist schön?" Pápo, und er ist ganz sicher keine Ausnahme, mag große Brüste – seine jüngste Tochter und ich können damit im Gegensatz zur Ältesten nicht dienen und sollen viele Zwiebeln essen, damit es endlich wird. Die Tatsache nicht so reichlich ausgestattet zu sein wie das Idealbild es verlangt, stellt eine gewisse Gleichheit zwischen *Tikní Phén* und mir her. In Gedanken schöpfe ich ein neues Wort – Verschwesterung – das mir an dieser Stelle mehr als passend im Ohr klingt. Gestern war *Tikní Phén* wieder total aufgedreht, *Dej* meinte, sie war schon als Kind so. *Sie liebt es sich zu verkleiden und zu schauspielern. Tikní Phén ist auf allen gestellten Fotos immer mit ernstem Gesicht zu sehen, denn auf Fotos lächeln, dass wird streng vermieden. Ich werde dem entsprechend ermahnt: „July, don't smile!" Ich habe das erste Mal Tikní Phéns Haare geglättet, aber sie macht im Bad jede Strähne noch mal. Es muss noch glatter sein. Barí Phén und ich müssen los, um Tiknó Phrál abzuholen. Wir stehen vor der Schule und warten darauf, dass das Schulhaus die zweite Schicht beendet. Die Kapazität reicht nicht aus, um alle Kinder zur gleichen Zeit zu unterrichten. So gehen die Älteren früh und die Jüngeren spät. Plötzlich tippt Barí Phén mich an und zeigt auf ein kleines Mädchen von ungefähr acht Jahren. Sie sagt mit tiefer Berührtheit in der Stimme: „Look, her eeeeyes!" Ihre Augen strahlen in einem schönen Grün, was etwas ganz seltenes in Shutka ist. Barí Phéns erster Freund in der Schule hatte auch grüne Augen. Sie schwärmt noch heute von ihm. Im Anschluss werden diesmal meine Haare geglättet – mit dem Bügeleisen, denn so geht es bei langen Haaren schneller und einfacher, als wenn man das Glätteisen benutzt. Auf meine ängstlichen Einsprüche und Zwischenrufe reagierten Tikní Phén und Barí Phén nur mit: „Madera, madera!" (Hab keine Furcht!) Alles Routine.* In den wenigen Fotoalben betrachtete ich die Veränderungen meiner Gastschwestern, wie ihre Haare kürzer oder blonder wurden, wie ihre Kleidung und die Farbe des Lidschattens wechselten. Die Phase zwischen Kind- und Erwachsensein gehört für mich zu den spannendsten und gleichzeitig kuriosesten Abschnitten des menschlichen Lebens. Tauber hat dazu passend notiert: „Plötzlich sehen wir die *čai*[30] mit Lippenstift, dann mit einem Minirock, mit langen zum erstem Mal gefärbten Haaren, mit beeindruckenden Stöckelschuhen und transparenten Blusen. Sie duften nach neuen, süßen Parfums und ihre Haare glänzen."[31] Die Straße ist der Laufsteg und die Erwachsenen geben ihre Urteile ab, wenn die jungen Frauen und Männer die gleichen Sachen wie die Nichtzigeuner tragen.

Die beste Zeit, um sich einen Überblick zu verschaffen über Geschmäcker jeglicher Hinsicht ist der Samstagabend: *Ich konnte die Hundertschaften von Autos samt ihren stylischen Besitzern und soviel Freunden, wie Platz ist, auf der Hauptstraße vor und in*

---

30 *čai* ist das Romani-Wort für junges Mädchen.
31 Tauber 2006:170.

der Nähe des Corso bewundern. Alle auf der Suche nach irgendwas, alle um sich zu zeigen. Das Kuriose vom Corso Schaulauf und dem Sitzen in Cafés ist der Zeitraum – es beginnt ungefähr um 20 Uhr und endet pünktlich um 23 Uhr. Im Zentrum geht es um diese Zeit erst richtig los, meint Baró Phrál. Ein Arbeitskollege von ihm schlägt in gutem Deutsch vor, dass wir gern im Zentrum spazieren gehen können, da sei länger was los. Wir trinken ein Bier im Café, rauchen eine Schachtel Zigaretten leer und gehen. Am nächsten Samstag wurde es schon aufregender: *Heute Abend gehen wir ins Café – diesmal ist Disko. Der DJ spielt eine Mischung aus R'n'B und mazedonischer und serbischer Popmusik. Wir sind die einzigen, die tanzen. Der Raum ist voll, aber die anderen unterhalten sich, trinken, rauchen, machen Handybilder oder starren uns an. Baró Phrál meint, die Leute wissen nicht, wie man Spaß hat. Neben der aktuellen Mode (Kapuzenpullis mit auffälligen Drucken, die Mädels kaum in Röcken, sondern in Jeans, fast alle mit langen geglätteten Haaren, Accessoires sind glitzernder Schmuck und das Handy) kann ich gut sehen, dass es viele verschiedene kleine, meist gemischte Cliquen gibt, die unter sich bleiben.*

Für wen machen sich meine Gastschwestern besonders Mühe? Wie wahrscheinlich die Mehrheit der Frauen, betreiben sie diesen Aufwand der Männer wegen. Einen Schlüsselmoment, der mir vieles sagte über Tradition und Liebe, war dieser Abend: *Tikní Phén macht sich sehr schön zurecht, um sich mit Rasko zu treffen. Sie genießt die Stunden davor so ausgiebig, dass ich zu dem Schluss gelange, es gibt nichts Schöneres als die Liebe. Bevor sie sich mit ihrem Einwegrasierer ins Bad begibt, eröffnet sie mir aufgeregt: dass sie morgen eine Frau werden will.* In Zukunft nennen wir diesen sich immer wieder verschiebenden Tag „the big day". Die Beziehung, die Tikní Phén nun schon fast ein viertel Jahr führt, würde Gay y Blasco *courtship* nennen:

> „When couples meet in the street and without the explicit consent of their families, these affairs are called street courtships. They are distinguished from the formal courtships that develop between a couple that has been formally betrothed by their parents. [...] Other considerations such as personality, reputation, hard work, ability to make money, and the characteristics of the person's family are as significant. [...] A straightforward opposition between arranged and non-arranged marriages or engagements cannot really be sustained, and most cases in fact lie somewhere on a continuum between the two extremes."[32]

Der hier eröffneten Existenz einer Mischform von traditioneller und moderner, also arrangierter und „freier" bzw. selbst bestimmter Heirat möchte ich beipflichten. Aspekte

---

32 Gay y Blasco 2002:81.

wie die Position der Schwiegerfamilie oder die Arbeitssituation des Zukünftigen sind sicher enorm wichtig für das Zustandekommen einer Heirat.

Wer ist eine richtige Frau? Sind meine Gastschwestern Frauen, weil sie über 18 sind und arbeiten gehen oder sind sie es nicht, weil sie noch unter elterlichem Schutz wohnen und noch keine Kinder haben? „Erst eine schwangere Frau wird zur wirklichen Frau. [...] Für die Sinti-Frauen sind die Übergänge vom Mädchen zur Frau durch kein Ritual markiert, die Schwangerschaft und Geburt, das Mutter-Werden an sich, ist der Akt der Transformation."[33] Bei Tauber ist diese Zeit durch Unreinheit, deren Dauer durch die Schwiegermutter festgelegt wird, gekennzeichnet. Dazu habe ich kaum Informationen erhalten können. Doch ein paar wenige Momente blieben mir im Gedächtnis, die für mich die Diskutanz des oft beschriebenen Reinheitskomplexes überflüssig machen: Eine verwandte Familie beherbergte eine junge, hoch schwangere Romni und hatte selbst noch ein Kleinkind. Alle Frauen haben Essen zubereitet oder abgewaschen und vom gleichen Geschirr gegessen, was bei Taubers Sinti streng verboten ist. Eine richtige Frau im Sinne der Tradition und der Moralvorstellungen ist bei den Gitanos von Jarana: „[...] the idea that women should dominate their wishes much more than men: they should remain virgins until marriage, they should always be faithful to their husbands, and they should not remarry if they are widowed"[34] Eine strenge, kontinuierliche Sorgfalt wurde beim Aufhängen der Wäsche an den Tag gelegt. Barí Phén gab mir eine Einführung in diese Ordnung, als ich ihr meine Hilfe anbot. Wichtig ist, dass alle gleichen Kleidungsstücke nebeneinander hängen. Weiter ist es unbedingt notwendig, eine Reihenfolge einzuhalten, die mir nicht mehr genau präsent ist, aber ganz sicher mit der Unterwäsche beginnt, welche möglichst verborgen, das heißt in der letzten Reihe, aufgehängt wurde, und endete mit den Pullovern und Hosen. Okely bemerkt zum Thema Wäsche eine noch strengere Sitte: „I never saw women's underwear on the crowded lines, exept when hidden inside other clothings."[35] Die Toilette wurde immer abgeschlossen und jedes Umkleiden (außer von Tiknó Phrál) hinter einer Schranktür oder im Badezimmer getätigt. Pápo sagte regelmäßig mit leicht verschämter Miene: „Entweder du gehst raus oder ich, sonst kann ich mich nicht umziehen!" Vorschriften sind mir in der Literatur eigentlich nur für Frauen aufgefallen, zum Beispiel: „[...] her legs must be held close together and she must not bend forward from a standing position, especially with her back turned to men."[36] Die Kinder der Traveller sollen ebenfalls nicht im Beisammensein mit Männern, am liebsten ganz allein gestillt werden; Körperpflege soll weiter aus eigener Schüssel und allein betrieben

---

33 Tauber 2006:226.
34 Gay y Blasco 2002:75.
35 Okely 1986:208.
36 Ders.:207.

werden; die Frauen sollen eine Schürze tragen, da die Gefahr der Verunreinigung von Essen und Trinken sehr groß sei – sie vergleicht diesen Aspekt sehr schön mit der Mehrheitsgesellschaft, in der die Schürze getragen wird, um sich vor dem Schmutz der Zutaten und durch die Zubereitung zu schützen. Diese Einschätzungen treffen meines Wissens nicht für Shutka zu, zumindest konnte ich diesen Regeln zuwiderlaufendes beobachten, wie Stillen im Kreis der Familie (da die Familie eben auch nur einen Raum hat) oder Kochen ohne Schürzen. Bei Okely findet Verunreinigung vor allem bei der Geburt statt (weniger während der Menstruation) und im Zusammenhang mit der weiblichen Sexualität, wobei Frauen – wohl bei der Mehrheit der Gesellschaften zutreffend – über Dinge der Sexualität, allgemein über persönliche, auch körperliche Aspekte nur mit anderen Frauen reden. Dieser letzte Einwand Okelys wird sich sicherlich bei der Mehrheitsgesellschaft und auch bei der Mehrheit der Gesellschaften als zutreffend erweisen.

Haushalten

Die Gardinen sind in der Wäsche – der Blick ist frei durch die Wohnung, durch die Tür und durch die Fenster, kein Rückzugsort, alles ist sichtbar. Barí Phén wäscht schon seit einer Stunde fleißig ab. Tikní Phén saugt das Kinderzimmer. Die Männer schauen Peter Pan. Manchmal ruft Pápo „Uschti!" („Los, weg!") und bleibt dabei reglos auf dem Sofa sitzen. Einer oder zwei bestimmen die anderen, und die anderen bestimmen wiederum unter sich. Es ist eine Frage der Aushandlung. Das Gebiet der Frauen ist die Hausarbeit, dazu gehört das Innere wie das Äußere des Hauses, es betrifft weiter die Wäsche, den Abwasch – nicht aber (zumindest in meiner Gastfamilie) zwangsweise das Einkaufen oder Kochen. *Pápo und Dej vollziehen auf den ersten Blick einen Rollentausch, denn Pápo arbeitet nicht bzw. hat keinen offiziellen Job. Manchmal fungiert er als „Heiler" oder begibt sich stundenlang auf den Basar, um ein gutes Geschäft aufzuspüren, aber hauptberuflich ist er Zeuge Jehovas und das nimmt auch viel Zeit in Anspruch. Er erledigt die Einkäufe und kocht jede Mahlzeit. Nur Kaffee habe ich ihn nie zubereiten sehen. Dej kocht nur an freien Tagen, und dann so selbstverständlich, dass ich mich wundere, dass Pápo nicht um seine Leidenschaft streitet. Plötzlich kehren sich Rollen wieder um, nur für eine kurze Zeitspanne.* Mein Eindruck von benachbarten oder von mir besuchten Familien ergab ein anderes Bild und kann die Heterogenität der Lebensführung und die verschiedene Anpassung an wirtschaftliche oder familiäre Situationen noch einmal herausstellen. Oft sah ich auf dem Basar größere Gruppen von Frauen und Mädchen, die Einkäufe erledigten – der Einkaufszettel wird, wie ich es erlebt habe, nur für den jeweiligen Tag „geschrieben". Ich sah in anderen Häusern nur die Frauen das Essen zubereiten, höchstens es geht wie an meinem zweiten

Tag in Shutka einem Schaf an den Kragen – denn das ist die Aufgabe der Männer: *Nun hab ich auch das kleine Mädchen, Elmedina, von gegenüber wieder gesehen, sie ist das hübscheste Wesen hier und hat das schönste Lächeln. Drüben haben sie heute Abend zu meiner Überraschung ein Schaf geschächtet. Trotz des vielen Blutes habe ich zugeschaut. Wenn ein neues Haus (in diesem Fall eine zweite Etage) gebaut wird, ist das so Brauch.* In den Tagen ohne Elektrizität verzichteten wir meist auf das aufwendige Kochen auf dem Ofen, stattdessen: *Heute doch keine Spagetti! Wir Mädchen werden mit Geldscheinen auf die Hauptstraße geschickt, um für alle Fladenbrote zu holen. Sie sind prall gefüllt mit Pommes, Ketchup, Mayo, Schinken, Käse und viel Paprikagewürz. Zu Hause werden noch mehr Gewürze und noch mehr Ketchup dazugegeben. Die Portion liegt nach dem Herunterschlingen steinschwer im Magen. Dazu gibt es Limonade, am liebsten Sinalco, weil da ein Bild von Tose Proeski, dem in diesem Jahr verunglückten nationalen Lieblingssänger Mazedoniens, abgebildet ist. Als wir vor dem Laden warten, kommen zwei Bekannte von Tikní Phén. Die Bekanntschaft erscheint mir eher lose. Der junge Mann will gleich Ringe mit mir tauschen, als er hört, ich bin aus Deutschland. Dann kommen bald noch andere, die in einer Gruppe zusammen nah neben uns stehen bleiben. Barí Phén ruft mich zu sich rein, da diese Jungs wohl Späße über mich machen.* Beim Essen nimmt man einen Traditionsbruch gern entgegen, eignet sich die, ich nenne sie amerikanische Fastfood-Kultur (der Salat mit Majonäse wurde stolz als „Wie bei McDonald!" angepriesen), an. Meine Gastfamilie und die Leute, die mir auf der Hauptstraße entgegen kommen, essen mit größtem Genuss Sandwichs, Burger, Pommes mit großen Mengen von Ketchup und Majo. Aber daneben – allein schon aus Geldgründen – werden weiter die traditionellen, aufwendigen und äußerst schmackhaften Pasten wie *Pinschu* gegessen, was aus scharfen und milden Paprika, Auberginen, viel Knoblauch und Salz zubereitet wird. Sorgfältig wird alles gewaschen, geschnitten, und dann bei hoher Hitze weiterverarbeitet. Der Bereich des Essens ist also ein sehr flexibler und offener, in dem gern Platz für neues (einfacheres, schnelles) gemacht wird, aber trotzdem die alten Rezepte bisher nicht verblassen. Nach dem Essen gibt es ein „Ritual", dass ich bei allen besuchten Familien gesehen habe und natürlich auch selber (erst falsch, das heißt ohne den nötigen Druck und die richtige Bewegung) ausführen musste: *Der Tisch wird fort geschoben, auf dem zuvor ohne viel Sorgfalt gespeist wurde (damit meine ich, dass nach Belieben gekrümelt und gekleckert wird, auch die Gewürze werden einfach auf den Tisch gekippt und Brot sowie scharfe Paprikaschoten werden eingetunkt), und die Frauen reinigen den Teppich mit einem kleinen Gerät, in dem Rollen befestigt sind. Was fällt, das fällt, aber bei der Nachbereitung wird sich sehr viel Zeit genommen und Mühe gemacht. Alles verläuft nach einem immer gleichen Schema. Meistens ist es Barí Phén, die verantwortlich ist und die mit größter Ruhe ihre Aufgaben erfüllt. Das meiste passiert ganz von selbst ohne Aufforderung, ganz automatisch. Baró Phrál meinte zu mir,* er würde später in seiner Ehe auch von seiner Frau erwarten, dass sie die Tätigkeiten im Haushalt sowie das Kochen übernimmt. So sei das eben bei ihnen. Viele Dinge, die ich meinte zu können, wurden mir hier ein zweites Mal beigebracht. Es schien hinter Tätigkeiten wie Wäsche aufhängen oder Geschirr spülen eine „geheime" Ordnung zu stecken, die erst durch Zurechtweisungen aufleuchtete. *Barí Phén hat mir, wie Pápo es sagen würde, eine Lektion im Abwaschen gegeben. Erst im heißen Fitwasser gut waschen, dann unter kaltem Wasser gut abspülen. Es spielt sich langsam ein, dass ich früh den Abwasch von gestern mache. Alles wird so gründlich erledigt. Pápo ist gern der Bestimmer: Liegt eine Sache nicht am Platz, vergibt er, mit einem deutlichen Hinweis auf das Gewünschte, die entsprechenden Aufgaben. Wenn ihm nicht schnell gefolgt wird, gibt es Ärger. Alle sind angestrengt von dieser Pedanterie, selbst die sanftmütige Barí Phén. Der Wasserhahn läuft nun schon den zweiten Tag durchgängig. Er ist kaputt und keiner konnte ihn reparieren. Doch Pápo hat schon einen Plan. Wir müssen nur auf den richtigen Augenblick warten. Das Wasser bezahlt keiner, deswegen kommt auch außer bei mir kein schlechtes Gewissen auf. Ich habe mit Barí Phén das Haus geputzt und gebügelt. Ich meine zu ihr, dass die Männer doch nie Hausarbeit machen und sie stimmt mir sofort zu „Always the women, thats unfair!". So empfindet sie, während sie den alten Mustern folgt.* Muster, wie die Betten jeden Morgen und jeden Abend aufs Neue und aufs Gleiche herzurichten, da der beschränkte Raum nichts anderes erlauben kann. Denn das Wohnzimmer ist gleich das Schlafzimmer ist gleich das Esszimmer. Über die Gitanos von Jarana lese ich: „Women talk of themselves as ‚slaves of the house‘, in the sense that they have to take care of the children and do the domestic tasks, something that puts limits on the kind of the activities they can pursue."[37] *Tiknó Phrál schreit draußen „Pane!!!" („Wasser!!!"). Als ob hier jeder für die Männer springen muss. Nicht zu fassen. Das hat er von seinem Vater gut gelernt. Er schreit so lang und laut, bis einer reagiert. Ich will nicht, dass Barí Phén nachgibt. Dass ich mich so aufrege, sorgt für große Heiterkeit am Essenstisch, noch Tage später wird die Geschichte weitererzählt und dabei laut über meine Wut gelacht. Wenn Tiknó Phrál krank ist, kümmert sich Barí Phén um ihn. Ich habe sie dabei begleitet: Was für ein träger Tag! Am Vormittag waren Barí Phén und ich mit Tiknó Phrál beim Arzt. Er hat eine leichte Erkältung (wie alle in der Familie) und darf zwei Tage die Schule ausfallen lassen. Es gab kaum Bänke im Wartezimmer und wir saßen sicher eine Stunde, eh wir dran kamen. Die Ärztin war desinteressiert und gelangweilt, der Papierkram dauerte länger als die Untersuchung. Ich fand ihr Verhalten sehr abschätzig und ignorant. Henning sagte dazu, er könne das verstehen, da die Leute wegen jeder Kleinigkeit zum Arzt rennen und immer denken, sie wären sterbenskrank. Die nächste Schlange, in die wir uns einreihten, war die vor der Apotheke. Den Müll fort zu schleppen gehört auch zu den Aufgaben der Frauen: Nun habe ich ein-*

---

37 Gay y Blasco 2002:115.

mal geholfen, die schweren Mülleimer auszuleeren und weiß, was damit passiert. Dej und Tikní Phén hätten mich sicher gar nicht mitgenommen, aber durch den Abriss des alten Klos gab es so viel Schutt zu tragen, dass wir uns abwechseln mussten. So liefen wir im Schutz der Dunkelheit ein paar Straßenecken weiter, schauten nach rechts und links und schütteten schnell alles an den Straßenrand. Während wir uns zügig davon machten, meinte Dej, pssst Polizia! Ich habe sofort verstanden.

Wirtschaften

Dej ging jeden Tag arbeiten, als erste verließ sie das Haus gegen sieben. Pápo trank immer einen Kaffee mit ihr zusammen, bevor sie los musste. Dann schaute er Fernsehen, bis er Lust hatte, alle anderen zu wecken, oder er unterhielt sich lautstark mit dem, der schon wach war. Meistens waren das *Nana*, die Großmutter oder Tiknó Phrál. Tikní Phén ging jeden Vormittag gegen neun auf Arbeit. Sie putzte das Café *Romastile* auf der Hauptstraße. Besonders am Wochenende hatte sie dort lange zu tun, da viele Leute viel getrunken und nachfolgend Unordnung und Dreck hinterlassen hatten. Barí Phén tat das gleiche im Haus, sie räumte und räumte, Arbeiten gab es genug. Parallel hatte sie ein halbes Auge auf die spanische Soap, die nie verpasst werden durfte. *Wir gehen zu Nana, die seit einiger Zeit keinen Strom mehr hat. Sie nutzt wieder ihre alte Öllampe. Wir überraschen sie bei ihrem Wochenputz, bei dem jedes Glas und jeder Teppich gesäubert wird.* Von allem ausgeschlossen scheint Tiknó Phrál zu sein. Er ist der jüngste Sohn und hat als solcher ein anderes Schicksal: *Man will hier nicht allein sein, man braucht Leute um sich herum. S. sagt, das ist die Gewohnheit. Die Vorstellung irgendwann allein oder nur mit Frau im Haus zu wohnen bereitet ihm Alpträume. Deswegen wünscht er sich sehr noch einen Sohn, der im Hause oder in der Nähe bleibt. Pápo erzählt mir, er hätte alles für seine Kinder getan, als sie noch klein waren. Jetzt erst, seit sie alt genug sind, lässt er sie die schwere Arbeit machen. Tiknó Phrál ist fast von allem ausgeschlossen. Die einzige Aufgabe, die er von Zeit zu Zeit erledigen muss, ist Brot zu holen aus dem Laden schräg gegenüber. Der Jüngste trägt eine vermeintliche Last, aber darf sich dafür als Nesthäkchen fast alles erlauben. Später wird von ihm erwartet, in der Nähe oder sogar im elterlichen Haus zu bleiben. Tiknó Phrál wird einmal die Rolle übernehmen, seinen alt gewordenen Vater und seine Mutter zu versorgen und ihnen vor allem Gesellschaft zu leisten.* Die Wohnfolgeordnung wird klar nach der Heirat an der Familie des Mannes orientiert: „Roma-Mütter brachten zum Ausdruck, […] dass das Haus für die Söhne aufgehoben werde […]."[38]

---

38 Pantucek 2002:28–31.

Wenn Pápo nicht im Haus ist, kauft er meistens etwas. Henning meinte, er hat zwar keinen festen Job, aber er würde trotzdem immer etwas machen, herumlaufen, organisieren, immer auf der Suche nach einem guten Geschäft. Er ist dabei auch sehr erfolgreich, wie zum Beispiel die neue Toilette beweist. Auch ein „neues" gebrauchtes Festnetztelefon hatte er besorgt. Erst später entdeckte auch ich den riesigen Flohmarkt hinter dem eigentlichen Basar, der sich immer am Wochenende aus unendlich vielen kleinen Ständen oder eher bestückten Decken und Planen zusammenbaute. Dort kann jeder finden, was er sucht, denn jedes brauchbare und unbrauchbare Gut hat dieser Markt zu bieten. Begleitete ich Pápo zum Einkaufen der Nahrungsmittel, war Geduld gefordert. Durch meinen nicht geringen Beitrag zur Haushaltskasse zog es ihn nicht wie gewöhnlich zu den Ständen auf dem Basar: *Erst der Gang über den Frischmarkt, wie ich ihn hier nenne, Preise vergleichen und abwägen (das ist schon üblich), dann aber zielgerichtet in den Supermarkt, um gefrorenes Gemüse, Reis und Gewürze zu kaufen (alles Waren, die man billiger draußen bekommt). Das Verständnis von Frische ist genau entgegengesetzt zu meinem. Ich bin erleichtert, dass wir, nachdem jedes Regal gemustert wurde, wieder zum Basar zurückkehren und fast alles fehlende an ein und demselben Stand holen. Ein paar andere Dinge scheint er recht wahllos bei anderen Händlern zu kaufen. Er meint, er hat einen Plan vom Essen von Gott in seinem Kopf und folgt dieser Eingebung.* Vieles war anders, als ich da war – das ist mir bewusst. Plötzlich gab es mehr Geld in der Familie bzw. in Pápos Händen. Es wurden Wein und teure Süßigkeiten gekauft, was sonst, wie ich ahne, nicht oft der Fall ist. Ein Gast wird gern herum gezeigt, und ich spüre, wie stolz Pápo ist, wenn er mit mir durch „seine" Straße spaziert, vorbei an seinen Nachbarn. Von Süßigkeiten ernähren sich eine Menge der Klein- und Grundschulkinder, die ich im Viertel und vor der Schule sehe: *Barí Phén und ich bringen wie immer Tiknó Phrál zur Schule. Der Geruch vor dem Schulgebäude ist jeden Tag derselbe. Denn eine der Mülltonnen brennt meistens, wenn wir ankommen und verbreitet einen aufdringlichen Duft. Und wenn die Tonne nicht brennt, dann eben ein kleiner Müllhaufen auf dem Hügel. Vor der Schule steht auch Elmedina mit ihrer Mutter im Gedränge. Sie zeigt Barí Phén die schlechten, schwarzen Zähne ihrer Tochter. Daneben erblicke ich eine andere junge Mutter auf einen Kinderwagen gelehnt. Sie hält eine Colaflasche in der Hand. Tiknó Phrál bekommt jeden Tag einen 10 Dinar Schein statt Pausenbrote. Für die kauft er sich vor Beginn des Unterrichts am Bäckerwagen ein Hörnchen oder Sesambrötchen.*

Ich fragte mich oft, ob Dej als regelmäßige Verdienerin ihren Lohn an Pápo abgibt oder ob sie die eigentliche Hüterin der Familienkasse ist und damit entscheidet, was gekauft oder in was investiert wird: *Baró Phrál und auch Sabir erzählten, dass ihre Mütter immer Geld hätten, aber beständig das Gegenteil behaupten würden. Dej hat tatsächlich verschiedene Verstecke, zum Beispiel in ihrer Jackentasche – ich konnte selbst beobachten, wie sie Pápo etwas davon gab, als er mehrmals aufgeregt von draußen noch auf seinem*

Rad sitzend danach verlangte, da er einen passenden Behälter zum Wassererhitzen aufgetrieben hatte. Sie geht jeden Tag arbeiten und teilt ihr Geld ein, aber für meine Augen so, dass es kaum auffällt. Ich denke, da sie ihren Lohn offensichtlich nicht an Pápo weitergibt, ist sie auch sonst die Verwalterin des Haushaltsgeldes. Nebenbei gesagt, ist Dej die bessere Rechnerin – Pápo scheitert bei den einfachsten Additionen, wenn zum Beispiel das Geld für den Einkauf vorkalkuliert wird. Meistens entscheidet sie, wie viel Geld ausgegeben wird, außer wie im oben beschriebenen Fall, wenn Pápo vor dem Haus steht und schreit und ihr keine Wahl lässt. Letztens hat sie Tikní Phén einen rosafarbenen Body zugeworfen, als sie von Arbeit kam. Ohne ein Wort zu verlieren, hat sie ihn ihrer Tochter besorgt. Das ist ihre Art, sie erledigt und entscheidet nebenbei. Gronemeyer und Rakelmann berichten von der ökonomischen Rolle der Frauen: „Die Frauen sind in der Regel eine wichtige ökonomische Stütze der Familie. Neben der Versorgung des Haushalts sind oft sie es, die einen großen Teil des Familieneinkommens erwirtschaften […].“[39] Stewart hat den Gegensatz zwischen *brotherhood* (Brüderschaft) und Familie beschrieben. Durch Heirat und Familiengründung beginnt ein Prozess der Individualisierung, denn nun werden eigene Beziehungen geknüpft, die auch außerhalb der Verwandtschaft gefunden werden können. „The conflict was reinforced, because whereas sharing was an expression of the ideology of brotherhood, accumulation for one's family and children was the appropriate goal of domestic life.“[40] Beide Töchter verdienen ihr eigenes Geld. Aber wenn ich mit Barí Phén und Tikní Phén am Wochenende auf den Basar gehe, schauen und fragen die beiden nur, probieren selten auch etwas an, aber kaufen so gut wie nie etwas für sich selber. Barí Phén hat einmal Plüschpantoffeln als Überraschung für ihre Mutter gekauft und Tikní Phén eine Babyausstattung für das Neugeborene der Schwester ihres Freundes. Das Geld, was Barí Phén an einem ihrer Arbeitstage verdient hatte, haben wir sofort umgesetzt, indem wir zu ihrem Lieblingsfrisör gingen. Tikní Phén hatte inzwischen schon die Aussicht auf einen zweiten Job: *Tikní Phén wäscht sich die Haare, sie soll sich heute in der Pizzeria vorstellen. Das sagt sie noch öfter diese Woche, doch schließlich war sie nie wieder da mit der Begründung, der Chef zahlt immer zu spät oder gar nicht. Ich weiß nicht, ob das der wahre Grund ist oder ob sie Tikní Phén doch nicht anstellen wollten. Auf jeden Fall ist die Sache, die so Erfolg versprechend begonnen hatte, gescheitert. Aber das ist kein großer Schlag und wird mit einem Schulterzucken hingenommen. Die nächste Gelegenheit wird sich ergeben. Bisher sind die anderen kleinen Jobs auf die gleiche zufällige und unerwartete Weise entstanden – warum sollte einer zweifeln, dass es so weiter geht?* Das „schwarze" Geld, was Baró Phrál im Café verdient, hat er sich gestern auf dem Heimweg vom Chef

---

39 Gronemeyer/Rakelmann 1988:82.
40 Stewart 1997:66.

abgeholt, der auf der anderen Straßenseite mit seinem Auto stand. Inzwischen ist er beim Arbeitsamt gemeldet. Pápo und er gingen zusammen hin, damit er eine Chance auf eine offizielle Arbeit hat.

Das Wirtschaften von Frau und Mann wurde an vielen Stellen in der Literatur als ein herausragendes Beispiel für die geschlechtsspezifische Ungleichheit beschrieben. Besonders im Hinblick auf die Einbindung in den ökonomischen Prozess nimmt Tauber[41] Rekurs auf Pasqualino[42], die über die Gitanos Andalusiens schreibt: Die Hierarchie zwischen Mann und Frau werde nur beim Tanz umgekehrt – über ihre Gestik und Körperlichkeit breche eine weibliche Erotik hervor, die die sozialen Werte, die in Bezug auf die Geschlechterrollen gelten, aufheben – dahinter verberge sich eine reale weibliche Macht, die sich im Alltag hinter einer, von ihren Männern eifersüchtig bewachten Zurückhaltung und Demut versteckt. Im öffentlichen Raum hat die Frau eine zweitrangige Position, aber sämtliche Übergangsriten werden auch durch sie kontrolliert, womit die Traditionen weiter gegeben werden. In meiner Gastfamilie schien mir der Vater und Mann als Herrscher über die Sitten und die Mutter und Frau als Vermittlerin – beide in einer scheinbaren Hierarchie verheiratet. Auch Gay y Blasco schreibt ausführlich von der kontrollierenden „Älteren", welche die Braut in einem sonderbaren Beweisverfahren auf ihre Jungfräulichkeit untersucht, gleichfalls Okely: „The Traveller woman must remain a virgin until lawful marriage. Traditionally girls were inspected by married woman."[43] Michael Stewart[44] schreibt in seinem Aufsatz, dass Frauen keinerlei kulturelle Identität kreieren, aber einen Großteil der ökonomischen Ressourcen zum Erhalt der Familien beitragen und damit auch zur Schaffung der Freiräume der Männer, in denen sie ihre kulturelle Identität leben. Im Fall meiner Gastfamilie hat Pápo durch seine offizielle Arbeitslosigkeit jede Menge Raum für seine Aktivitäten, die ihn aber eben durch sein Dasein als Hausmann für diese Sichtweise unpassend werden lassen. Kritiker beanstandeten die Tatsache, dass die weibliche Rolle (z. B. bei Gesang und Tanz[45]) nicht in ihrer Reichweite erfasst worden sei. Die Diskussion über die zentrale Rolle der Frauen ist in den letzten zehn Jahren in Bezug auf die Schaffung von kultureller Identität, also zum Beispiel über Geschlecht, Musik oder Moral, sehr wichtig geworden. Bei Autorinnen wie Okely, Tauber und Gay y Blasco wird die Identität der Gruppe an der Moral der Frauen gemessen.[46] Mein Eindruck von Übereinstimmung mag an dieser Stelle zu weit gehen, doch würde ich zumindest die Betonung von Jungfräulichkeit, Treue und gutem Benehmen feststellen.

---

41 Tauber 2006:103.
42 Caterina Pasqualino: Dire le chant. Les Gitans flamencos d' Andalousie, Paris 2002.
43 Okely 1986:201–214.
44 Stewart 1987:267 ff.
45 Z. B. Kertész Wilkinson 1997:97–126.
46 Tauber 2006:104.

„After marriage, a wife must remain sexually faithful to her husband." Die Traveller, bei denen Okely geforscht hat, müssen vermeiden, mit anderen Männern öffentlich allein zusprechen, wobei es möglich ist, seine Reputation durch die Anwesenheit von Kindern zu wahren. Idealerweise soll die Frau ihr Leben nur mit einem Mann verbringen und sich seinen Regeln unterordnen: „Her deportment and dress are dictated by certain restrictions." Ihre erste Aufgabe ist es, viele Kinder zu bekommen und für sie zu sorgen: „Food purchase, cooking, and cleaning are also the woman's domain." und zweitens bei den *Gorgios* [Nichtzigeuner] betteln zu gehen. Sie sind die „major breadwinner" und die Männer „[…] had to provide the waggon and horse".[47] Die Gitanos bei Gay y Blasco „[…] consider men and women capable of marrying from the very moment they begin to be thought of as *mozos/as*, and *mocedad* [the span that stretches between childhood and marriage] is a period marked by the expectation of marriage. […] Staying single, just like being infertile, is considered a disgrace. Whereas men are expected not to remain virgin until marriage, virginity is the essential prerequisite for female mocedad: once a girl loses it she becomes married to the man who deflowered her, if she did not wait to have sexual relations until after the wedding; or else to the man for whom she is deflowered during the wedding ceremony."[48]

„Jepasch tuke, jepasch mange…"[49]

„Der Sutka-Basar ist gegenwärtig der beliebteste Markt in Mazedonien. […] Schätzungsweise 90 Prozent der Einwohner sind Händler."[50] Ich kann nicht bestimmt sagen, in welcher Richtung sich ein Trend fortsetzt. Die Schaufenster im Zentrum werden ob ihrer glitzernden Fülle und ihres augenscheinlichen Reichtums voller Bewunderung beschaut, Symbole aus der Mehrheitsgesellschaft wie der seit ein paar Jahren häufig auftauchende Playboy-Hase oder Mercedes-Stern auf diversen Kleidungsstücken oder als Accessoire getragen. Die beiderseits begehrte Mode auf dem Basar und damit was in ist, wird jedoch in der Türkei produziert. Doch gibt es die Möglichkeit, Dinge aus dem Westen zu kaufen oder zu konsumieren, wird diese viel lieber genutzt. Deswegen darf das Preisschild gern hängen oder kleben bleiben. Bei Gay y Blasco dient das Verhalten der Mehrheitsgesellschaft in Angelegenheiten wie Moral, Heirat, Reinheit vor allem als Instrument der Abgrenzung: „The boundary between Gypsies and none-Gypsies […] is phrased in moral

---

47 Okely 1983:203 f.
48 Gay y Blasco 2002:76.
49 Aus dem Lied „Ando Wurdon" („Dir die eine Hälfte, mir die andere…").
50 Demirova-Abdulova: 2005:227.

terms."[51] Vor allem im Bereich der Sexualität gibt es strenge Regeln. Personen aus der Mehrheitsgesellschaft werden mit dem „Zu-weit-gehen" identifiziert. Das verheiratete Paar führt den Abgrenzungsmechanismus durch ihre Art zu leben weiter fort:

> „Once they get married, Gitano men and women have to go on performing their Gypsyness in all realm of daily life. After marriage it is the hierarchical relation between husband and wife that the Gitanos of Jarana emphasize most as sign of their difference from the Payos [Nichtzigeuner]."[52]

Die weibliche Realität ist von Arbeit geprägt – die Frauen sind diejenigen, die abgesehen von der Arbeit zu Hause, verkaufen bzw. arbeiten gehen – „[...] undenkbar, dass ein Mann Geschirr spült, die Wäsche macht oder den Wohnwagen putzt."[53] Verdient die Frau wie bei meinen Gasteltern mehr Geld als der Mann, verlieren die Männer nicht an Reputation, sie sind eher stolz auf ihre fähigen Frauen. *Im Café hat Dej das Geld in der Tasche, und Pápo lässt es sich geben, um zu bestellen und zu bezahlen.* In Shutka sah ich diesen Stolz mit gemischten Gefühlen.

---

51 Gay y Blasco 2002:64.
52 Gay y Blasco 2002:111.
53 Tauber 2006:105.

Literatur & Quellen

Bonsack, W. M. 1976. *Unter einem Regenbogen bin ich heut gegangen.* Weimar.

Demirova-Abdulova, S. 2005. Roma's self-government in Shuto Orizari. (*In* Thelen, P. (Hg.), *Roma in Europe – From Social Exclusion to Active Participation.* Skopje. S. 197–213.)

Gay y Blasco, P. 1999. *Gypsies in Madrid: Sex, Gender and the Performance of Identity.* Oxford, N.Y.

Geertz, C. 1990. *Die künstlichen Wilden. Anthropologen als Schriftsteller.* Wien.

Gronemeyer, Reimer & Rakelmann, G. A. 1988. *Die Zigeuner. Reisende in Europa. Roma, Sinti, Manouches, Gitanos, Gypsies, Kalderasch, Vlach und andere.* Köln.

Heinrichs, H.-J. 1992. *Ein Leben als Künstler und Ethnologe. Über Michel Leiris.* Frankfurt a. M.

Kertész Wilkinson, I. 1997. Musical Performance: a Model for Social Interaction between Vlach Gypsies in South-Eastern Hungary. (*In* Acton, T. & Mundy, G. (Hg.), *South-eastern Hungary. Gypsy culture and Gypsy identity.* Hatfield. S. 97–126.)

Münzel, M., Schmidt, B. E. & Thote, H. (Hg.) 2000. *Zwischen Poesie und Wissenschaft. Essays in und neben der Ethnologie.* Marburg.

Okely, J. 1983. *The Traveller-Gypsies.* Cambridge.

Pantucek, G. 2002. Macht und Gewalt im Geheimen: Ein Bericht über das Leben von Roma-Frauen in Shuto-Orizari/Makedonien. *Schlangenbrut,* 20(76):28–31.

Ries, J. 2007. *Welten Wanderer. Über die kulturelle Souveränität siebenbürgischer Zigeuner und den Einfluss des Pfingstchristentums.* Würzburg.

Schienerl, P. W. 2000. Schmuck. (*In* Bernhard Streck (Hg.), *Wörterbuch der Ethnologie.* Wuppertal.)

Sjørslev, I. 2002. Der Erfahrung eine Form geben. Reflexionen über Besessene und Schriftsteller. (*In* Braun, P. & Weinberg, M. (Hg.), *Ethno/Graphie. Reiseformen des Wissens.* Tübingen. S. 65–83.)

Stewart, M. 1997. *The Time of the Gypsies.* Boulder.

Stewart, M. 1987. *Brothers in Song. The Persistence of (Vlach) Gypsy community and identity in Socialist Ungary.* London.

Tauber, E. 2006. *Du sollst keinen Ehemann nehmen! Respekt, Bedeutung der Toten und Fluchtheirat bei den Sinti Estraixaria.* Berlin.

MÁRCIO VILAR

Vom Dreißigsten Tag nach dem Tode eines alten Calon[1]

Dieser Text[2] ist ein bearbeiteter Auszug aus meinem Feldforschungstagebuch, der 2010 im FTF-Blickpunkte veröffentlicht wurde. Es handelt sich nicht um eine Beschreibung kosmologischer bzw. konzeptioneller Vorstellungen der Calen über den Tod und das Jenseits an sich. Diese könnte man ihrerseits auf eine Art rigorosen „Zigeuner-Realismus" beziehen, der unwidersprüchlich neben, mit und als Teil von Konzeptionen von Glück (*baque*) und Gott (*Duvel*) koexistiert, die durch die Konstellation geteilter Emotionen und eigener Lebenserfahrungen aufgebaut und immer wieder neu aktualisierbar sind. Anders ist das Ziel des vorliegenden Beitrages: Es geht um einen „natürlichen Tod" eines alten Calon. Um dieses Ereignis als ein soziokulturelles Phänomen rekonstituieren zu können, versuche ich, einen spezifischen und zugleich gewöhnlichen Fall des Erlebens und der Durchführung von Sterben, Tod und Trauer unter den Calon Zigeunern inmitten ihrer lokalen Mehrheitsgesellschaft zu beschreiben. Diese Darstellung besteht aus einer Collage von phänomenologischen Beobachtungen mit gesammelten Gesprächen bzw. eigenen Reflexionen und Feldforschungserfahrungen.

---

1 Bemerkungen zur Schreibweise: Alle Namen sind fiktiv. Lokale Ausdrucksweisen werden *kursiv* geschrieben. Nach der ethnischen Selbstbenennung der Calen bezeichnet „Calon" (sg.) einen männlichen Zigeuner (pl. „os Calons" bzw. „os Calon") und „Calin" (sg.) die weibliche Person (pl. „as Calins" bzw. „as Calin"). „Calen" oder „ciganos" werden auch für den Plural und als geschlechtlich neutrale Bezeichnungen verwendet.

2 Ich möchte mich insbesondere bei Julia Glei, Steffi Hiller und Steffen Hahn herzlich für deren Hilfe bei der Korrektur und Revision dieses Textes als auch bei den Herausgebern für ihre Unterstützung bedanken.

Das Treffen

Sertão (Nordosten Brasiliens), August 2009

Heute ab 7 Uhr morgens soll die Messe des dreißigsten Todestages eines alten Calon namens Z. stattfinden. Wie wir gestern Abend in der Pizzeria ausgemacht haben, holen wir Bruno zu Hause ab, bevor wir zur Kirche fahren. Bruno wohnt ganz am Ende der einzigen Hauptstraße dieser ungefähr 10.000 Einwohner zählenden Stadt und ist mein Hauptinformant unter den Nicht-Calen. Steffi und ich übernachten in dem einzigen Hostel, das es in der Nähe gibt. Es liegt an der Landstraße, gleich am Anfang der Stadt. Da die Kirche, in der die Messe gehalten wird, zwischen unserem Hostel und dem Haus von Bruno liegt, müssen wir erstmal an ihr vorbei durch die ganze Stadt fahren und danach zurück, was nicht mehr als ein paar Minuten dauert. Was sehen wir unterwegs?

Die Stadt zeigt sich sehr bewegt. Vergleichbar mit den Abendstunden ist sie nun fast das Gegenteil vom Nachmittag, wenn die Hitze wie eine Decke aus dem Himmel herunterfällt und den Boden der Gegend endlich trifft: Die Leute sind dann kaum auf den Straßen zu sehen. Jetzt aber sind die Läden schon offen, Kinder und Jugendliche gehen in die Schule, viele Autos, Motorräder und Lkws fahren herum. Die Leute beleben die Räume, manchmal verstreut, manchmal konzentrierter, gehen in alle Richtungen allein oder zusammen mit jemandem. Und wenn nicht, dann stehen, sitzen, hocken sie in kleinen Gruppen an den Ecken, im Schatten und lassen ihre Augen und Ohren dieses Hin und Her am Morgen begleiten. Es scheint so, als würde auch derjenige, der eigentlich nichts zu tun hat, trotzdem etwas zu erledigen haben. Hier und überall im Hinterland geht man gewöhnlich ziemlich zeitig ins Bett.

Während wir die Hauptstraße weiter entlang durch die Stadt fahren, fangen wir an, manche Leute in Schwarz zu sehen. Dieses Schwarz gehört in gewisser Weise als ein Teil zu dem bunten Angesicht dieses frühen Vormittags – ein Donnerstag nach der üblichen Urlaubszeit, die von Ende Juni bis Anfang August stattfindet. Viele der Leute, die heute Schwarz tragen, haben jedoch genau vor einem Monat aufgehört, bunte Klamotten zu tragen, Musik zu hören, Alkohol zu trinken und bestimmtes Essen zu sich zu nehmen, eine Form von verborgenem individuellen Verzicht und Fasten: Sie „sind im Gefühl" (*estar de sentimento*, das „im Gefühle sein"), wie die Calen den Trauerzustand einer Person bezeichnen. Gerade organisieren sie sich in Gruppen oder einzeln, um in die Kirche zu gehen oder zu fahren. In ungefähr einer Viertelstunde soll die Messe für ihren alten Calon beginnen.

Wir holen Bruno ab und fahren zur Kirche zurück. Aus dem Auto sehen wir den jüngsten Sohn des kürzlich Verstorbenen, der neben einem Cousin in gleicher Richtung läuft. Wir bieten ihnen eine Mitfahrgelegenheit an, die freundlich abgelehnt wird. „Fährst

Du mit uns runter?", fragt Bruno ihn. „Nein, Danke! Ich möchte noch vorher zu meiner Frau". Wir fahren weiter, nur etwa 10 Meter danach zeigt mir Bruno das Haus der Frau des Jungen. „Sie ist nicht Zigeunerin" erklärt er. Wie andere Nicht-Zigeunerinnen, die mit einem Zigeuner verheiratet und heute anwesend sind, trägt sie auch Schwarz auf Grund der Trauer. Von der Ferne sehen wir auch Abolhoada, die „Geschaukelte", oder einfach Patrícia, wie sie unter Fremden aufgerufen wird. Sie ist eine der Töchter von Z. Ihre junge Tochter, deren gestorbener Vater ein Nicht-Calon war, sehen wir woanders. Andere Zigeuner in Schwarz und mit normaler Kleidung gehen auch zur Kirche, aber es bildet sich keine richtige große Menge, sondern eher kleine Gruppen oder vereinzelte Personen, die die gleichen Räume von Passanten und anderen Leuten auf der Straße teilen. Das Schwarz, das die Trauer symbolisiert, wird von den meisten trauernden Leuten hauptsächlich durch normale, ganz einfache und alltägliche schwarze T-Shirts der Öffentlichkeit angezeigt. Die Ausnahmen sind die Witwe und ihr ältester Sohn, wie wir sehen werden. Für die Augen eines Fremden sind die Zigeuner auf jeden Fall noch nicht eindeutig zu erkennen, sie bleiben momentan wie ihr Fasten und ihre Askese unsichtbar. Nur die lokalen Leute wissen genau, wer wer ist. Die Stadt ist klein und der Weg zwischen den Wohnungen der Zigeuner, die wie Bruno am Ende der Stadt wohnen, und der Kirche, ist nicht sehr weit.

Gegenüber der Kirche gibt es einen Platz mit mehreren öffentlichen Bänken und Bäumen. Viele Calen sind schon dort, wie auch einige Juróns (wie die Nicht-Calen von den Calen hier genannt werden). Sie reden in mehreren Gruppen, die Kinder spielen um sie herum, die Erwachsen wechseln ab und zu ihren Ort. Viele der anwesenden Leute kommen aus anderen Städten. Einige sehen sich nicht oft. Sie alle gucken uns an, als ich mit dem Auto die Kirche umfahre, um auf einem schattigen Platz direkt neben dieser auf der anderen Seite zu parken. Wir steigen aus, laufen der noch relativ zurückhaltenden Menge entgegen und grüßen aus einer schüchternen Distanz einige Personen. Als wir direkt bei ihnen stehen, drückt man sich gegenseitig die Hände und fasst sich fest an die Schulter. Pedro, der älteste Sohn des Verstorbenen, seit Jahren innerhalb seiner Familie als Familienchef angesehen, trägt keine schwarze Kleidung, sondern diskret ein schwarzes Band auf der linken Tasche seines farblosen Hemdes.

Die Atmosphäre erscheint mir ambivalent: Es gibt eine tiefe Traurigkeit, aber auch eine Art von gewohntem Verhalten (bestimmte Emotionen auszudrücken) und einer gewissen Spontanität (vor allem, aber nicht nur, von den Kindern). Lächeln und Schwermut leben hier und jetzt Seite an Seite, aber mischen sich auch von Zeit zu Zeit. Ich glaube jetzt, es geht nicht um Ambivalenz, sondern um Ambiguität. Dieses jetzige Dasein scheint mir gewissermaßen einige generelle Aspekte der letzten Geschehnisse widerzuspiegeln. Bevor wir in die Kirche eintreten, werden sie zu einem besseren Verständnis der Lage in den nächsten Absätzen kurz zusammengefasst.

Eine baldige Kontextualisierung

„Der war nie, nie krank und dann fällt er auf einmal schwer ins Bett. Wer könnte sich das vorstellen? So ein starker Mann und dann passiert plötzlich so was, der hatte nie vorher was gehabt…", erzählt mir Tereza, eine circa 50 jährige Calin, bei der ich ganz viel Kaffee trinke und die letzten Tage zum Teil verbracht habe, aber auch wo sich Patrícia und andere Verwandte von Z. treffen und ihre Zeit verbringen. Tereza ist eine enge Freundin und Nachbarin der Familie, aber trägt heute kein Schwarz. Sie ist keine enge Verwandte von Z. und macht mit mir ab, bei der Messe am Donnerstag neben ihr und ihrer Familie zu sitzen. Von seinen letzten Monaten erzählt mir eine andere Tochter, Eleonora, die mit ihrem Mann von der Hauptstadt jedes Mal hierher gefahren ist – diesmal, um auch an dieser Messe teilnehmen zu können. „Manchmal ging es ihm ganz schlecht, in bestimmten Tagen drehte er durch oder musste im Bett bleiben, an anderen Tagen sah er plötzlich viel besser aus, stand auf und ging manchmal herum, als wäre er überhaupt nicht krank gewesen…". Nachdem Z. in verschiedene Krankenhäuser in den größten Städten der Region gebracht und untersucht wurde, mussten sie schließlich alle dieses traurige Ereignis hinnehmen. Während sie auf den Tod von Z. warteten, versuchten die engsten Verwandten, ihr Bestes zu tun, um ihrem alten sterbenden Calon das zu Hause angenehm zu gestalten.

Zuallererst war der Tod von Z. nicht nur ein „natürlicher Tod", sondern auch ein „erwarteter Tod". Die Wissenschaft, die Medizin, die in seinem Falle Krebs diagnostiziert und mitgeteilt hat, spielte ihre Rolle als moderner Schicksalsträger bzw. als Orakel. Damit wurde mit der auf lokaler und kollektiver Ebene verbreiteten Annahme gebrochen, dass die Zigeuner nicht an Krebs sterben.[3] Anderseits konnten sich deswegen die Familie und

---

3   Unter Nicht-Zigeunern gab es z. B. auch die Vermutung, dass Zigeuner über besondere Kenntnisse zur Vorbeugung von Schwangerschaften verfügen. Anderseits hat Teresa selbst vor mehreren Jahren die Hände vieler juróns bzw. burnóns gelesen und andere Arte Orakel ausgeübt, so dass sie in der Nachbarschaft für eine Wahrsagerin gehalten wurde. In der Region wurden Zigeuner von Nicht-Zigeunern früher oft gerufen, um Tiere (insbesondere Pferde, Esel und Rinder) durch Gebete (rezas) zu heilen, usw. Selbst wenn Zigeuner Jahre lang im Nachbarhaus vieler Nicht-Zigeuner wohnen, stellen sie für diese oft eine unerschöpfliche Quelle für Imaginationen dar. Egal, ob Gutes oder Böses, Nicht-Zigeuner verbreiten oder projizieren gelegentlich von selbst Ideen über die Calen. Sie stehen da, anwesend, aber zugleich nicht ganz sichtbar, vielleicht sogar opak. Oft scheinen sie wie ein Spiegel auf die Mehrheitsgesellschaft zu wirken. Je näher und unverständlicher (und damit geschlossener) die Calen leben, und je größer die Schwierigkeiten eines Nicht-Zigeuners sind, sich an ihre Lebensweise zu gewöhnen, desto mehr scheint die Imagination der Nicht-Zigeuner wach gerufen zu werden.

Falls dieses Image etwas Gutes beinhaltet, könnten Zigeuner einfach die Rolle spielen, die ihnen Nicht-Zigeuner zusprechen, wie die oben erwähnten Beispiele zeigen. Falls dieses Image etwas Negatives beinhaltet, können sich Zigeuner Teile des entworfenen Images aneignen und dieses wiederum zu

die nahen Freunde seit einigen Monaten darauf vorbereiten, dass Z. sterben würde. Ich kann nicht wissen, ob sich Z. selbst, und wenn, seit wann, seines baldigen Todes bewusst war. Aber ich vermute, dass seine darauf bezogenen Gefühle – d. h. die Gefühle eines sterbenden Menschen – nachvollziehbar waren. Nach der überraschenden Diagnose hatte Z. mehrere Monate Zeit, sein Sterben zu verarbeiten, beziehungsweise, sich auf seinen Tod vorzubereiten.

Wie gesagt, Z. war ziemlich alt, etwas über 70 Jahre. Ich habe ihn letztes Jahr kennen gelernt und er sah für mich wirklich sehr gesund aus, aber auf eine Art auch wie jemand, der mit seiner Kleidung, seinem alten Hut und seinen Gesten in eine andere Zeit gehörte. Gewissermaßen verkörperte Z. seine Epoche und diese scheint mir ihrerseits mit ihm symbolisch zusammen zu sterben. Im Ablauf von Wenden und Unveränderlichkeiten koexistieren in der Region verschiedene Zeiten miteinander, als auch mit verschiedenen Modi des Sterbens. Dass Z. nicht erschossen wurde oder wegen eines Autounfalls gestorben ist, was in der Gegend aufgrund jahrzehntelanger Blutrache unter gewissen Calen-Familien[4] und wegen bestimmter Momente von übertriebener bzw. erregender Leidenschaftlichkeit hätte möglich sein können, sondern als alter Mensch starb, könnte etwas zu bedeuten haben[5]. Der Tod von Z. gehört auf jeden Fall zum gewöhnlichen, „domestizierten Tod", den Ariès (1976) beschreibt. Trotzdem gibt es bestimmte, von den Calen geäußerten Besonderheiten, die die Normalität eines für die Nicht-Calen gewöhnlichen Sterbens brechen: Viele zeigen sich erschrocken über die Lautstärke, die von den Calen gleich nach dem Tod eines Calon produziert wird. Mehrere Nicht-Calen

---

ihren Gunsten benutzen, wie es manchmal im Nordosten in Bezug auf Angst passiert. Beispiele dazu wären u. a. die „Zigeunerrache" (wenn Calen-Zigeuner in einen Streit involviert sind, werden sie bedrohlich zahlreich und gewalttätig) oder die Angst vor ihren „übernatürlichen Kräften": Wenn sie Tiere durch Gebete heilen oder ein „dickes Auge" (*olho gordo*, Neid) neutralisieren können, wer garantiert dann, dass dieselbe Macht nicht gegen eine Person benutzt werden könnte?

4   „Wegen der Älteren" erklärten mir mehrmals verschiedene Calen. Die Jüngeren erkennen die anderen „Feind-Calen" nicht unbedingt als „Feinde", sondern mehr als „Feinde der Ältesten". Sie befinden sich so in verwandtschaftliche Rachekreise involviert, aus denen nicht immer ohne Schwierigkeit Ausgänge zu finden sind. Blutrache war bei der Mehrheitsgesellschaft in der Region relativ normal und findet heute, wenn auch selten, in bestimmten Gebieten noch statt. Jedoch handelt es sich bei diesen zumeist um Territoriumskämpfe. Sie werden nicht wie bei den Calen auf Grund von z. B. „Ehrenfragen", „Respekt" oder „Inkonsistenz der Wörter" geführt.

5   Es könnte auch mit dieser Art Erleichterung zusammenhängen, die viele Personen fühlen, wenn sie durch Krebs nach unendlichen Monaten zwischen Kampf bzw. Konformität einen Verlust erleben. Eine Erleichterung für den, der selbst gestorben ist, die sich manchmal bei denen, die die geliebte Person verloren haben, widerspiegelt, aber die zugleich heutzutage eine Art auswegloser, moralischer Selbstzensur trifft: Wie könnte man irgendwelche Erleichterung überhaupt fühlen oder zeigen, wenn die geliebte Person verstorben ist?

erzählten mir von Trinkgelagen. Andere wenige wiesen mich auf die Tatsache hin, dass die Calen versuchen, größtmöglichen Abstand zum toten Körper zu halten. Das betrifft vor allem diejenigen, die in der Affektivskala weiter entfernt stehen. Deswegen findet das Trinkgelage nicht selten außerhalb des Ortes statt, an dem der Körper des Verstorbenen von dessen Familie und ihm am nächsten stehenden Personen aufbewahrt wird.

Damit kommen wir zu einem weiteren entscheidenden Aspekt der letzten Geschehnisse, über die die begleitende Ambiguität etwas verrät: Heute ist der 30. Tag nach dem Tod von Z. und nicht der Tag seines Todes selbst. Hier handelt es sich nicht mehr um die Beerdigung bzw. das Begräbnis, das schon vor einem Monat, gleich am nächsten Tag nach dem Tod von Z. durchgeführt wurde, sondern um die (einer der) letzte(n) Etappe eines Überganges bzw. „Passage" (das ist zumindest eine der wichtigsten Metaphern des Christentums), die aber als Teil des Begräbnisses angesehen werden kann. Vielleicht wäre es geeigneter, tatsächlich von Übergang zu sprechen, jedoch vorerst von einem Zustand als Lebender zu einem Zustand als Toter (statt z. B. unbedingt von einem Wechsel von der Welt der Lebenden in die der Toten). Nach Gesprächen mit Freunden, die beim Tag des Todes bzw. bei der Aufbahrung anwesend waren, wie Válter, ein nicht mit Z. verwandter Calon, aber enger Freund der Familie, der in einer größeren Nachbarstadt wohnt und extra zur Aufbahrung und zur Beerdigung gekommen ist, und der schon erwähnte Bruno, konnte ich etwas über die Abfolge einiger Phasen erfahren (der erste wollte über das Thema nicht viel sprechen, obwohl er der war, der mich zuerst darauf aufmerksam gemacht hat).

Sehr schnell wussten schon viele *nahe* Calen von Z. in der Gegend Bescheid, „egal wo sie sich befanden". Das berichteten mir Tereza und Válter schon mehrere Male. Wenn diese und andere dringende Nachrichten mitgeteilt werden müssen, wird vor allem per Handy Kontakt aufgenommen und weiter verbreitet. Zu Hause war die Lautstärke des Weinens und Schreiens sehr auffällig, alle Nachbarn wussten am Ende des damaligen Nachmittages, was los war. Hier ist die fast unbeschreibliche Manifestation von Leid und Schmerz der engen Verwandten zu finden, besonders bei den anwesenden Calins, die gleich nach seinem Tod ausgelöst wird. Von dieser lauten und skandalösen Manifestation – dem Schreien und Weinen, dem ständigen Hin und Her von „hoffnungslosen Ciganos" – haben mir mehrere erschreckte Personen erzählt. In diesem Fall, wie erwartet, Nicht-Zigeuner, weil sie die Personen sind, die von ihnen überrascht und beeindruckt werden. Die nahen Verwandten beginnen dann, das Haus auf Besuche und Abschiede der Bekannten, Freunde und anderer Verwandten (sowohl für Calen als auch für Nicht-Calen) vorzubereiten. Man kann an eine Art öffentliche Verabschiedung denken. Die Leiche lag in der Mitte des Wohnzimmers. Viele Leute der Stadt waren anwesend, um den Angehörigen ihr Beileid auszusprechen. Bier wurde angeboten, um auf „den Tod zu trinken" (auch ein lokaler Ehrenmodus – aber heutzutage nicht so häufig zu sehen).

Pedro selbst und andere nahe Verwandte aber haben wenig oder gar nichts getrunken. „Die Getränke (Alkohol) waren hauptsächlich für die anderen bereit gestellt, die Familie selbst hat nichts getrunken. Sie selbst waren mehr im Hintergrund, fast versteckt, oder haben die anderen bedient", erklärt mir Bruno. Irgendwann wurden die Gegenstände von Z. zerstört. Vor allem von seiner Frau, die jetzt verwitwet und aus ihrem Haus ausgezogen ist, wurde praktisch alles verbrannt. In der Regel zieht man aus, wenn jemand im Haus gestorben ist oder wenn der Tote dort wohnt. Durch die eine oder andere Weise der Zerstörung und durch Auszug, gefolgt von einer Tabuisierung des Ortes, muss auch die Wohnung dieser Welt entzogen werden. Ich weiß nicht, was zuerst getan wurde oder ob beides (die Vorbereitung des Hauses und die Zerstörung seiner Sachen) gleichzeitig durchgeführt wurde. Erbe gibt es bei den Calen nicht. Auf jeden Fall ist die Witwe ein zweites Mal „arm geworden" und lebt bei ihrem Sohn Pedro, welcher oft für den „reichsten"[6] Calon der Stadt gehalten wird. Seitdem wohnen auch fast alle nahen Verwandten von Z. bei Pedro, wie Eleonora, die noch einige Wochen bleiben soll, und Patrícia selbst, die auch ausgezogen ist (und ihr Haus so schnell wie möglich verkaufen will), da ihr Vater sehr oft bei ihr zu Hause war.

Die Ausdrücke von Traurigkeit (*tristeza*), Schmerz (*dor*) und Leid (*sofrimento*) der Calen am Todestag von Z. waren und sind also etwas anders und konfuser als das, was vor allem Nicht-Zigeuner erwarten: Sie führen andere, rituell orientierte Bräuche durch, die oft ebenso wie die lokalen Bräuche der Mehrheit performiert werden und sich so entsprechend aktualisieren. Das ist aber keine Besonderheit der Calen.[7] Dieser Anschluss zwischen Mehrheit und Minderheit in diesem Moment eines lebenszyklischen Rituals scheint ein übliches Muster zu sein. Die Mehrheitsgesellschaften bieten – trotz ihrer verschiedenen Fragmentierungsgrade – aufgrund ihrer Zentripetalkraft (Clastres 1976) den Zigeunerfamilien und Gruppen, deren Sozialorganisationsform stark von Segmentarität geprägt ist, eine ihnen externe, neutrale und gemeinsame institutionelle Plattform an. Aus dieser ziehen sich die Zigeuner nicht nur materielle und juristische Ressourcen heraus, sondern sie können auf dieser Plattform auch als Zigeunernetzwerke interagieren, Beziehungen aktualisieren, stärken, brechen oder neu gestalten. Die vielfältigen Interaktionen behalten dabei in der Regel einen flüchtigen Charakter. So kann unter den

---

6   Die Calen leben hier bescheiden, so wie die Mehrheit des Dorfes auch (im Gegensatz zu den ungefähr vier oder fünf Grundbesitzern, die fast das ganze Territorium der Umgebung besitzen). Viele Familien bekommen Unterstützung durch soziale Programme (wie z. B. „Bolsa Família" und „Aposentadoria Rural") und organisieren extra eigenes Geld durch Geldanleihen, Spiele und allgemeinen Handel (Autos, Motorräder usw.). Eine Minderheit unter ihnen übt auch gewöhnliche (meist saisonale bzw. instabile) Jobs aus. Pedro ist aber der Einzige, der einen LKW besitzt, was früher ein Symbol für Reichtum war.
7   Vgl. Tauber 2006, Williams 2003 [1993], Okely 2003 u. a.

Calen keine zentralisierte Macht entstehen, die auf gegenseitiger Anerkennung durch alle beruht, weil sie immer nur von wenigen respektiert würde und unverbindlich bliebe.[8] Das ergibt sich hauptsächlich daraus, dass die *eigene* Familie die größte Institution unter den Calen bildet und viele ihrer grundsätzlichen Aufgaben nicht ausgebettet oder vom Staat übernommen werden, wie z. B. Schutz, Sorge, Erziehung usw. In dieser Hinsicht sind die Calen dem Staat und größeren Institutionen gegenüber skeptisch. Deshalb ist es nicht verwunderlich, dass Calen sie nicht sehr ernst nehmen, sondern vorrangig auf die Einflüsse ihrer „Macht" (*força*) achten. Indem die Calen beim Tod von Z. ihre Eigenheiten betonen, setzen sie ihre Normalität im Umgang mit dem Tod dem der Nicht-Zigeuner kontrastiv entgegen (Streck 2003). Zugleich vermeiden sie damit, dass gewisse Banalitätsgefühle bei den dem Toten Nahestehenden trotz der in den letzten Jahren regelmäßig auftretenden Todesfälle durchblicken.

Der heutige Tag, der 30. nach dem Tod von Z., stellt somit die Fortsetzung einer Ökonomie der Träne dar, die im öffentlichen und institutionellen Bereich weiter stattfindet, woraus die nahen Verwandten aber langsam entlassen werden.

Die Messe

Heute sitzen die Leute auf den Bänken oder reden im Stehen, während man auf den Beginn der Messe wartet. Es ist schon nach 7 Uhr. Unter den Leuten befindet sich auch ein großes Holzkreuz. Nachdem ich lese, was darauf steht, nämlich der „offizielle" Name von Z. sowie sein Geburts- und Todesdatum, stelle ich mir die Frage, „was macht dieses Kreuz hier und jetzt außerhalb des Friedhofes und vom Grab so weit entfernt?". Gegen halb 8 schlägt die Glocke der Kirche. Ilo, ein Neffe des Verstorbenen, hatte in seiner Hand schon das schwarze Kreuz, worauf die Worte in weißer Farbe geschrieben sind. Viele beginnen, in die Kirche hineinzugehen, wo hauptsächlich die alten Calins und die Kinder ihre Plätze ganz vorne direkt gegenüber dem Priester einnehmen. Nur wenige Männer sitzen vorn, wie Ilo, der das Kreuz vorne an eine Säule gelehnt hat, so dass es sichtbar bleibt. Wir sitzen hinter der Familie, direkt vor Tereza und ihrer Familie, und warten. Die Schatten innerhalb des Gebäudes und das Warten scheinen einen Gedankenraum zu öffnen. Es gibt mehr Ernsthaftigkeit und Introspektion. Es ist alles auffällig ruhig und es dauert relativ lange, bis etwas anfängt. Nach einer Viertelstunde ungefähr steht Bruno auf und geht hinüber, um zu versuchen, mit dem Priester zu sprechen. Als er zurückkommt, weist er alle darauf hin, „Es wird erst um 8 Uhr anfangen!". Die Spannung ist unterbrochen

---

8   Siehe Sigrist 2004.

und alle kommen aus der Kirche und strömen auf den Platz zurück. Steffi und ich gehen frühstücken. Einige Calen fragen mich, ob wir schon weggehen, ich antworte, „nein, nur kurz was in der Bäckerei essen … wir sind gleich da!"

Kurz vor 8 Uhr kommen wir zurück. Wir unterhalten uns weiter mit Aboloada, mit Tereza, mit allen, die wir in den letzten Tagen getroffen und besucht haben. Ähnliche Small-Talks und Höflichkeiten entstehen nochmals, aber nun in diesem besonderen Kontext. (wie z. B. woher Steffi kommt, und vor allem über die Tatsache, dass sie eine andere Sprache spricht und nicht Portugiesisch, was hier eine Seltenheit ist). Ich unterhalte mich kurz mit anderen Männern, sowie mit fast allen Geschwistern, deren Vater gestorben ist. Außerdem auch mit Jacob, einem Calon, der sich nicht in Trauer befindet, aber ein großer und enger Freund von Pedro ist. Neben diesem besitzt auch Jacob eine relativ starke Autorität unter den Calen in der Stadt.

Die Leute kommen erneut in die Kirche hinein. Diesmal gibt es sogar mehrere nachgekommene Personen. Fast alle sind Calen – es gibt nur wenige Ausnahmen. Wir nehmen praktisch denselben Platz ein wie zuvor, sowie einige andere auch. Zwei Kirchstühle vor uns sitzen die ganz in schwarz gekleidete Witwe und zwei ihrer Enkelinnen, die Zwillinge sind: Clara und Clarice. Wie die anderen anwesenden Kinder werden diese auch während des Rituals stets herumschauen, lächeln und spielen. Die meisten Männer sitzen ein bisschen weiter hinten, die Anzahl der Calen hat in dieser letzten Stunde noch Mal zugenommen. Alle Leute scheinen drin zu sein, als der Priester den Altarraum betritt.

Endlich beginnt die Messe. Der Priester beginnt zu erklären, worum es heute geht und was bei der Messe gemacht werden soll. Während dieser Worte spricht er den offiziellen Namen von Z. aus, den viele Anwesenden bestimmt noch nicht kannten, aber nun in Ruhe diese Neuigkeit annehmen (vielleicht kannten nur die eigene Familie und die ältesten Calen den richtigen Namen …).[9]

Die Calen versuchen, dem Priester in allem zu folgen. Sie hören ihm zu, sehen ihn an. Sie tun was er sagt und bewegen sich, wie er es zeigt. Ab und zu bittet der Priester die Leute darum, bestimmte Bewegungen zu vollführen, wie z. B. die Hand auf das eigene Herz zu legen oder den ganzen Arm nach oben zu heben, während er etwas vorliest. Aber es klappt nicht immer. Mit der Ergänzung der Sätze, die der Priester im Ablauf der Messe ausspricht und die einen komplementären Satz oder „Ordnungswörter" verlangen, hilft ein Mädchen aus der Kirche, das ganz hinten mit einem Mikrophon kaum sichtbar die zu ergänzenden Sätze anfügt, und das in strategischen Momenten betet und singt.

---

9   Jedoch ist es u. a. möglich, dass die Calen es selbst bevorzugen, dass der Priester als eine Form des Respektes den im Alltag unter den nahen Verwandten benutzten Name des Verstorbenen nicht ausspricht.

Sie wird von den Calen auch beachtet, aber sie sprechen nicht mit, so als würden sie diese singende „unmenschliche" (weil ohne Körper) Stimme bewundern, die aus den Lautsprechern an diesem heiligen Ort heraustönt, als käme sie direkt aus dem Jenseits. Bruno lenkt meine Aufmerksamkeit darauf, dass der Priester vorher alles gekürzt hat, da er selbst schon wusste, dass die Calen mit den Schritten der Messe nicht vertraut sind und daher die Messe nicht richtig oder „korrekt" ausführen können.

In bestimmten Momenten weint die Witwe, ihre Enkelinnen neben ihr bilden ein kontrastierendes aber auch ergänzendes Bild, wenn sie lächeln und sich einfach wie sonst verhalten. Bald weinen andere Frauen, so wie ihre Töchter, auch mit. Einige Männer verstecken ihre schwermütigen Gesichter noch tiefer in den Hemden und T-Shirts. Andere zeigen ihren Schmerz ganz offen. Vor allem die nahen Verwandten zeigen mehr Emotionen, sie drücken *sentimento* aus. Irgendwann sagt der Priester, „Lasst uns einander unsere Hände nehmen, und zusammen das ‚Vaterunser' beten". Die Calen begrüßen sich einander in den ersten drei Kirchstuhlreihen und fangen langsam und diskret an, aus der Kirche heraus zu gehen. Als Bruno es merkt, geht er an ihnen vorbei und erklärt, „es ist noch nicht vorbei". Das „Vaterunser" wird noch gebetet. Ein ähnliches Missverständnis kommt hier noch einmal vor, als ein Korb für die Kollekte als Teil der von der Kirche genannten „Zehntelkampagne" (*Campanha do Dízimo*) herumgereicht wird. Viele Calen haben etwas hinein getan und gleich danach umarmen sie sich noch mal gegenseitig und geben sich die Hände, was auch nicht zu den Vorschriften gehört.

Kurz vor dem Ende bereitet der Priester mit Wein und Brot alles Notwendige vor, um die Verwandlung des Körpers Christi zu ermöglichen. Er erklärt, jeder der will, soll teilnehmen. Eine Schlange bildet sich vor ihm. Alle Calen, die dort waren, haben teilgenommen, obwohl nur zwei Calen es nach den Kommunionsprinzipien der katholischen Kirche dürften. Während der ganzen verkürzten Messe stellt der relativ junge Priester, der die Calen persönlich nicht kennt, den Verstorbenen vor seiner Familie und den Gästen als jemand ohne sichtbare persönliche Eigenschaften vor. In keinem Moment spricht er besonders oder speziell von Z., äußert eine seiner einzelnen Eigenschaften, oder spricht seinen „Calon-Namen" aus, durch den er bei seiner eigenen Familie und hier anwesenden Menschen bekannt „ist".[10]

Diese Entpersonifizierung des Verstorbenen durch den „fremden" Priester ergibt sich parallel zu mehreren Fehlanpassungen der Calen, wenn diese versuchen, den Vorschriften der Messe zu folgen. Das bedeutet auf jeden Fall einen Kontrast zu den katholischen Riten der Mehrheitsbevölkerung. Es erscheint relativ einfach zu unterscheiden, wer hier Calon ist und wer nicht. In diesem Moment aber bilden sie die Mehrheit.

---

10 Wie Válter mir gegenüber einmal betonte: „Hast Du schon bemerkt, dass wir von unseren Toten nur in der Gegenwart sprechen, sonst nie?"

Die ganze Zeit lang stand das große Kreuz im Altarraum, nahe dem Priester, an eine Säule gelehnt. Gleich nach der Abgabe des Korpus Christi holt Ilo das Kreuz und erhebt es vor dem Priester über seine Knie. Dieser segnet es dann mit heiligem Wasser, während mehrere Menschen drum herum stehen. Ilo steht auf, dreht sich und geht mit dem jetzt gesegneten Kreuz aus der Kirche in die Straßen des bewegten Dorfes zurück, während alle Calen, Bekannte und Freunde ihm folgen.

Grabbesuch

Draußen sprechen die Leute sich ab, ob sie zum Friedhof fahren oder zu Fuß gehen. Wir gehen gleich hinter Pedro, Ilo läuft ganz vorne mit dem Kreuz. Eigentlich scheint es jetzt, als wäre nun die Beerdigung selbst, als wäre es der erste Tag nach dem Tod von Z. Statt des Sargs aber trägt man das Kreuz, hinter dem die Menge teils zu Fuß, teils mit Autos und Motorrädern, langsam folgt. Was die Calen gerade machen, heißt Grabbesuch (*visita à cova*). Es handelt sich um einen sehr alten katholischen Brauch der lokalen Mehrheitsbevölkerung, der heutzutage nur im Hinterland durchgeführt wird. Andererseits wird das Kreuz des Verstorbenen wie ein Vortragekreuz von den Lebenden gesegnet und getragen[11].

Die Menge, die sich gerade Richtung Friedhof bewegt, gestaltet somit nicht nur einen Trauerzug, sondern auch eine Art Prozession, als würde der Tote heiliggesprochen werden. Währenddessen bleibt er eine Mischung aus Mensch und Heiligem, weil er sich im Übergang befindet. In den Straßen halten einige Leute an, um den Trauerzug zu betrachten. Jemand grüßt Pedro aus einer Ecke. Diskret grüßt Pedro zurück. Der Trauerzug läuft langsam unter der heißen Sonne. Er ist extrem auffällig. Individuelle Begrüßungen finden zwischen Teilnehmern am Trauerzug und anderen von außerhalb statt. Die Passanten, die einfach dort auf dem Weg sind, machen Platz. Einige Frauen laufen in dem Trauerzug Hand in Hand, oder sich umarmend, einige weinen. Wie erklären es die Calen, wenn ihre Kinder sie fragen, was passiert ist? Die Männer vorne gehen langsam weiter, scheinen eine bestimmte Ernsthaftigkeit zu zeigen, andere Calen wiederum sehen locker und gelöst aus. Die Calen, die mit Autos, Lkws und Motorrädern unterwegs sind, begleiten den Trauermarsch. Sie sind ein Teil davon.

---

11 „Ein Prozessionskreuz ist ein auf einer Stange befestigtes Kreuz, das in der Römisch-Katholischen Kirche beim feierlichen Einzug zur Heiligen Messe, bei Prozessionen, Begräbnisfeiern, der Gräbersegnung oder bei Wallfahrten vorangetragen wird. In den lutherischen Kirchen wird das Prozessionskreuz beim Einzug bei festlichen Gottesdiensten und bei Begräbnissen verwendet. Es ist liturgisch gewollt, dass – wo möglich – das Prozessionskreuz während der Messfeier als Altarkreuz fungiert, also nach dem Einzug sichtbar in der Nähe des Altars aufgestellt wird." Wikipedia.de [Zugang am 17. November 2009].

Der Friedhof liegt etwa einen halben Kilometer von der Kirche entfernt. Als wir circa 20 Meter vor dem Eingang sind, schließt sich ein Auto an (als hätte es vorher kaum warten können), was neben uns ziemlich auffällig, schnell und laut fährt, und neben dem Tor parkt. Wir gehen zu diesem und halten kurz an, während die Leute von hinten sich sammeln. Nach einem kurzen Augenblick von Orientierungslosigkeit, Wortlosigkeit und Nachdenklichkeit sagt jemand fast schreiend: „Lass uns mal rein! Es gibt hier nichts zu warten!" zu den Leuten, die scheinbar nicht genau wussten, wann sie hineinkommen sollten.

Das geöffnete Tor des Friedhofes wird eng, es erscheint wie ein Nadelöhr und kanalisiert so die Menge und macht aus ihr eine Schlange, die sich jedoch innerhalb des Friedhofes relativ schnell auflöst. Von oben betrachtet muss diese Eingang- und Auflösungsbewegung der Menge wie der Durchfluss des Sandes eines Stundenglases aussehen. Asche zu Asche, Staub zu Staub … Wir sind drin, auf der Erde des Friedhofs, und gehen über Umwege und nicht direkt zum Grab von Z. Einige Leute besuchen die Gräber ihrer Verwandten bzw. Freunde und verbringen bei ihnen ein bisschen Zeit. Wie ein Cousin von Dona Margarita – ein Nicht-Calon, der mit einer Calin verheiratet ist. Er setzt sich auf ein Grab, nimmt seinen Hut ab, neigt den Kopf nachdenklich, während seine Lippen sich bewegen, und unhörbare Wörter ausgesprochen werden. Aboloada berührt meinen Arm und zeigt ein Grab, „Hey, Márcio! Hier ist das Grab einer Zigeunerin, siehst Du?". Obwohl die Menge ein Ziel hat, besetzen die Calen und Nicht-Calen verschiedene Ecken des Friedhofs.

Ilo, Pedro und andere nahe Verwandte haben schon fast ihr Ziel erreicht: Das Kreuz wird nun erst am Kopf des Grabes von Z. in die Erde hineingesteckt und somit scheint eine Etappe seiner Verwandlung abgeschlossen zu sein. Um das Grab fangen die Trauergäste an, sich vom Verstorbenen zu verabschieden, ihn zu ehren und Erinnerungen an ihn wach zu rufen. Sie bringen zum Ausdruck, wie gut er war („Dieser war ein Vater und ein Freund!") und wie sehr er vermisst wird. Es scheint, als ob sie in diesem Moment vor allem ihren Schmerz zeigen müssen. Die Söhne, Töchter und die Frau von Z. beginnen zu schluchzen, sie zeigen deutlich ihr Gefühl von Verlust, sie schluchzen mehr und mehr … Die Mehrheit der Calen beobachten dieses Szenario aus gewissem Abstand. Als Eleonora und Aboloada laut zu weinen beginnen, weinen auch alle anderen nahen Verwandten intensiver und lassen die Worte ihrer Trauer über den Friedhof schallen („Mein Vater, mein Vater! Du wirst mir so fehlen …"). Einige Calen, die sich in der Nähe befinden, ziehen es vor, die Familie von Z. eine Weile allein zu lassen, als sie bemerken, dass die Ausdrücke des Schmerzes noch intensiver werden. Nach einigen Minuten scheint alles vorbei zu sein, wie dies ein Bruder von Pedro signalisiert. Es ist jetzt alles erledigt. Man zieht sich langsam vom Friedhof zurück.

Viele Calen sind schon außerhalb des Friedhofes, einige diskutieren ihre Geschäfte und über Geld, wie Jacob, der vor zwei Tagen von Santa Cruz und anderen Städten, wo er mit Verwandten, Juróns und anderen Calen gehandelt hat, heimgekehrt ist. Ähnlich wie Pedro selbst, der in Taperoá war. Bruno zeigt mir noch diskret einen Calon, der von der Polizei gesucht wird und der bisher zwar unscheinbar, aber anwesend war. Mit seinen Händen in den Hosentaschen und nachdenklich gehängtem Kopf spaziert er ganz unauffällig am Rande der sich auflösenden Menge.

Epilog.

Pedro

Ein Jahr nach dem Tod seines Vaters trauert Pedro immer noch um ihn. Irgendwann im Verlauf dieser Trauerzeit hat er seinen eigenen Boné abgesetzt und begonnen, den alten Hut seines Vaters zu tragen. In seiner Hosentasche versteckt er immer noch ein verbogenes, altes Schwarz-Weiß-Foto seines Vaters, als dieser noch jung war. Sein jüngster Bruder lies sich einen Bart wachsen, die Mutter trug weiter schwarz. Die ganze Familie, die sich bei Pedro versammelt hatte und bei ihm eine Zeit lang wohnte, ist auf eine andere Seite der lokalen Nachbarschaft umgezogen. Sie haben sich teils in neueren Häusern verteilt, die nebeneinander an derselben Straße liegen. Pedro wohnt in einem eigenen Haus mit seiner Frau, seinen Kinder und seiner Mutter. Gleich daneben wohnen jetzt seine Schwester und ihr Nicht-Calon-Mann, zusammen mit den Kindern. Gegenüber wohnt sein jüngster Bruder, gemeinsam mit seiner Nicht-Calin-Frau und den Kindern. Ein älterer Bruder wohnt mit seiner Familie ebenfalls gegenüber, während ein anderer Bruder in einem Dorf circa 30 km entfernt wohnt. Eleonora wohnt immer noch in der Nähe der Hauptstadt.

Keiner von ihnen hat seit dem Tod von Z. gefeiert oder getrunken, obwohl jeder die Trauer beenden kann, wenn er glaubt, dass es so weit sei. Doch Pedro hat einfach keine Lust: „Ach… Jetzt macht es keinen Spaß mehr ohne den Vater. Als er da war, war es sehr gut, wir haben alle viel Spaß gehabt und gefeiert, viele Zigeuner sind hierher gekommen, um mit uns zu feiern". Er hat sogar darüber nachgedacht, am Ende des Jahres eine Weihnachtsparty zu organisieren, ohne Alkohol und Musik, so wie beim Geburtstag seiner Tochter, wo er und seine Brüder um einen Tisch sitzend nur Erfrischungsgetränke tranken. Die Wohnung, wo ihr Vater lebte, ist tabu und wird gemieden. Aus *sentimento* geht niemand mehr in diese Richtung. Es werden Handlungen vollzogen, die Nicht-Trauernde nicht erfahren können. Das sind manchmal Kleinigkeiten, z.B. Wörter, die nicht ausgesprochen werden, weil sie an den Namen von Z. erinnern könnten. Der Vater wird von Seiten der trauernden Familie in der Öffentlichkeit nicht in Erinnerung gerufen. Doch Weihnachten 2010 war es so weit. Der jüngste Bruder ist zu Hause geblieben, obwohl er keinen Bart mehr hatte, aber Pedro hat seine Trauer bereits abgebrochen und ging mit den anderen feiern. Insgesamt hat er 18 Monate um seinen Vater getrauert.

Jetzt sitzen wir neben Marcelo, einem Nicht-Calon, auf der Veranda des Hauses, wo Pedro bis zum Tod seines Vaters gewohnt hatte. Marcelo ist mit einer Tochter von Jacob verheiratet. Wir betrachten die Bewegungen der Hauptstraße. Marcelo hat das Haus von Pedro gekauft und jetzt wohnt er dort mit seiner jüngeren Frau und seiner verwitweten Mutter. Seine Mutter spricht über die Toten, Bezug nehmend auf etwas, was Pedro zuvor kommentierte. Er sagt: „nach dem Tod ist es vorbei, es ist tot" und lacht. Sie wiederholt seine Wörter, und wie die anderen lacht auch sie mit.

Literatur & Quellen

Ariés, P. 1981 [1975]. *Studien zur Geschichte des Todes im Abendland*. München, Wien: Hanser.

Clastres, P. 1976 [franz. Original 1974]. *Staatsfeinde. Studien zur politischen Anthropologie*. Frankfurt am Main: Suhrkamp.

Eliade, M. 2007 [1954]. Das „Normale" des Leidens. Kosmos und Geschichte. (*In* Simm H.-J. (Hg.), *Vom Wesen des Religiösen. Schriften und Erinnerungen.*, Frankfurt a. M., Leipzig: Insel-Verlag. S. 145–153.)

Koury, M.. 1999. A Dor como Objeto de Pesquisa Social. *Ilha – Revista de Antropologia*. 1:73–83.

Mauss, M. 1921. L'Expression Obligatoire des Sentiments (Rituels oraux Funéraires australiens). *Journal de Psychologie*, 18. Verfügbar unter: http://classiques.uqac.ca/classiques/mauss_marcel/essais_de_socio/T3_expression_sentiments/expression_sentiments.html.

Mauss, M. 1926. Effet physique chez l'individu de l'idée de mort suggérée par la collectivité (Australie, Nouvelle-Zélande). *Journal de Psychologie Normale et Pathologique*. Verfügbar unter: http://classiques.uqac.ca/classiques/mauss_marcel/socio_et_anthropo/4_Effet_physique/-Effet_physique.html

Okely, J. 2003. Deterritorialised and Spatially Unbounded Cultures within Other Regimes. *Anthropological Quartelly*, 76(1):151–164. Verfügbar unter: http://muse.jhu.edu/journals/anthropological_quarterly/v076/76.1okely.html

Sigrist, C. 2004. Segmentary Societies: The Evolution and Actual Relevance of an Interdisciplinary Conception. Leipzig & Halle. *Mitteilungen des SFB 586 „Differenz und Integration"* 6. Verfügbar unter: http://www.nomadsed.de/publications.html

Silva, F. J. de O. 2001. *Sem Lenço e Sem Documento: Em que escola estudar?* Unveröffentlichte Monographie der Erziehungswissenschaft an der Universidade Federal do Rio Grande do Norte. Caicó.

Streck, B. 2003. La Cultura del Contraste. Sobre la diferencia y el sentido de pertenencia. El caso de los Gitanos. *Revista de Antropologia Social*. 12:159–179.

Tauber, E. 2006. *„Du wirst keinen Ehemann nehmen!"*. Respekt, Bedeutung der Toten und Fluchtheirat bei den Sinti Estraixaria. Münster: LIT Verlag.

Turner, V. 2008 [1969]. *The Ritual Process: Structure und Anti-Structure*. New Brunswick & London: Aldine Transaction.

Van Gennep, A. 2005 [1909]. *Übergangsriten. Les Rites de Passage*. Frankfurt, N.Y.: Campus Verlag.

Williams, P. 2003 [1993]. *Gypsy world: The silence of the living and the voices of the dead*. Chicago, London: University of Chicago Press.

AGUSTINA CARRIZO-REIMANN

Topografie der Vielfalt
Barrios gitanos in Buenos Aires

Um die *Gitanos* von Buenos Aires aufzuspüren, bedarf es der Durchquerung der gesamten Stadt. Im Unterschied zu anderen sozio-ethnischen Gemeinschaften, und unabhängig von ihrer Größe oder Lage, sind diese *comunidades gitanas* für das Selbstbild der Stadt in Raum und Geschichte fast immer unsichtbar. Die Kalderasha, Ludar und Kale wohnen weit auseinander, zerstreut zwischen *Gadzhe* (romanes: Nicht-Roma). Ihre *barrios* (spanisch: Viertel) bestehen in der Regel aus kleinen, sich konzentrierenden Großfamilien, die nebeneinander oder entlang bestimmter Straßen wohnen. Wie bei anderen Roma-/Zigeuner-Gruppen überwiegt bei den argentinischen *Gitanos* die *Natia* als determinierende Kategorie für die Auswahl der Siedlungsorte. Dennoch wird die räumliche Gegenwart der *barrios gitanos* im städtischen Raum unterschiedlich wahrgenommen. Die *Gitanos* bewegen sich in einem *„imagined environment"* (Donald zit. nach King 2005:67), das stark fragmentiert ist und in dem sie ebenfalls durch räumliche Distanz und die ideelle Konstruktion des bewohnten Raumes sozio-ethnische Grenzen und somit Differenzen artikulieren.

Gitanos in Buenos Aires

In Argentinien wohnen nach Schätzungen 300.000 *Gitanos*. Diese Zahl ist sehr ungenau, da in keiner offiziellen Volkszählung die *Gitano*-Gemeinschaften als ethnische

Minderheiten beachtet werden[1]. Die größte Konzentration von *Gitanos* befindet sich in der Hauptstadt Buenos Aires. Circa 20.000 *Gitanos* wohnen hier und 50.000 siedeln im Ballungsraum. Andere große Gemeinschaften haben sich in den argentinischen Städten Mar del Plata, Neuquen, Comodoro Rivadavia, Rosario, Santa Fe, Cordoba und San Miguel de Tucuman niedergelassen. Die griechischen, russischen, ungarischen und moldauischen Rom-Kalderasha, die rumänischen Ludar und die spanischen und argentinischen Kale sind einige der größten Gruppen. Andere in Argentinien vertretene *Natii*[2] sind die Lovaria- und Xoraxane-Rom aus Chile (Maronese 2005:101–6).

Mit dem Begriff *Gitanos* möchte ich die Spezifik der Roma-/Zigeuner-Identifikationen in Buenos Aires zum Ausdruck bringen. In Buenos Aires benutzen die Kalderasha, Kale und Ludar, mit denen ich in Kontakt kam, diese Bezeichnung, um sowohl die argentinische als auch die internationale „vorgestellte Gemeinschaft" der Roma/Zigeuner zu beschreiben. Wörtlich übersetzt bedeutet der Begriff *Gitanos* „Zigeuner". In dessen Geschichte unterscheidet sich das Wort *Gitano* jedoch von seinen Übersetzungen. Ethymologisch wird *Gitano* von *„Egyptano"* hergeleitet. Mit diesem Exonym bezeichneten die iberischen Halbinselbewohner im 15. Jh. Reisende, die sie für Adlige und/oder Pilger aus Klein-Ägypten hielten. Im gleichen Jh. versuchte die vereinigende Politik der katholischen Könige Isabella I. von Kastilien und König Ferdinand II. von Aragon, alle nicht „einheimischen" Bewohner wie die Juden, Mauren und *Gitanos* von der Halbinsel abzuschieben. In Rahmen dieser Homogenisierungspolitik und bis in das 18. Jh. hinein wurde die Bezeichnung *Gitano* verboten. Somit verloren diese Gemeinschaften ihr Recht auf ethnische oder kulturelle Autonomie. Sie wurden ausschließlich zu Dieben, Vagabunden und Ketzern deklariert (Canton Delgado & Mena Cabezas 2004:35–51).

Ebenfalls wichtig für diese Arbeit ist die Beziehung zwischen *Gitanos* und Nicht-*Gitanos*, da ich – ohne die komplexe, soziale Umwelt Buenos Aires' zu einer Dichotomie reduzieren zu wollen – für die Darstellung der räumlichen Gegenwart der Kalderasha, Kale und Ludar in Buenos Aires eine relationale Perspektive bevorzuge. Einmal, als ich einen Gottesdienst der Rom-Pfingstkirche in einem Privathaus in Buenos Aires besuchte, fragte mich eine ältere Romni in der Runde, warum ich nicht zu einer *„Criollo"*-Zeremonie

---

1   Die Mehrheit der Zahlen und Daten in diesem Artikel stammen aus dem Buch *Patrimonio Cultural Gitano*, das von der Abteilung für Denkmalpflege von Buenos Aires herausgegeben wurde. Jorge Bernal, Rom-Kalderash und Gründer von AICRA – der einzigen Organisation, die sich den *Gitanos* in Argentinien widmet – lieferte die grundlegenden Informationen. Die Unmöglichkeit eines Vergleichs mit anderen Angaben und fehlender statistischer Instrumente stellen eine schwierige wissenschaftliche Datengrundlage dar.

2   Die in der Arbeit präsentierten Gruppierungen sind dynamische Zugehörigkeitskategorien und können nach verschiedenen Perspektiven unterschiedlich definiert werden. Ich habe hauptsächlich die Klassifizierung übernommen, nach der die Informanten die in Argentinien lebenden Gemeinschaften unterschieden.

ginge, in dem die Menschen Spanisch sprächen. Mein Interesse für die Roma/Zigeuner schien ihr nicht zu genügen. Erst als ich mein Interesse an der Arbeit vom Pastor und Rom-Kalderash Ricardo Papadopulos kommentierte, zeigte sich die Frau zufrieden (Carrizo 2008–2009 T.). Das Wort *Criollo* hat eine lange Geschichte und eine hohe semantische Varianz in Lateinamerika. Heutzutage findet man in dem RAE[3] die folgende Bedeutung für diese Kategorie: „Bezeichnung für aus einem lateinamerikanischen Land stammende Person, die geschätzte und typische Merkmale dieser Länder trägt; das autochthon, das typisch und charakteristisch für ein lateinamerikanisches Land ist." (RAE 2009b I.Q., m.Ü.) In Buenos Aires entspricht die alltägliche Verwendung des Wortes *Criollo* den in der RAE beschriebenen Alternativen und wird mit dem ländlichen Leben assoziiert. Ausgeschlossen und sogar entgegengesetzt werden die indigenen Identifikationen. *Criollos* sind Argentinier, die als „kaukasisch" – nämlich hellhäutig und Europäer – charakterisiert werden können. Bezeichnungen wie *la viveza criolla* (die kreolische Listigkeit) oder die Pferderasse *Criollo* sind beispielsweise Symbole der argentinischen Idiosynkrasie. Dazu gehört auch die Vorstellung von der *porteño*-Identität – *porteño* bedeutet wörtlich übersetzt „Hafenbewohner" und ist die Bezeichnung für die in der Hauptstadt geborene Bevölkerung – als ein Mosaik unterschiedlicher Kulturen. Mit der Bezeichnung „Paris des Südens" wird aber deutlich festgestellt, welcher der Komponenten für dieses Mosaik eigentlich erwünscht ist (Maronese 2005:15). Die Darstellung der Gadzhe als *Criollos* durch die Romni stellt die Partikularität der Lage der *Gitanos* in der argentinischen Gesellschaft und Geschichte heraus. Anders als andere europäische Einwanderer gehören sie nicht zu der *cultura criolla* und somit bleiben sie von der nationalen Identität ausgeschlossen. In diesem Sinn teilen die *Gitanos* ihren Status mit der staatenlosen, indigenen Bevölkerung wie der der Mapuche, Wichi oder der Tupi-Guaranies.

Die Geschichte der *Gitanos*[4] in Argentinien ist Teil der Geschichte der europäischen Einwanderung. Sie gehörten von Anfang an zu den unerwünschten europäischen Immigranten[5]. Schon 1774 wird über sporadische Deportationen von *Gitano*-Familien aus

---

3   Mit RAE wird in dieser Arbeit das Wörterbuch der *Real Academia Española* (Königlich Spanische Akademie) bezeichnet. Diese Institution ist seit 1713 für die Überwachung und Normierung der spanischen Sprache zuständig. Regelmäßig werden dafür Wörterbücher mit unterschiedlichem Umfang, eine normative Grammatik und Regeln zur Rechtschreibung veröffentlicht. Ihr Sitz befindet sich in Madrid (RAE 2010 I.Q.).

4   Die Geschichte und Einwanderung der *Gitanos* nach Argentinien ist kaum wissenschaftlich dokumentiert. Über deren Ankunft gibt es keine genaue Angabe. Die Möglichkeit, dass *Gitanos* bereits mit den Begründern von Buenos Aires Anfang des 16. Jh. ins Land kamen, bleibt aber nicht ausgeschlossen (La Porta 2005:8). Die nachfolgenden Quellen stammen aus Interviews mit *Gitanos* und in geringerem Maße aus schriftlichen Dokumenten und können somit nur als fragmentarische Konstruktion und Darstellung der Geschichte der *Gitanos* in Buenos Aires verstanden werden.

5   Zum Vergleich mit anderen amerikanischen Ländern, siehe R. C. Gropper 1975, M. Salo & S. Salo 1977 und A. Sutherland 1986.

Argentinien berichtet. Dennoch empfanden die angesiedelten Familien schon damals ihre Lebensituation im „neuen Kontinent" als vorteilhafter gegenüber der Verfolgung und Assimilationspolitik in Europa (Campos 2005:60–61). Aus der Zeit des Vizekönigs vom Rio de la Plata Juan José de Vértiz y Salcedo (1778–1784) gibt es ein erstes Zeugnis der Präsenz der *Gitanos* in Buenos Aires. Vertiz y Salcedo führte die erste Volkszählung in der Stadt durch und versuchte, die Handwerker nach europäischen Mustern zu organisieren. In dem Dokument werden *Gitanos* als Straßenverkäufer und Wahrsager beschrieben (La Porta 2005:8).

Die ältesten nachweisbaren Einwanderer unter den Rom-Kalderasha waren die so genannten „Griechen". Sie kamen zwischen 1880 und 1890 nach Argentinien und bevorzugen dieses Endonym, obwohl viele ihre Vorfahren aus anderen Ländern wie z. B. Serbien stammen. Die Bezeichnung Rom-Kalderasha lehnen sie dagegen ab, da der Terminus „Kalderash" dem spanischen Wort *calderero* (Kesselschmied) ähnlich und somit für die Griechen negativ konnotiert ist. Trotzdem werden sie von anderen Rom-Kalderasha dieser *Natia* zugeordnet (Carrizo 2009c). Die Rom-Kalderasha gehören in Argentinien zu der größten Gruppe der Roma. Die Gemeinschaften unterscheiden sich selbst nach ihren europäischen Herkunftsländern, obwohl ihre eigentlichen Ursprungsorte weder den alten noch den aktuellen politischen Grenzen unbedingt entsprechen. Sie präsentieren sich als Griechen, moldauische oder russische Kalderasha. Obwohl Mischehen zwischen den Gemeinschaften nicht sehr ungewöhnlich sind, bleiben die Grenzen klar: Die Griechen haben z. B. ihre eigene *Kris* (romanes: Rechtsinstitution, Gerichtshof) und für ihre Bräute verlangen sie einen höheren Preis als die anderen Kalderasha (SKOKRA 2003:101–106).

Die ersten Generationen eingewanderter Kalderasha führten in Argentinien eine nomadische Lebensweise. Sie kauften und verkauften Pferde und reparierten Werkzeuge für Landwirtschaftsarbeiten. Jorge Bernal erzählt über seinem Großvater mütterlicherseits, der Besáno hieß und aus Ungarn kam:

> „Als mein Opa nach Argentinien kam, war er sehr jung … vielleicht zwölf Jahre alt. In der Zeit waren noch die Konsequenzen der *Campaña del Desierto*[6] zu spüren. Es gab noch *Indios*; sie waren nicht wild, nur halb-wild. Und mein Großvater arbeitete [in

---

6   Michael Riekenberg erklärt, dass „Die Konsolidierung des [argentinischen] Staates zur Auflösung der *frontier* [führte]. Im Verlauf der in den Jahren 1879–80 von (Julio Argentino) Roca durchgeführten ‚Wüstenfeldzügen' (*campaña del Desierto*) wurden die letzten Kazikenherrschaften in den Pampas und in Patagonien militärisch vernichtet. […] Auch eine Art bakteriologische Kriegsführung sei praktiziert worden, indem Indigene, die in Gefangenschaft erkrankten, in ihre Siedlungen zurückgeschickt wurden. […] Ziel war die ‚Reinigung' des nationalen Territoriums von als unterlegen geltenden Bevölkerungen." (Riekenberg 2009:104)

Patagonien] auf dem *Estancia* (Bauernhof) und auch als Schmied. Die *Gitanos* versuchten alles Mögliche. Er verkaufte und kaufte auch Pferde. Die Bauern empfahlen ihm, bei den *Indios* nach guten Pferden zu fragen. Und er verstand sich sehr gut mit ihnen. Er hatte eine interessante Anekdote: Immer wenn die *Indios* mit jemandem außerhalb ihrer Gruppe redeten, schauten sie auf den Boden. Sie hatten eine nasale Stimme. Das erste Mal, als mein Opa vorbeikam, fragten sie ihn, was er dort wolle. Er war erst 17 Jahre alt, so jung. Sie fragten noch einmal, ‚Was suchst du hier, du Christ?'. ‚Ich will Pferde kaufen', antwortete er. Der *Indio* zeigte ihm die schönsten, stärksten Pferde. Aber mein Opa sagte, ‚Nein, nein. Ich will dieses dort', Und zeigte auf ein anscheinend schwaches, altes Pferd. ‚Ach, kennst dich aus mit Pferden!', sagte der *Indio* und schaute ihm direkt in die Augen. ‚Woher kommst du?' Und sie unterhielten sich für eine Weile und wurden gute Freunde. Mein Opa kaufte immer bei ihnen." (Carrizo 2009c)

Besáno heiratete mit 25 Jahre Yodjina, eine Cousine, die zu der Lovari-*Natia* gehörte und mit ihrer Familie nach Argentinien eingewandert war. Sie bekamen drei Kinder, Jorges Mutter, Shodi – der bis zu seinem 76. Lebensjahr lebte – und einen zweiten Sohn, der sehr jung starb (ebd.). Heute ist die Mehrheit der Rom-Kalderasha mehr oder weniger sesshaft. Sie sind stolz darauf. Viele von ihnen besitzen große Häuser, in denen sie mit der Großfamilie leben. Für Jorge Bernal stellte das Nomadenleben eine kontextabhängige Strategie dar:

„Das Nomadenleben hielt bis in die 30er Jahre an. Sobald die *Gitanos* ein bisschen Geld sparen und einen Platz in den Städten finden konnten, kauften sie etwas. Zu erst zelteten sie außerhalb der große Städten. In den 40er Jahren hatte die Mehrheit ein Haus. Es war so, dass die Familien zur nomadischen Lebensweise zurückkehrten, als sie nach Südamerika kamen. In Russland hatte meine Familie es [das Nomadentum] schon verlassen und es war besser, in Häusern zu wohnen. Aber hier war es praktischer, als Nomaden zu leben, da die Ressourcen auf diese Weise besser zu erreichen waren. Es war ein optionales Nomadentum, könnte man sagen. Mit [dem argentinischen Präsident Juan Domingo] Peron gab es diese Möglichkeit nicht mehr. Glücklicherweise viele hatten Geld, um ein Haus kaufen zu können." (Ebd.)

Die konstante Bewegung blieb eine wichtige Strategie, um sowohl finanziellen Problemen zu entkommen und Rendite zu erwirtschaften als auch inter- und intrafamiliäre Fehden zu lösen. Der brasilianische Markt und die Industrie bieten heute für viele interessante Möglichkeiten (ebd.).

In den 30er Jahren des 20. Jh. wanderten die Rom-Kalderasha in die großen Städte wie Buenos Aires ein. Ursprünglich war das Kupferschmieden eine typische Tätigkeit in der *Natia*. Noch heute sind ihre handwerklichen Fähigkeiten in verschiedenen Bereichen sehr geschätzt, jedoch existiert kein großer Bedarf mehr nach handwerklicher Arbeit. Unter den Griechen sollen einige Familien Anführer der Automafia sein. Die Fälschung von Patenten und die illegale Einfuhr von Autos aus Nachbarländern stellen profitable Einnahmequellen dar (pers. I. mit J. Bernal, 06.03.09, Buenos Aires). Die Assoziation zwischen *Gitanos* und dem illegalen Autohandel ist in Argentinien ein sehr weit verbreitetes Stereotyp.

Hinsichtlich der Religion unterscheiden sich die Rom-Kalderasha nicht sehr von anderen *Gitanos* in Buenos Aires oder Roma/Zigeunern in andereren Ländern. Ihre Glaubenszugehörigkeit befindet sich in einem Zustand konstanter Wandlung und Verhandlung (siehe Marushiakova & Popov 1999). Als die Griechen beispielsweise Südamerika erreichten, war die Mehrheit orthodox. Mit der Zeit konvertierten jedoch viele zum katholischen Glauben. Heute gehören sie, wie viele andere Roma/Zigeuner auf der Welt, den Pfingstgemeinden an[7]. Diesbezüglich erklärt der Pastor der Rom-Pfingstkirche *Iglesia Evangelica Misionera Biblica Rom* und moldauischer Rom-Kalderash Ricardo Papadopulos, dass die Zeit gekommen sei, in der Gott sein vergessenes Volk noch einmal zu sich hole. Dann würden die *Gitanos* zu Roma und aus Dieben und Marginalisierten würden stolze Gläubige (Papadopulos 2008).

Die moldauischen Rom-Kalderasha handeln ebenso wie die Griechen mit Autos und Metallen. Weiterhin sind sie Experten in der Reparatur von Pumpen. Wie bei anderen Roma-Gruppen ist die *Kumpania* bei den Rom-Kalderasha ein „Zusammenschluss mehrerer Familien zu einem ökonomischen Nutzbündnis von familiärer Wärme" und somit der wichtigste soziale und wirtschaftliche Kern (Münzel 1981:30).

In Argentinien ist die „Arbeit (…) nicht nur ein immer knapperes Gut geworden, sondern auch eines von sehr geringer Qualität." (Bayon 2008:166) Der formelle Arbeitsmarkt hat in den lateinamerikanischen Ländern „sein Potenzial zur Integration und sozialen Mobilität verloren und sich in einen der Hauptmechanismen zur Schaffung von sozialer Verwundbarkeit und Exklusion verwandelt." (Ebd.:147) Argentinien befand sich 2001 in einer ökonomisch-politischen Krise, die die massive Auswanderung von *Gadzhe*

---

7   Die rasche weltweite Verbreitung und der wachsende Einfluss der Pfingstkirchen unter den Roma/Zigeunern stellen sich als ein komplexes Phänomen heraus, das je nach Kontext unterschiedliche Entwicklungen zeigt. Johannes Ries bemerkt in Bezug auf seine Feldforschung in Rumänien, dass diese pseudo-„transethnische Identitäten" neue „symbolische Sinnwelten" eröffnet haben, nämlich die der Bekehrten, die in sehr komplexen Beziehungen zu den bis jetzt aufgebauten ethnischen Identifikationen stehen (Ries 2007:366–7).

und *Gitanos* in hauptsächlich europäische Länder und den USA auslöste. Unter den argentinischen Kale verließen viele Familien Buenos Aires, um in Spanien einer besseren Zukunft entgegenzublicken (Grandoso 2000 F.Q.). Diesbezüglich stellt Papadopulos fest, dass die heutige formelle Wirtschaftsdynamik neue Herausforderungen und Möglichkeiten für die Nischenökonomien der *Gitanos* darstellt. Die Wahrsagekunst, traditionelle Einnahmequelle der Roma-Kalderasha-Frauen, ist nicht nur durch den Pfingstglauben verboten. Die Renditen dieser Tätigkeit sind außerdem stark gesunken. Hinzu kommt, dass heute noch mehr Konkurrenz existiert, da viele *Gadzhe* diese Einnahmequelle für sich entdeckten und weiter entwickelten. Überdies können die Großfamilien als handelnde ökonomische Netzwerke im formellen Sektor nur begrenzt wachsen. Aus diesem Grund empfindet es Papadopulos für notwendig, mit anderen Älteren neue Strategien zu erforschen. Den Familien fehlt das *Know-how*: Prinzipien und Bedingungen der formellen Wirtschaft sind ihnen fremd. Papadopulos glaubt, dass die Umwandlung von familiären Betrieben in Firmen, mindestens auf der formellen Ebene, sehr vorteilhaft werden könnte (Papadopulos 2009).

Die russischen Rom-Kalderasha bilden die kleinste Gruppe innerhalb der *Natia*. Sie genießen großes Ansehen bzw. verhalten sich, als ob sie solches hätten[8]. Bevor die Rom-Kalderasha nach Argentinien auswanderten, hatten viele von ihnen Russland schon vorher verlassen und einige Jahre in Westeuropa gelebt. Diesbezüglich sind auch die heute noch guten Verbindungen zu Europa zu verstehen, welche als vorteilhaft angesehen werden, da der alte Kontinent eine Art Maßstab und kulturelles Vorbild zu sein scheint. Die Mystifizierung von Europa als Zivilisationsideal ist nicht nur unter den Rom-Kalderasha verbreitet. In der argentinischen Geschichte ist die Vorstellung des alten Kontinents als Spitze der Entwicklung generell etabliert (Carrizo 2009c).

Die Ludar gehören auch zu den früheren *Gitanos*-Einwanderern. Sie wanderten aus Rumänien und Serbien Ende des 19. Jh. nach Argentinien ein. Wie die Rom-Kalderasha bekamen sie spanische Nachnamen. In Zusammenhang damit erklärt Bernal:

„Die Familien, die sich bis in der 1920er Jahre in Argentinien niederließen, bekamen alle spanische Namen. Die Griechen z.B. haben Namen wie Castillo oder Lopez. Meine Familie kam aus Russland mit individuellen Passports, nicht mit kollektiven wie andere. Ich weiß nicht, warum sie andere Namen bekamen. Wahrscheinlich

---

8   Das eigene Überlegenheitsgefühl der Rom-Kalderasha scheint kein exklusives Phänomen von Buenos Aires zu sein. Vossen zitiert in einer seiner Fußnoten einen Satz aus Mateo Maximoffs (1946) Werk *Les Ursitory. Flammarion*: „The Kalderas Rom believes himself – and perhaps is – the chief and the most superior of all Gypsy tribes." (Vossen 1983:319)

konnten die Beamten kein Kyrillisch lesen. Und als sie meinen Opa fragten ‚Wie heißt du?', konnte er wahrscheinlich auch nicht antworten, da er kein Spanisch sprach. Viele von den Roma-Familien aus Russland hatten ihr Land wegen des Kommunismus in jener Zeit verlassen." (Carrizo 2009c)

Die Ludar arbeiten heute in Fuhrunternehmen u. a. als Schulbus-, Taxi- und LKW-Fahrer und am Wochenende arbeiten sie als Fotografen in Parkanlagen, wo sie die Spaziergänger neben Lamas oder Ponys gegen Geld aufnehmen. Jorge Nedich, Ludar und Schriftsteller, erklärt, dass die Ludar das Romanes (die Sprache der Roma) verloren haben und dass dieser Mangel ihren Status innerhalb der *Gitano*-Gruppen schwächt (Carrizo 2009b). Die schlechte Position der Ludar soll außerdem im Zusammenhang mit der Geschichte stehen: Nedich behauptet, dass die Rom-Kalderasha, anders als die Ludar, in Europa während des Mittelalters Vasallen des Adels waren und dass sie mit der Zeit sogar Adelstitel verliehen bekamen. Als die Ludar aber in Amerika ankamen, waren sie von ihrer Geschichte als „verfolgtes Volk" geprägt. Die Rom-Kalderasha trauten sich näher an die Mehrheitsgesellschaft heran und besitzen deswegen im Allgemeinen eine bessere Stellung in der Gesellschaft (Carrizo 2009b). Diese Geschichte wurde von den befragten Rom-Kalderasha widerlegt. Sie halten diejenigen Ludar, die sie *Bojasch* nennen, entweder für „schlechterere Roma" oder für Rumänen, die die Lebensweise der Roma angenommen haben[9]. Nach Ansicht der Rom-Kalderasha bestätigen die Ludar diese Vorurteile durch die weniger traditionskonforme alltägliche Praxis: Sie sollen ihre Frauen betteln lassen, sie zeigen wenig Respekt für die Sitten und die traditionellen Rollen in der Familie (Carrizo 2008–2009 T.).

In den letzten Jahrzehnten lösten gewalttätige Auseinandersetzungen, Verfolgung und die politische Instabilität neue Einwanderungswellen von osteuropäischen Roma/ Zigeunern nach Argentinien aus. Entlang der *calle Florida*, einer traditionellen innenstädtischen Fußgängerzone, um die sich die wichtigsten staatlichen und privaten Verwaltungszentren befinden, sind viele bettelnde Kinder und Familien zu sehen. Die Kinder spielen häufig Akkordeon und sitzen vor falsch beschriebenen Schildern, die ihre Flucht aus dem Kosovo und ihr damit zusammenhängendes Elend beschreiben. In einem Artikel der Zeitung *La Nacion* schreibt Nedich, dass sich die Bettler nur kurz in Argentinien aufhalten. Sie durchwandern die reichen Städte des Landes, um danach weiter zu ziehen. Ihre Flüge sollen von reicheren Mitgliedern des Netzwerkes bezahlt werden. Diese müssen zurückbezahlt werden, um mit dem Geld die Auswanderung anderer benachteiligter Roma/Zigeuner aus dem Balkan oder Rumänien finanzieren zu können (Nedich 2001).

---

9   Anne Sutherland beschreibt in ihrem Buch „Gypsies. The hidden Americans" eine ähnliche Beziehungskonstellation zwischen Rom-Kalderasha und Bojash in den USA (1986:18).

Die Immigration der Kale nach Argentinien vollzog sich in zwei Wellen: Ende des 19. Jh. wanderten etwa 30 Kale-Familien aus Andalusien nach Argentinien ein. Diese sind die Vorfahren der heutigen argentinischen Kale. Heute finden wir eine der größten Gemeinschaften in der Stadt Rosario, eine der wichtigsten urbanen Zentren und Hafenstädte Argentiniens. In Buenos Aires entschieden sich die argentinischen Kale für die Stadtteile westlich des Zentrums. Auto-, Antiquitäten-, Schrott- und Großhandel sowie das Baugeschäft, in dem sie *Payos* (kalo: Nicht-Gitanos) anstellen, sind noch heute typische ökonomische Nischen dieser Gemeinschaften.

Die argentinischen Kale sprechen, anders als die spanischen Kale[10], eine Variante des Spanischen, dass für die Länder, die den Fluss Rio de la Plata umgeben, und für die Mehrheit der Bevölkerung von Buenos Aires typisch ist.[11] Kale und Rom-Kalderasha erklären, dass die Kale auch früher eine eigene Sprache hatten, das *Kalo* (Carrizo 2009c). Als Folge der vielen Restriktionen und Verbote ihrer Lebensweise, die über die Jahrhunderte von den spanischen und portugiesischen Regenten erlassen wurden, verloren sie das *Kalo*, bevor sie nach Argentinien kamen.

Die argentinischen Kale halten nicht viel von den in der Innenstadt wohnenden Kale, die erst in den 1960er Jahren aus Madrid über Brasilien nach Argentinien einwanderten (SKOKRA 2003). Die Interaktion zwischen beiden Kale-Gruppen ist sehr gering. Die Lebensweise der spanischen Kale erscheint ungeeignet für die argentinischen Kale, vor allem in Bezug auf die Rolle der Frauen und Männer in der Musikszene, in der sie als Flamenco-Musiker mit großem Erfolg tätig sind. Das Nachtleben und der konstante Kontakt mit *Payos* beschmutzen die Körper und Seelen der spanischen Kale. Rendezvous zwischen verheirateten *Kale*-Musikern und *Payas* sind nicht selten. Campos, argentinischer Kale und Adoptivsohn von *el Tio* Luis, ein anerkannter Mann unter den Rom-Kalderasha und argentinischen Kale-Gruppen, erklärt, dass Frauen eine wesentliche Rolle in der Gesellschaft spielen und aufgrund dessen geführt und geschützt werden sollen. Die Nicht-*Gitano*-Familienvorstellung wirkt fast inkompatibel zu der der argentinischen Kale. Deswegen soll die Gruppe möglichst geschlossen bleiben (Pacheco 2005).

---

10 Terminologisch gesehen ist die Unterscheidung zwischen „spanischen" und „argentinischen" Kale innerhalb der Kale-Gemeinschaften nicht allgemein etabliert. Dennoch erwies sich diese Abgrenzung zwischen den in der Innenstadt wohnenden Kale und den im Westen von Buenos Aires lebenden Gemeinschaften in den Interviews als fruchtbar, da die verschiedenen Kale-Gruppierungen sowohl räumlich als auch auf sozialer Ebene ebenso viel Distanz halten wie gegenüber bzw. mit anderen *Natii*. Aus diesem Grund werde ich diese Klassifizierung, verstanden als etische Kategorie, weiter verwenden.
11 Acht Varianten des Spanischen werden nach ihren phonetischen, morphologischen und syntaktischen Partikularitäten differenziert. In Spanien findet man kastilische, andalusische und kanarische Dialekte, in Amerika karibische, mexikanisch-zentralamerikanische, chilenische und in den Anden- und Rio de la Plata- Varianten (Moreno Fernández & Otero Roth 2007:33).

Die spanischen Kale präsentieren sich als spanische Flamenco-*Gitanos* und nicht als „ungarische *Gitanos*"(Carrizo 2008–2009 T.). „*Gitanos hungaros*" ist ihre Bezeichnung für die Romanes sprechenden Gruppen und wird oft pejorativ verwendet. Die spanischen Kale arbeiten in Buenos Aires als Musiker, Flamencotänzer, Antiquitäten- und Textil-händler. In der lokalen Flamencoszene sind einige Kale-Familien sehr bekannt. Sie bewe-gen sich ständig zwischen verschiedenen sozio-kulturellen Räumen: zwischen der Show für und mit *Payos* und der „*la juerga*" (spanisch: die Sause) unter sich. Für die verschie-denen Anlässe werden unterschiedliche Lokale gewählt. Normalerweise sind es Männer, die sich als Musiker abheben. Frauen und Tänzer bzw. Tänzerinnen spielen diesbezüglich eine untergeordnete Rolle. Aktuell gibt es nur eine Frau unter den Kale, die zusammen mit ihrem Ehemann die Musikszene erobert. Eine Nachfolgerin in den jüngeren Genera-tionen gibt es bisher nicht (Pacheco 2009).

Der Flamenco als Musikgenre entsteht im Kontakt fremder Welten. Für viele *Gitanos* und Nicht-*Gitanos* gehört der Flamenco, obwohl dieser keine exklusive „*Gitano*-Musik" ist, zu deren wichtigsten kulturellen Diakritika. Es wird jedoch auch mit *Payos* gespielt und mit *Payas* getanzt. Geromo, Kalo und Flamenco Musiker, gesteht, dass viele begabte Persönlichkeiten der Flamencoszene *Payos* sind, wie z. B. Paco de Lucia. Aber niemand kann wie ein *Gitano* singen. Für Geromo ist einerseits der frühe Kontakt mit dieser Musik durch seine Erziehung von großem Vorteil. Andererseits besitzen die Kale eine „angeborene Begabung" für das Singen (Carrizo & Pacheco 2009a).

Obwohl mehrere junge spanische Kale in Argentinien geboren worden sind, sprechen sie nach wie vor Spanisch mit „spanischem Akzent". Einerseits könnte die Bewahrung des europäischen „Halbinsel-Akzents" eine wirtschaftliche Strategie sein. Der *acento madrileño* (spanisch: Madrider Akzent) impliziert für die Musiker zusammen mit ihrer *Gitano*-Identifikation eine Art „Authentizitäts-Mehrwert" in der Flamencoszene. Ande-rerseits bestätigt dies, wie gering oder oberflächlich der Kontakt zwischen *Gitanos* und *Payos* ist. Der spanische Akzent markiert eine Linie, eine ethnische Grenze, die im Alltag zwischen Kale und *Payos* aufgebaut und ständig aufrecht gehalten wird.

Wie schon erwähnt, spielen die *comunidades gitanas* weder in der Geschichte noch in der Gegenwart Argentiniens eine „anerkannte" Rolle[12]. Diese elliptische Gegenwart[13] wird, im Vergleich mit der in Europa stattfindenden, organisierten Verfolgung und/oder Assimilationspolitik von vielen *Gitanos* als vorteilhaft gesehen (Carrizo 2008–2009 T.).

---

12 Matt T. Salo und Sheila M. G. Salo beschreiben in ihrem Buch „The Kalderaš in Eastern Canada" ein ähnliches Phänomen (1977:15).

13 In der Linguistik wird als „elliptisch" eine Konstruktion bezeichnet, in der ein Element ausgelas-sen wird, das aber aus dem Zusammenhang abgeleitet werden kann. An dieser Stelle ist damit die im übertragenen Sinne im hegemonialen Diskurs ausgelassene, aber dennoch konstituierende Präsenz der *Gitanos* gemeint.

In Bezug darauf bemerkt Patrick Williams über die in Paris lebenden Kalderasha, dass deren Unsichtbarkeit eine Strategie scheinbarer Integration ist, die deren Gemeinschaft vor dem Einfluss der *Gadzhe* bewahrt. In diesem Sinne erfolgt die Adaptation durch den Zwang, mit den *Gadzhe* zusammen zu leben, durch die Tarnung der ethnischen Grenzen (Williams 1982). Dennoch befreit diese Unsichtbarkeit die *Gitanos* nicht vom Kontakt und von deren marginaler Rolle in den Gesellschaften. Obwohl die *Gadzhe* in Buenos Aires nicht viel über die *Gitanos* wissen, sind die Kalderasha, Ludar und Kale trotzdem Fremdbildern und sozialen Repräsentationen der *Criollos* unterworfen. Diese asymmetrischen Verhältnisse drücken sich noch deutlicher in der materiellen Gestaltung des urbanen Raums aus, in dem die *Gitanos* wenig oder kaum Einfluss auf die Form und Entwicklung ihrer *barrios* haben.

Buenos Aires

La Ciudad Autónoma de Buenos Aires (spanisch: Autonome Stadt Buenos Aires) ist die Hauptstadt Argentiniens und wurde am zweiten Februar 1536 von Pedro de Mendoza mit dem Namen *Puerto de Nuestra Señora Santa María del Buen Ayre* (spanisch: Hafen unserer lieben Frau der Heiligen Maria des guten Windes) gegründet. Im Jahr 1580 wurde sie noch einmal von Juan de Garay aufgebaut, nachdem die ursprüngliche Siedlung 1538 von den Spaniern verlassen worden war. Das heutige Buenos Aires liegt am Fluss Río de la Plata, an einer trichterförmigen Mündung der Flüsse Río Paraná und Río Uruguay im Ostens Argentiniens. Es erhebt sich auf einer ebenen Fläche. Westlich und südlich erstrecken sich die Pampas, das landwirtschaftlich fruchtbarste Gebiet von Argentinien (Riekenberg 2008:26–30).

Die Stadt Buenos Aires wurde – wie der amerikanische Kontinent auch – als Utopie geboren, so widersprüchlich und unerreichbar wie Träume normalerweise sind. Die Gründung der Stadt erfolgte im Zusammenhang mit denselben Ambitionen wie die der Kolonisierung Amerikas: der Besitz und die Spekulation um Land. Rendite und Repräsentation sind zwei Prinzipien, auf die die Entwicklung der Stadt sich noch immer gründet (Liendivit 2008:16 m. Ü.). Heute reflektieren Großstädte wie Buenos Aires die aktuellen, komplexen und oft widersprüchlichen Dynamiken einer globalisierten Welt. Ignacio Sotelo bezeichnet solche Städte als „*primate cities*" (Sotelo 1973:63); sie charakterisieren sich durch ihre Absorptionskraft. Sie sind nicht nur Hauptstädte, sondern auch die wichtigsten politischen und wirtschaftlichen Zentren (ebd.).

Für die Großstädte, von denen viele als Ikonen der nationalen Kulturen konzipiert wurden, bedeuten diese Transformationen der Wahrnehmungen von Raum, Funktion und Identität neue Entwicklungen in ihren Topographien. Für Dieter Läpple führen

Dezentralisierungsprozesse, in denen sich heute viele Großstädte befinden, nicht unbedingt zum Ende einer Stadt – wie es Robert Fischman 1991 prognostizierte, als er über die „befreiten Megacities" schrieb[14] – sondern „nur" zum Ende des städtischen Monozentrismus (Läpple 2005:297–400). Die Abschwächung der Suburbanisierung führt zur einer neuen Raum-Zeit-Konfiguration der Arbeits- und Lebensorganisation. Für Läpple werden die neuen polyzentrischen Großstädte durch das Konzept von Peter Marcuse und Ronald van Kempens als „layered cities" erfasst: Jede Stadt wird multipel, übereinander geschichtet und gleichzeitig getrennt von Raum und Zeit. Ihre Teile sind die Lebens- und Arbeitsumwelten verschiedener Individuen und Klassen, die miteinander interagieren und asymmetrische Beziehungen von Nähe und Distanz unterhalten (Kempens & Marcuse zit. nach Läpple 2005:411). James Donalds (1992) definiert die Stadt als eine „imagined environment" folgendermaßen:

> „there is no such thing as a city. Rather the city designates the space produced by the interaction of historically und geographically specific institutions, social relations of production and reproduction, practices of government, form and media of communication, and so forth. By calling this diversity ‚the city', we ascribe to it a coherence or integrity. The city, then, is above all a representation. But what sort of representation? By analogy with the now familiar idea that the nation provides us with an ‚imagined community', I would argue that the city constitutes an ‚imagined environment'. What is involved in that imagining – the discourse, the symbols, metaphors and fantasies through which we ascribe meaning to the modern experience of urban living – is as important a topic for the social sciences as the material determinants of the physical environment". (Donald zit. nach King 2005:67)

Die Stadt als von großen, heterogenen Gesellschaften dicht besiedelte Flächen und als Fokus der Sozialforschung stellt ein sozial-räumliches Gebilde dar, welches durch Merkmale wie dem „städtischen Flow" oder Anonymität sowie durch Materie und Räume wie Asphalt oder Straßen einen bestimmten Existenzmodus und damit spezielle Wahrnehmungsformen stiftet. Urbanität als Kategorie wird von diesen Wahrnehmungen und Erfahrungen in städtischen Räumen geformt (Hengartner, Kokot & Wildner 2000:7). Im modernen Buenos Aires wird ein Territorium vermutet und eine Wirklichkeit bewohnt. Und durch diese fehlende Versöhnung zwischen dem einen und dem anderen setzte eine besondere Denkweise über diese Stadt ein, die ebenso die geträumten Fragmente verstärkt als auch die feindlichen Formen der Wirklichkeit dieser Vermutung begrenzt (Liendivit 2008:17).

---

14 Siehe Fishman 1991.

In Buenos Aires und in Gran Buenos Aires, dem Ballungsraum der Hauptstadt, wohnen heute 12 Mio. Menschen. Das sind ein Drittel aller argentinischen Staatsbürger. Die Stadt umfasst 2590 km² und erreichte im Jahr 2009 eine Bevölkerungsdichte von 4650 EW/km² (DEMOGRAPHIA, 2009 I.Q.). Die argentinische Hauptstadt und deren Gesellschaft charakterisieren sich, so wie andere lateinamerikanische Länder auch, durch die Außenbestimmung und durch ihre Heterogenität. Nach der Volkszählung von 2001 wohnten in Argentinien in diesem Jahr 1.527.320 Menschen, die nicht im Land geboren wurden: darunter sind 233.464 Bolivianer, 325.046 Paraguayos, 34.712 Brasilianer, 88.260 Peruaner, 212.429 Chilenen, 117.564 Uruguayer, 134.417 Spanier, 216.718 Italiener, 10.362 Deutsche und andere Europäer in Argentinien offiziell gemeldet. Dabei ist die koreanische, chinesische und afrikanische Einwanderung in den letzten Jahrzehnten stark angewachsen: 4.184 Chinesen, 8.205 Koreaner und 1.883 Afrikaner lebten 2001 offiziell in Buenos Aires (INDEC 2001).

Die *Gitanos* in Buenos Aires wohnen nicht nur in einer vielfältigen, sondern auch in einer stark fragmentierten Stadt, deren Topografie die ethnosoziale Differenz und Polarisierung widerspiegelt. Die aktuelle räumliche Verteilung der sozioökonomischen Schichten in Buenos Aires geht auf die Entstehung der modernen Stadt im 19. Jh. zurück. Komfort, Ruhe und Infrastruktur wurden im Zentrum, nämlich in den nördlichen Stadtteilen von Buenos Aires – auch bekannt als *barrio norte*[15] – für den Mittelstand und die „Eliten" gesichert. Der Ausbruch einer Gelbfieberepidemie im Jahr 1871 und eine Kampagne des Bürgermeisters Torcuato de Alvear überzeugte viele reiche Familien, ihre „patriarchalen Häuser im Süden" gegen „schlecht beleuchtete und belüftete, mit importierter Stille gestaltende Palais in die Innenstadt der Hauptstadt" (ebd.) im neu geborenen oligarchischen *barrio norte* einzutauschen. Die „Armen" wurden nicht nur sozial, sondern auch räumlich ausgeschlossen. Sie lebten entfernt vom mächtigen Zentrum und zerstreut, um Protest- und Organisationspotentiale zu verhindern. Die inländischen Immigranten und andere „Fremde" mussten sich in den prekären Umgebungen am Rand der Stadt niederlassen. Sie zogen in die von der Entwicklung geschaffenen „residualen Räume" ein. In dieser Zeit entstand das heutige Zentrum und dessen Peripherie (Liendivit 2008:18–9).

In den 70er bis 90er Jahren des 20. Jh. spitzte das neoliberale Modell die soziale Asymmetrie zu. Das Buenos Aires des 21. Jh. besteht nunmehr aus unzusammenhängenden, sukzessiven sozialen Räumen: Die neuen „Reichen" bestätigen ihren Status durch räumliche Exklusivität. Nicht selten werden überteuerte Preise für billig gebaute Häuser in

---

15 *Barrio norte* ist die informelle Bezeichnung des heutigen Gebietes, das die *Alle Santa Fe* und den Stadtteil *Recoleta* in Buenos Aires umgibt. Diese wurde von der dort eingezogene Aristokratie geprägt (Melero García & Piñeiro 1983).

gated communities (geschlossene Wohnanlage, m. Ü.)[16] oder für 30 Stockwerke hohe, mit Fitnessstudios, Restaurants und „rund um die Uhr" privaten Sicherheitsleuten ausgestatteten Hochhäuser gezählt, die in unmittelbarer Nähe der *villas miseria* (Elends- und informelle Siedlungen) gebaut werden.

Barrios Gitanos

Jorge Bernal erzählt, dass die *Gitanos* im Allgemeinen Stadtteile bevorzugen, in denen schon anderen Familien der eigenen *Natia* wohnen und wo die *Gadzhe*-Nachbarn schon an die *Gitanos* „gewohnt" sind. Häuser werden gegenseitig ge- und verkauft, aber nicht ausschließlich. Es werden oft große Häuser gesucht und wenn der vorherige Besitzer *Gadzho* oder *Gadzhi* war, stellt dies kein Problem für die *Gitanos* dar (Carrizo 2009d).

Am weitesten entfernt vom Stadtkern Buenos Aires' befindet sich das für die Nachbarn als *barrio gitano* bekannte Quartier der Ludar. Sie wohnen in *Marmol* und *La Perla*, in den südlichen *partidos* (spanisch: Kreise) *Temperley*, *Lomas de Zamora* und *Almirante Brown*. Wie andere *partidos* des Südens Buenos Aires' ist *Almirante Brown* durch die Angliederung zur Hauptstadt nahe liegender, staatlicher Ländereien und deren Bewirtschaftung entstanden. In der zweiten Hälfte des 19. Jh. bekamen europäische Einwanderer, unter ihnen viele Basken und Italiener, Grundstücke im seit 1873 unabhängigen Kreis (De Paula et al. 1974:86–87). Bis Mitte des 19. Jh. stellte der Süden Buenos Aires' eine Art lateinamerikanische „Saint-Germain" der agrarischen „Eliten" dar. Im Süden befand sich außerdem die einzige exportfähige Industrie dieser Zeit, die Salzseen. Die Gelbfieberepidemie von 1871 als auch die Modernisierung der nördlichen Stadtteile Buenos Aires' führten zum Exodus der angesehenen Familien (Sebreli et al. 1964:24–25).

Im Viertel *Jose Marmol* findet man heute Straßen, die noch nicht asphaltiert sind. Wenn es häufig regnet, werden diese Wege nicht selten zu Flüssen, die durch den Stadtteil einen Ausweg suchen. Die Häuser sind sehr einfach gebaut, oft einstöckig und unverputzt. In freien Grundstücken sammelt sich Müll und die Straßenhunde laufen in großen

---

16 *Gated communities* sind private Stadtteile, deren Grundstücke normalerweise außerhalb von Buenos Aires in der Nähe des Autobahnnetzes von Privatpersonen gekauft und bebaut werden, da viele Bewohner in der Innenstadt entweder arbeiten oder ihre Kinder in Privatschulen schicken. Die Bewohner haben dort Zugang zu Sportstätten und anderen privaten luxuriösen Einrichtungen wie z. B. Fitnessstudios oder Schwimmbäder. *Gated communities* werden von der Außenwelt durch Mauern getrennt. Vor den Ein- und Ausgängen stehen private Wächter, die jedes fremde Auto durchsuchen sowie Ausweis bzw. Einladung verlangen, um Besuchern Durchfahrt zu gewähren. Für die Wissenschaftlerin Setha Low stellen *gated communities* eine neue Art des Ausschlusses und der stationären Segregation dar, die die schon existenten sozialen Klüfte und Spaltungen zusätzlich verschärfen (Low 2003:177).

Rudeln auf der Suche nach Schatten und Essensresten. Alle Zeichen deuten auf eine *villa miseria* hin, aber zwischen den einfachen Häusern lassen sich Spuren eines arbeitenden Mittelstands finden (Carrizo 2008–2009, T.).

Eine Kommilitonin der Universität, die in der Nähe von Jose Marmol wohnt und mich eines Tages durch das Viertel führte, erklärte mir, dass es tagsüberes nicht so gefährlich sei, aber dass man am Abend nicht allein laufen solle. Sie erzählte ebenfalls, dass sie eine Freundin hatte, die einen Gitano heiratete. Seitdem hat sie sie nie wieder gesehen (pers. I. mit Marina, 9.10.2008, Buenos Aires). An dem Tag liefen wir an einem überdimensionierten roten und glänzenden Pickup vorbei, das vor einem einfachen Haus stand. Eine Gruppe von jungen Männern hörte auf zu sprechen, als wir vorbeigingen. Gegenüber saßen einige Frauen auf dem Boden, deren bunte Röcke, Kopftücher und Plasteblumen im Kopf meinem Fremdbild von Gitanas ganz und gar entsprachen. Ihre Kinder und jungen Geschwister spielten in einem kleinen, aufblasbaren Bassin. Eine der Frauen schaute uns neugierig an und fragte nach der Uhrzeit. Ich antwortete schnell und fragte sogleich nach der Herkunft und Funktion eines Lamas, das an einem Bus festgebunden war und trockenes Gras fraß. Sie sagte kurz, dass sie es nicht wüßte, da das Lama erst gestern gebracht wurde und ging weiter ihres Wegs. Ihr Interesse an den Fremden war damit anscheinend erschöpft. Wir kamen an einem zweistöckigen Bus vorbei, wie man ihn aus England kennt. Diesbezüglich kommentierte meine Kommilitonin, dass die Gitanos damit Schulklassen von den Privatschulen aus Temperley transportieren (Carrizo 2008–2009 T.).

Der heutige *barrio gitano* der spanischen Kale erstreckt sich von der 16-spurigen Hauptverkehrsader *9 de Julio* bis hin zum *Plaza de los dos Congresos* (spanisch: der Kongressplatz) und weiter die *Avenida de Mayo* – deren Name sich auf das Datum der Unabhängigkeit von Argentinien bezieht – entlang. Damit befindet es sich im innenstädtischen Stadtviertel *Monserrat*. Die 1894 freigegebene *Avenida de Mayo*, die einst nach französischem Vorbild geplant wurde, wandelte sich mit der Zeit und durch die konstante Niederlassung iberischer Familien in eine lateinamerikanische „Interpretation" der *Gran Vía* von Madrid. In den 60er Jahren erinnerte diese die gerade angekommenen spanischen Kale an ihre verlassene Heimat (Grandoso 2000 F.Q.). Um diese enge emotionale Bindung zwischen den argentinische Kale und ihrem *barrio* zu veranschaulichen, erzählte eine Mitarbeiterin der Abteilung für Denkmalpflege aus dem Kulturministerium von Buenos Aires folgendes: Als sie das Festival *Buenos Aires Andaluza* organisieren wollten, verlangten die als Flamenco-Musiker angestellten Kale, in ihrer *barrio* zu spielen. Die Künstler argumentierten, dass die anderen Kale nur kommen würden, wenn die Musiker in ihrem eigenen Stadtteil spielen würden. Sonst würden sie sich fremd fühlen (Carrizo 2008–2009 T.).

Buenos Aires' Innenstadt ist das Herz Argentiniens. Dort befinden sich die nationalen und internationalen politischen und ökonomischen Zentren. Überfüllte Busse und Metros, Staus, wöchentliche Demonstrationen und Touristenmassen lassen wenig Raum für das alltägliche, familiäre Leben. Trotzdem haben die spanischen Kale entlang dieser überlasteten Allee ihren eigenen Raum aufgebaut. Die für Buenos Aires traditionellen, von spanischen Einwanderern gegründeten Restaurants sind beliebte Treffpunkte der Kale. Die Ältesten spielen stundenlang Domino und Karten und wetten dabei um die nächste Kaffeerunde. Die Jüngeren sitzen draußen, rauchen, trinken Bier und unterhalten sich mit perfektem, jedoch spanischem Akzent. Aufgrund lauter Diskussionen werden sie aber immer wieder von den Cafes verbannt. Sie kommen immer wieder. Weil sie zu den Stammkunden gehören, zeigen die Kellner am Ende doch erneut Geduld. Wenn die Kale nicht dort sitzen, flanieren sie am *Plaza de los dos Congresos* oder spielen dort Fußball. Die *Gitanas* sind kaum in den Cafes zu sehen. Sie bleiben mit den Kindern zu Hause, gehen spazieren, essen im nahen gelegenen McDonald oder besuchen die Filadelfia-Pfingstkirche. Nur wenige verkaufen noch gefälschtes Parfum auf den Strassen. Sie fahren in Gruppen zu den kleineren Städten und Dörfern, die Buenos Aires umgeben, um dort ihre Waren anzubieten. Aber es ist aufgrund der Kriminalität gefährlich geworden, und der Verdienst ist schlecht (Grandoso 2000 F.Q.).

Bevor die spanischen Kale die Allee *Avenida de Mayo* in den 60er Jahren bezogen, trafen sich an dieser Stelle zwei gegensätzliche Welten. Die *Avenida de Mayo* wurde als Markenzeichen der europäischen Zivilisation und Modernisierung vom Bürgermeister de Alvear etabliert. Dieser sollte dem Viertel durch die prächtigen französischen Fassaden der wohlhabenden Innenstadt einen neuen Glanz verleihen. De Alvear starb, ohne die Allee gesehen zu haben. Die Eröffnung von „Buenos Aires' schönster Straße" im Jahr 1894 wurde eine Woche lang zelebriert. Andere Ereignisse gaben der Innenstadt jedoch unerwartet neue Züge. In den 1880er Jahren begleitete die massive Einwanderung von Europäern die Entstehung eines Rotlichtbezirks in unmittelbarer Nähe der Maiallee. Der berühmte *Malevo*[17] und Prostituierte, wie man sie aus Tango-Liedversen kennt, frequentierten bis 1920 die Theater, Cafés und Kneipen der angrenzenden Straßen. Diverse europäische und nationale „Mafiosis" hatten das „Monopol der Süchte und Sehnsüchte" inne. Ihr Charakter hinterließ tiefe Spuren im kollektiven Unterbewusstsein und den literarischen Darstellungen von Buenos Aires (Sebreli 1964:125–132).

Die Rom-Kalderasha bezogen die Stadtteile westlich des Zentrums, dort, wo sich Arbeiter des Mittelstands in einem profitablen Kontext anboten: „Ein langer Streifen, der die Stadt in der Mitte teilt […] und die Grenze zwischen dem oligarchischen Norden und den Arbeitern im Süden bildet, ist die Umwelt der Kleinbürger, einer Klasse, die zwischen

---

17 Begriff aus der argentinischen und uruguayischen Umgangssprache für Bösewicht, Schläger und Krawallmacher.

dem Großbürgertum und dem Proletariat steht und einen Kampf zwischen ihnen bremst."
(Sebreli 1964:67 m. Ü.) Zwischen einigen Hochhäusern wiederholen sich die einstöcki-
gen, einfachen Einfamilienwohnungen. Auf großen und kleinen Straßen erstrecken sich
„Häuser mit immer weiter zu bebauenden Dächern" (ebd.) und Vorgärten mit kleinen
Gartenzwergen und unfertigen Fassaden (ebd.). Die Wohnung des Pastors Ricardo Papa-
dopulos besteht aus einem großen, sparsam möblierten Wohnzimmer mit direktem Zu-
gang zur Küchen und einem Innenhof, von wo aus eine Treppe in den ersten Stock führt.
Er wurde vor 64 Jahren, ein paar hundert Meter entfernt vom heutigen Roma-Pfingst-
Tempel geboren. Sein Vater wohnte schon dort. Als Ricardo heiratete, baute er für seine
Frau und seine Kinder ein Haus gegenüber dem seiner Eltern. Die *Gadzhe*-Nachbarn des
Stadtteils sind für Papadopulos Freunde. Letztendlich sind sie gemeinsam aufgewachsen.
Tagsüber, wenn es warm ist, sitzen die Romnia auf ihren Stühlen auf der Strasse. Die
Männer stehen oft vor dem Eisenwarengeschäft oder neben den gerade erworbenen oder
verkauften Autos. Alle Türen bleiben offen, wenn Besuch erwünscht ist, aber aufgrund
der wachsenden Gewalt und Unsicherheit in Buenos Aires wurden massive Gitter davor
montiert (pers. I. mit R. Papadopulos, 31.01.09, Buenos Aires).

Territoriale Gemeinschaften und ethnische Stadtteile

In weiterem Sinne bezeichnet der Begriff *barrios* Areale, die nach ihren historischen und
kulturellen Charakteristika differenziert werden können. Es sind soziale Identifikations-
räume. Für Carolina Mera und Susana Sassone sind die *„barrios etnicos"* (spanisch: ethnische Viertel) in Buenos Aires, wie z. B. das bolivianische *Charrua*-Viertel, das koreanische *Baek-Ku* oder das *China Town*, auf der Basis von persönlichen, familiären und
sozialen Beziehungen aufgebaut, die wiederum durch Migrationsnetzwerke entstanden
sind. In solchen identitätsstiftenden sozialen Räumen werden Beziehungen reproduziert
und transformiert. Der höchste Integrationsgrad, den ein „ethnisches Viertel" erreichen
kann, wird von den Autorinnen als „Viertel-Gemeinschaft" bezeichnet. In dieser Phase
identifizieren sich die Individuen stärker mit der Nachbarschaft als mit anderen Mitgliedern der Gruppe, die außerhalb des Viertels wohnen (Mera & Sassone 2007).

Die Zugehörigkeit zu einer Natia als determinierende Kategorie der räumlichen
Verteilung der Roma/Zigeuner ist ein allgemein verbreitetes Phänomen, dennoch scheint
die Beziehung zwischen Raum und Identität verschiedene Nuancen zu haben. Im fragmentierten Buenos Aires werden räumliche Nähe und Distanz situativ unterschiedlich
artikuliert. So werden die ethnischen und sozialen Grenzen zwischen den Kalderasha,
Ludar und Kale durch extreme räumliche Distanz aktiv und/oder passiv (re-)produziert.

Somit finden intergruppale Unterschiede und Hierarchien einen deutlichen Ausdruck im städtischen Raster. Trotz dieser gemeinsamen „räumlichen Strategie" kann nicht behauptet werden, dass die verschiedenen Gruppen und ihre *Gadzhe*-Nachbarn den bewohnten Raum in gleicher Weise erfahren. So wie es die Aussage „*Gitano* ist nie gleich *Gitano*"[18] auf den Punkt bringt, führt das Zusammenwohnen von Familien nicht zwingend zur ideellen Konstruktion von *barrios etnicos*.

Unter den Nachbarn der Ludar sind die *barrios gitanos* in *Marmol* und *La Perla* bekannt. Bestimmte Straßen, in denen *Gadzhe* und Ludar zusammenwohnen, werden von den Nicht-*Gitanos* als Territorium der Ludar – von den *Gadzhe* einfach *Gitanos* bezeichnet – identifiziert. Die *Gitano*-Siedlung in *Marmol* scheint für die dort wohnenden Nicht-*Gitanos* ein klarer identitätsstiftender Raum zu sein. Nedich und Papadopulos beschrieben die Siedlungen in *Almirante Brown* jedoch als einige der zahlreichen Adressen in Buenos Aires, in denen einige *Gitano*-Familien zusammen wohnen, ohne diese weder als eine historisch noch kulturell definierte Einheit zu charakterisieren (Carrizo 2008–2009 T.). In ähnlicher Weise scheint das *barrio* der Kalderasha – im Vergleich zu anderen ethnischen Gemeinschaften – eine unwichtigere Rolle zu spielen bezüglich der Definition von ethno-sozialer Zugehörigkeit. Die dargestellte Siedlung erforderte weder von den dort wohnenden *Gitanos* noch von deren *Gadzhe*-Nachbarn eine Abgrenzung oder Charakterisierung als territoriale Einheit. So z. B. fanden einige der Pfingstkirchengemeindetreffen in ferneren Familienhäusern statt. Auch die unmittelbare Nähe der nächsten Rom-Pfingstkirche – Zentrum anderer Gemeinden – unterstützt die Relativierung der Rolle des territorialen Faktors in der Konstitution der Kalderasha-Gemeinschaft im Westen von Buenos Aires. Ein ähnliches Siedlungsmuster beschreibt Patrick Williams in der bereits erwähnten Analyse über ein Pariser Wohnviertel. Seit den 1940er und 50er Jahren leben in der östlichen Peripherie von Paris mehrere Kaldersha-Familien. Ihre Gemeinschaft erstreckt sich über Kommunen hinaus, ohne die *Gadzhe*-Grenzen zu beachten. Wie die argentinischen Kalderasha vermeiden die in Paris wohnenden Familien die Entstehung einer allgemeingültigen ethno-territorialen Identität. Wie schon erwähnt, ist dieses Verhalten nach Williams als eine Strategie zu verstehen: Auf die Notwendigkeit, mit den *Gadzhe* zusammenzuleben, reagieren die Kalderasha aus Paris, indem sie ethnische Grenzen tarnen und verschweigen (Williams 1982).

Im Gegensatz zu den räumlichen Performanzen der Ludar und Kalderasha, präsentieren die spanische Kale die *Avenida de Mayo* als eine Projektionsfläche ihrer sowohl historischen als auch gegenwärtigen Identifikationen. Diese ist zum einen eine kons-

---

18 Mit diesem Kommentar wurde mir die gültige Hierarchie zwischen den *Natii* in Buenos Aires erklärt. Dennoch wird an dieser Stelle keine Bewertung vermittelt, sondern der Ausdruck der Vielfalt von Roma-/Zigeuner-Welten hervorgehoben.

tante Erinnerung an die verlorene spanische Hauptstadt, und zum anderen, der am besten geeignete Ort für ihre wirtschaftliche Tätigkeit. Überdies trägt eine bekannte Kale-Flamenco-Musikgruppe ebenfalls den Namen *Barrio Gitano* zu Ehren der geliebten Maiallee und eines mit spanischen Geldern finanzierten Dokumentarfilms, dessen Regisseur ein Kale-Musiker ist und der bald unter diesem Titel Kariere machen soll. Demzufolge kann das *barrio gitano* der Kale als eine Viertel-Gemeinschaft – im Sinne von Meras und Sassones (2007) – charakterisiert werden.

Der Raum als eine relative Struktur erweist sich als ein konstituierendes Element und zugleich als wichtiger Faktor in der Gestaltung von kollektiven Identifikationen. In verdichteten urbanen *„imagined environments"* nehmen Differenz und Ähnlichkeit, Akzeptanz und Ablehnung sowie Interaktion und deren Mangel klare materielle Formen an. Die weitere Erforschung der Gestaltung und Dynamik der räumlichen Gegenwart der Roma/Zigeuner könnte neue Perspektiven in der Konzipierung des „Globalen" und „Lokalen" bei als mobil definierten Gruppierungen öffnen. So erlangen die *barrios* z. B. – und damit folglich auch die Relation zwischen Identifikation und Raum – für die *Gitanos* und ihre Nicht-*Gitano*-Nachbarn in Buenos Aires verschiedene Bedeutungen. Interessanterweise entspricht in Buenos Aires die räumliche Verteilung der *Gitano*-Gemeinschaften der sozialen Raumhierarchie der *Gadzhe*. Die ausgeschlossenen Ludar sind im benachteiligten Süden beheimatet. Die Kalderasha dagegen wohnen hauptsächlich in westlichen Stadtteilen, in denen traditionell die Mittelschicht von Buenos Aires lebt, während die spanischen Kale sich um die symbolische *Avenida de Mayo* im elitären *barrio norte* niederließen.

Literatur & Quellen

Bayon, M. C. 2008. Konturen des informellen Sektors in Mexiko und Argentinien. (*In* Boris, D. (Hg.), *Sozialstrukturen in Lateinamerika. Ein Überblick.* Wiesbaden: VS Verl. für Sozialwissenschaften. S. 144–170.)

Bonfil Batalla, G. 1992. *Identidad y pluralismo cultural en América Latina.* Buenos Aires: CEHASS.

Cahill, D. 1994. Colour by Numbers: Racial and Ethnic Categories in the Viceroyalty of Peru, 1532–1824. *Journal of Latin American Studies*, 26(2):325–346.

Campos, J. 2005. Gitanos españoles. (*In* Maronese, L. (Hg.), *Patrimonio Cultural Gitano.* Buenos Aires: Comision para el Patrimonio historico y cultural de la Ciudad de Buenos Aires. S. 59–63.)

Canton Delgado, M. & Mena Cabezas, I. R. 2004. *Gitanos Pentecostales. Una Mirada Antropológica a la Iglesia Filadelfia en Andalucía.* Sevilla: Signatura Demo.

De Paula, A., Gutierrez, R. & Viñuales, G. M. 1974. *Del Pago del Riachuelo al Partido de Lanus 1536–1944.* La Plata: Provincia de Buenos Aires. Ministerio de Educacion. Subsecretaria de Cultura.

Di Virgilio, M. M. & Kessler, G. 2008. Neue Armut und Mittelschichten in Lateinamerika und Argentinien. (*In* Boris, D. (Hg.), *Sozialstrukturen in Lateinamerika. Ein Überblick.* Wiesbaden: VS Verl. für Sozialwissenschaften. S. 95–119.)

Fishman, R. L. 1991. Die befreite Megalopolis: Amerikas neue Stadt. *ARCH+*, 109/110:73–83.

Hengartner, T., Kokot, W. & Wildner, K. 2000. Das Forschungsfeld Stadt in Ethnologie und Volkskunde. (*In* Hengartner, T., Kokot, W. & Wildner, K. (Hg.), *Kulturwissenschaftliche Stadtforschung.* Berlin [et al.]: Reimer. S. 3–18.)

INDEC 2001. *Población total por lugar de nacimiento, según provincia. Total del país. Censo 2001.* Buenos Aires: INDEC

King, A. D. 2005. Postcolonial Cities/Postcolonial Critiques: Realities and Representations. (*In* Berking, H. & Löw, M. (Hg.), *Die Wirklichkeit der Städte.* Baden-Baden: Nomos Verlagsgesellschaft. S. 67–83.)

La Porta, N. 2005. Prologo. (*In* Maronese, L. (Hg.), *Patrimonio Cultural Gitano.* Buenos Aires: Comision para el Patrimonio historico y cultural de la Ciudad de Buenos Aires. S. 8–11.)

Läpple, D. 2005. Phönix aus der Asche: Die Neuerfindung des Stadt. (*In* Berking, H. & Löw, M. (Hg.), *Die Wirklichkeit der Städte.* Baden-Baden: Nomos Verlagsgesellschaft. S. 397–413.)

Liendivit, Z. 2008. *Territorios en transito Ensayos sobre la ciudad moderna.* Buenos Aires: Contratiempo Ediciones.

Low, S. M. 2003. The politics of fear: Strategies of Exclusion in Gated Communities. (*In* Berking, H. & Löw, M. (Hg.), *Die Wirklichkeit der Städte.* Baden-Baden: Nomos Verlagsgesellschaft. S. 177–193.)

Maronese, L. 2005. Introduccion. (*In* Maronese, L. (Hg.), *Patrimonio Cultural Gitano.* Buenos Aires: Comision para el Patrimonio historico y cultural de la Ciudad de Buenos Aires. S. 15–21.)

Melero García, R. & Piñeiro, A. G. 1983. *Barrios, calles y plazas de la Ciudad de Buenos Aires: origen y razón de sus nombres*. Buenos Aires: Municipalidad de la Ciudad Buenos Aires.

Mera C. & Sassone, S. M. 2007. Barrios de migrantes en Buenos Aires: Identidad, cultura y cohesión socioterritorial MS/MIG – 1 Fronteras, Identidades y Culturas en un mundo globalizado: repensar los conceptos analíticos centrales. *Preactas V Congreso Europeo CEISAL de latinoamericanistas – Consejo Europeo de Investigaciones Sociales de América Latina – „Las relaciones triangulares entre Europa y las Américas en el siglo XXI: expectativas y desafíos"*. Brüssel.

Moreno Fernandez, F. & Otero Roth, J. 2007. *Atlas de la lengua española en el mundo*. Madrid: Fundación Telefónica. Editorial Ariel, S. A.

Matos Mar, J.1993. El Sistema Indigenista Interamericano. *Anuario Indigenista*, 32:321–329.

Münzel, M. 1981. Zigeuner und Nation. (*In* Münzel, M. & Streck, B. (Hg.), *Kumpania und Kontrolle. Moderne Behinderung zigeunerischen Lebens*. Giessen: Fokus, S. 15–67.)

Nedich, J. E. 2001. Bandada de Gitanos en Buenos Aires. *Revista La Nacion*, Buenos Aires: La Nacion 04.03.2001.

Riekenberg, M. 2009. *Kleine Geschichte Argentiniens*. München: Beck.

Ries, J. 2007. *Welten Wanderer. Über die kulturelle Souveränität siebengebürgischer Zigeuner und den Einfluß des Pfingstchristentums*. Würzburg: ERGON Verlag.

Sebreli, J. J. 1964 [et.al]. *Buenos Aires. Vida cotidiana y alienacion*. Buenos Aires: Ediciones Siglo Veinte.

SKOKRA 2003. Los Rrom de las Americas (*In* Maronese, L. (Hg.), *Patrimonio Cultural Gitano*. Buenos Aires: Comision para el Patrimonio historico y cultural de la Ciudad de Buenos Aires. S. 95–148.)

Sotelo, I. 1973. *Soziologie Lateinamerikas. Probleme und Strukturen*. Stuttgart: Kohlhammer GmbH.

Vossen, R. 1983. *Zigeuner. Roma, Sinti, Gitanos, Gypsies. Zwischen Verfolgung und Romantisierung*. Frankfurt a. M. [et al.]: Ullstein Sachbuch.

Williams, P. 1982. The Invisibility of the Kalderash of Paris: Some aspects of the economic activity and settlement patterns of the Kalderash Rom of the Paris susurbs. *Urban Anthropology*, XI(3–4):315–346.

Internetquellen (I.Q.)

Demographia 2009: http://www.demographia.com/db-worldua2015.pdf, Zugriff: 3.12.2009

Filmische Quellen (F.Q.)

Grandoso, Maria [Regie] 2000. *Entre Gitanos*, Buenos Aires [Dokumentarfilm]

Interviews

Carrizo, Agustina

    & Pacheco, Julieta (2009a) Interview mit Geromo und Manuel, Buenos Aires: P.A. [11.02. 2009]

    (2009b) Interview mit Jorge Nedich, Buenos Aires: P.A. [15.01.2009]

    (2009c) Interview mit Jorge Bernal, Buenos Aires: P.A. [06.03.2009]

    (2009d) Interview mit Jorge Bernal, Buenos Aires: P.A. [16.03.2009]

    pers. I. mit R. Papadopulos, Buenos Aires [13.12.2008]

    pers. I. mit R. Papadopulos, Buenos Aires [31.03.2009]

    pers. I. mit J. Pacheco, Buenos Aires [19.02.2009]

    pers. I. mit Marina Buenos Aires [15.11.2008]

Pacheco, Julieta (2005) Interview mit Jose Campos, Buenos Aires, P.A.

Tagebücher (T.)

Carrizo, Agustina (2008–2009) *Persönliches Tagebuch 1*, Buenos Aires: P.A.

JANINA HECKL

Tsiganismen im Französischen
Die Spuren von Roma- und Sinti-Wortschatz in der Sprache Voltaires

Das Französische ist zweifellos eine der prestigeträchtigsten Sprachen in ganz Europa. Auch wenn es seinen Status als Sprache der Diplomatie inzwischen an das Englische abtreten musste, ist man in Frankreich und zuweilen auch andernorts überzeugt: das Französische ist eine Kultursprache und daher besonders erlernens-, vor allem aber auch schützenswert. Diese puristische[1] Haltung schlug sich in der Vergangenheit in staatlichen Maßnahmen zum Sprachschutz nieder. So wurden beispielsweise sogar Gesetze erlassen, die den Anteil französischsprachiger Musik im Radio festlegten oder die ausschließliche Verwendung des Französischen in der Werbung vorsahen[2]. Vor dem Hintergrund dieses Szenarios ist es eine spannende Frage, inwieweit eine seit dem 15. Jahrhundert in Frankreich präsente, über lange Zeit nomadisch lebende sprachliche Minorität wie die *tsiganes* diese Kultursprache beeinflussen konnte. Diesbezügliche Überlegungen, denen sich

---

1   Als Purismus bezeichnet man Bestrebungen, die auf die Reinhaltung der Sprache abzielen. Es geht also darum, eine mehr oder weniger „reine" Sprache vor der Überfremdung durch (eine) andere zu schützen. Dabei wird jedoch außer Acht gelassen, dass Sprachen dynamisch sind und der Sprachkontakt seit jeher zur Sprachentwicklung gehörte. So hat sich das Französische bekanntermaßen aus dem Latein entwickelt, und zwar in einem Prozess, bei dem die sprachliche „Verunreinigung" des Lateins nicht ausblieb. Hinzu kommt, dass die Idee einer „reinen" Sprache, also einer Sprache ohne entlehnte Wörter, ohnehin eine Illusion darstellt, es sei denn, im unwahrscheinlichen Falle einer andauernden kompletten Isolation einer Sprechergruppe.

2   Die Rede ist hier von der *Loi Bas-Lauriol* aus dem Jahre 1975 und der *Loi Toubon* von 1994.

dieser Artikel widmet[3], legen die Fragestellung nach der Art des Vokabulars und nach den Bereichen, in denen es sich etablieren konnte, nahe.

Der erste Schritt, um der Beantwortung beider Fragen näher zu kommen, war die Erstellung eines umfangreichen Untersuchungskorpus von Lehnwörtern aus den *langues tsiganes*. Anschließend erfolgte eine weit reichende Recherche, um die aktuelle und effektive Verbreitung dieses Wortschatzes im Französischen festzustellen. Dabei wurden drei verschiedene Bereiche betrachtet. Zum einen konsultierte ich die letzten beiden Ausgaben des *Dictionnaire de l'Académie française*[4], das auch in einer Onlineversion (Académie Française o.J.) verfügbar ist. Dies hat den Hintergrund, dass das Wörterbuch als Indikator für die Hochsprache[5] gelten kann und somit Aufschluss darüber gibt, welche Lehnwörter den Status erlangt haben, auch in formellen Kontexten ohne Einschränkung verwendet werden zu können. Zum anderen nutzte ich die Onlinedatenbank *Frantext* (CNRS/ATILF o.J.), in der fast 4000 Texte renommierter französischer Autoren zu Forschungszwecken zur Verfügung gestellt werden. Damit konnte ich das Vorkommen von Tsiganismen in der Literatur überprüfen. Und schließlich untersuchte ich mit der Suchmaschine *Google* (Google 2007) die allgemeine Präsenz des Wortschatzes in verschiedensten Kontexten. Meine Wahl fiel auf diese Suchmaschine, weil sie, obwohl es sich um kein französisches Unternehmen handelt, zum damaligen Zeitpunkt in Frankreich 90 % des Marktanteils besaß (Valérie S. 2007). So konnten auch beispielsweise Tsiganismen in der Jugend- und Umgangssprache ausfindig gemacht werden, denn die Unterhaltungen von Jugendlichen in vielen Foren sind der gesprochenen Sprache äußerst ähnlich. Natürlich ergaben sich bei dieser Art von Recherche auch gewisse Schwierigkeiten, die jedoch an anderer Stelle genauer erläutert werden sollen.

---

3   Die Untersuchung war Gegenstand einer Examensarbeit im Fach Französische Linguistik. Dieser Artikel beabsichtigt, die Ergebnisse der Arbeit zusammenfassend darzustellen und damit für einen größeren Leserkreis verfügbar zu machen.

4   Es handelt sich um die achte und neunte Edition, die bereits in Teilen verfügbar ist. Die Arbeit an der neunten Edition wird voraussichtlich erst im Jahre 2030 abgeschlossen sein (vgl. Frey 2000:53). Dies spricht zwar für die Gewissenhaftigkeit der *Académie*, birgt jedoch die Gefahr, dass das Werk bereits zum Zeitpunkt seines Erscheinens veraltet sein wird.

5   Das *Dictionnaire de l'Académie française* ist eines der renommiertesten Wörterbücher der französischen Sprache. Die Institution hat es sich zur Aufgabe gemacht, den *bon usage*, den guten und richtigen Gebrauch des Französischen (Hochsprache) zu proklamieren und „degenerierte" Formen konsequent auszuschließen.

Roma, Sinti und Fahrende in Frankreich. Ein Überblick.

Bevor man sich mit den *langues tsiganes* und ihren Sprechern beschäftigt, ist es sinnvoll, sich einen Überblick über die äußerst zahlreichen Bezeichnungen in Frankreich zu verschaffen. Diese tragen der sehr komplexen Realität einer Vielzahl von verschiedenen Gruppen und Grüppchen Rechnung. So beschreibt Jean-Pierre Liègeois, der für seine Arbeit die Aufzählung *„Roma, Sinti und Fahrende"* verwendet, diese als „[…] *ein Mosaik kleiner, unterschiedlicher Gruppen* […], ein Mosaik, das ständig in Bewegung ist, *ein Kaleidoskop*, in dem jedes Einzelteil auf seine Eigenständigkeit bedacht ist"(Liègeois 2002:21) und zieht daraus die Schlussfolgerung: „Deshalb kann nichts verallgemeinert werden, ob es nun um Herkunft, Geschichte, Sprache, Lebensweise, Berufe oder anderes mehr geht."(Ebd.)

Eine wichtige Unterscheidung ist jene zwischen Fremd- und Eigenbezeichnungen. Einige Fremdbezeichnungen reflektieren den Umstand, dass man lange nichts über die Herkunft des „fahrenden Volkes" wusste. Der Name *bohémiens* entstand in einer Zeit, als die in Frankreich eintreffenden Fremden Schutzbriefe des Böhmischen Königs mit sich führten. *Gitan* leitet sich (wie *gitano* und *gypsy*) von „Ägypter" ab. Das Wort *tsigan* ist, ebenso wie sein deutsches Pendant „Zigeuner", vom griechischen *atsinganos* abgeleitet. In Frankreich ist seine Verwendung nicht im gleichen Maße politisch umstritten wie in Deutschland. Es ist eine Bezeichnung für alle in Frankreich lebenden Zigeunergruppen und wird als solche in diesem Artikel gebraucht. Ebenso werden die Begriffe „Zigeuner" bzw. „zigeunerisch", die im deutschen Sprachraum umstritten sind[6], von mir nach französischer Art verwendet, da sich der Aufsatz schließlich auf Frankreich und die französische Sprache bezieht.

Andere Bezeichnungen, die mit den Berufen und der Lebensweise der *tsiganes* in Zusammenhang stehen, sind *forains, vanniers* und *nomades*. Diese schließen jedoch auch fahrende Gruppen nicht-zigeunerischer Herkunft mit ein.

In der Sprache der Politik und der Behörden haben sich in der letzten Zeit „wertfreie" Begriffe durchgesetzt, wie *personnes d'origine nomade* und *gens de voyage* (vgl. ebd.:50), die jedoch sehr allgemein sind und ebenso wie die vorangegangenen keine spezifisch ethnische Zugehörigkeit ausdrücken.

---

6 Im deutschen Sprachraum ist dieser Begriff sehr negativ konnotiert, was vor allem auch mit der Verfolgung der Zigeunergruppen im 3. Reich in Zusammenhang steht. Dennoch eröffnet er die Möglichkeit, umständliche Formulierungen zu umgehen, die der Lesbarkeit des Textes unter Umständen abträglich sind. Auch die Bezeichnung „Roma" bietet hier keine hinreichende Alternative, da sich bestimmte Gruppen nicht als solche identifizieren und der Begriff an sich schon eine Kontroverse in sich birgt. Dabei steht selbstverständlich außer Frage, dass es sich keinesfalls um eine homogene Gruppe handelt.

Bei den ebenfalls zahlreichen Selbstbezeichnungen wäre zum einen der Begriff *rom* (Plural: *roma*) zu nennen, der in einer Vielzahl von Dialekten die Bedeutung ‚Mann‘ oder ‚Mensch‘ trägt. Hinzu kommen die Bezeichnungen für einzelne Gruppen oder größere Verbände, wie die der *sinti/sinte* und *manouche, kalderash(-a), calé, lovari* und so weiter. Der Begriff „Roma" steht im engen Zusammenhang mit der Debatte um eine real existierende gemeinsame Identität für alle Zigeunergruppen[7]. Die Untersuchung, die in diesem Artikel vorgestellt wird, basiert auf der Annahme, dass es Sprachen gibt, die miteinander verwandt sind und als Sprachen der *tsiganes* identifiziert werden können. Damit soll die Komplexität des Themas um die zigeunerische Identität keinesfalls negiert werden, für den Forschungsgegenstand ist sie jedoch von untergeordneter Bedeutung.

Die Sprachfamilien und ihre Entstehung

Heute gilt es als gesichert, dass der Ursprung der Zigeunersprachen im engeren Sinne, also der Varietäten des Romani[8] bzw. Romanes, in Indien liegt. Richard Pischel und August Pott bewiesen in der ersten Hälfte des 19. Jahrhunderts eine Verwandtschaft zwischen diesen und dem Sanskrit (vgl. Gronemeyer/Rakelmann 1988:179).

Das Romani ist durch große dialektale Vielfalt gekennzeichnet. Zum Teil weist es sogar größere Ähnlichkeit mit der Sprache der einheimischen Bevölkerung auf, als mit einem „Ur-Romani", das nur in einer rekonstruierten Form existiert. Gronemeyer und Rakelmann argumentieren: „ […] die Dialekte [sind] ein Spiegel der flexiblen Stammesorganisation; Romanes hat fließende Grenzen in seinen Idiomen. Es widersteht jeder Normierung und lässt keine endgültige Festlegung zu." (Ebd.:191) Dies ist nur zum Teil richtig. Mittlerweile ist eine Vielzahl von Dialekten klassifiziert worden. Natürlich sind die Sprachentwicklungen dynamisch, und die Kriterien zur Klassifizierung schwanken

---

7   Die eine Position, die von Ian Hancock (2002), selbst zigeunerischer Herkunft, Yaron Matras (2002) und Peter Bakker (2000) vertreten wird, geht von der *Einheit* eines Zigeunervolkes aus. Dabei wird ein Zusammenhang zwischen Sprache und ethnischer Zugehörigkeit hergestellt. Roma ist, wer einen der zahllosen Romani-Dialekte spricht, oder wessen Vorfahren einen solchen sprachen. Hintergrund dieser Position ist es, die unglaubliche Vielfalt der existierenden Gruppen zu einen, indem man eine Roma-Identität schafft, die internationale Gültigkeit besitzt. Dieser theoretische Standpunkt wird jedoch zum Beispiel von der Ethnologin Judith Okely kritisiert. Sprache und Ethnie könne man ihrer Meinung nach nicht gleichsetzen (Okely 1985:8). Zudem zweifelt sie an der Existenz einer *unabhängigen* Zigeunerkultur. Sie vertritt die Ansicht, die Zigeuner seien ein Teil der Bevölkerung, der sich in Abgrenzung zur Mehrheitsbevölkerung definiert und wiederum durch diese definiert wird. Dabei spielen sprachliche oder genetische Erwägungen eine eher untergeordnete Rolle.

8   Auch wenn der Terminus diese Annahme nahe legt, so gibt es keine real existierende Sprache aller Zigeunergruppen. Es handelt sich vielmehr um Übereinstimmungen zwischen verschiedenen Dialekten, aus denen man versucht, ein Ur-Romani zu rekonstruieren.

zwischen sprachlichen, historischen und solchen, die mit der Selbstsicht der Sprecher in Zusammenhang stehen (vgl. Mark Münzel 1983:192), aber die Forschung lässt mittlerweile schon eindeutige Rückschlüsse auf Sprachverwandtschaft und geographische Verbreitung von Dialektgruppen zu.

Nach Yaron Matras (1994, 2000, 2002) und Viktor Elšik (Elšik/Matras 2006) existieren als große Gruppen *balkan, vlax, central, northeastern* und *northwestern dialects*. Hinzu kommen die Formen des Para-Romani, die keine Dialekte, sondern eigene Sprachsysteme sind. Man könnte sie also gewissermaßen als Zigeunersprachen im weiteren Sinne ansehen.

Dieser Aufteilung folgend sollen nun die für Frankreich relevanten Sprachen und Dialektgruppen näher erklärt werden. Dabei werden hinsichtlich der Sprecher die Zahlenangaben des *Ethnologue,* einer linguistischen Datenbank im Internet, zugrunde gelegt (International Linguistics Center 2007).

Die *langues tsiganes* in Frankreich

Die Manouche- bzw. Sintidialekte sind mit 28.434 Sprechern in Frankreich die bedeutendste Gruppe. Sie gehören zu den *northwestern*-Dialekten des Romani. Diese sind vermutlich älteren Ursprungs als die *vlax*-Dialekte. Die Sinti sollen bereits im 11. bis 14./15. Jahrhundert, ohne auf dem Balkan Wörter in ihre Sprache aufzunehmen, nach Mittel- und Westeuropa gewandert sein, wo ihr Dialekt durch Sprachelemente des Deutschen, Französischen und Italienischen geprägt wurde und gleichzeitig das mittelalterliche Griechisch besonders deutlich bewahrt hat (vgl. Gronemeyer/Rakelmann 1988:184). Sintidialekte sind, wie auch Mark Münzel schreibt (vgl. 1983:194/195), stark vom Deutschen beeinflusst und sprachlich sehr eng miteinander verwandt. In Frankreich unterscheidet man die französischen Manouche (*valshtiké,* vom deutschen Wort „welsch"), die deutschen Sinti (*gatshkené mânouch*) und die italienischen Manouche (*piemontesi*) (ebd.). *Piemontesi* und *gatshkené* sind erst Ende des 19. Jahrhundert in die französischen Kernregionen, vor allem aus dem Elsaß und Lothringen, bzw. Piémont, eingewandert, während *valshtiké* seit Jahrhunderten in Frankreich umherziehen und dort als *bohémiens* identifiziert werden (vgl. ebd.). Nachkommen der *piemontesi* und *gatshkené* siedeln in der Auvergne.

Eine zweite große Gruppe sind iberische Varietäten. Die Caló-Dialekte sind im iberischen Raum entstanden. In Frankreich beträgt die Zahl der Sprecher 21.580. Man unterscheidet das Baskische, Katalanische und Spanische Caló. In Spanien werden die Sprecher als *gitanos,* in Frankreich als *gitans* bezeichnet. Caló ist, wie bereits erwähnt, kein Dialekt des Romani im engeren Sinne, da das grammatische System des Romani zugunsten der grammatischen Systeme des Spanischen, Katalanischen bzw. Baskischen aufgegeben wurde. Man spricht dementsprechend von *mixed languages* oder Para-Romani, die lediglich einen Teil der Lexik der Zigeunersprachen bewahrt haben (vgl. Courthiade 1991:1–15 und Matras 2003). Gronemeyer und Rakelman schreiben über das Caló in Spanien:

> „Bei den spanischen Gitanos ist der stark vom Spanischen geprägte Dialekt, das Caló, nur noch wenig und in kleinen Resten in Gebrauch; die Gitanos sprechen meist Spanisch. Über die Herkunft der Gitanos gibt es einen langwährenden Streit unter Philologen. Manche Forscher vertreten aufgrund der maurischen Anteile des Caló die Theorie, die spanischen Zigeuner seien über Nordafrika auf die Iberische Halbinsel gelangt. Allerdings verfügt auch die spanische Sprache über zahlreiche maurische Elemente, weshalb andere Sprachforscher davon ausgehen, daß die Gitanos über die Pyrenäen gelangt sind." (Gronemeyer/Rakelmann 1988:184 f.)

Angaben über die Existenz und Bedeutung des Caló in Frankreich deuten eher auf einen Rückgang der Sprecherzahlen hin[9] (Calvet 1968:3). Auch wenn Münzel (1983:195) angibt, das Caló könne mit der Zuwanderung spanischer Zigeuner in den darauf folgenden Jahrzehnten in Frankreich wieder heimisch geworden sein, so steht doch auf der anderen Seite fest, dass diese Sprachvariante selbst in Spanien kaum noch gesprochen wird (s. o.). Dennoch beweist die Zahl der existierenden Sprecher (International Linguistics Center 2007), dass die Sprache nicht völlig ausgestorben sein kann. Das gleiche zeigen auch wissenschaftliche Arbeiten, wie zum Beispiel die Untersuchung der Grammatik des baskischen Caló von Peter Bakker (1991:56–90), welches demnach sowohl im französischen als auch im spanischen Teil des Baskenlandes gesprochen wird. Weitere Angaben zur Verbreitung der Caló-Sprachen in Frankreich lassen sich der Arbeit von Münzel entnehmen, der für das katalanische Caló den französischen Teil Kataloniens und für das spanische Caló den südfranzösischen Raum angibt (1983:195). Er fügt hinzu, dass die meisten Sprecher wohl rezente Zuwanderer sind, wie die *gatshkené* und die *piemontesi* auch (ebd.).

Über die *balkan*-Dialekte in Frankreich sind in der Literatur nur wenige Hinweise zu finden. Die Anzahl der Sprecher beträgt in Frankreich 10.500, die sich in 10.000 *arlija* und 500 *dzambazi* aufteilen. Es handelt sich um Varietäten aus dem Raum Serbien

---

9   Für diese These spricht, dass der *ethnologue* (International Linguistics Center 2010) nur noch 15.000 statt vormals 21.580 Sprecher für das Caló angibt, während die Angaben zu den Sprecherzahlen für die anderen Zigeunersprachen in den letzten drei Jahren unverändert geblieben sind.

und Montenegro. Möglicherweise sind die Sprecher dieser Dialekte teilweise mit den *yogoslav rom* gleichzusetzen, welche erst vor kurzem in Frankreich eingewandert sind (vgl. Münzel 1983:195). Überhaupt besteht in Frankreich die Tendenz, Zigeuner eher als Immigranten zu betrachten, und sie nach dem Land, in dem sie sich lange Zeit aufgehalten haben, bevor sie nach Frankreich gekommen sind, zu benennen (vgl. ebd.). Dieser Umstand macht es an mancher Stelle schwierig, zwischen den Sprachen und jeweiligen Sprechern einen Zusammenhang herzustellen.

Die Sprecherzahl der *vlax*-Dialekte beträgt in Frankreich 10.000. Sie gliedern sich in *kalderash*- und *lovari*-Sprecher (8.000 und 2.000) auf. *Vlax*-Dialekte sind durch einen starken Einfluss des Rumänischen geprägt. Münzel nennt neben *kalderash* und *lovari* für den französischen Raum zusätzlich das *tchourari*. Diese drei Dialekte sind folgendermaßen von einander zu unterscheiden:

> „[Die] Dialekte lassen sich danach unterscheiden, wie stark in ihnen der rumänische bzw. ungarische Einfluß ist. Am stärksten rumänisch und dafür am wenigsten ungarisch umgeprägt ist das *kalderash*; schon weniger stark rumänisch und etwas mehr ungarisch beeinflusst ist das *tchourari*; am wenigsten rumänisch und am stärksten ungarisch das *lovari*." (Münzel 1983:193)

Das *kalderash* ist einer der am besten erforschten Dialekte des Romani. Münzel führt das einerseits auf den berühmten *kalderash*-Schriftsteller und Mit-Initiator der Romabewegung Mateo Maximoff zurück, der sich sehr für seine Sprache engagierte. Andererseits sei auch die Nähe der Forscher zu den *kalderash*, die in der Umgebung von Paris sesshaft geworden sind, ein Grund für die ausführliche Erforschung ihrer Sprache und Lebensweise (Münzel 1983:194). Untersuchungen, die sich mit den *vlax*-Dialekten, also vor allem mit dem *kalderash* oder/und seinen Sprechern beschäftigen, wurden beispielsweise von Patrick Williams (1982), Yaron Matras (1994) und Alan Massie (1976) verfasst. Ein Wörterbuch zum Dialekt der *kalderash* existiert ebenfalls (Georges Calvet 1993).

Die Varianten der *langues tsiganes* in Frankreich sind also äußerst vielfältig. Dies wird auch in der Diskussion um die Etymologie der Tsiganismen des Untersuchungskorpus offensichtlich, die nicht immer eindeutig ist.

Ausgewählte Tsiganismen im Französischen

Über Jahrzehnte hinweg haben sich verschiedene Linguisten mit dem Wortschatz der *langues tsiganes* in der französischen Sprache beschäftigt. Ich habe mich bei meiner

Untersuchung auf die Glossare folgender Veröffentlichungen bezogen und daraus den Untersuchungskorpus erstellt[10]: „Comment tu tchatches! – dictionnaire du français contemporain des cités" (Goudailler 2001:19–21), „Apports tsiganes dans l'argot français moderne" (Max 1991:173–184), „Dictionnaire de l'argot moderne" (Sandry/Carrère 1954:235–240) und „Ciganismes en français et gallicismes des cigains" (Esnault 1935:72–85; 127–148; 190–196). Der Untersuchungskorpus umfasste die folgenden 18 Einheiten, bestehend aus den jeweiligen graphischen Varianten eines Wortes, verwandten Wörtern oder Ableitungen. Die etymologischen Erklärungen sind vorrangig den genannten Werken entnommen.

Das Wort *bouillav* wurde in den Formen *bouillave* und in der französisierten Form *bouillaver* untersucht. Goudailler und Max führen das Wort auf den Sintidialekt zurück, wobei letzterer die Ursprungsform *bujova* – ‚je fais l'amour' [ich vollziehe den Geschlechtsakt, wörtl.: ich mache Liebe][11] als Referenz angibt.

Choucard in seinen Varianten *choucar* und *du sucre* (Gronemeyer/Rakelmann 1988:188) geht laut Goudailler auf das Sinti bzw. Romani zurück. Max nennt eine Form *šukar* – ‚beau, bien' [schön, gut], während Gronemeyer und Rakelmann, die ebenfalls auf das ‚Romanes' verweisen, die Form *sukker* – ‚schön' nennen.

Chourav tritt neben den beiden Verbvarianten *chourave* und *chouraver* bei Max auch in der Form *chouravé* – ‚fou' [verrückt] als Subsantiv mit pejorativer Bedeutung auf. Sowohl Goudailler als auch Max führen als Gebersprache das Romani an. Max nennt hier die Form *čorav* – ‚je vole' [ich stehle, auch: ich fliege].

Criav (criave, criaver) existiert laut Max auch in den Formen *criniav (criniave, criniaver)* und *crayav (crayave, crayaver)*. Bei Goudailler findet sich *craillav (craillave, craillaver)*, das Sandry/Carrère ebenfalls, zusammen mit *creillav (creillave, creillaver)*, aufführen. Goudailler gibt für seine Formen, ebenso wie Max, *xav* (Romani) und *xova, xajav* (Sinti) – ‚je mange' [ich esse] an. Zusätzlich finden sich bei Max auch noch die Formen *xinova* und *xinjav* – ‚je mange'.

Auch die Formen von *crist* sind vielfaltig. Es existieren als Personenbezeichnungen *cristo, cristlé, klisté, clisté*, ebenso wie das Verb *encrister*. Auch eine Form *criscine* wird von Sandry/Carrère aufgeführt. Als Etymologie gibt Max *kritari* (Romani) und *klistarja* (Sinti) – ‚gendarmerie' [Polizeirevier] an. Außerdem existiert laut Max auch *jestari* (Caló) – ‚boîte' [Schachtel, Dose]. Weiterhin gibt er *kristo, klisto* (Sinti) – ‚gendarme,

---

10 Ausgewählt wurden Wörter, die mehrmals in den Veröffentlichungen vorkamen, man also davon ausgehen konnte, dass sie sich bereits über eine gewisse Zeitdauer in der französischen Sprache etabliert hatten.

11 Um den Text auch für die nicht frankophone Leserschaft zugänglich zu machen, sind im folgenden Textverlauf Übersetzungsvorschläge in eckigen Klammern oder, wenn sie aufgrund ihrer Länge den Textfluss unterbrechen würden, in Fußnoten angegeben.

(homme) monté' [Gendarm, Reiter] an. Esnault nennt als ursprüngliche Form *christari* – ‚*boîte'* als Wort aus dem Romani.

Gadjo und die Varianten *gadji, gadjé, gadjie, kadjo, gadgi, gadjiou* gehen laut einhelliger Meinung aller konsultierten Autoren auf das Romani zurück. Max nennt die Formen *gažo, gadžo* (maskulin) und *gaži, gadži* (feminin) für ‚*non Tsigane'* [Nicht-Zigeuner]. Auch wenn Esnault und Goudailler von der schriftlichen Umsetzung des Romani-Wortes geringfügig abweichen, stimmen ihre Angaben damit überein.

Die Begriffe *gail, gaye, gayère, grail; gré, grè* führt Max auf *grai, graj, grast* (Romani) – ‚*Pferd'* zurück. Damit widerspricht er Esnault, der in dem Wort *gail* ein nicht zigeunerisches Dialektwort aus den Regionen Champagne und Lorraine erkennt, das ‚*chèvre'* [Ziege] bedeutet.

Lové, lauvé und die entsprechenden Pluralformen *lovés* und *lauvés* führt Max auf *lové* (Romani) – ‚*argent'* [Geld] zurück. Er weist außerdem darauf hin, dass die Singularform *lovo* bereits im Romani ungebräuchlich geworden ist.

Manouch oder *manouche* wird als Bezeichnung sowohl für die Personengruppe, als auch für die Sprache, sowie adjektivisch verwendet. Max führt es auf *manuš* (Romani) zurück, das laut Robert Sailley (1979:31) ‚*être humain, tsigane'* [Mensch, Zigeuner] bedeutet. Esnault nennt als verwandte Wörter *manusj, manosch* (Zigeuner[12]) – ‚*Mensch'* und *manuce* (Caló), legt sich jedoch nicht auf einen Geberdialekt fest.

Marav (marave, maraver) tritt in den Quellen auch in den Formen *marate* und *maraffe* auf. Max gibt als Etymologie *marav* (Romani) – ‚*je frappe'* [ich schlage], *maravo* (Sinti) – ‚*je tue'* [ich töte] und *marar* (Caló) – ‚*tuer'* [töten] an. Goudailler schließt sich dieser Auffassung an, schränkt aber den Geberdialekt von Sinti auf Sinti Piémontais ein.

Bei Max findet man für *minch* und *minchette* die Angabe *mindž, minž* (Romani) – ‚*sexe de la femme'* [weibliches Geschlecht, Scham]. Goudailler leitet es von *minč* (Sinti) – ‚*vulve, femme'* [Vulva, Frau] ab und nennt außerdem *miš* (Kalderash) – ‚*vulve'*.

Nachav (nachave, nachaver) tritt auch in den Varianten *natchav (natchave, natchaver)* und *machav (machave, machaver)* auf. Esnault leitet sogar die Formen *macabé, macaron* und *macaronner* davon ab. Max nennt als Ethymologie *našav* (Romani) – ‚*je m'enfuis'* [ich fliehe]. Goudailler nennt ebenfalls *našav* (‚tsigane'[13]) – ‚*je fuis'* [ich flüchte]. Esnault verweist auf eine Möglichkeit des Wechsels zwischen *m* und *n* am Wortanfang. Er zieht die Caló-Wörter *najar* – ‚*courir'* [rennen, schnell laufen] bzw. *najarse* – ‚*s'enfuir'* [fliehen, weglaufen, entkommen] heran, als deren Äquivalent im ‚Zigeuner' er *nashav* nennt. Das Caló oder Gitano kenne außerdem *najabar* – und das ‚Zigeuner' *nashavav* – ‚*assommer'*

---

12 Esnault verwendet für die Sprache den Begriff „Zigeuner", welchen er vermutlich synonym für Romani benutzt. Denkbar wäre aber auch, dass er sich auf eine Zigeunersprache im deutschsprachigen Raum bezieht.

13 Es ist anzunehmen, dass Goudailler sich mit dieser Sprachbezeichnung auf das Romani bezieht.

[jemanden niederschlagen, erschlagen], wovon Esnault seine Sonderformen ableitet.

Das Wort *pélo* schreiben sowohl Goudailler als auch Max dem Sinti und seiner Urform, dem Romani, zu. Max nennt *pelo* (Romani) – ‚*testicules*' [Hoden, Testikel] und *pelo* (Sinti) – ‚*sexe de l'homme*' [männliches Geschlecht, Glied]. Goudaillers Angaben stimmen damit überein.

Zur Gruppe des Wortes *rom* gehören außerdem *roummi, romano, romanichel, romanichelle* und *romani*. Alle Begriffe lassen sich laut Max auf *rom* – ‚*homme (tsigane)*' [Mann, Zigeuner] und das weibliche Pendant *romni* – ‚*femme tsigane*' [Zigeunerin] zurückführen. Als Formen des Caló nennt er *rom* und *romi* – ‚*l'homme et la femme, mariés; qu'ils soient ou non Gitans*' [Ehemann und Ehefrau, sowohl zigeunerischer als auch nicht zigeunerischer Herkunft]. Sailley (1979:44) erklärt *rom* als ‚*homme tsigane, mari*' [Zigeuner, Ehemann], *romani* und *romani cib* als ‚*langue tsigane*' [Zigeunersprache]. An anderer Stelle (ebd.:13) findet man *romani cel* – ‚*peuple tsigane*' [Volk der Zigeuner], von dem manche Autoren den Begriff *romanichel(-le)* ableiten.

Souracail, sonakai und *sénaqui* werden von Max auf *sunakaj, sonakaj* (Romani) – ‚*or*' [Gold] zurückgeführt. Auch Esnault nennt als Ursprung *sonakai* (Romani) mit gleicher Bedeutung.

Chourin, chouriner, chourineur, ebenso wie *surin, suriner* und *surineur* gehen laut Esnault auf *tchouri* (Romani) – ‚*couteau*' [Messer] zurück. Er spricht sogar von einem Wort "*du romani pur [...] un de ces mots communs à tous les dialectes*"[14] (Esnault 1935:129).

Für *berge* gibt Esnault *bersh* (Romani) an und zählt mehrere Varianten in den verschiedenen Romani-Dialekten auf, während Max *berš* (Romani) – ‚*année*' [Jahr] nennt.

Ein besonders interessanter Fall ist das Wort *costau (costaud)*. Sowohl Esnault als auch Max führen dieses Wort als Tsiganismus. Esnault diskutiert neben der Etymologie *koshto, kouchto* (Romani) – ‚*bon, solide*' [gut, solide] noch die Möglichkeit der Ableitung von *cossu*, die für ihn jedoch unwahrscheinlich ist (Esnault 1935:13). Max gibt als Etymologie *kuš* (Romani) – ‚*cher*' [teuer] an. Er bemerkt, dass dieses Wort zum Zeitpunkt seiner Forschung längst vom Argot[15] (seinem eigentlichen Forschungsfeld) in das *français populaire* übergewechselt ist (vgl. Max 1972:17).

Viele der genannten Wörter ließen sich im Rahmen der Untersuchung tatsächlich in verschiedenen Veröffentlichungen und auch im Internet lokalisieren:

---

14 Übers.: „des echten Romani,[...] eines jener Wörter, die alle Dialekte gemeinsam haben."
15 Als Argot bezeichnete man im Französischen ursprünglich die Sprache von Unterschicht und Gaunermilieu, die etwa dem Rotwelsch im Deutschen entspricht. Neuere Autoren wie Goudailler (2002:9) gehen jedoch davon aus, dass es verschiedene Argots gibt und dass beispielsweise auch die aktuelle Jugendsprache der Pariser Vorstädte eine Ausprägung dieser Sprachvarietäten darstellt.

Im renommierten Wörterbuch der *Académie Française* war die Anzahl der nachgewiesenen Tsiganismen sehr überschaubar. Die 8. Auflage des Wörterbuches beinhaltet im Gegensatz zur 9. keine etymologischen Angaben. Dort ließ sich lediglich das Wort *romanichel(-le)* nachweisen. *Manouche*, in der 9. Edition als *„emprunt tsigane"* [zigeunerisches Lehnwort] gekennzeichnet, kam in der 8. Auflage nicht vor. Auch *costaud* erschien dort nicht. In der neuen Fassung des Wörterbuches wurde dieses Wort zwar geführt, jedoch nicht als Tsiganismus gekennzeichnet. Die *Académie Française* leitete das Wort von *côte,* also im übertragenen Sinne von ‚homme qui a de fortes côtes' [wörtl.: „Mann der starke Rippen hat"] ab.

Die Recherche mit *Frantext* ergab eine größere Ergebnismenge. Insgesamt ließen sich von den untersuchten Wörtern 19 im Ensemble der vorhandenen Texte lokalisieren. Die größte Gruppe war jene um das Wort *surin* mit 484 Ergebnissen. Es folgte *costaud* mit 273 Nachweisen und *manouche* mit 262 Textstellen. Bei näherer Betrachtung der Anzahl der Werke jedoch, in denen die einzelnen Wörter vorkamen, verschob sich das Bild: sowohl bei *chourineur* (413 Ergebnisse) als auch bei *manouche* (262), entfiel die überwiegende Mehrzahl der Nachweise (jeweils 403 und 245) auf ein bestimmtes Werk, in dem der Autor dem Hauptcharakter das entsprechende Wort als nähere Bezeichnung oder Namen zuwies. Bei *costaud*, im Gegensatz dazu, war die Ergebnismenge sowohl im Bezug auf die Nachweise als auch auf die Werke gewaltig (273 auf 135 Werke). Auch *surin* (46 auf 22 Werke), *romanichel* (14 auf 10 Werke), *chouriner* (13 auf 2 Werke), *choucard* (12 auf 4 Werke), *chourav* (12 auf 8 Werke) und *rom* (11 auf 3 Werke) waren verhältnismäßig häufig nachweisbar.

Die Recherche mit *Google* brachte die mit Abstand meisten Ergebnisse. Jedoch traten bei der Nutzung der Suchmaschine gewisse Probleme[16] auf, und so sind die Angaben hinsichtlich der Ergebnismengen eher als Richtwerte zu betrachten. Von den 90 untersuchten Wörtern ließen sich lediglich für 40 genauere Angaben hinsichtlich der Anzahl machen. Ausgehend von den 18 Untersuchungseinheiten war *costaud* mit seinen Varianten das am häufigsten nachgewiesene Wort (1150.783 Ergebnisse). Es folgte *manouch(-e)* mit 856.000 Einträgen. Die Ableitungen von *rom* (426.979 Ergebnisse) belegten den dritten Platz. Es folgten *gadjo, gadji* usw. mit 265.251 Einträgen. Bei verschiedenen Verben konnte ich bei der Recherche noch weitere Formen finden, die in die Berechnung der

---

16 Die Ergebnismengen bei *Google* sind teilweise so groß, dass es unmöglich ist, jeden Link auf seine Relevanz hin zu prüfen. Es kommt häufig dazu, dass Wörter in ihrer Schreibweise koinzidieren, umso mehr, weil *Google* weder Akzente noch Bindestriche erkennt. Hinzu kommt, dass bestimmte Seiten auch mehrfach angezeigt werden. Außerdem ist anzumerken, dass *Google*, wie alle anderen Suchmaschinen auch, eine Vorauswahl trifft, die auf den programminternen Algorithmen basiert. Es werden also nicht alle relevanten Seiten angezeigt, sondern nur die, welche die Suchmaschine als solche identifiziert.

Ergebnismenge eingingen. Dies war der Fall bei *chourav*, das neben den genannten For-men auch als verlanisiertes[17] *ravchou*, verkürzt als *chourer* und erweitert als *choucraver* (insgesamt 22.655 Ergebnisse) verwendet wurde, und bei *bouillav*, das auch als *buyav* vor kam (insgesamt 3.878 Ergebnisse). Ebenfalls sehr häufig ließen sich auch *marav* (19.834) und *nachav* (3.173) in ihren Varianten nachweisen. Auch die Ergebnisse für *choucar(-d)* (14.306) und für die Ableitungen von *surin* (12.421) waren zahlreich. Im mittleren Feld bewegte sich *criav* mit seinen Formen, das zusätzlich auch als *crillav* vor kam (520 Ein-träge). Keine oder kaum relevante Beispiele fand ich für die Wörter und Wendungen *berge, du sucre, criaver, criniav/criniave/criniaver, creillav/creillave/creillaver, crist* und Ableitungen (außer *encrister* mit 19 Ergebnissen), *gadjiou, kadjo, gail/grail/gaye/gayère/gré/grè, lové/lovés/lauvé/ lauvés, macaron* und *macaronner, machav/machave/machaver, minch/minchette, pélo, roummi* und bei *souracail* und seinen Formen[18].

Viele der untersuchten Wörter lassen sich sehr klar bestimmten Sinnzusammenhän-gen zuordnen. In der Linguistik spricht man von semantischen Feldern. Dies lässt wie-derum Schlüsse auf den Kontext und die Sprachvarietät zu. Es gibt beispielsweise für den traditionellen Argot spezifische semantische Felder, ebenso, wie sich diese für die französi-sche Jugendsprache der *banlieues* oder *cités*[19] festlegen lassen[20]. Natürlich können sich Wortbedeutungen im Laufe der Zeit auch ändern, und so ist es möglich, dass ein Wort beispielsweise vom Argot in die Umgangssprache oder gar die Hochsprache wechselt, während ein anderes womöglich einen „sozialen Abstieg" erfährt.

Ein erstes großes semantisches Feld stellt die Delinquenz dar. *Chourav* und alle ver-wandten Wörter fallen in diese Gruppe. Sie werden auch nach wie vor in diesen Zusam-menhängen verwendet, wie das folgende Beispiel zeigt: „mon frere veut leur vendre un ampli (pas terrible et chourav) et le gars dit 10E mon frere me regarde et ont se met a

---

17 Als Verlan bezeichnet man ein Wortbildungsverfahren des französischen Argots, bei dem nach be-stimmten Regeln Silben vertauscht werden, um ein Wort zu verfremden.

18 Dies kann einerseits bedeuten, dass diese Wörter heute kaum noch gebräuchlich sind, oder aber, dass die Ergebnismengen bei *Google* aufgrund der bereits erörterten Rechercheschwierigkeiten nicht genau ermittelt werden konnten.

19 Bezeichnungen für die Vororte französischer Metropolen und insbesondere für jene Pariser Vororte, die sich in den letzten Jahrzehnten zu sozialen Brennpunkten entwickelt haben.

20 Goudailler (vgl. 2001:16/17) vertritt die Ansicht, dass sich die semantischen Felder des traditio-nellen französischen Argots weitgehend mit denen der französischen Jugendsprache der *banlieues* deckten. So seien die Themen Geld, illegale Geschäfte, Sexualität, Frauen, Polizei, Alkohol, Drogen, (Klein-)Kriminalität, Gewalt und Betrügereien beiden Sprachvarietäten gemein. Dennoch gebe es in der Jugendsprache noch neue semantische Felder, die im engen Zusammenhang mit der Lebenswirk-lichkeit der Sprecher in den cités stünden. Goudailler nennt hier die Familie, die verschiedenen ethni-schen Gruppen und den Freundeskreis. Hinzu kommen Arbeitslosigkeit und andere Widrigkeiten des Lebens in den Vorstädten (ebd.).

rigoler"[21] (krisfighter 2003: „chourav"). Auch die Gruppe der Wörter um *crist* lassen sich hier einordnen, auch wenn diese in der Gegenwartssprache eher selten geworden sind: „Et dire que Sarko est d'origine Hongroise, enfin: Pétain était bien français et ça ne l'a pas empêcher de faire encrister et exécuter des compatriotes …"[22] (Aramis2 2006: „encrister"). *Marav* in seinen Varianten gehört ebenfalls in dieses semantische Feld: „dès que tu regardes un skin ‚de travers' ou avec un peu trop d'insistance, il appelle ses potes skin de sa cité pour te maraver la tronche"[23] (keopce 2006: „maraver"). *Nachav* und seine Ableitungen sind mittlerweile nicht mehr nur auf dieses Milieu beschränkt. So findet man: „Bon, j'dois nachave" [Na gut, ich muss gehen] (Michel Beuret 2006: „nachave") auch für ‚weggehen', und nicht mehr nur in der ursprünglichen Bedeutung von ‚flüchten'. Die Gruppe der Wörter um *surin* sind jedoch zweifelsfrei dem semantischen Feld der Delinquenz zuzuordnen. Es handelt sich zwar hier um Wörter aus einem früheren Argot, die heute eher in der Literatur oder aber in sehr speziellen Kontexten vorkommen, wie beispielsweise als „Surineur Zombie" bei Fantasy-Kartenspielen (vgl. „surineur"), doch die noch immer aktuelle Bedeutung von *surin/chourin* – ‚Messer' bzw. *suriner/chouriner* – ‚erstechen' und *surineur/chourineur* – ‚Mörder, Messerstecher' lassen an der Einordnung keine Zweifel.

Ein zweiter großer Bereich sind Wörter mit sexueller Bedeutung. *Bouillav* in seinen Varianten ist dafür nur ein Beispiel: „On a tellement de points en commun agapi toi et moi c'est dingue. Peut-être qu'on devrait bouillave???"[24] (Monsieur Poulpe 2006: „bouillave"). *Minch* und *minchette*, die auch in der Bezeichnung für ‚Mädchen' mit anzüglicher Bedeutung verwendet werden können, kommen oft sogar in pornographischen Kontexten vor. Und so lauten zwei „Gedicht-Verse" auf einer privaten Seite: „Leche moi la minch …Leche moi la minchette Colette…"[25] (namour-forever57 2006: „minchette"). Bei pélo ergab die Recherche leider keine eindeutigen Ergebnisse. Fest steht jedoch, dass das Wort, über seine ursprüngliche Bedeutung als ‚attributs de l'homme' oder ‚sexe de l'homme/de la femme' (vgl. Max 1972 und Sandry/Carrère 1953) nunmehr auch in der Bedeutung von ‚mec' [Typ] gebraucht wird: „pélo (nom): petit copain, amoureux, garçon;

---

21 Rechtschreibfehler des Originalzitates wurden, ebenso wie bei den folgenden, nicht berichtigt. Übers.: Mein Bruder will denen einen Verstärker verticken (gut in Schuss und geklaut) und der Typ sagt zehn Euro und mein Bruder guckt zu mir rüber und wir fangen an zu lachen.
22 Übers.: Und zu sagen, dass Nicolas Sarkozy ungarischer Herkunft ist, also: Petain war auch Franzose, was ihn nicht davon abgehalten hat, seine Landsleute einsperren und hinrichten zu lassen.
23 Übers.: Sobald du einen Skin „schräg" oder nur ein bisschen zu eindringlich ansiehst, ruft er seine Skin-Kumpels aus dem Viertel zusammen, um dich zu verprügeln.
24 Übers.: Wir haben so viel gemeinsam, agapi, du und ich, das ist der Wahnsinn. Vielleicht sollten wir vögeln???
25 Die Poetin bittet ihre Muse um eine sexuelle Gefälligkeit, was in der konkreten Übersetzung etwa „Leck mir die Muschi" bedeutet.

Synonymes: gars, mec; Exemple: t'as vu le pélo qui marche là bas, le blond là, eh ben c'est mon pélo.“[26] (Mélissa Adou 2002: „pélo“).

Ein drittes großes semantisches Feld ist das der generischen Begriffe im weiteren Sinne für Zigeuner und Nicht-Zigeuner. Im Zuge der allgemeinen Bestrebungen zu politischer Korrektheit hat das Wort *romanichel(-le)* zwar an Bedeutung verloren[27], wurde aber durch *rom, roma* und *romani* (als Bezeichnung für die Sprache) und *manouche* ersetzt, die heute als konnotativ neutral in allen Bereichen verwendet werden. *Gadjo* und einige der verwandten Wörter sind ebenfalls in vielen Bereichen präsent. Die Bedeutung ist hier meist ‚Person nicht zigeunerischer Herkunft‘, seltener auch nur ‚Person‘.

Weitere große Sinnzusammenhänge konnten im Korpus nicht gefunden werden. Die Untersuchung zeigt, dass sich alle drei der nachgewiesenen semantischen Felder mit den von Goudailler (2001:16 f.) genannten Thematiken des Argots decken. Dabei sind die generischen Begriffe im weiteren Sinne eher dem modernen Argot als Bezeichnungen für die *comunautés* zuzuordnen, während die zwei anderen fester Bestandteil sowohl des traditionellen als auch des zeitgenössischen Argots sind.

Bei der Auswertung dieser Ergebnisse ließen sich interessante Beobachtungen hinsichtlich der Kontexte machen, in denen die Wörter erschienen:

Betrachtet man das Wörterbuch der *Académie Française* als Indikator, so ist der Anteil der Zigeunerwörter in der Hochsprache verschwindend gering. Das bedeutet also, es gibt sehr wenige Tsiganismen, die ohne Einschränkungen auch in offiziellen Kontexten Anwendung finden. Dennoch haben sich bestimmte Wörter, zum Beispiel zur Bezeichnung von Zigeunergruppen und ihren Sprachen durchaus etabliert. Dabei erfreuen sich die Wörter *rom* und *manouche* allgemeiner Akzeptanz. Unter den strengen Kriterien der *Academie* hat es darüber hinaus nur noch das Wort *costaud* in die „obere Liga der Sprache“ geschafft. Dafür wird ihm jedoch seine Herkunft als Tsiganismus von eben dieser Institution aberkannt.

In literarischen Kontexten sind mehr Beispiele zu finden als in der von der *Académie* als solche definierten Hochsprache. Sowohl bei renommierten Autoren, deren Werke verlegt werden und wurden, als auch bei unbekannten, die ihre Gedichte und Kurzgeschichten auf der eigenen Homepage oder in Foren veröffentlichen, kommen Tsiganismen vor. Dabei fällt auf, dass viele der betreffenden Werke bestimmten Genres zugeordnet sind, die im engen Zusammenhang mit Argotsprache stehen. Hier sind vor allem die Kriminalromane zu nennen, in denen das Milieu der gesellschaftlichen Unterschicht im Zusam-

---

26 Übers.: pélo (Substantiv): Freund, Liebster, Junge, Synonyme: Kerl, Typ; Beispiel: Hast du den Typen gesehen, der da läuft, der Blonde, also das ist mein Freund.
27 Der Begriff *romanichel(-le)* gilt heute nicht mehr als besonders zeitgemäß. Er trägt nunmehr eine ähnlich pejorative Bedeutung wie das deutsche Wort „Zigeuner“.

menhang mit Kriminalität thematisiert wird. Dies geschieht zum Beispiel in den Werken von Albert Simonin (1960, 1965, 1977), Alphonse Boudard (1963, 1982, 1995) und Bayon (1987). Auch andere Romane beschreiben gezielt das Unterschichtenmilieu. Jean-Louis Degaudenzi (1987) thematisiert, ebenso wie Eugène Sue (1843), die Welt der Obdachlosen, und auch Victor Hugo (1881) beschreibt in *Les Misérables* (1881) detailliert die unterste Klasse der Gesellschaft in der Zeit nach der französischen Revolution. Genau genommen fällt auch Mérimées Novelle *Carmen* (1845) in diese Gruppe, wenn man davon absieht, dass die Handlung Stereotype reproduziert und mit der gesellschaftlichen Wirklichkeit wenig zu tun hat. Hier stehen darüber hinaus die *Zigeuner* im Zentrum der Handlung. Die Grenzen zwischen den genannten Genres und Themenbereichen sind natürlich fließend, aber es ist bemerkenswert, dass die Werke, die eine größere Anzahl von Zigeunerwörtern beinhalten, prinzipiell die Lebenswirklichkeit, ob nun realitätsnah oder eher stereotyp, von gesellschaftlich marginalisierten Gruppen behandeln. Demnach führt der Weg eines Tsiganismus in die französische Sprache hier also nachgewiesenermaßen über den Argot, die Sprache der Armut und Delinquenz, in die Literatur (vor allem in die genannten Genres) und, in äußerst seltenen Fällen womöglich sogar in die Hochsprache.

Ein weiterer wichtiger Kontext, in dem sich Tsiganismen etabliert haben, ist die Musik. Zigeuner waren und sind als Unterhaltungskünstler gesellschaftlich anerkannt. Bereits Sandry und Carrère (1953) weisen Tsiganismen in der Sprache der Zirkusleute nach. Auch die Begriffe *Swing manouche, Jazz manouche, Jazz gitan* sind in der Musik, spätestens seit Django Reinhardt[28], fest verankert. Doch auch in der aktuellen Rapkultur gibt es zigeunerische Einflüsse, wie die Recherche mit *Google* ergab. In Foren im Internet, die sich dieser Musikrichtung widmen, findet man des öfteren Liedtexte oder Kommentare, die Zigeunerwörter beinhalten: „[…] j'ai revomi tout ce que j'avais criav. Non mais sérieux arrêtes le rap car là ça devient grave"[29] (TJJ 2006: „criav"). Diese Musik ist ein fester Bestandteil der Jugendkultur. Vor allem in den *banlieues*, wo Migration, soziale Benachteiligung und auch Jugendkriminalität keine Seltenheit sind, identifizieren sich viele Jugendliche mit Liedern und Liedtexten, die die Sprache der Vororte sprechen und Themen berühren, die sie selbst betreffen.

Wie die Recherche ergab, kommen die meisten der untersuchten Tsiganismen in jugendsprachlichen Kontexten vor. Dies betrifft zum einen Foren, in denen sich zum Teil eine Sprache etabliert hat, die der gesprochenen sehr ähnelt, Abkürzungen und Argotbegriffe verwendet und auf formale Richtigkeit nur geringen Wert legt: „'tain vas y quoi

---

28 Jean Baptiste „Django" Reinhardt (* 23.1.1910 in Liberchies, Belgien; †16.5.1953 in Samois-sur-Seine bei Paris), aus der Gruppe der Manouche gelangte als Jazzgitarrist und -komponist zu Weltruhm.
29 Übers.: Ich hab alles ausgekotzt was ich gegessen hab, ernsthaft, hör auf zu rappen, denn das wird schlimm.

m'casse pas les couilles j'suis venere vas y et question marave, si tu veux qu'jte marave la gueule, vas y continue meuf… !"[30] (boomerang 2007: „marave"). Zum anderen sind im Internet unzählige Glossars veröffentlicht, die Außenstehenden das Verständnis verschiedener kryptischer Äußerungen und Texte in Jugendsprache erleichtern sollen:

> „bouillave: du verbe «bouillaver», exprime l'attirance sexuelle qu'on peut avoir pour une personne. Exemple: 'tain ! Elle est trop bonnasse! J'ai trop envie de la bouillave dans la cave cette tepu! (Je ne suis pas indifférent aux charmes de cette déesse et le désir grandissant de lui faire l'amour comme un prince oppresse mon âme)[31]" (mauriiice 2006: „bouillave")

Oftmals wird sogar in den Foren die Bedeutung, Herkunft und Verwendung bestimmter Wörter, auch solcher zigeunerischen Ursprungs, diskutiert: „Gadjo ou gadjie: Il me semble que l'on dit les gones à Lyon."[32] (dodesukaden 2007: „gadjie"). Dies bezeugt, dass ein reges Interesse an Wörtern aus der Jugendsprache besteht und damit wohl auch an den verwendeten Tsiganismen. Diese lösen sich zunehmend aus zigeunerischen Kontexten und werden auch von anderen Sprechern gebraucht, die sich oftmals über den Ursprung des Wortes nicht im Klaren sind.

Natürlich kommen Tsiganismen auch in Kontexten vor, die man als „zigeunernah" bezeichnen kann. Damit meine ich Seiten im Internet, die Themen behandeln, die Zigeuner betreffen oder sogar von ihnen gestaltet werden. Das folgende Beispiel illustriert die Kultur der Gadje aus den Augen von Zigeunern:

> „Les Gadjé sont généralement sédentaires et soucieux de sécurité. Les Gadjé pensent devoir contrôler, ils inventent toutes sortes de dispositifs sociaux et technologiques à cette fin et aiment le confort d'un intérieur surchauffé. Ils travaillent toute la semaine et se reposent le week-end devant la télé ou en allant au supermarché.[33]" (sindiproject 2006: „gadjé")

---

30 Übers.: Scheiße, geh mir nicht auf den Sack, ich bin echt angepisst und wenn wir von verkloppen reden: wenn du willst, dass ich dir die Fresse poliere, Tussi, dann mach nur weiter so.

31 Übers.: bouillave: vom Verb „bouillaver", drückt die sexuelle Anziehung aus, die man einer Person gegenüber verspüren kann. Beispiel: Verdammt! Die ist echt heiß! Ich hab voll Lust auf 'nen Fick im Keller mit der Schlampe (Ich bin den Reizen dieser Göttin gegenüber nicht gleichgültig und das wachsende Verlangen, sie auf Händen in mein Bett zu tragen, lastet auf meiner Seele).

32 Übers.: gadjo oder gadjie: Ich glaube, dass man in Lyon Kinder so nennt.

33 Übers.: Die Gadje sind generell sesshaft und auf Sicherheit bedacht. Die Gadje glauben (alles) kontrollieren zu müssen und erfinden zu diesem Zweck alle möglichen Technologien, schaffen soziale Dispositive und sie schätzen den Komfort einer geheizten Wohnung. Sie arbeiten die ganze Woche und entspannen sich am Wochenende, vor dem Fernseher oder im Supermarkt.

Generell ist das Vorkommen von Zigeunerwörtern also vielfältig, und meist nicht mehr an ihre ursprüngliche Sprechergruppe gebunden. Die große Anzahl von Tsiganismen im Argot weist jedoch darauf hin, dass zigeunerische Gruppen eher Einfluss auf die Sprache der gesellschaftlichen Unterschicht ausübten und ausüben, eben weil sie mehrheitlich kaum in andere Gesellschaftsschichten integriert waren und sind[34].

Die Bedeutung des Einflusses der *langues tsiganes*

Wie die Untersuchung belegen konnte, kommen Tsiganismen in literarischen und musikalischen Kontexten vor. Dies mag zum einen den Hintergrund haben, dass sich Angehörige verschiedener Zigeunergruppen auf kulturellem Gebiet etablieren konnten. Unterhaltungskunst ist schließlich ein traditionelles Betätigungsfeld vieler *tsiganes*. Andererseits spielt hier womöglich auch die „Zigeunerromantik" eine Rolle: Die so genannte „zigeunerische Lebensweise" (oder das, was gemeinhin dafür gehalten wird) regt schließlich schon lange die Phantasie der sesshaften Bevölkerung an und hat viele Kulturschaffende in ihren Werken inspiriert.

Mit Abstand die meisten Tsiganismen lassen sich jedoch in argotsprachlichen Kontexten nachweisen. Dabei ist die Jugendsprache der *banlieues* als zeitgenössische Ausprägung des Argot eine ebenso ergiebige Quelle wie der traditionelle Argot aus vergangenen Jahrzehnten, der seinen Niederschlag in bestimmten literarischen Werken gefunden hat. Das Ergebnis der Betrachtung der semantischen Felder deckt sich mit dieser Erkenntnis. Zigeunerwortschatz ist in allgemeinsprachlichen Bereichen auf Musik, Literatur und die Bezeichnungen für Zigeunergruppen, also auf den Bereich Kultur und Lebensweise im weiteren Sinne, beschränkt. Lediglich das Wort *costau(-d)* hat sich außerhalb der benannten Bereiche in der Hochsprache etablieren können, wird jedoch von der *Académie* nicht als Tsiganismus anerkannt.

Dieses Ergebnis lässt sich nur durch den Zusammenhang zwischen sozialer Schicht und Sprache erklären. Die Zigeunergruppen lebten und leben meist in einer Situation von gesellschaftlicher Marginalisierung. Demnach ist ein Sprachkontakt vorrangig über die Varietäten der sozialen Unterschichten, also den Argot, möglich. Dabei zeigt sich interessanter Weise, dass sich die Funktionen von *langues tsiganes* und Argot,

---

34 Ursachen hierfür liegen sicherlich in verschiedenen Bereichen, in denen die Themen Selbstabgrenzung und Fremdabgrenzung eine wichtige Rolle spielen. Eine erschöpfende Debatte kann aber an dieser Stelle nicht geleistet werden und würde den Rahmen dieses Artikels bei weitem überschreiten.

besonders in Hinblick auf ihre identitätstiftenden Eigenschaften[35] für die jeweiligen Sprecher, decken.

Trotz der relativ speziellen Gebiete, auf die sich das Vorkommen von Tsiganismen im Französischen beschränkt, bin ich überzeugt, dass dieser Wortschatz weder als unbedeutend noch als ungebräuchlich einzuschätzen ist. Gerade an der französischen Jugendsprache ist das öffentliche Interesse groß, sei es nun aufgrund der politischen Fingerzeige auf die Sprache der „racaille"[36], oder aufgrund der wirtschaftlichen „Ausbeutung" dieser Varietät für die Werbung. Auch das bereits beschriebene besondere Verhältnis der Franzosen zu ihrer Muttersprache mag Anteil daran haben, dass Sprachwandelphänomene hier eher beachtet und diskutiert werden als in anderen Ländern.

In diesem Sinne halte ich die weitere Erforschung dieser Thematik für sinnvoll und hoffe, mit meiner Untersuchung dazu beigetragen zu haben, dass Tsiganismen nicht mehr nur als Kuriosum, sondern auch als Beweis für die Vielschichtigkeit des Französischen und den ethnisch-kulturellen Reichtum seiner Sprecher angesehen werden.

---

35 So wie die *langues tsiganes* für ihre Sprecher eine Art Refugium darstellen bzw. darstellten, das die Abgrenzung von der Mehrheitsbevölkerung ermöglicht, zeichnet sich auch der Argot durch seine identitätstiftende Funktion (vgl. Goudailler 2001:15) aus, die ebenfalls begünstigt, dass sich jene, die die Varietät beherrschen, von den anderen, die dies nicht tun, abheben können.

36 Die Bezeichnung „racaille"(im Deutschen am ehesten durch den Begriff „Gesocks" zu übersetzen) für die Bewohner der Vororte der französischen Hauptstadt wurde 2005 vom damaligen Präsidentschaftskandidaten Nicolas Sarkozy verwendet. Dies führte seinerzeit zu einer hitzigen öffentlichen Debatte.

Literatur & Quellen

Bakker, P. 1991. Basque Romani. (*In* Bakker, P. & Courthiade M. (Hg.), *In the Margin of Romani*. Amsterdam: Publications of the Institute for General Linguistics of the University of Amsterdam. S. 56–90.)

Bakker, P. 2000. *What is Romani language?* Hatfield: Centre de recherches tsiganes and University of Hertfordshire Press.

Calvet, G. 1968. Le cours de langue tsigane. *Études tsiganes*, 1:3–5.

Calvet, G. 1993. *Dictionnaire tsigane-français – dialect kalderash*. Paris: L'Asiathèque.

Calvet, L.-J. 1994. *L'Argot*. Paris: Presses Universitaires de France.

Courthiade, M. 1991. Romani versus Para-Romani. (*In* Bakker, P. & Courthiade M. (Hg.), *In the Margin of Romani*. Amsterdam: Publications of the Institute for General Linguistics of the University of Amsterdam. S. 1–15.)

Courthiade, M. 2007. La langue rromani en France et les variétés linguistiques en usage chez les Sintés. *langues et cité – La langue (r)romani*, 9:3–4.

Elšik, V. & Matras, Y. 2006. *Markedness and Language Change – The Romani Sample*. Berlin, New York: Mouton de Gruyter.

Esnault, G. 1935. Ciganismes en français et gallicismes des cigains. *Journal of the Gypsy Lore Society*, Third Series, 14:72–86, 127–148, 190–196.

Frey, B. 2000. *Die Académie Française und ihre Stellung zu anderen Sprachpflegeinstitutionen*. Bonn: Romanistischer Verlag.

Goudailler, J.-P. 2001. *Comment tu tchatches! – dictionnaire du français contemporain des cités*. Paris: Maisonneuve & Larose.

Goudailler, J.-P. 2002. De l'argot traditionnel au français contemporain des cités. *La Linguistique*, 38:5–23.

Gronemeyer, R. & Rakelmann, G. A. 1988. *Die Zigeuner - Reisende in Europa; Roma, Sinti, Manouches, Gitanos, Gypsies, Kalderasch, Vlach und andere*. Köln: Du Mont.

Hancock, I. 2002. *We are the Romani people*. Hatfield: University of Hertfortshire Press.

Liègois, J.-P.2002. *Roma, Sinti, Fahrende*. Berlin: Berliner Inst. f. Vergl. Sozialforschung.

Massie, A. 1976. The Kalderasha of Montreuil. *Journal of the Gypsy Lore Society*, Series 4, 1:93–127.

Matras, Y. 1994. *Untersuchungen zu Grammatik und Diskurs des Romanes – Dialekt der Kelderaša/Lovara*. Wiesbaden: Harrassowitz Verlag.

Matras, Y. 2002. *Romani: A linguistic Introduction*. Cambridge: Cambridge University Press.

Matras, Y. 2003. *The mixed language debate – theoretical and empiriatical advances*. Berlin: Mouton de Gruyter.

Max, F. 1972. Apports tsiganes dans l'argot français moderne. *Études Tsiganes - Bulletin de l'Association des Études Tsiganes*, 1:12–18.

Max, F. 1991. Apports tsiganes dans l'argot français moderne. (*In* Bakker, P. & Courthiade M. (Hg.), *In the Margin of Romani*. Amsterdam: Publications of the Institute for General Linguistics of the University of Amsterdam. S. 173–184.)

Münzel, M. 1983. Zigeunerpolitik in Frankreich: Skizze ihrer Geschichte und ihrer Gedanken. (*In* Gronemeyer, R., *Eigensinn und Hilfe*. Gießen: Focus Verlag, S. 184–278.)

Okely, J. 1985. *The Traveller – Gypsies*. Cambridge: Cambridge University Press.

Sailley, R. 1979. *Vocabulaire fondamental du tsigane d'Europe*. Paris: Maisonneuve et Larose.

Sandry, G. & Carrère, M. 1953. *Dictionnaire de l'argot moderne*. Paris: Dauphin.

Williams, P. 1982. The Invisibility of the Kalderash of Paris: Some aspects of the economic activity and settlement patterns of the Kalderash Rom of the Paris susurbs. *Urban Anthropology*, XI(3–4): 315–346.

Internetquellen

Académie Française o.J.: http://www.academie-francaise.fr/dictionnaire/index.html, Zugriff 01.08.2007.

CNRS/ATILF o.J.: http://atilf.atilf.fr/ frantext.htm, Zugriff 01.08.2007.

Google 2007: http://www.google.fr/, Zugriff 01.08.2007.

International Linguistics Center 2007: http://www. ethnologue.com/info.asp#contact, Zugriff 01.08.2007.

Valérie S. 2007: http://barometre.secrets2 moteurs.com/, Zugriff 01.08.2007.

Zusammenstellung der im Text genannten Forschungsergebnisse:

Literarische Werke

Bayon 1987. *Le Lycéen*.

Boudard, Alphonse 1963. *La Cerise*.

Boudard, Alphonse 1982. *Les Enfants de choeur*.

Boudard, Alphonse 1995. *Mourir d'enfance*.

Degaudenzi, Jean-Louis 1987. *Zone*.

Hugo, Victor 1881. *Les Misérables*.

Mérimée, Prosper 1845. *Carmen*.

Simonin, Albert 1960. *Du mouron pour les petits oiseaux*.

Simonin, Albert 1965. *Touchez pas au grisbi*.

Simonin, Albert 1977. *Confessions d'un enfant de la Chapelle*.

Sue, Eugène 1843. *Les Mystères de Paris*.

Internetzitate

Adou, M. 2002. http://www.nouchi.com/dico/mot.asp?mot=3142, Zugriff 03.06.2007, „pélo".

Aramis 2 2006. http://www.lexisocial.com/forum/aff_liste.asp?id=114291&sG=1, Zugriff 01.06.2007. „encrister".

Beuret, M. 2006. http://previon.typepad.com/hebdo/2006/01/parlezvous_le_n.html, Zugriff 03.06.2007. „nachav".

boomerang 2007. http://www.forumfr.com/sujet84512-post110-crise-d-ado.html, Zugriff 02.06.2007. „marave".

dodesukaden 2007. http://www.ecranlarge.com/forum/showthread.php?t=2983&page=5 &pp=10, Zugriff 01.06.2007. „gadjie".

keopce 2006. http://forums.france2.fr/france2/jtfrance2/Le13heures/agression-raciste-strasbourg-sujet_19482_1.htm, Zugriff 02.06.2007. „maraver".

krisfighter 2003. http://www.neogeofans.com/leforum/showthread.php?t=7503, Zugriff 28.05.2007. „chourav".

mauriiiice 2006. http://www.infos-du-net.com/forum/186744-27-language-djeunz-ahkeu, Zugriff 28.05.2007. „bouillaver".

Monsieur Poulpe 2006. http://blog.jolipoulpy.com/index.php?2006/11/16/414-tournage-des-mysteres, Zugriff 28.05.2007. „bouillave".

namour-forever57 2006: http://namour-forever57.skyblog.com/, Zugriff 03.06.2007. „minchette".

o.N. o.J.: http://www.cards-discount.com/magic_assemblee/carnage/fleau/couleur_noir/ index.php?pro =1209, Zugriff 04.06.2007. „surineur".

TJJ 2006. http://www.rap2k.com/one/index.php?s=9db01a4d32eae2f0fa6c9571 af394c40&showtopic= 21013 &st=50&p=508775&#entry508775, Zugriff 30.05.2007. „criav".

sindiproject 2006. http://monsite.orange.fr/sindiproject/page7.html, Zugriff 01.06.2007. „gadjé".

TOBIAS MARX

Die *Offene Roma-Gesellschaft*?
Zur Kritik der Integrationsideologie des OSI und der *Decade of Roma Inclusion 2005–2015*

Vorwort

Spätestens seit dem Jahr 2005 sind der Name George Soros und der des OSI zumindest bei der Mehrzahl der Roma-Aktivisten und NGO-Mitarbeiter im Osten und Südosten Europas – nicht zuletzt der *Decade of Roma Inclusion 2005–2015* (im Weiteren: die Dekade) zu schulden – bekannt wie „Coca Cola". So jedenfalls formulierte es mir gegenüber der NGO-Leiter, Vater des derzeitigen Bürgermeisters von Shuto Orizari (Skopje/Mazedonien), Geschäftsmann, mazedonische Parlamentsabgeordnete und Vorsitzende der Roma-Partei „Sojus na Romite ot Macedonia" (CRM) Amdi Bajram, als er auf meine Frage antwortete, ob er von der Dekade und damit vom OSI Kenntnis habe.

Vorliegender Aufsatz wird sich analytisch und ideologie-kritisch dem Konzept der „open society" (*der offenen Gesellschaft*), dem das OSI seinen Namen verdankt, nähern. Dabei sollen zum einen die Gesellschaftskonzepte der offenen und der *geschlossenen Gesellschaft* vorgestellt und deren Inhalte dargelegt werden. Zum anderen werden im Bezug auf die Arbeit des OSI und dessen Initiative der Dekade die Schwächen des Models der offenen Gesellschaft abschließend diskutiert. In meiner Argumentation werde ich zwei Perspektivebenen miteinander zu verbinden suchen. Diese sind (1) die Makroperspektive des OSI auf die Minderheit(en) „der Roma" und (2) die Mikroperspektive(n) einiger Monographien über verschiedene Roma-/Zigeuner-Gruppen und -Gemein-schaften. Einerseits wird gezeigt, dass einige Roma-/Zigeuner-Gruppen bzw. -Gemein-schaften zwar verschiedenartig ausgeprägte, soziokulturelle Aspekte besitzen, die dem Konzept der geschlossenen Gesellschaft ähneln, ihm jedoch nicht völlig gleichen! Ande-rerseits wird die Dekade, als eine der größten Initiativen des OSI, u. a. anhand des Aspekts der *Bildung* und speziell anhand der Bildung von *Roma-leaders* diskutiert werden. Es gilt zu verdeutlichen, dass Roma-/Zigeuner-Gruppen als Gemeinschaften per se weder als „offene" noch als „geschlossene Gesellschaften" darstellbar sind, sondern sich Elemente beider sozio-strukturellen Modelle bereits im sozialen Alltag von Roma-/Zigeuner-Ge-meinschaften hybrid miteinander verbinden.

Modelle und ihre Deutungen: Das OSI und das Modell der *Offenen Gesellschaft*

Das OSI, von George Soros 1984 gegründet, ist eine Einrichtung des *Soros-Network*. Die Ziele des OSI sind auf eine Gestaltung bzw. Implementierung der *offenen Gesellschaft* und gleichzeitiger Durchsetzung bzw. Förderung der Menschenrechte, insbesondere des Schutzes der Minderheiten[1] gerichtet. Das Modell einer offenen Gesellschaftsform, von dessen Implementierfähigkeit George Soros überzeugt ist, wurde von Karl Raimund Popper in den 1940er Jahren entworfen. Bereits in Henri Bergsons' (1933) Monographie „Die beiden Quellen der Moral und der Religion" finden wir eine theoretische Konzep-tionalisierung einer solchen Gesellschaft[2].

Bergson bezieht sich in seinem Werk auf die Korrespondenzen dieser beiden Gesell-schaftstypen mit deren Pendants der Modelle der *offenen* und *geschlossenen Ethik*. Nach Bergson ist unter der offenen Ethik das Vertrauen auf die Leistungen des Intellekts zu verstehen und unter der geschlossenen Ethik wiederum, ein Komplex von verfestigten, menschlichen Gewohnheiten. Die geschlossene Ethik verharre auf „einem statischen, von der Natur gewollten" Zustand. Die offene Ethik hingegen sei allein die „Errungenschaft des menschlichen Geistes" und damit etwas „Über-Intellektuelles" (Bergson 1933:60 ff.). Popper entwarf hingegen die Konzepte der offenen und der geschlossenen Gesellschaften vor allem aus seinem kritischen Standpunkt gegenüber den Entwicklungen in Zentral-europa in den 30er und 40er Jahren des letzten Jahrhunderts heraus.

---

1   Vgl. dazu: Charta der Vereinten Nationen. Resolution 1 (XXXIV) der Unterkommission für die Verhinderung von Diskriminierungen und für den Schutz von Minderheiten. 13. August 1971. In: Men-schenrechte. Ihr internationaler Schutz. München: C.H. Beck. 4. Aufl. 1998: 22 ff.
2   Vgl. Bergson 1933.

Während seiner Jahre der Migration in Neuseeland, von 1937 bis zu seinem Lehramts-
antritt in London, verfasste Karl Popper sein zweibändiges Werk *The Open Society And
Its Enemies* (erstmalig erschienen in London 1945).[3] Wer sich auf die Suche nach einer
genauen Definition des Modells der offenen Gesellschaft durch Popper begibt, wird schnell
feststellen, dass dieses recht ungenau mit inhaltlich Konkretem ausgefüllt ist. Wie bereits
Tiefel (2003) in seiner Dissertation „Von der Offenen in die Abstrakte Gesellschaft" zeigt,
fehlt dem mehrbändigen Werk ein „explizierter systematischer Merkmalskatalog", welcher
von Popper demzufolge „nie aufgestellt wurde" (Tiefel 2003:18). Popper entscheidet sich
für folgende, einführende und definitorische Näherung: „Die Gesellschaftsordnung […],
in der sich die Individuen persönlichen Entscheidungen gegenüberstehen, nennen wir
die *offene Gesellschaft.*" (Popper 1992 Bd. I:207) Es handele sich um ein anzustrebendes,
dem „Westen" ähnliches Modell einer Gesellschaft, deren wesentliche Inhaltspunkte Frie-
den, Freiheit und Rechtssicherheit sind – eine demokratische Ordnung also, in der die
Gleichheit vor dem Gesetz garantiert sei. Die freiheitliche Gesellschaft einer Demokratie
(die westlichen Gesellschaften dienten bei der Entstehung dieser Theorie als Vorbilder),
mitsamt dem Schutz persönlicher Interessen durch die verfassungsmäßig gegebenen Gesetze (geschaffen durch staatliche Institutionen) stellt somit das *summum bonum* der offenen Gesellschaft nach Popper dar. Die der offenen Gesellschaft vorausgegangene und
ihr zumeist gegenübergestellte Modellform ist die der geschlossenen Gesellschaft. Von
der Unvermeidbarkeit des Weges zu einer offenen Gesellschaft hin ist Popper überzeugt,
denn:

> „[…] wenn wir Menschen bleiben wollen, dann gibt es nur einen Weg, den Weg in
> die offene Gesellschaft. Wir müssen ins Unbekannte, ins Ungewisse, ins Unsichere
> weiterschreiten *und die Vernunft, die uns gegeben ist, verwenden, um, so gut wir es
> eben können, für beides zu planen: nicht nur für Sicherheit, sondern zugleich auch für
> Freiheit.*" (Popper 1992, Bd. I.: 239, m. H.)

Tiefels Analyse stellt einen Kriterienkatalog zur Verfügung, laut dem eine offene Gesellschaft durch fünf Hauptpunkte konstituiert ist:

1. Der *konsequente Indeterminismus*
2. Der *methodologische Nominalismus*
3. Der *kritische Dualismus*
4. Der *Individualismus*
5. Die *Stückwerk-Sozialtechnik.* (Tiefel 2003:73 ff.)

---

3   Vgl. Morgenstern 2002.

Die Zukunft ist, laut Tiefels Kriterienkatalog, in der offenen Gesellschaft offen, und diese Offenheit „geht mit dem Verlust an Sicherheit einher." Dem *konsequenten Indeterminismus* zufolge „hat die Geschichte keinen Sinn, sondern der Mensch vermag durch seine bewussten, verantwortungsvollen Entscheidungen und Handlungen, ihr einen Sinn zu verleihen". Den Verlust der Sicherheit kann er durch aktives Problemlösen auszugleichen suchen und also eine „Grundeinstellung des aktiven Problemlösens annehmen". (Tiefel 2003:73)

Der *methodologische Nominalismus* ist der Weg, nach dem Ereignisse und Gegenstände „mit Hilfe von universellen Gesetzen beschrieben" werden, statt sie auf dem natürlichen Weg essentialistisch zu betrachten. Die Freiheit des Einzelnen (als ein zu erreichendes Ziel) und die auf möglichst universeller Ebene diskutierte Gleichheit vor dem Gesetz stellen praktische Punkte dieses theoretischen Terminus' dar. Anhand der geschlossenen Gesellschaft und des Umkehrschluss des *methodologischen Nominalismus'* kann dieser nachvollzogen werden. Das Beispiel von Faunce in Zijderveld (1972) – ich werde es weiter unten umreißen – spiegelt diesen Punkt wieder. Dort wird dargestellt, wie nicht diskutierte Freiheit und unhinterfragter sozialer Umstand (eine nach westlicher Auffassung starke materielle Armut) als natürlich gegebener Fakt durch die Mitglieder einer Gemeinschaft aufgefasst und also gelebt wird.

Das dritte Kriterium der offenen Gesellschaft, der *kritische Dualismus* steht unter anderem für die Trennung von normativen Gesetzen und Naturgesetzen. Er ist damit stark an das vorangegangene Kriterium (des *methodologischen Nominalismus*) gebunden. „[A]llein der Mensch trägt durch seine Entscheidungen die Verantwortung für die gewählten Normen". Die Vernunft biete ihm die Möglichkeit einer „rationalen Analyse". Der *kritische Dualismus* manifestiert sich in Poppers „Bekenntnis zu den Werten der Aufklärung, insbesondere der Idee der Freiheit und der Autonomie des Willens". Damit ist die „politische Freiheit nur möglich, wenn sie durch den Rechtsstaat geschützt wird". Institutionen zur Vermeidung von (Allein-)Herrschaft zu entwickeln, wird von Popper als das demokratische Prinzip bezeichnet (Tiefel 2003:74).

Im *Individualismus*, als viertem Kriterienpunkt der offenen Gesellschaft, wird der Einzelne vom Kollektiv (ab-)gelöst und mit der „Vernunftbegabung als wichtigste Eigenschaft des Menschen" sowie einer „altruistischen Komponente" ausgestattet, seinem Schicksal eigenverantwortlich überlassen. Denn im *Individualismus* müssen „alle gesellschaftlichen Phänomene [...] auf Aktionen und Interaktionen von Individuen zurückführbar sein".

Zur *Stückwerk-Sozialtechnik* gehört „die substanzielle Bedeutung der freien Kritik und der *negative Utilitarismus*", also „die Minimierung des Leids", welche durch einen *ökonomischen Interventionismus* umgesetzt wird. (Tiefel 2003:74 ff.). Unter *Stückwerk-Sozialtechnik* als Terminus, so schreibt Popper, versteht man „private und öffentliche

soziale Aktionen [...], die zur Verwirklichung irgendeines Zieles bewusst alles verfüg-
bare technologische Wissen heranziehen". Zur Veranschaulichung dieses *terminus tech-
nicus* stellt Popper diese Aufgabe einem „Sozialingenieur", der „soziale Institutionen
zu entwerfen, umzugestalten und die schon bestehenden in Funktion zu erhalten [hat]"
(Popper 1964:52). Dies bedeutet einen Interventionismus in ökonomischer bzw. fiskaler,
also monetärer Form, um Ziele wie die der Armutsminderung oder der Erweiterung der
Schulbildung zu erreichen.

Da das Konzept selbst als ein theoretisches Ideal gesehen werden kann, wird dessen
Durchsetzung immer nur graduell erfolgen können. Denn – so lesen wir in einer Arbeit
über „Erziehung in der ‚Offenen Gesellschaft'" von Fritsch (1990) – dem Wandel „von
der ‚geschlossenen' zur ‚offenen Gesellschaft' gehen große Umwälzungen im Geistigen,
Gesellschaftlichen und Politischen voraus." Und zu einer gänzlichen Umwandlung des
Menschen gar sei die „Erneuerung der Seele" nötig, die ein „anderes Wesen" annehmen
muss (Fritsch, Gerolf & Baldur Kozdon 1990:8).

George Soros und die Merkmale einer modernen, *offenen Gesellschaft*

Der 1930 als Sohn eines jüdischen Rechtsanwalts in Budapest geborene George Soros,
„überlebte den Holocaust nur dank falscher Papiere" (Soros 2001:umschlagseitig) und
ging 17jährig nach London, um an der LSE (London School of Economics) bei Karl
Raimund Popper zu studieren. Seit 1979, der Gründung des *Open Society Funds*, unterstützt George Soros mit seinem Netzwerk finanziell einige Bereiche des gesellschaftlichen
Lebens, unter der Maßgabe, offene Gesellschaften zu etablieren bzw. zu entwickeln.

Doch nicht nur die Schaffung von verschiedenen Institutionen steht als Hauptaugen-
merk zur Schaffung einer *offenen Gesellschaft* auf der Prioritätenliste Soros'. Er führt folgende sieben „Grundregeln" als Prinzipien auf, welche in „ganz spezielle Anforderungen
übersetzt, heute an eine *offene Gesellschaft* zu stellen sind" (Soros 2001:157):

1. routinemäßige, freie und faire Wahlen;
2. freie Medien und Meinungsvielfalt;
3. eine unabhängige Justiz, die über die Einhaltung der Gesetze wacht;
4. verfassungsmäßig garantierter Schutz der Minderheiten;
5. eine Marktwirtschaft, die Eigentumsrechte respektiert und den Benachteiligten
   Chancen und ein funktionierendes Sicherungsnetz garantiert;
6. die Verpflichtung zur friedlichen Lösung von Konflikten;
7. Gesetze zur Eindämmung von Korruption (ebd).

In seiner Veröffentlichung von 2001 stellt Soros plakativ heraus, dass „die repräsentative Demokratie […] – ebenso wie die Marktwirtschaft – untrennbar zu einer offenen Gesellschaft" gehören (ebd.:140).

Den Privatbesitz (Punkt fünf des Merkmalskatalogs – u. a. Respektierung der Eigentumsrechte) erklärt er zweifellos zu einer „Grundbedingung individueller Freiheit und Autonomie" und damit als einen „unentbehrlichen Teil einer offenen Gesellschaft" (ebd.:155).

Weitere wichtige Punkte zur Charakterisierung *offener Gesellschaften* lassen sich in seinem 1991 veröffentlichen Buch *Underwriting Democracy* finden. So bilden nach Soros in offenen Gesellschaften „Individuen die Gemeinschaft", die in einem „perfekten Wettbewerb" untereinander stehen, wie wir oben bereits anhand Poppers Modells gesehen haben. Außerdem gelte eine „freie Entscheidungsgewalt […] des Individuums". Das Ziel und der Zweck der Existenz seien „individuell" (Soros 2001:182 ff.).

Sich der verschiedenen Risiken einer offenen Gesellschaft durchaus bewusst, sieht Soros diese Gesellschaftsform außerdem als die am besten geeignete zur Verminderung von Krisen: „und darum besteht der beste Weg zur Krisenvermeidung darin, die Entwicklung von dem zu fördern, was ich unter *offenen Gesellschaften* verstehe" (ebd.:17, m. H.).

Die *Geschlossene Gesellschaft*

> „Eine geschlossene Gesellschaftsordnung ähnelt immer einer Herde oder einem Stamm; sie ist eine halborganische Einheit, deren Mitglieder durch halbbiologische Bande, durch Verwandtschaft, Zusammenleben, durch die Teilnahme an gemeinsamen Anstrengungen, gemeinsamen Gefahren, gemeinsamen Freuden und gemeinsamem Unglück zusammengehalten werden. Sie ist noch immer eine konkrete Gruppe konkreter Individuen, die nicht bloß durch abstrakte soziale Beziehungen, wie Arbeitsteilung, Güteraustausch, sondern durch konkrete physische Beziehungen, wie Berührung, Geruch, Sicht, miteinander verbunden sind." (Popper 1992:207)

Wie sich aus obigem Zitat herausstellen lässt, kann der Inhalt des Konzepts der geschlossenen Gesellschaft als der Gegensatz zur offenen Gesellschaft verstanden werden. Die „magische, stammesgebundene oder kollektivistische Gesellschaft" bezeichnet Popper als die geschlossene Gesellschaft (ebd). Die *Person* als vollständiges Mitglied einer Ideal-Gemeinschaft bzw. einer Gruppe steht hier antithetisch dem isolierten und anonymen (bzw. anonymisierten) *Individuum* als Teil des Modells der offenen Gesellschaft gegenüber. Ihr Eingebundensein in die Gruppe bzw. Gemeinschaft schafft ein integriertes

Selbst. Lebenssinn bzw. -zweck ergeben sich damit zum großen Teil aus der Stellung und Rolle dieser Person in dieser ihrer Gruppe oder eben Gemeinschaft.[4]

Diese als modellhaften Idealtypus zu verstehende Form der Gesellschaft ist ein festes Wertegefüge, welches durch den unveränderbaren und festen Zusammenhalt der Gruppe besteht. Hier möchte ich auf das zu Beginn des Artikels verwiesene Beispiel von Faunce (1968) zurückkommen. Dort finden wir einen Abschnitt über seine Untersuchung zu sozialer Integration im zentralen Hochland von Guatemala:

> „Zu den auffallendsten Kennzeichen des Lebens in diesem Dorf gehört die extreme Armut, die hohe Krankheitsanfälligkeit und Kindersterblichkeit und die allgemeine Ungewissheit."

Diesen Umständen trotzend, würden die Dorfbewohner diese Verhältnisse mit „einer Art fatalistischer Ergebenheit hin[-nehmen]". In Ermangelung der Erkenntnis, dass es sich bei dieser Armut, Kindersterblichkeit und Krankheitsanfälligkeit um ein soziales Problem handle, sondern dies einfach als „individuelles Missgeschick oder als die unvermeidliche Schattenseite einer im Übrigen bejahten Lebensform" angesehen sei, würde der „soziale Wandel vollends unwahrscheinlich [sein]" (Founce 1968, In: Zijderveld 1972:83 ff.).

Unproblematisierte soziale Gegebenheiten bieten der Person als volles Mitglied der Gruppe festen und sicheren Halt. So ist nach Faunces Beobachtungen das „Gefühl, ein unabtrennbarer Bestandteil des sozialen Ganzen zu sein, [...] so tief im Menschen verwurzelt, dass diese individualistische, exklusiv-private Freiheit für ihn einfach unvorstellbar bleiben muss", und weiter heißt es: „Wenn das Leben als konkret und sinnvoll erlebt wird, ist auch die Freiheit auf problemlose Weise in ihm enthalten." (Zijderveld 1972:163)

---

4   Mit der klaren Trennung von *Person* (Teil der geschlossenen Gesellschaft) und *Individuum* (Teil einer offenen Gesellschaft) möchte ich zur Stringenz dieses Textes beitragen. Wenngleich der ethnologische Diskurs zu *Person und Individuum* – spätestens seit Marcel Mauss' (1938) einflussreicher Arbeit über die *moralische Person* und das *Ich* – einer anderen Definition folgt, soll hier auf das *Individuum als Teil eines Individualismus* (frz. individualisme = Anschauung, die dem Individuum, seinen Bedürfnissen den Vorrang vor der Gemeinschaft einräumt. [Duden – Deutsches Universalwörterbuch. 1989: 759]) Bezug genommen werden. Gleichzeitig also auf die *Person als Mensch* einer wahrgenommenen, ihm zugeschriebenen Rolle innerhalb *einer Gemeinschaft*. (lat. persona = Maske; die durch diese Maske dargestellte Rolle; Charakter; Mensch. [Duden – Deutsches Universalwörterbuch. 1989: 1136]).

Wenn Popper die Ähnlichkeit zwischen einer geschlossenen Gesellschaft und dem Stamm (od. Herde) sieht, so soll im Folgenden kurz angerissen werden, wie der Begriff *Stamm* innerhalb der Ethnologie gebraucht bzw. beschrieben wurde.[5]

Bei Helbling (1999) sind unter dem Wort *Stamm* organisatorische Merkmale zusammengefasst, wie das Merkmal des „politischen Verbandes sprachlich und kulturell verwandter Gruppen" (ebd.:354). Die Stammesgesellschaft, finden wir weiter ausgeführt, sei als Synonym für eine „tribale, einfache oder vorstaatliche Gesellschaft" zu verstehen (Ebd.). Bei Streck (2000) sind „‚Stammesvölker' auch durch eine ‚Herrschaft des Alters […] charakterisiert'" (ebd.:23). Die Zusammensetzung eines Stammes aus kleineren ‚Verwandtschaftsgruppen' oder ‚Clans' (Panoff 1975:277 ff.) ist ein weiteres gemeinsames Merkmal der von mir herangezogenen Definitionen.

Auch den Komplex des *Tabu* (ta pu: polynesisch: ‚außerordentlich'; ‚untersagt'; ‚verboten')[6] finden wir in der Charakterisierung der geschlossenen Gesellschaft. Heute in aller Munde, enthält er die Assoziation mit ‚Verbot' und ‚Moral'. Ein Tabu geht bei Überschreitung oft mit Strafe einher. So ist *Tabu* als Verbots- und Wertkomplex mit Sanktionierungen durch Strafe zu verstehen. „Neue Tendenzen der Rechtsethnologie", wie sie Schott (1998) bezeichnet, werfen einen umfassenden Blick auf dieses Thema. Dort finden wir die Diskussion über „Recht, als ein System von rechtlichen Regeln". Die Vertreter dieser Auffassung stellen die Verbindung zwischen „Normen, Gesetzen und Regeln" und „Ethik, Moral und Recht" her (ebd.:189 ff.). Nach Beer (1999) sind Normen „Richtlinien oder Modelle für erwartetes oder tatsächliches Verhalten", welches bei Abweichung (Devianz) Sanktionen, also eben erwähnte Strafen, nach sich zieht. Dazu werde ich weiter unten ausführlicher und unter dem Fokus auf einige Roma-/Zigeuner-Gruppen und -Gemeinschaften eingehen.

Das OSI und *Die Dekade:* Ein Modell und dessen Realisierung

Dem Konzept Poppers folgend, entwirft George Soros einen Durchsetzungskatalog, dem zu Folge sich eine offene Weltgesellschaft schaffen lässt. In seinem 2001 veröffentlichten Werk *Die offene Gesellschaft* äußert er sich wie folgt:

---

5   Als solches ein weit reichend diskutierter Aspekt in der Ethnologie. Hier Angeführtes erhebt daher nicht den Anspruch der Vollständigkeit, sondern eher den eines Überblicks über Definition(en) und Inhalt(e) dieses Begriffs.

6   Vgl. dazu Schmidt, Axel. Tabu. In: Streck, B. 2000:252; Panoff 1975:283.

„1979 gründete ich den *Open Society Fund*. Seine Aufgabe bestand, wie ich damals formulierte, darin, geschlossene Gesellschaften zu öffnen, offene Gesellschaften zu stärken und eine kritische Denkweise zu fördern." (Soros 2001:126 [H. i. O.])

Die Bereiche, die es auf dem Weg in eine offene Gesellschaft zu unterstützen gelte, seien:

„Gerichts- und Rechtwesen[sic!] einschließlich des Strafvollzugs; öffentliches Gesundheitswesen; Künste und kulturelle Institutionen; Bibliothekswesen und Medien. Außerdem gilt unser Augenmerk der Jugendarbeit, dem Schutz schwacher Bevölkerungsgruppen und dem Schutz von Minderheiten (besonders ‚der Roma')". (Ebd.:8)

Das OSI, so kann man schlussfolgernd formulieren, übt mit den Finanzierungen in NGO und deren Implementierungsbestrebungen durch diese Initiativen die „privaten und öffentlichen Aktionen" aus, welche mit Popper als „Stückwerk-Sozialtechnik" gelten können. Soros und das OSI können wir unter diesen Präpositionen als die „Sozialtechniker" bezeichnen.

Schauen wir zunächst auf die Ziele, welche sich aus den Veröffentlichungen des OSI, hier speziell aus den entsprechenden Jahresberichten entnehmen lassen:

„The Open Society Institute works to build vibrant and tolerant democracies whose governments are accountable to their citizens. To achieve its mission, OSI seeks to shape public policies that assure greater fairness in political, legal, and economic systems and safeguard fundamental rights. *On a local level, OSI implements a range of initiatives to advance justice, education, public health, and independent media.* At the same time, OSI builds alliances across borders and continents on issues such as corruption and freedom of information. *OSI places a high priority on protecting and improving the lives of marginalized people and communities.*" (OSI 2006:196 (m. H.))

Unter der Rubrik „selected activities and achievements" des „Record of Achievements 2006" (ebd.) reihen sich die fünf Haupt-Themen der Arbeit des OSI:

1. Freiheit und Demokratie
2. Menschenrechte
3. Bildung
4. Öffentliche Gesundheit und Zugang zum [Gesundheits-] Schutz
5. Transparenz und Zugang zu Informationen

Dem Konzept einer *offenen Gesellschaft* folgend, finanziert vorrangig George Soros' OSI das bisher umfassendste Integrations- bzw. Inklusionsprogramm für Roma/Zigeuner-Gruppen in die jeweiligen Gaje-Gesellschaften (*Gaje* [romani] = Nichtzigeuner): Die im Jahr 2004 beschlossene *Decade of Roma-Inclusion 2005–2015*.

Die erste internationale Initiative einer Integrations- bzw. Inklusionsagenda für diese größte Minderheit in Süd- und Südosteuropa, „die Roma", wurde am 1. Juli 2003 auf einer Konferenz unter der Beteiligung der Premierminister aller neun involvierten Länder[7] in der Dekade durch George Soros begründet. Ebenso waren der Präsident der Welt Bank, Jim Wolfensohn, Vertreter der finnischen Regierung, des Sekretariats der Europäischen Entwicklungsbank und Vertreter des UNDP (United Nations Development Program) zugegen. In einer Ansprache an alle Versammelten, begründete Soros seine Motivation für ein solches Programm: „How can I not be involved in the Roma issue? This is one of the greatest social iniquities that still prevail in this region so it is natural that we must address it." (OSI 2003) Laut Soros herrscht gegenüber den als „Roma" bezeichneten Gruppen in den relevanten Ländern, die ihre Teilnahme an der Dekade bestätigten, eine soziale Ungerechtigkeit, die es zu überwinden gelte.

Der Terminus „die Roma" postuliert eine scheinbar homogene Roma-Entität bzw. -Identität. Diese jedoch „is a politcal project rather than reality", wie Klimova es formuliert (Klimova 2005:14). Stewart (1999) führt dazu aus, dass eine

> „[…]construction of a generic ‚Gypsy' identity is the work of fantasy of folklorists, ethnographers and those who follow them, providing a kind of phantasmagorical smokescreen for the real work of identification, the labours of police forces who, over the past two hundred years, have put so much effort into determining who is and who is not ‚a Gypsy'. This is, from the point of view of young Romany activists, a potentially liberating insight: the history of the Gypsies is as much a history of those who classified people as ‚Gypsy' as of those thus labelled" (ebd.).

Obige Argumentation über soziale Ungerechtigkeiten, die nicht nur im Duktus des OSI bzw. Soros' vorzufinden ist, konvergiert nicht nur mit der „under-class"-Debatte, die bspw. Ládány 2001 anhand ungarischer Roma/Zigeuner führt, sondern sie stellt ebenso den sozialpolitischen Diskurs vieler Roma-Aktivisten dar.

Die Hauptziele der Dekade und also die Schlüssel für die Überwindung der Ungerechtigkeiten sieht Soros, wie im Abschnitt über das OSI zu erfahren war, in der

---

7   In alphabetischer Reihenfolge: Bulgarien, Kroatien, Mazedonien, Montenegro, Rumänien, Serbien, die Slowakische Republik, die Tschechische Republik und Ungarn.

Stärkung der „Roma-Identität" und einer zu entwickelnden sozialen Gleichheit zu den Mehrheitsbevölkerung(en), in und mit denen die „Roma-Minderheit(en)" leben. Aus dieser als Makroperspektive zu verstehenden Homogenisierung „aller Roma", die in den beteiligten Ländern unter sozialen Ungerechtigkeiten leben, erscheinen die Aktionen bzw. Initiativen des OSI bzw. Soros' verständlich und man könnte ihn sogar als philanthrophen Ansatz eines Umbaus, der Stärkung bzw. des Entwurfs von sozialen Institutionen bezeichnen. Hier werden Aspekte vorausgesetzt, die ich weiter unten mit Hilfe von Monographien über verschiedene Roma-/Zigeuner-Gruppen nicht nur in Ost- und Südosteuropa diskutieren werde. Fünf dieser vorausgesetzten Aspekte sind:

1. Es gibt eine definierbare, relevante Gruppe, die als „die Roma" per se bezeichnet werden kann.
2. Die Mitglieder dieser Gruppe werden in den relevanten Ländern sozial ungerecht behandelt und es mangelt einem großen Teil von ihnen an formaler Schulbildung.
3. Sie sind generell nicht genügend in die Gesellschaft einbezogen und also „*excluded*".
4. Man kann mittels deren *Inklusion* – durch Verbesserung der Gesundheitssituation, der Wohnungssituation und des Zugangs zum Arbeitsmarkt sowie der Bildungssituation – diesen Ungerechtigkeiten und damit deren *Exclusion* entgegenwirken.
5. Der verfassungsmäßig garantierte Schutz von Minderheiten ist auf diesem Wege realisierbar bzw. erreichbarer.

In dieser zehn Jahre während Initiative der Dekade sind die Regierungen der neun Staaten angehalten, ihre eigenen Ziele zur Inklusion „der Roma-Minderheit" zu formulieren und durchzusetzen. Unterstützend wirken, neben dem OSI und der WB, die Europäische Kommission, der Europarat und die OSZE mit.[8] Parallel zur Dekade initiierte die WB im Verbund mit dem OSI eine Initiative zur Förderung der Bildung speziell der Roma-Minderheiten: den REF, dessen Vorsitz Rumyan Russinov hatte.[9] Das von einer Roma-Konferenz „Expanding Europe" (30. Juni–1. Juli 2006) in Budapest ausgegangene Signal sollte als Chance zur Verbesserung des Lebensstandards „der Roma" in den

---

8   Siehe u. a. Králová, Daniela. Die Roma-Dekade hat begonnen. In: medienhilfe. 2005/01. http://archiv2.medienhilfe.ch/mh-info/2005/mh-info2005-1.pdf, Zugriff 14.10.2006.
9   Im Jahre 2006 kam es zur Umbesetzung dieses Amtes. Rumyan Russinov bekleidete dieses Amt erst seit Mitte 2006 bis in die ersten Monate des Jahres 2009 hinein. Seit seiner Rückkehr nach Sofia im Juni 2009, ist Rumyan Russinov als Kandidat einer sozialistischen Mehrheitspartei in Bulgarien politisch tätig.

beteiligten Ländern verstanden werden. An diesem Vorhaben sollten Roma selbst die Hauptrollen übernehmen. Die als „new Roma-leader" bezeichnete Gruppe von Roma-Repräsentanten, die jeweiligen Premierminister der Länder und G. Soros selbst haben im Zuge der Vorbereitung auf den Kongress in Budapest vier zentrale Arbeitsschwerpunkte formuliert: „The *Decade* represents a comprehensive approach to address the issues that Romani leaders have identified: education, employment, housing, and health, said Soros." (OSI 2003) Iulius Rostas, Deputy Director des *Roma Initiatives Office* im OSI Budapest, erwähnte, dass die „Partizipation der Roma" am Prozess der Vorbereitung der Konferenz selbst, als auch im Verlauf der Formulierung der *Decade Action Plans* für jedes einzelne Land der zentrale Punkt wäre. Neben den bereits erwähnten vier Punkten der Agenda stehen laut Rostas drei *cross cutting*-Punkte zur Debatte: „gender, discrimination and poverty" (Rostas 2006: pers. Interview).

Roma-/Zigeuner-Gruppen als *Geschlossene Gesellschaften*. *Eine ethnographische Wirklichkeit?*

Nicht alle Roma-/Zigeuner-Gruppen leben in teilweiser oder gar völliger Segregation zu den sie umgebenden Mehrheitsgesellschaften. Verschiedene Roma-/Zigeuner-Gruppen, oder Teile von Roma-/Zigeuner-Familien und -Gemeinschaften sind bereits Teil des gesamtgesellschaftlichen Bildes vor Ort. Deren teilweises oder fast völliges Einbezogen-sein in die jeweiligen Gemein- oder Makrogesellschaften stünde dann dem Bild der „im Abseits der Mehrheitsgesellschaften" stehenden „geschlossenen" Roma-/Zigeuner-Grup-pen oder -Gemeinschaften diametral entgegen bzw. würde die Dichotomie geschlossen vs. offen als das darlegen, was es ist: ein theoretisches Modell. Roma/Zigeuner sind im Alltag beides: Sowohl ein Teil ihrer Roma-/Zigeuner-Gruppe und -Gemeinschaft als auch Teil (-nehmer) der Makrogesellschaft(en). Eine sich damit in der Realität ergebende Hybridität beider Sozialformen zur gleichen Zeit und am selben Ort zeigt, dass diese nicht unbed-ingt nur eine historische Sequenz von aufeinander folgenden sozialen Entwicklungsstufen (von der geschlossenen zur offenen Gesellschaft) sei, wie es Popper formulierte. Sondern, dass die Roma-/Zigeuner-Gruppen und -Gemeinschaften und die Makrogesellschaften in- und miteinander die gleiche, ja sogar die selbe Koexistenz teilen. Die räumlich-dua-listische Idealtypenbildung, wie sie von Popper und Soros verschiedenartig ausgeprägt argumentiert und weiter oben dargelegt wurde, wird durch dieses Einbezogensein von vielen Roma-/Zigeuner-Gruppen und -Gemeinschaften untergraben.

Damit sei auch auf die Spannbreite der unterschiedlichsten Segregations- und Inte-grationsgrade hingewiesen. Diese vielschichtige Spannweite zwischen Teil der eigenen

Roma-/Zigeuner-Gruppe oder -Gemeinschaft zu sein und der gleichzeitigen Teilnahme (und damit auch Teilhabe) an der Makrogesellschaft, beinhaltet verschiedenste Merkmale, die von Roma-/Zigeuner-Gruppen auch als Abgrenzungsmerkmale zu anderen bekannten Roma-/Zigeuner-Gruppen instrumentalisiert werden.

Im Stillen werden zum Beispiel diejenigen Roma/Zigeuner_innen oft von anderen Roma/Zigeuner_innen beneidet, die den (materiellen) Sprung in die Mehrheitsgesellschaft(en) geschafft haben. Selten jedoch werden diese danach von anderen Roma-/Zigeuner-Gruppen noch als „wahre Zigeuner" bezeichnet, bzw. wird dann häufig in der exonymen Gruppenbezeichnung eine „Gajekanisierung" eingeschrieben (wie z.Bsp. der Name *Gadžikane-Roma* zeigt, was soviel wie „non Gypsy Gypsies" bedeutet [Marushiakova 1997:78]).

Ausgehend von oben aufgeführten, komplexen Aufgabenstellungen und Zielen des OSI, sowie der geführten Diskussion der offenen und geschlossenen Gesellschaften soll nun (1) die ethnologische Mikroperspektive auf Roma-/Zigeuner-Gruppen und -Gemeinschaften anhand einzelner Monographien (vorrangig in Europa) gezeigt werden. Dabei soll (2) die modellhafte Kategorisierung der Gesellschaftstypen auf Praxistauglichkeit hin untersucht und die Frage beantwortet werden, ob und wie diese beschriebenen Gruppen und Gemeinschaften einzelnen Konzeptpunkten des Konstrukts der *geschlossenen Gesellschaft* entsprechen. Zudem werden (3) Entwicklungshilfeprojekte und deren Gestalt in der Praxis hinterfragend betrachtet.

Die Traditionen[10]

Die Gruppe als Gemeinschaft bildet bei den Roma/Zigeunern den sozialen Überbau ihrer Familienverbände, deren kleinstes Bindungsglied die Familie, Kernfamilie bzw. mindestens die Verwandtschaft ersten & zweiten Grades darstellt. Damit ist die erste Identifikation des Selbst auf eben diese Gruppe fixiert.

> „The family is the vault and matrix of the social system of Romani settlements; it constitutes the hierarchically lowest and, at the same time, the most distinct item in the set of collective identities of the inhabitants of Romani settlements" (Jakoubek 2006:10).

---

10 Wenn hier und im weiteren Verlauf der Diskussion die Rede von den Roma-/Zigeuner-Gruppen sein wird, so möchte ich nochmals darauf aufmerksam machen, dass sich die von mir dafür herangezogene Literatur auf völlig unterschiedliche Gruppen und Gemeinschaften bezieht, denen eher traditionelle Lebensweisen zuzuschreiben sind.

Der Fakt der familiären Basis aller Roma-/Zigeuner-Gruppen und -Gemeinschaften könnte als die „biologischen Bande" dargestellt werden, die den Grundtenor einer *geschlossenen Gesellschaft* bildet.[11]

Das Modell der Familie und deren Rolle(n) innerhalb der Gruppe bzw. Gemeinschaft spiegeln sich auch in Stewarts Monographie (1997) über eine Roma-Gruppe in Ungarn wider. Dort steht es im Zusammenhang mit Heiratsregeln, sowie mit der strikten Einhaltung der Endogamie: „The Rom were not a celibate monkhood; they reproduced their community by natural means, in families" (Stewart 1997:66). Auch Jacobs verweist in seiner Untersuchung der „Bodenvagen Netzerker" (gemeint sind Gábor-Roma in Rumänien) auf die definitiven „strengen Heiratsregeln", den sich Gábor-Rom gegenübersehen (Jacobs 2010 i.D.). Das Phänomen der familiären Ordnung und gleichzeitig Sicherheit gebenden Struktur der Gruppe ist aber nicht nur bei den Roma-/Zigeuner-Gruppen des ost- und südosteuropäischen Raumes zu finden. Es scheint sich dabei um ein weitreichendes Merkmal zu handeln. So finden sich dazu auch Erwähnungen in Arbeiten über Roma-/Zigeuner-Gruppen in Mitteleuropa, z. B. bei Münzel (1981), der sogar von dem „Zusammenschluss mehrerer Familien zu einem ökonomischen Nutzbündnis von familiärer Wärme" spricht (Münzel 1981:30).

In einem Zeitungsartikel über eine deutsche Sinti-Gemeinschaft in Straubing sagt ein Sinti-Mädchen: „Über die Familie geht uns nichts, [...] auch nicht die Schulpflicht" (Frank 2006:6).

Normisierung und Normen

Die Schulpflicht wird scheinbar, nach oben stehendem Zitat, von dieser jungen Sintesa als sekundär betrachtet. Im Fall des von Engebrigsten (2007) untersuchten Dorfes *hamlet* in Rumänien finden wir bestätigende Worte. So würde der Schulbesuch der Kinder und Jugendlichen den Kontakt mit den *Gajo* (Nicht-Zigeunern) forcieren und sie damit in die Welt der *unreinen Gajo* eintauchen lassen. Das Regime der Zeit und die körperliche Bedrängung der obligatorischen Anwesenheit in der Schule lassen den Rom und die Romni vom mehrheitsgesellschaftlichen Bildungskonzept Abstand nehmen. Auch wenn Stewart (1997) nicht explizit auf den Schulbesuch der Kinder eingeht, so lässt sich doch aus dem Fokus auf die Erziehung eine klare Haltung der Eltern gegenüber ihren Kindern herauskristallisieren. Er unterstreicht, dass die Eltern ihr Bestimmungsrecht gegenüber

---

11 Vgl. u. a. Acton 1974:14 ff.; Frazer 1995:306; Marushiakova 1997:55 ff.; Marushiakova 2001:7 ff.; Marushiakova 2004a:11.; Stewart 1999:38; Engebrigsten 2007:179; Barany 2002:14; Jacobs 2003:40 ff.; Jakoubek 2005:9 ff.; Bancroft 2005:44.

ihren Kindern, wie es die Mehrheitsgesellschaft kennt, sehr früh verlieren. An anderer Stelle nimmt Stewart (1999) das Problem der Sozialisation der Kinder nochmals auf. Er führt aus, dass die Erziehung nichts damit zu tun hat, die Kinder in eine „Form" zu pressen, sondern vielmehr mit ihnen zu leben, um sie und ihre Persönlichkeit kennen zu lernen.

Laut Nikolay Kirilov (Kalajdži-Rom aus Lom/Bulgarien) ist „der REF der einzig starke Arm des OSI! Denn dort ist wirklich Geld zur Verfügung!" (Nikolay Kirilov 2010. pers. Interview) Längst gilt es als kein Geheimnis mehr, dass sich durch die verstärkten Anstrengungen des OSI, über den REF Stipendien speziell für Roma in den beteiligten Ländern zur Verfügung zu stellen, in den letzten Jahren der Anteil der Roma unter den mit akademischen Grad Ausgebildeten enorm erhöhte. Die Hoffnung, diese „Roma-Intellegentia" würde den Inklusionsgrad der Roma-/Zigeuner-Gruppen erhöhen, setzt unter anderem voraus, dass alle oder viele dieser Personen im Bereich der politischen Integrations-, bzw. Inklusionsmaßnahmen für die als „größte Minderheit" Europas bezeichneten Roma aktiv sind, des Weiteren aber auch den ständigen Kontakt zur Roma-/Zigeuner-Gruppe pflegen. Darüber hinaus würde bei fehlender Akzeptanz der Personen durch andere Roma-/Zigeuner-Gruppen deren Legitimität als Roma-leader und damit als die „Sozialingeneure", um mit Popper zu argumentieren, untergraben werden.

Die schulisch-formale Bildung mitsamt einem universitären Abschluss ringt den Personen Lebenszeit ab, die mit Anwesenheit in den entsprechenden Institutionen (Schulen und Hochschulen) einhergeht. Bindungen an und Beziehungen mit der Roma-/Zigeuner-Gruppe zu pflegen und also in diese „eingebettet" zu sein bedeutet allerdings, den hauptsächlichen Teil des Lebens in und mit ihr (der Roma-/Zigeuner-Gruppe) zu leben. Mehr als die Aufmerksamkeit auf den Schulbesuch zu lenken, steht die *education* innerhalb der Gemeinschaft bzw. Familie bei vielen Roma-/Zigeuner-Gruppen im Vordergrund. Denn sie ist es, die die Nachgenerationen auf die Übernahme der elterlichen Lebensweisen und alltäglichen Verrichtungen inklusive der Erwerbstätigkeiten vorbereitet, auch die Eltern, die bereits in politische und/oder ökonomische Dynamiken mit den Mehrheitsgesellschaften involviert sind. Denn deren Position ist es, die ihre Nachfolgegeneration genauso zu übernehmen sucht, oder gar versucht sie zu übertreffen wie auch die Nachgenerationen der Roma-/Zigeuner-Gruppen, deren Kontakt zur Mehrheitsbevölkerung aus dem alltäglichen Betteln oder Hilfsarbeiten besteht.

Das Prinzip der *education,* welches die *Weitergabe der Werte innerhalb einer (familiären) Gemeinschaft* bedeutet, steht dem Prinzip des formal *schooling* damit fast diametral gegenüber. Formales *schooling* (Okely 1983) bezieht sich hier auf das Verständnis eines *Schüler-Lehrer-Verhältnisses* innerhalb einer übergeordneten, meist staatlich regulierten Bildungsinstitution, wie z. B. die Institution der Schule, des Gymnasiums oder der Universität. Diese zwei Modelle der Wissensweitergabe hat J. Okely anhand von Irish

Traveller-Gypsies beschrieben. Okely sieht eine Überbetonung des Mangels an formaler Schulbildung bei den Irish Traveller Gypsies als eine hinderliche Perspektive:

> „The Travellers' skills have been underestimated or overlooked because too much emphasis has been put on illiteracy and their lack of formal schooling. [...] Scant attention is paid to the alternative education and training which the Gypsy children receive, precisely because they do not attend school. Moreover, absence of or infrequent schooling does not necessarily mean ignorance of the wider society. The children accompany their parents and other adults on their workrounds..." (Okely 1983:33)

Und weiter zum Thema der Bildung und Kindheit hebt sie den Schüler-Lehrer-Schlüssel beider Schulungsmodelle hervor:

> „The Travellers recognise an alternative education both in form and content [...]. Unlike the classroom where 20 or 30 children are isolated in a single age group and with one adult as teacher, the learning context for Traveller children is most often on the basis of one adult per child; a parent or relative." (Okely 1983:162)

Der 1993 erschienenen Monographie über Roma-Gruppen in Rumänien von F. Remmel sind Argumente für die scheinbare Unvereinbarkeit der Bildung an staatlichen Schulen und dem Leben im Roma-/Zigeuner-Familienverband ebenfalls zu entnehmen. Doch darüber hinaus steckt in der Verbindung zwischen der schulischen Bildung und der Individualentscheidung, außerhalb der Gruppe zu heiraten, eine weitere Perspektive, welche die Konsequenzen einer schulischen Bildung in sich tragen kann:

> „Vor allem jene, die die Mittelschule oder Universität besuchen, sind nicht immer bereit, sich der Entscheidung der Eltern zu fügen. Heiraten sie wider deren Willen, [...] dann werden sie verstoßen. [...] Für die Schatra [Familienverband] ist die Außenseiterin fortan tot, die Bindung erloschen" (Remmel 1993:204).

Innerhalb der Arbeit der NGO und auch des OSI wird – wie bereits angedeutet – versucht, auf Autoritäten, Mediatoren oder gar Führer der Roma-/Zigeuner-Gruppen und -Gemeinschaften zurückzugreifen: den *Roma-leaders*. Um ihnen und ihren Gruppen den Anschluss an das politische Leben der Mehrheitsgesellschaft(en) zu ermöglichen, werden diese *Roma-leaders* ebenso speziell geschult wie auch eine junge Generation von Roma-Aktivisten. Diese widmen sich oft neben ihren Studien (bspw. der Journalistik, den Politikwissenschaften, dem Wirtschaftmanagement oder den Jurastudien) der Arbeit für eine NGO. Auf den Trend, dass viele dieser Roma-leader eine Art Entfremdung von ihrer eigenen Gruppe erfahren, bezieht sich Marushiakova (1997). Dort lesen wir, dass der größte Teil der „Gypsy Intelligentsia" sich selbst in der Öffentlichkeit nicht mehr als Roma/Zigeuner definiert. Deren Aktivitäten seien von der Gemeinschaft oft stark distanziert und bleiben vielfach der Gemeinschaft selbst sogar unbekannt und fremd, so wie deren meist selbsternannte „leader" auch. Diese seien, mit Marushiakova (1997) zu sprechen, „generals without an army" (Marushiakova 1997:38).

In Engebrigstens Beispiel (2007) nimmt der Rom Ioska die Rolle des *bulibaša*[12] ein. Als solcher gilt er für die rumänische Mehrheitsgesellschaft als der „chief of a local hamlet or band". Er nimmt die Schlüsselrolle in zwei bestimmten Aspekten ein: Zum ersten ist er Hauptansprechpartner für alle Gruppenfremden, und zum zweiten fungiert er bei Engebrigsten als Sprecher für die *hamlet* Gemeinschaft in Bezug auf Streitschlichtungen zwischen der Gemeinschaft und den Bauern der rumänischen Mehrheitsbevölkerung. Doch wenn es um Belange der einzelnen Roma-Haushalte geht, so ist jedes Haushaltsoberhaupt den anderen Mitgliedern seiner Gruppe gleich: „In all practical political matters, household heads are regarded as equals with their own public voice on behalf of their household" (Engebrigsten 2007:179).

Ioska, der wichtige Verbindungen nach außen hat (er ist als einziger der Schriftsprache mächtig und somit der Ansprechpartner für die lokale NGO, welche Spenden über ihn in die Gemeinschaft fließen lässt), wird also nur von außen als ein *leader* seiner Roma-Gruppe wahrgenommen. Er besitzt keine Entscheidungsmacht für diese Gruppe, sondern nur für seinen eigenen Haushalt, wie jeder andere Rom seiner Gemeinschaft auch.

Verlassen wir nun das Beispiel Engebrigstens und wenden den Blick nochmals Harangos (Ungarn) und der dort vorgenommenen Feldforschung Stewarts (1999) zu. Dort wird auf den Fall der *leadership* ebenso im Kontext mit der ungarischen Mehrheitsbevölkerung eingegangen. Die Frage nach einem *leader* wird im Falle der Beziehung zu Staatsautoritäten virulent. *Vajda*, so der in Harangos herrschende Terminus für oben genannten *bulibaša*, steht hier für die Gaje als der „Anführer" der Roma/Zigeuner-Gruppe. Doch steht im Romani für das Wort *vajda* der Begriff *mujalo*, was Anführer einer Roma-Gruppe im Lovari-Romani-Dialekt bedeutet.

In der Monographie von Scheffel (2005) über eine slowakische Roma/Zigeuner-Gruppe wird darüber hinausgehend das Thema einer „Roma-Elite" ausgeführt. Der strenge Verhaltenskodex des Egalitarismus „don't tolerate the emergence of formally sanctioned political elites" (Scheffel 2005:87). Auch Budilová und Jakoubek (2005) bestätigten diesen Fakt im Falle der von ihnen untersuchten slowakischen Roma-Gruppe: „The complex family has no representative, leader, or authority, but within the whole complex family

---

12 „The buljubašas were intermediaries between the Rom and local officials [...]". (Crowe 2007:123)

there is nobody who could compel the others [...] to do anything" (Budilová & Jakoubek 2005:18).

Marushiakova (2005) verweist auf die Abwesenheit eines permanenten Amtes, welches innerhalb der Gruppe institutionalisiert wäre: „[There are] no holders of a permanent office for their entire lives" (Marushiakova 2005:129). Wenngleich einige Mitglieder z. B. der Kalderash- oder Lovara-Gruppen innerhalb der *kris/mešere*, dem so genannten *Roma-/Zigeuner-Gericht*, eine ratgebende Funktion innehaben, so sind diese doch nicht in Bekleidung eines institutionalisierten Amtes, sondern „Erste unter Gleichen" (Marushiakova 2005:133). Den Sitz im Kreis des *kris* erhalten sie zumeist auf Grund ihres von ihnen getragenen Prestiges bzw. Respekts innerhalb der „zu Gericht sitzenden" Parteien.[13]

Engebrigsten (2007) führt diese Art Gericht gar als Bestandteil einer „Rom cosmology" an und bezeichnet diese als Kombination von verschiedenen Werten, Traditionen und Glaubensinstanzen. Dazu gehören unter anderem eben jenes *kris* (oder *meshere*, wie es die *Kalderash-Roma* im Balkan auch bezeichnen), der Komplex der Ehre und der Scham, und der des Reinheitskomplexes *mahrime*, auf welchen weiter unten kurz eingegangen werden soll.

Der Begriff *Gericht* kann hier teilweise als eine Instanz im System von Macht und Autoritätsanspruch verstanden werden. Eine Instanz, welche bei Streitschlichtungen innerhalb einiger Roma-/Zigeuner-Gruppen mit Rat zur Seite steht. Es besitzt aber oft auch ausdrückliche Durchsetzungsmacht oder einen derartigen Anspruch darauf. In Fällen wie z. B. einer Scheidung zwischen Ehepartnern, Betrug beim Pferdehandel oder eines Diebstahls, setzt sich dieser Rat zusammen und jedes einzelne Mitglied des Kreises (meist ältere Männer) gibt seine Meinung ab, ohne jedoch diese als eine durchzusetzende Maßnahme oder gar ein Urteil zu betrachten. Dieses spricht der Rat einstimmig aus. „Wir machen heute noch kris!", sagte Toma Nikolaev (Kalderash/Kalajdži-Rom in Sofia am 2. August 2008)

> „Zum Beispiel in Varna haben die Leute mich gerufen, geben mir Geld für die Reise und kaufen mir etwas, dass ich in die kriss gehe. Wenn meine Freunde in Plovdiv z. B. eine ‚bjav' (Fest, Hochzeit) machen. Aber wenn man zu einer ‚bjav' geht kann man nicht zur Kris gehen. Und deswegen gibt es keine Kris, wenn es eine ‚bjav' gibt. Wenn es eine Kris gibt, dann gibt es keine ‚bjav'. Manchmal gibt es beides gleichzeitig, aber das ist nicht gut."

---

13 Vgl. hierzu u. a. Clébert 1964:159; Marushiakova 1997:155 ff.; Achim 1998:218; Remmel 2005:22 ff.

Und zum Thema „Roma-leader" bzw. „Rom-baro" äußerte sich Nikolaev wie folgt:

> „Mein Großvater war Rom-Baro für alle, die bei ihm waren (i. e. in der Groß-Familie). Mein Großvater kannte jeden Kalderash. Weil mein Großvater Chef (Chema) in der Roma-Kris [war]. In Bulgarien sagt man für Roma-Kris: Mešere. In Europa sagen die Zigeuner „kris". Das ist das Zigeuner-Gericht. Und mein Groß-Vater war der Boss davon. Jetzt, also zurzeit bin ich vielleicht wie mein Großvater. Mein Vater war nicht so. Aber ich bin – vielleicht nicht exakt wie mein Großvater – aber ich bin ihm näher." (Toma Nikolaev, 2. Aug. 2008 Sofia, pers. Gespräch)

Mit der oben erwähnten Schulung und Bildung der Roma-leaders durch das OSI ist es nun möglich zu zeigen, welche beiden Kodifizierungsarten im Bereich des sozialen Verhaltens gezeichnet werden: Reichtum an traditionellem Wissen, großer Familie, Respekt und Prestige, auch monetärer Art – würden durch den Reichtum an formalem Wissen wenn nicht abgelöst, dann doch zumindest hybridisierend durch die neu gebildete Roma-Intellegentia überschichtet werden.

Als ein letztes soll hier auf das Reinheitsgebot bzw. dessen Komplex des *mahrime* eingegangen sein werden. Diesen Begriff deutet Engebrigsten (2007) in der Perspektive der von ihr beschriebenen Roma-/Zigeuner-Gemeinschaft im Kontext der Separation und weniger indem der Unreinheit. „[T]he hamlet Roma only very rarely refer to the concept explicitly, but when they do they generally speak of it in terms of separation: to ‚mahrime' oneself out of the society, to separate clothes in washing […] to separate the good from the bad." (Engebrigsten 2007:130)

Bei Stewart (1997) allerdings ist in Bezug auf *marimo* eher ein Verhalten in Verbindung mit Sexualität zu finden. Ebenso geht Stewart hierbei auf die klare Trennung der Körpersphären zwischen „Oben" und „Unten" ein. Doch werden diese ebenso wie die obig erwähnten Waschvorschriften (Trennung von Ober- und Unterkörperhygiene) nicht als *marimo* verstanden (Stewart 1997:208 ff.). Der Komplex der Reinheit (*marimo*, *mahrime* oder *maxrimé*) ist zwar immer ein Begriff der Trennungen, aber nicht homogen als Reinheitskomplex im Sinne einer Hygiene zu verstehen. Vielmehr finden wir in den verschiedenen Monographien unterschiedliche Assoziationen. So z. B. führt Jakoubek (2005) die Diskussion um „rituelle Unreinheit", welche durch das Berühren mit unreinen Tieren, Dingen oder Personen oder Verspeisen von unreinen Tieren hervorgerufen werden kann (vgl. Jakoubek 2005:5 ff.). Auch bei Marushiakova (1997) steht *maxrimé* bei verschiedenen Roma-/Zigeuner-Gruppen im Zusammenhang mit Körperunterteilungen, oder der Trennung von Bekleidungsteilen, sowie Speisetabus.

Wie gezeigt wurde, sind bestimmte Aspekte des soziokulturellen Lebens einiger Roma-/Zigeuner-Gruppen oder -Gemeinschaften durchaus mit Elementen assoziierbar, die im Modell der geschlossenen Gesellschaft als gegebene Voraussetzungen dieser Gesellschaftsform zu finden sind. Doch soll hier abermals die Aufmerksamkeit auf die Vielschichtigkeit und „Vielheit" der verschiedenen Roma-/Zigeuner-Gruppen hingewiesen sein. Zwar besitzen einige Gruppen bzw. Gemeinschaften der Roma/Zigeuner klare Regel- und Normierungsinstanzen, doch gelten diese immer nur innerhalb der jeweiligen Gruppe bzw. Gemeinschaft, deren Gültigkeit allerdings auf eben diesen Bereich begrenzt bleibt. So tritt bspw. keine *kris* ihre Funktion an, wenn Vermittlungen oder Rat zur Lösung gegeben werden sollen, die sich auf eine Angelegenheit bspw. zwischen einem Rom und einem Gaje bezieht. Hier sind dann die Instanzen der Mehrheitsbevölkerung(en) die Norm- und Richtungsweisenden. Constantin Cojocariu (2009) bestätigte die Unvereinbarkeit des „Romani Private Law-Making" (gemeint ist *kris*) bei traditionellen Kalderash- und Gábor-Gruppen in Rumänien mit der nationalstaatlich normisierten Gesetzgebung, auf der „International Conference – Two Decades of Scholarship: Romani Studies in Romania" (1989–2009) in Cluj-Napoca (Rumänien). Und er fügte hinzu, dass „the most known Roma-activists are coming from these groups." (Cojocariu 2009)

Integration nach dem Konzept? Modellimmanente Schwächen.

„Das Privileg, »in einer Gemeinschaft zu leben«, hat seinen Preis – und dieser ist nur solange unerheblich, wie die Gemeinschaft ein Traum bleibt. Die Währung, in der dieser Preis zu entrichten ist, heißt Freiheit; man könnte sie ebensogut »Autonomie«, »Recht auf Selbstbehauptung« oder »Recht auf Individualität« nennen. […] Auf Gemeinschaft verzichten heißt auf Sicherheit verzichten; der Anschluß an eine Gemeinschaft bedeutet allerdings sehr bald den Verzicht auf Freiheit." (Bauman 2009:11)

Unter dem Banner der Freiheit und Demokratie steckt der Verlust der sozialen Sicherheit. Das Individuum, somit sich selbst und seinen Entscheidungen gegenüber alleingelassen, lebt in der Konsequenz der Freiheit, in Anonymität und relativer Isoliertheit. Der biologisch begründete und damit grundnötige Durst nach sozialer Bedürfnisbefriedigung, wird nicht gestillt. Von ihrer „Last", dem Streben nach Erfüllung mit sozialer Wärme, würde die Person in einer verwirklichten offenen Gesellschaft demnach nicht befreit. Das daraus resultierende Unbehagen des „geschaffenen" Individuums scheint aufgrund der unbefriedigten sozialen Bedürfnisse ein unumgänglicher „saurer Apfel" der offenen Gesellschaft zu sein. Doch Popper (1992) wird noch deutlicher und nennt dies den „zu zahlenden Preis für die Humanität". Er wählt dazu die Worte „Selbstentfremdung des Menschen".

„Es ist eine Last, die von allen getragen werden muss, die in einer offenen und teilweise abstrakten Gesellschaft leben und die sich bemühen müssen, vernünftig zu
handeln, zumindest einige ihrer emotionalen und natürlichen sozialen Bedürfnisse
unbefriedigt zu lassen und für sich und andere verantwortlich zu sein. Wir müssen,
[…] diese inneren Spannungen, diese Last auf uns nehmen, als einen Preis, den wir
zahlen müssen […]; für die Verlängerung des durchschnittlichen Lebensalters; und
für den Bevölkerungszuwachs. Es ist der Preis für die Humanität" (Popper 1992, Bd.
I:210 ff.).

Doch auch in einer offenen Gesellschaft strebt der Mensch – von seinen sozialen Bedürfnissen angetrieben – nach einer *societas* als ausgleichendes Gegengewicht zur Individualisierung und Anonymisierung. So kann formuliert werden: Die *societas* ist eine Bedingung, welche der Mensch einzig durch seine Existenz stellt.

Wenngleich in der offenen Gesellschaft Versuche existieren, soziale Bedürfnisse zu
befriedigen, sind sie dennoch nur ein eher schwacher Trost für das verlorene Ideal des
sozialen Haltes der Gruppe, in welche die Familie im Falle der meisten Roma/Zigeuner-
Gruppen eingebettet ist. Stattdessen strebt der sich dem Konkurrenzkampf gegenüber-
stehende Mensch nach materiellen Kompensationen, „die das Versprechen und die ver-
wundbare Stelle der offenen Gesellschaften sind". Denn sie „gewähren nicht mehr als
trügerische Sicherheiten". Es sei, so Fest (1993), selbst in Zeiten „wachsender Prosperität",
als ob die Menschen das wenig Verlässliche und zugleich „Unzureichende des Daseins"
spürten. Dieses unzureichende Dasein verkürze den einst „unendlichen Horizont einer
im Fernen aufleuchtenden Verheißung auf steigende Tariflöhne oder die Ferienparadiese
dieser Welt" (ebd.:49).

Die problematisierte Freiheit stelle sich nach Zijderveld (1972) erst in der individua-
listischen Gesellschaft als tatsächliches Problemfeld dar, welches in einer geschlossenen
Gesellschaft als solches nicht existiere. Denn dort „war sie real, weil sie sich als Problem
nicht stellte". Problematisch wird sie erst, wenn der Mensch „den Sinn und die Realität
seiner gesellschaftlichen Existenz in Zweifel ziehen muss" (ebd.:163).

Individueller Lebens- und Existenzzweck innerhalb einer offenen Gesellschaft stellt
den darin lebenden Menschen vor die Aufgabe einer (Lebens-)Erfüllung, welche nur er
selbst lösen kann und sogar muss. Als unvermeidliche Begleiterscheinungen der Moder-
nität sind hier also Einbußen hinsichtlich des emotional begründeten Lebenswissens und
der haltgebenden Zugehörigkeit zu zählen. Fest führt aus, dass diese Anzeichen durch
den „Verlust eines motivierenden Zukunftsbildes" deutlich sichtbar seien. Das einzige
Zukunftsbild einer offenen Gesellschaft ist nur die „Bewahrung ihrer [eigenen] Offenheit"
(Fest 1993:29).

Insofern lassen sich innerhalb einer offenen Gesellschaft Gefährdungselemente herausstellen, die sogar als „Selbstgefährdungen" bezeichnet werden können. Dies lässt sich anhand einer Aufsatzsammlung aus dem Jahr 1982 belegen. So äußert sich Kolakowski (1982) wie folgt zu einer Gesellschaft, welche ohne traditionelles Denken auszukommen sucht und Tabus verbannt hat: „Eine Gesellschaft ohne Tabus und Tradition, ohne geschichtlich geheiligte, moralische Grundsätze, müsste eine Gesellschaft der im Alter und im Geist Erwachsenen sein" (ebd.:19). Folglich müssen die von einer offenen Gesellschaft vorausgesetzten Eigenschaften des Menschen wie Vernunft, Uneigennützigkeit und Moral ihm in einer autoritären, einer geschlossenen Gesellschaft entsprechenden Institution anerzogen werden.

Oben angeführte Konkurrenz zwischen den Individuen in einer offenen Gesellschaft sorgt für den Verlust der in einer geschlossenen Gesellschaft von jedem Mitglied erfahrenen inneren Sicherheit. Da jede/r auf dem ihm oder ihr zugewiesenen Platz verbleibt, kennt die geschlossene Gesellschaft somit keine selbstgenerierten Sozialkonflikte, welche durch Konkurrenzkampf hervorgerufen werden würden. Somit wäre ein Hauptmerkmals- und Hauptkritikpunkt einer offenen Gesellschaft gegenüber einer geschlossenen Gesellschaft klar: „[W]o die ‚geschlossene Gesellschaft' auf physischem Kontakt und biologischen Banden ruhe, werde die ‚offene' durch abstrakte, indirekte Beziehungen und intellektuelle Bande zusammengehalten […]" (Petropulos 1998:163). Petropulos, aus dessen 1998 erschienenem Beitrag über das Verhältnis von Gesellschaft und Seele dieses Zitat stammt, setzt sich mit einem ebenso wichtigen wie auch bemerkenswerten Thema kontrovers auseinander. Auch er unterteilt nach Poppers Vorbild die Gesellschaften in „offene" und „geschlossene" und betrachtet den Menschen in diesen Gesellschaften nach seinen seelischen Verfassungen. So geht er auf einen bedeutenden Punkt in Poppers Idealvorstellung ein, indem er folgendes heraushebt:

„Das Biologische und das Seelische müssen zurücktreten, um die Poppersche Rationalität annähernd zu verwirklichen. Nicht der konkrete Mensch mit seiner Leiblichkeit, seinem Geist und seiner Seele wird hier thematisiert; als Inbegriff der rationalen Gesellschaft postuliert Karl Popper ein abstraktes Verstandesideal" (ebd.:150).

Wir haben erfahren, wie sich der Mensch, mit seinen natürlich gegebenen Bedingungen verhalten und mehr noch anpassen muss, um als vollkommener Bestandteil einer offenen Gesellschaft zu gelten. Mit Fest kann hier geschlussfolgert werden, dass „die freien

Gesellschaften auf einer Reihe von Voraussetzungen [gründen], die streng genommen gegen die menschliche Natur gerichtet sind" (Fest 1993:121 ff.).[14]

Die diskutierte Dichotomie zwischen der sozialen Realität und dem Individuum als das Selbst scheint bereits an dieser Stelle unauflösbar. Das Verlangen nach Verzicht zugunsten einer offenen, freien, modernen, pluralistischen und liberalen Wertegemeinschaft ist vor dem Popperschen Konzept-Hintergrund eine universelle Forderung. Doch, so hält Hall (1999) in seinem kritischen Beitrag zum sozialen Defizit der offenen Gesellschaft fest,

> „the desire for moral unity, [...] is distinctively Western. The conclusion to be drawn is thus that what Popper takes to be a universal human psychological trait is in fact the product of a particular culture" (Hall 1999:85).

Dieser hegemoniale Anspruch der partikularen Kultur des Westens auf eine offene Weltgemeinschaft hatte als Abgrenzung und gleichzeitig sinngebendes Gegenüber die geschlossenen Gesellschaftsformen. Diese sind nach Popper die faschistischen, nationalistischen und kommunistischen Staaten Zentraleuropas gewesen. Doch zerbrachen diese größtenteils nach oder mit dem Abriss des „eisernen Vorhangs". Die Frage nach dem „Feind" leitet uns hier zu einer weiteren Schwachstelle des Modells einer offenen Gesellschaft: Das Fehlens eines ‚Feindes'. Der Zeitgeschichtsforscher Timothy Garton Ash (2004) beleuchtet den inneren Zusammenhalt der offenen ‚westlichen Zivilisationen' durch einen gemeinsamen Feind, welchen er im kommunistischen „Gegenüber" sieht bzw. sah. Doch, so führt er an, werden „Europa und Amerika [...] nicht länger durch einen einzigen, klar umrissenen Feind zusammengehalten" (ebd.:79).

Im bereits zuvor zitierten Band zur *Selbstgefährdung der offenen Gesellschaft* ist gar von einer „Feindunfähigkeit" der offenen Gesellschaften die Rede. Sie sei die „Kehrseite des Niedergangs der Tapferkeit in den von der Ideologie einer egalitären missverstandenen sozialen Gerechtigkeit heimgesuchten ‚offenen Gesellschaften' des Westens." Sie wird als „typische Krankheit der westlichen Wohlstandsdemokratien" deklariert (Kaltenbrunner 1982:45). Ein ‚Anderes' als das Gegenüber seines Selbst zu erkennen, kann eine klarere Abgrenzung zum Gegenüber bedeuten (gerade im Hinblick auf ethnische Marker), doch nicht so, wenn dieses Gegenüber vollständig integriert wurde.

---

14 Unter diese Vorraussetzungen zählt er u. a. das System der Selbstverleugnungen und Selbstverbote, zivilisierende Regeln und Normen, Duldung und sogar Privilegierung von Minderheiten, das Recht des Schwächeren, des Fremden und des Nichtzugehörigen usw.

Den Herausforderungen der Globalisierung begegnend, „lassen sich Argumente für die Notwendigkeit größerer Einheiten als die des Nationalstaates" finden. Doch, so Garton Ash weiter, können diese „nicht den emotionalen Klebstoff bieten, der die disparate Gemeinschaft zusammenfügt". Denn diesen Klebstoff gewinnt man aus Tradition und einer menschlichen Gemeinschaft mit der „Hervorhebung ihrer Unterschiede – und gerne auch Überlegenheit – gegenüber einem anderen Gemeinwesen" (Gorton Ash 2004:83).

Ein zusätzlicher Ausblick in eine eher belletristische Betrachtung des Werkes K. R. Poppers durch den bekannten Schweizer Essayist und Dramatiker Friedrich Dürrenmatt scheint hier geeignet. Dürrenmatt würdigt zwar in seiner Schrift „Philosophie und Naturwissenschaft" (1980) das Schaffen Poppers, doch nicht ohne den folgenden, kritischen Hinweis missen zu lassen: „Doch sollte er [Popper] nun ‚Die offene Gesellschaft und ihre Feinde' mit einer Schrift ‚Die offene Gesellschaft und ihre Folgen' ergänzen" (ebd.:127).

Im von Stewart (1997) beschriebenen Fall hat die Romni Luludji mit ihrem Mann Čoro den Weg der Integration in die Mehrheitsgesellschaft gewählt. Diese bezogen ein Haus in einem von zumeist ethnischen Ungarn bewohntem Gebiet. Ihre Kinder verließen, ebenso wie ihr Mann morgens das Haus. Sich alleinfühlend suchte die Frau ihre alte Umgebung – die Roma/Zigeuner-Siedlung – jeden Tag auf, um dort mit den anderen Frauen „um das Feuer zu sitzen": „My heart was cut in two when I saw the Gypsy women sitting by the fire in the evening as we left them there." Doch nicht nur sie, sondern auch ihre Kinder begannen sich gegen den Versuch ihrer Eltern, „to lead a more petty bourgeoise lifestyle" zur Wehr zu setzten. „Ah! We're not going back with you. Where do you want to take us? Back to that prison? Why do you want to keep us locked in that house? All we can see there are the four walls." (Ebd.:135)

So wurde der Traum vom Leben in der Mehrheit, eine Entscheidung „gegen das Herz" schlussendlich abgebrochen. Das Leben in der Siedlung mit allen anderen Roma/Zigeunern war zwar ein Schritt zurück in die ökonomisch weit schwierigere Situation, doch „a more viable way of life than did assimilating among the *gažos*" (ebd.:137 H. i. O.).

Die Vorstellung einer „Befreiung" findet für die Roma/Zigeuner bei Stewart jenseits dessen statt, was in der Charta der Menschenrechte als verbriefte Rechte auf adäquate Lebens- und Wohnbedingungen, gleicher Zugang zur Bildung und Gesundheitsvorsorge verankert ist. Die Ausrichtung auf eine Geschichte bzw. eine Vergangenheit, welche es einzulösen oder auszugleichen gilt, existiere nach Stewart nicht. Die Roma-/Zigeuner-Gruppe lebt in ihrem „starren Blick auf die ewige Gegenwart in einem zeitlosen Jetzt, in welchem die Existenz, ein Rom zu sein, alles ist, was zählt." (Ebd.:246 m. Ü.)

Auch Peter Goranov (Rešetari-Rom aus Mladenovo/Lom [Bulgarien]) spürte in der für ein Jahr bezogenen Mietswohnung in einem Block-Neubaugebiet Sofias, dass er sich nicht so frei fühle, wie in „seinem" Mahalla Mladenovo:

> „[W]enn wir unter Gaje leben, müssen wir einen Teil unseres Lebens ändern. Wir wollen das manchmal einfach nicht. Zum Beispiel lebte ich in Sofia in einer Wohnung. Hatte Nachbarn über und unter mir, aber ich habe immer mit vielen Menschen zusammen gelebt, Freunden, Eltern, Verwandten. Viele kamen zu Besuch nach Sofia. Wegen irgendwelcher Gründe: Krankheit, Handel usw. Sie schliefen bei uns. Das war ein Problem für die anderen Leute im Block, wenn viele Leute ein und ausgehen, die sie nicht kennen. Und dann auch noch Zigeuner! Wir haben alles dafür getan, damit wir nicht laut sind, damit wir nicht stören. Und wir haben nie Grund gegeben, damit sich jemand beschweren kann."

Und er führte fort:

> „Aber als ich dort gewohnt habe, habe ich mich eingeengt gefühlt, unwohl. Weil ich so leben musste, eingegrenzt. Wenn Sie jetzt mit mir nach Hause gehen, dann werden Sie den Unterschied merken im Nachtleben. Dann schauen sie sich jetzt um, wie es hier ist – die Straßen, die Kneipen. Und in 10 Minuten in der Mahala, dann werden Sie den Unterschied merken und verstehen, was für eine Umstellung in der Lebensweise das bedeutet. Nicht das wir unsere Lebensweise nicht ändern können, aber wir wollen das manchmal einfach nicht. So fühlen wir uns besser" (Goranov 2009, pers. Interview).

Nachwort

Drei Jahre nach Abschluss der Magisterarbeit: Die Dichotomie der OSI-Ideologie darzustellen, die zwischen (1) der Förderung des kulturellen Erhalts der verschiedenen Roma-/Zigeuner-Gruppen und (2) deren gleichzeitige Inklusion, durch ein Aufbrechen der geschlossen wirkenden Gemeinschaften mit den Programm-Zielen des OSI, besteht, war mein Anliegen. Es ist damit klar, dass das OSI das „Kulturgut" der Roma-/Zigeuner-Gruppen erhalten möchte, dessen Grundbestandteile jedoch gleichzeitig „geöffnet", also aufgebrochen werden sollen.

Das interessante Unterfangen, eine Diskussion zu der Frage: „Ob und inwiefern können die jeweiligen Mehrheitsgesellschaften als ‚offene Gesellschaften' bezeichnet werden?", zu finden, steht noch aus.

Die Darstellung ist, gleich der Analyse der zwei sich gegenüberstehenden modellhaften Gesellschaftsformen, eher polarisierend. An relativ wenig Literatur wurde getestet, um eine ausgewogene Darstellung zu entwerfen. Verschiedene Roma-/Zigeuner-Gruppen in verschiedenen Mehrheitsgesellschaften machen es nur unter sehr erschwerten Umständen möglich, ein allgemein gültiges Bild von ihnen zu entwerfen. Es mag unter Umständen viele Roma-/Zigeuner-Gruppen geben, die mittlerweile in einer mehrheitsgesellschaftlichen Umgebung wohnen, einen gepflegten Umgang mit allen ihren Nachbarn haben und sich am Wochenende zu ihrem elterlichen Haus fahren lassen. Allerdings bin ich mit der relevanten Literatur über Roma-/Zigeuner-Gruppen darin einer Meinung, dass Roma/Zigeuner, die lange Zeit ihres Lebens eher mit Gaje verbracht haben, ihre „Roma-/Zigeuner-Identität" eher zu verdecken suchen. Ihre oft diskriminierte ethnische Identität ist damit, zumindest nach außen, abgelegt und im inneren verborgen. Eine solche Anpassung ist dann aber mehr als nur logisch: Es ist die menschliche Konsequenz, sich ein „zu Hause" zu schaffen, irrelevant ob Rom_ni oder Gajo, in einer geschlossenen oder einer offenen Gesellschaft.

Abkürzungen

NGO   non-governmental organisation(s) (Nichtregierungsorganisation[en])
OSZE Organisation für Sicherheit und Zusammenarbeit in Europa
OSI   Open Society Institute
REF   Roma Education Fund
WB   Welt Bank

Literatur & Quellen

Achim, V. 2004 [1998]. *The Roma in Romanian History*. Budapest: Central University Press.

Acton, T. 1974. *Gypsy politics and social change*. London & Boston: Routledge & Kegan Paul.

Bancroft, A. 2005. *Roma and Gypsy-Travellers in Europe. Modernity, Race, Space and Exclusion*. Aldershot, Burlington: Ashgate.

Bajram, A. 2009. Persönliches Interview am 26. August 2009 im parlamentarischen Büro der Regierung Mazedoniens.

Barany, Z. 2002. *The East Europien Gypsies. Regime Change, Marginality, and Ethnopolitics*. Cambridge: University Press.

Bauman, Z. 2009. *Gemeinschaften*. Frankfurt a.M.: Suhrkamp.

Beer, B. 1999. Normen. (*In* Hirschberg, W. (Begr.), *Wörterbuch der Völkerkunde*. Berlin: Reimer. S. 273.)

Bergson, H. 1933. *Die beiden Quellen der Moral und der Religion*. Jena: N.N.

Budilová, L. & Jakoubek, M. 2005. Ritual impurity and kinship in a Gypsy osada in eastern Slovakia. *Romani Studies*, Series 5, 15(1):1–29.

Clébert, J.-P. 1964. *Das Volk der Zigeuner*. Wien, Berlin, Stuttgart: Paul Neff Verlag.

Cojocariu, C. 2009. *Thoughts on the Future of Romani Private Law-Making*. Paper on „International Conference – Two Decades of Scholarship: Romani Studies in Romania" (1989–2009) in Cluj-Napoca (Rumänien), 9–10 October.

Crowe, D. M. 2007. *A History of the Gypsies of Eastern Europe and Russia*. New York: Palgrave Macmillan.

Duden – *Deutsches Universalwörterbuch* 1989. Mannheim (u. a.): Dudenverlag.

Dürrenmatt, F. 1980. *Philosophie und Naturwissenschaft*. Zürich: Diogenes.

Engebrigtsen, A. 2007. *Exploring gypsiness: power, exchange and interdependence in a Transylvanian village*. New York, Oxford: Berghahn Books.

Faunce, W. A. 1968. *Problems of an industrial society*. New York: McGraw-Hill.

Fest, J. 1993. *Die schwierige Freiheit. Über die offene Flanke der offenen Gesellschaft*. Berlin: Siedler Verlag.

Frank, C. 2006. Mit einem Schulterzucken ins Abseits. Warum eine Minderheit noch immer viele Missverständnisse auslöst. *Süddeutsche Zeitung* Nr. 192. 22. August, S. 6.

Frazer, A. 1995. *The Gypsies.* Oxford UK & Cambridge USA: Blackwell.

Fritsch, G. & Kozdon, B. 1990. *Erziehung in der „Offenen Gesellschaft". Fragen und Perspektiven.* Bad Heilbrunn/OBB: Julius Klinghardt.

Garton Ash, T. 2004. *Freie Welt. Europa, Amerika und die Chance der Krise.* Bundeszentrale für politische Bildung. Bd. 457. Bonn, München, Wien: Carl Hanser Verlag.

Goranov, P. 2009. Persönliches Interview in Lom (Bulgarien), 31. März.

Hall, J. A. 1999. The sociological deficit of The Open Society analysed and remedied. (*In* Jarvie, I. & Sandra P. (Hg.), *Popper´s Open Society after 50 Years. The continuing relevance of Karl Popper.* Routledge. S. 83–96.)

Jacobs, F. 2003. *Portrait einer Hutzigeunerfamilie in Neumarkt/Rumänien.* Magisterarbeit am Institut für Ethnologie, Universität Leipzig.

Jacobs, F. 2010. *Bodenvage Netzwerker.* Unveröffentlichte Dissertation am Institut für Ethnologie, Universität Leipzig.

Jakoubek, M. 2006. The Idea of the Romany Nation between the Millstones of Ethnic Indifference and Civil Society. (*In* Ministry of Labour and Social Affairs of Czech Republic 1J 037/05-DP2, *The Causes and Mechanisms of the Creation of Education Barriers of Sociocultural Background Members and Formulation of the Strategies for their Surmounting.* Department of Primary Education. Ústí nad Labem: Jan Evangelista Purkyně University.)

Jakoubek, M. 2006. Romani, End of (not only) One Myth. (*In* Hirt, T. (Hg.), *English summary.* Department of Anthropology at the Faculty of Humanities. Pilsen: University of West Bohemia. http://www.socioklub.cz/docs/romska_studia2_en.doc, Zugriff 04.11.2006.)

Kaltenbrunner, G.-K. 1982. Über einige Gefahren der offenen Gesellschaft. (*In* Bossle, L. & Radnitzky, G. (Hg.), *Selbstgefährdung der offenen Gesellschaft.* Würzburg: Naumann.)

Kirilov, N. 2009 & 2010. Persönliche Interviews am 31. März 2009 & 15. April 2010 in Lom (Bulgarien) im Büro des Direktors der „Roma-Lom"-Foundation.

Klímová-Alexander, I. 2005. *The Romani Voice in world politics: The United Nations and non-state actors.* Aldershot, Burlington: Ashgate.

Kolakowski, L. 1982. Selbstgefährdung der offenen Gesellschaft. (*In* Bossle, L. & Radnitzky, G. (Hg.), *Selbstgefährdung der offenen Gesellschaft.* Würzburg: Naumann.)

Králová, D. 2005. Die Roma-Dekade hat begonnen. *mh – medienhilfe.* Info. 15.03.2005. Zürich. http://archiv2.medienhilfe.ch/mh-info/2005/mh-info2005-1.pdf, Zugriff 14.10.2006.

Adányi, J. 2001. The Hungarian Neoliberal State, Ethnic Classification, and the Creation of a Roma Underclass. (*In* Emigh, R.J. & Szelényi, I. (Hg.), *Poverty, Ethnicity, and Gender in Eastern Europe During the Market Transition.* London: Praeger. S. 67–82.)

Marushiakova, E. & Popov, V. 1997. Gypsies (Roma) in Bulgaria. (*In* Hohmann, J. S. (Hg.), *Studien zur Tsiganologie und Folkloristik.* Vol. 18, Frankfurt a.M. [et al.]: Lang.)

Marushiakova, E. & Popov, V. 2001. The Gypsy Minority in Bulgaria – Policy and Community Development. (*In* McDonald, Ch., Kovacs, J. & Cs. Fenyes (Hg.), *The Roma Educationa Resource book*. Budapest: OSI IEP 2001. S. 63–106.)

Marushiakova, E. & Popov, V. 2004a. The Roma – a Nation without a State? Historical Background and Contemporary Tendencies. (*In* Streck, B. (Hg.), *Segmentation und Komplementarität. Mitteilungen des SFB „Differenz und Integration"*, Vol. 6, OWH 14, Orientwissenschaftliches Zentrum der Martin-Luther-Universität Halle-Wittenberg, S. 71–100.)

Marushiakova, E. & Popov, V. 2005. The Gypsy Court as a Concept of Consensus among Service Nomads in the Nothern Black Sea Area. (*In* Leder, S. & Streck, B. (Hg.), *Shifts and Drifts in Nomad – Sedentary Relations*. SFB Differenz und Integration. Wechselwirkungen zwischen nomadischen und sesshaften Lebensformen in Zivilisationen der Alten Welt. Bd. 2. Wiesbaden: Dr. Ludwig Reichert Verlag.)

Mauss, M. 1938. Une Categorie de L'Esprit Humain: La Notion de Personne Celle de „Moi". *The Journal of the Royal Anthropological Institute of Great Britain and Ireland*, 68:263–281.

Morgenstern, M. & Zimmer, R. 2002. *Karl Popper*. München: Deutscher Taschenbuch Verlag.

Münzel, M. 1981. Zigeuner und Nation. (*In* Münzel, M. & Streck, B. (Hg.), *Kumpania und Kontrolle. Moderne Behinderungen zigeunerischen Lebens. Formen der Verweigerung einer segmentären Gesellschaft*. Texte zu Sozialgeschichte und Alltagsleben. Giessen: Focus, S. 13–67.)

Nikolaev, T. 2008. Persönliches Interview am 2. August in Sofia.

Okely, J. 1998 [1983]. *The traveller-gypsies*. Cambridge: Cambridge University Press.

OSI 2003. *Prime Ministers Endorse Decade of Roma Inclusion, called for by George Soros*. http://www.soros.org/initiatives/roma/news/decade_20030708/roma_decade%203.pdf, Zugriff 20.10. 2006.

OSI 2006. *Record of Achievement. OSI 2006*. http://www.soros.org/resources/articles_publications/publications/good_20061212/record_20060330.pdf,Zugriff 02.08.2006.

Panoff, M. & Perin, M.1975. *Taschenwörterbuch der Ethnologie*. München: Paul List.

Petropulos, W.1998. *Offene Gesellschaft – Geschlossene Seele. Zum Glaubenssymbol einer zeitgenössischen Popularphilosophie*. Gamering: Polis.

Popper, K. R. 1964. *Das Elend des Historizismus*. Tübingen: J.C.B. Mohr.

Popper, K. R. 1992. *Die offene Gesellschaft und ihre Feinde*. Bd. I.+ II. Tübingen: Mohr/Siebeck.

Remmel, F. 1993. *Die Roma Rumäniens. Volk ohne Hinterland*. Wien: Picus.

Remmel, F. 2005. *Alle Wunder dauern drei Tage*. Vom Bulibasha der Zigeuner zum Kaiser der Roma. Reșița: InterGraf.

Rostas, I. 2006. Persönliches Interview des Deputy Director des Roma Initiatives Office am OSI am 11.09.2006.

Scheffel, D. Z. 2005. *Svinia in black and white: Slovak Roma and their neighbours*. Canada: Broadview Press.

Schmidt, A.2000. Tabu. (*In* Streck, B. (Hg.), *Wörterbuch der Ethnologie*. Wuppertal: Peter Hammer Verlag, S. 252–255.)

Schott, R. 1998. Rechtsethnologie. (*In* Fischer, H. (Hg.), *Ethnologie. Einführung und Überblick.* Berlin: Reimer.)

Soros, G. 1991. *Underwriting Democracy.* New York: Free Press.

Soros, G. 2001. *Die offene Gesellschaft. Für eine Reform des globalen Kapitalismus.* Berlin: Alexander Fest Verlag.

Stewart, M. 1997. *The Time of the Gypsies.* Boulder: Westview.

Stewart, M. 1999. „Brothers" and "Orphans": Images of Equality Among Hungarian Rom. (*In* Day, S., Papataxiarchis, E. & Stewart, M. (Hg.), *Lilies of the Field. Marginal People Who Live for the Moment.* Boulder, Oxford: Westview Press. S. 27–44.)

Stewart, M. 2009. *Roma and Gypsy 'ethnicity' as a subject of anthropological enquiry.* UCL Anthropology /CEU Nationalism Studies. Unpublished paper.

Streck, B. 2000. Alter. (*In* Streck, B. (Hg.), *Wörterbuch der Ethnologie.* Wuppertal: Peter Hammer Verlag, S. 19–23.)

Tiefel, T. 2003. Von der Offenen in die Abstrakte Gesellschaft: Ein interdisziplinärer Entwurf. *Soziologische Schriften*, Bd. 74. Berlin: Duncker & Humbolt.

Vereinte Nationen 1998. *Menschenrechte. Ihr internationaler Schutz. Menschenrechtspakte, OSZE/KSZE, Sozialcharta, Flüchtlinge, Folter/Todesstrafe, Diskriminierung, Verfahrensordnung.* 4. Auflage. München: Deutscher Taschenbuch Verlag. C.H. Beck.

Zijderveld, A. C. 1972. Die abstrakte Gesellschaft. Zur Soziologie von Anpassung und Protest. (*In* Uexküll, T. v. & Grubrich-Simitis, I. (Hg.), *Conditio Humana. Ergebnisse aus den Wissenschaften vom Menschen.* Frankfurt a.M.: S. Fischer Verlag.)

ANNE LOSEMANN

„Beobachten, wie wir beobachten"
Pressediskurse über Zigeuner in Mitteldeutschland

Einleitung: Alte Legenden – Neue Legenden?

> In einer Alpensage heißt es: Während der Abwesenheit der Bewohner eines Hauses, verschließe ein aufrecht an die Tür gelehnter Besen das Haus vor jedem Fremden. Selbst ein Zigeuner könne nicht an einem stehenden Besen vorbeigehen. In einer wendischen Überlieferung ist zu lesen: Gegen den schädlichen Einfluss der Zigeuner helfe ein auf die Schwelle gelegter, mit Salz bestreuter Besen. (Köhler-Zülch 1995:45 f.)

> „Mit einem im Eingang aufgestellten Besen versuchen Leipziger Händler, Roma vom Betreten der Verkaufsstelle abzuschrecken. Angeblich würden Zigeuner um Häuser einen Bogen machen, an deren Tür ein solches Reinigungswerkzeug stehe. Über die Wirkung des Besens als Schutz vor Ladendiebstahl gehen jedoch die Meinungen auseinander." (Leipziger Volkszeitung, 16.12.1992)

In einem Aufsatz von Aleida und Jan Assmann über Medien und soziales Gedächtnis heißt es: „Das Gedächtnis entsteht nicht nur *in*, sondern vor allem *zwischen* den Menschen." (1994:114) Gedächtnis entfaltet sich in Kommunikation und Gedächtnismedien, wobei die Frage nach Medien und Institutionen in den Vordergrund rückt, die dieses „zwischen" organisieren. Daran anknüpfend möchte ich für diese Studie hypothetisch konstatieren: Legenden ranken sich um das „Volk der Zigeuner[1]" bereits seit vielen Jahrhunderten. Und Legenden über Sinti, Roma sowie über andere, vergleichbare Gruppen – ob wandernd oder seßhaft – existieren bis heute. Allerdings bewertet man diese Legenden im heutigen Diskurs in der Regel als Stereotyp, Stigma oder Vorurteil, wenn nicht gar Diskriminierung. Weitergegeben werden Legenden im 21. Jahrhundert nicht mehr vorrangig in Form von Märchen oder Sagen, sondern vor allem in der Presse, was das Eingangsbeispiel recht anschaulich belegen kann. Wie auch immer diese Legenden im wissenschaftlichen und öffentlichen Diskurs bezeichnet werden, sie sind Ausdruck unterschiedlicher Beobachtungsperspektiven auf ein Phänomen der öffentlichen Kommunikation. Der Kommunikation einer Mehrheit über eine Minderheit, beziehungsweise, wie sich diese innerhalb des Pressediskurses präsentiert.

Ziel dieser Studie ist es, zum einen Aussagen über medial vermittelte „Zigeunerbilder" zu treffen und darzustellen, wie diese Bilder durch die Arbeit der Presse geprägt werden, zum anderen die Indienstnahme der Presse, beispielsweise durch gezielte Öffentlichkeitsarbeit der Interessengruppen, nachzuzeichnen. Die Aussagen werden mittels einer Inhalts- und Diskursanalyse von 466 Presseartikeln aus der Lokalpresse Mitteldeutschlands zwischen 1991 und 2002 erschlossen. Dabei befindet sich der gewählte Untersuchungsraum zusätzlich in einer Sondersituation: Erst seit dem politischen Umbruch der Jahre 1989 und 1990 kann hier wieder von einer „freien Presse" gesprochen werden. Zigeuner, Sinti oder Roma galten als Tabuthemen im gesellschaftlichen Leben wie auch in der Presse der DDR. Umso erstaunlicher, dass die „zigeunerische" Minderheit innerhalb kürzester Zeit wieder Einzug in Denken, Leben und Schreiben der ostdeutschen Gesellschaft gehalten hat. Allerdings ist dieser Prozess nicht frei von den Einflüssen der bundesdeutschen Medienkonzerne, die das „neue" Mediensystem im Beitrittsgebiet installiert haben. Daher will diese Untersuchung nicht den „Sonderfall Ostdeutschland" ins Zentrum der Aufmerksamkeit stellen, sondern den Untersuchungsraum Mitteldeutschland als Teil einer gesamtdeutschen Presselandschaft behandeln. Die besondere Geschichte der Beziehung zwischen Zigeunergruppen und der Bevölkerung in Ostdeutschland muss dennoch thematisiert werden, da sie einen zum Teil recht eindeutigen Niederschlag in den Presse-

---

1   Es sei darauf hingewiesen, dass in dieser Arbeit sowohl die Begriffe „Sinti und Roma" als auch „Zigeuner" verwendet werden. Die Kontroverse um eine „politisch korrekte" und nicht pejorative Bezeichnung der transnationalen Minderheit wird in der Magisterarbeit ausführlich thematisiert. Während Termini wie „Gypsy" oder „Gitanos" weithin anerkannt sind, wird die Bezeichnung „Zigeuner" in Deutschland vor allem seit den siebziger Jahren systematisch durch die Bezeichnung „Sinti und Roma" ersetzt. Die Zusammenfassung zweier großer Zigeunergruppen schließt jedoch andere Gruppen mit ungeklärtem Status aus, daher wird in dieser Arbeit zusammenfassend von „Zigeunern" und „Zigeunergruppen" gesprochen, wenn nicht ausschließlich die Ethnien Sinti und Roma gemeint sind. Es ist zu betonen, dass über die Verwendung der genannten Bezeichnungen entsprechend des jeweiligen Kontextes entschieden wurde, sie aber in jedem Fall wertfrei verstanden werden.

berichten findet. Um die im öffentlichen Diskurs verwendeten Bilder und Denkfiguren sichtbar zu machen, habe ich die Methode der Diskursanalyse nach Michel Foucault und die der empirischen Inhaltsanalyse gewählt. Letztere ermöglicht die wissenschaftliche Analyse von Kommunikationsprozessen, in diesem Fall die öffentliche Kommunikation der deutschen Mehrheitsgesellschaft über eine Minderheit in ihrer Mitte. Anhand einer exemplarischen Analyse lokaler Presseerzeugnisse im Raum Mitteldeutschland sollen verschiedene Dimensionen der öffentlichen Kommunikation näher betrachtet werden. Hierbei wird „öffentliche Kommunikation" im Sinne eines „öffentlichen Diskurses" verstanden. Diskurse organisieren die Wirklichkeit für den kommunikativen Akt der Wahrnehmung, sie geben ihr Bedeutung und Struktur, mit den Worten von Michel Foucault: „Ich setze voraus, dass in jeder Gesellschaft die Produktion des Diskurses zugleich konditioniert, selektiert, organisiert und kanalisiert wird – und zwar durch gewisse Prozeduren, deren Aufgabe es ist, die Kräfte und die Gefahren des Diskurses zu bändigen, sein unberechenbar Ereignishaftes zu bannen, seine schwere und bedrohliche Materialität zu umgehen." (Foucault 1991:10 f.)

Diskurse sind demnach sozial konditioniert, gleichzeitig aber konstruieren und konditionieren sie ihrerseits soziales Leben. Durch gesellschaftliche Kommunikation, in diesem konkreten Fall durch massenmediale Kommunikation, werden Wirklichkeiten konstruiert, denn „in dem, was Menschen sprechen und schreiben, drücken sich ihre Absichten, Einstellungen, Situationsdeutungen, ihr Wissen und ihre stillschweigenden Annahmen über die Umwelt aus." (Mayntz/Holm/Hübner 1969:151) Erst was in einer sozialen Welt thematisiert wird, ist für individuelle und kollektive Bewertungen relevant. Die Konstruktion von Wirklichkeiten ist allerdings ein hoch konditionierter sozialer Prozess, „in dem sich Modelle für ökologisch valide Erfahrungswirklichkeiten/Umwelten im sozialisierten Individuum als empirischem Ort der Sinnproduktion herausbilden". (Schmidt 1994:595) Dieser Prozess der Wirklichkeitskonstruktion verläuft in der Regel unbewusst, er widerfährt uns mehr, als dass wir darüber verfügen. Daher tritt die Konstruiertheit unserer Umwelt in der Regel erst zu Tage, „wenn wir beobachten, wie wir beobachten." (Ebd.) Das ist das Ziel der folgenden Untersuchung, denn in Form von medialen Diskursen verdichten sich die gesellschaftlich konstruierten Wirklichkeitsmodelle und nehmen einen materiellen Charakter an.

„Ein paar hundert Landsleute": Zigeuner und Zigeunerbilder in der DDR

Im öffentlichen Diskurs wie auch in der wissenschaftlichen Arbeit der DDR waren Sinti und Roma eine Marginalie. Selbst Journalisten durften sich in der Regel nicht mit dem Thema beschäftigen, wie der Schriftsteller und Bürgerrechtler Reimar Gilsenbach aus

eigener Erfahrung zu berichten weiß: „…zu den unzähligen Tabus, denen DDR-Journal-
isten sich ausgesetzt sahen, gehörten auch die ‚Zigeuner'. Wie die DDR sich zu den Sinti
verhielt, steht nicht auf den Ruhmesblättern des ‚real existierenden Sozialismus'." (Gilsenbach 2001:67) Unter den wenigen Presseartikeln, die in der DDR zu dieser Thematik erschienen sind, findet sich ein aufschlussreicher Kurzbericht in der Zeitung „Junge Welt"
vom 4. Oktober 1989. Lexikonartig heißt es in der knappen Beschreibung der „Roma
und Sinti" unter anderem: „Heute leben noch etwa 10 Millionen Roma in 30 Ländern der
Welt, davon etwa 40 000 in der BRD. In der DDR gibt es rund 300 Sinti (Bezeichnung
für die ethnische Untergruppe im deutschen Sprachraum). Ihre Sprache ist das Romanes,
das Elemente nordindischer Sprachen enthält. Die Bezeichnung ‚Zigeuner' lehnen sie
als Schimpfwort ab." Interessant ist an dieser Darstellung nicht nur die offensichtliche
Unterscheidung zwischen Roma und Sinti, wobei der Artikel den Eindruck erweckt, dass
Roma in der BRD und Sinti in der DDR zu verorten seien. Zudem liefert er einen An-
haltspunkt über die mögliche Anzahl der in der DDR lebenden Zigeuner, die Zahl 300
scheint zumindest eine öffentlich legitimierte Angabe zu sein.

Ein weiterer Bericht, erschienen am 11. Mai 1990 in der „Märkischen Oderzeitung",
spricht ebenfalls von 300 Zigeunern, allerdings sind es hier Roma, die „in der DDR be-
heimatet" seien, sowie von einem vorübergehenden Lagerplatz am Rande Berlins: „Über
Nacht wie vom Himmel gefallen, bauten hier Mitglieder dieser Völkergemeinde ihr zeit-
weiliges Zuhause auf – erstmals in der DDR. Jedoch zum Leidwesen des amtierenden
Vorsitzenden der dortigen LPG Schöneiche, …". Gegen Ende des Artikels heißt es: „Der
Grund für ihr Erscheinen in diesen Landesbreiten: Eine große Hochzeit sollte nach den
Bräuchen von Sinti und Roma steigen." Der Autor des Textes, Wolfgang Schönwald,
zeigt sich sichtlich verwundert über die Ankunft der Sinti beziehungsweise Roma. Ob
es wirklich das erste und einzige Mal in der Geschichte der DDR gewesen ist, muss hier
offen bleiben. Möglicherweise kann die öffentliche Betrachtung dieser Zigeunergruppe
als Vorbote des gesellschaftlichen Wandels angesehen werden, denn mit der politischen
Wende hielten auch die Zigeuner wieder Einzug in den Osten des Landes – genauer, in
die öffentliche Wahrnehmung des Landes.

Doch auch nach 1990 blieb das Interesse an der Minderheit im Beitrittsgebiet gering.
Bis heute sind nur wenige Arbeiten über das Leben der Sinti und Roma in der DDR und
in den Neuen Bundesländern zu finden. Reimar Gilsenbach ist einer der wenigen Wissenschaftler, die sich mit dem Thema über längere Zeit beschäftigt haben, zum Teil mit
großem persönlichem Engagement. Zwar gab es in der DDR unzählige Straßen, Parks
und Plätze, die den Namen „Opfer des Faschismus" trugen und noch heute tragen. Doch
Sinti und Roma waren damit in den Augen der Parteifunktionäre nicht gemeint. Gilsenbach hat drei mögliche Ursachen für das offizielle Schweigen ausmachen können: Ein
mutmaßlicher Grund der Ausgrenzung mag in der kleinbürgerlichen Mentalität der

Funktionäre gelegen haben: „Die DDR-Macher konnten sich ‚Zigeuner' nur als ord-
nungsstörend vorstellen. Aber die festgefügte Ordnung des Arbeiter- und Bauernstaates
zu erhalten war oberste Staatsdoktrin. Macht und Ordnung galten als synonym." (Gilsenbach 2001:81) Ein zweiter Grund könnte sich in den wirtschaftlichen Idealen der Republik
finden lassen. Sinti und Roma waren für die Wirtschaftsfunktionäre weder berechenbar
noch ausnutzbar, und schon gar nicht waren sie in Fünfjahresplänen unterzubringen. Zudem machten die Richter in Zweifelsfällen rigoros vom „Asozialen"-Paragraph des Straf-
gesetzbuches der DDR (§ 249) Gebrauch. „Jeder Sintu, der, ohne Berufsmusiker zu sein,
in einer Rockband spielte und seine ‚Muggen' dem Job am Fließband vorzog, war im Sinn
des Gesetzes ‚asozial' […] Knast für ‚Asoziale' als ultima ratio." (Gilsenbach 2001:82)
Als dritte Möglichkeit führt Gilsenbach Vorurteile und Stereotypen ins Feld, die in den
Köpfen der Machthabenden existiert haben dürften, oder zumindest das Unbehagen, das
ihnen die Existenz der Volksgruppe bereitet haben muss. „‚Zigeuner' passten nicht ins
verordnete Bild vom Antifaschisten. Zwar waren sie Opfer der Rassenverfolgung, aber
ungeliebte, tunlichst vergessene Opfer. […] In ihren Augen gehörten ‚Zigeuner' nicht auf
den Sockel der Widerstandskämpfer." (Ebd.)

Welcher dieser drei Erklärungsansätze den historischen Tatsachen am nächsten
kommt, lässt sich nur schwer beurteilen, vermutlich handelt es sich um eine Mischung
aus Elementen der drei genannten Motive. Selbst Gilsenbach muss zugeben: „Aus
welchem Grund waren in der DDR ‚Zigeuner' durch ein halbamtliches, aber nie festge-
schriebenes Tabu ausgegrenzt? Ich weiß es nicht. Bei allen Versuchen, dies zu verstehen,
zu erklären, dem Sachverhalt mit Logik und Spürsinn beizukommen, bleibt ein erheb-
licher Rest an Irrationalem, nicht Fassbarem." (Ebd.:81) Neuere Ethnizitätsforschungen
beschreiben die inneren Grenzen einer Gesellschaft meist als Gemeinschaftsprodukt der
von ihnen getrennten Teile. „Kultur in komplexen Zusammenhängen ist immer auch
Kontrastkultur, Mittel zur Eigenprofilierung durch Abgrenzung vom anderen."[2] (Streck
1997:19 f.) Innerhalb der DDR dagegen war man um eine möglichst homogene Gesell-
schaftsstruktur bemüht, „Einheitsdenken" und „Einheitskultur" galten als politisch ver-
ordnet. Das kulturell Andere hatte nur da Raum, wo es von offizieller Seite legitimiert
war, beispielsweise im Fall der Sorben. Der sozialistische Obrigkeitsstaat schränkte alles
ein, was nicht der ideologisch untermauerten Norm entsprach und dazu gehörte auch
eine „nichtsesshafte" Lebensweise. Eine Abgrenzung durch kulturelle Dissidenz konnte
in der DDR nicht geduldet werden, denn „jeder Akt der gelebten Kultur ist auch gegen
die anders Lebenden gerichtet." (Ebd.:20)

---

2 Unter dem Begriff „Kontrastkultur" wird die Beziehung zwischen Minderheit und Mehrheit in Anlehnung an Gregory Batesons Theorie der „Schismogenese" (1935) und Wilhelm Emil Mühlmanns „anta-
gonistischer Stilprägung" (1962) im Sinne einer bewussten und gewollten Distanzierung verstanden.

Eine Zählung der Sinti und Roma, die im Gebiet der DDR die Verfolgung durch die Nationalsozialisten überlebt hatten, fand nie statt. Aus diesem Grund sind nur grobe Schätzungen möglich. Reimar Gilsenbach vermutet zunächst nicht mehr als 600 Zigeuner in der DDR, die meisten von ihnen seien Sinti gewesen. Nach der Befreiung aus den Konzentrations- und Arbeitslagern ließen sie sich in kleineren Gruppen nieder oder verließen das Land, so dass sich am Ende nicht mehr als 200 oder 300 Angehörige der Minderheit in der DDR aufgehalten haben dürften. „Einen Zuzug von ‚Zigeunern' hat die DDR nie geduldet, abgesehen von den wenigen Sinti-Familien, die als Deutsche aus Polen und der Tschechoslowakei bald nach dem Ende des Krieges vertrieben wurden. Indem der Arbeiter- und Bauern-Staat die Grenzen für alle unerwünschten Einwanderer streng absperrte, hat er sich – ob bewusst oder unbewusst – davor geschützt, dass ein ‚Zigeunerproblem' entstand." (Gilsenbach 2001:68) Da in der Verfassung der DDR die Pflicht zur Arbeit festgelegt war, kriminalisierte das Strafgesetzbuch jeden als „Asozialen", der „das gesellschaftliche Zusammenleben der Bürger oder die öffentliche Ordnung dadurch gefährdet, dass er sich aus Arbeitsscheu einer geregelten Arbeit hartnäckig entzieht, obwohl er arbeitsfähig ist." (zit. nach: Gilsenbach 2001:69) Verstöße gegen das Gesetz wurden mit Haftstrafen von zwei bis fünf Jahren geahndet, besonders Musiker und junge Sinti waren von den Schikanen betroffen. (Ebd.:69 f.)

Entsprechend der ersten DDR-Verfassung waren alle Bürger gleichberechtigt, auch räumte der Artikel 11 „fremdsprachigen Volksteilen" das Recht der „freien volkstümlichen Entwicklung" ein. (zit. nach: Gilsenbach 2001:70) Formal galt das Verfassungsrecht auch für Sinti und Roma, praktisch hatte es kaum eine Bedeutung, zumal Zigeuner in der DDR nie eine Lobby besaßen, die einen Anspruch auf ethnischkulturelle Eigenständigkeit hätten durchsetzen können. In der neuen Verfassung von 1968 gestand man nur noch den Sorben eine eigene kulturelle Entwicklung zu, die Sinti gerieten in Vergessenheit. Alle Sinti hatten in der DDR einen festen Wohnsitz und für die Kinder galt die allgemeine Schulpflicht. Ein Großteil der Sinti-Kinder wurde in Hilfsschulen unterrichtet, da an eine spezielle Förderung oder Unterricht in ihrer Muttersprache Romani nicht zu denken war. Somit wurde es für viele schwierig, einen qualifizierten Beruf zu erlernen, die meisten Familien gerieten in eine zunehmende Isolation. Erschwerend kam hinzu, dass Verbindungen zu Angehörigen in verschiedenen Ländern, insbesondere in Westdeutschland, durch die abgeschirmten Staatsgrenzen kaum aufrecht erhalten werden konnten. Erst gegen Ende des DDR-Regimes wurden Reisegenehmigungen großzügiger erteilt. (Ebd.:70 f.)

Offiziell waren Sinti und Roma in der DDR nach der „Richtlinie für die Anerkennung als Verfolgte des Naziregimes" von 1950 als solche anerkannt, mit der Einschränkung, dass sie „nach 1945 durch das zuständige Arbeitsamt erfasst" worden waren und „eine antifaschistisch-demokratische Haltung bewahrt" hatten. (zit. nach: Gilsenbach 2001:71) Zudem mussten sie nachweisen, dass sie wegen ihrer Abstammung in Haft waren und nicht wegen ihrer Lebensweise. Andere Formen der Verfolgung, wie Deportation, Zwangsarbeit, Zwangssterilisation oder Festsetzung in Sammellagern, konnten nicht geltend gemacht werden. Im Jahr 1954 waren in der DDR 122 Zigeuner als „Verfolgte des Naziregimes" anerkannt, sie erhielten eine Ehrenrente und einige andere Vergünstigungen. Viele Angehörige der Minderheit scheiterten allerdings an der Bürokratie, die der Anerkennung als „Opfer des Faschismus" voranging. In den nationalen Mahn- und Gedenkstätten des Landes waren Sinti und Roma kaum ein Thema des Erinnerns, auch in den offiziellen Gedenkreden für die Opfer des Faschismus wurden Sinti und Roma nicht erwähnt. Doch nicht nur bei der Anerkennung als Verfolgte wurden den Zigeunern der DDR Steine in den Weg gelegt. Im Namen der Staatsmacht führte die Volkspolizei nach 1945 sogenannte „Zigeuner-Personalakten" weiter, seitens der Opferverbände und städtischen Einrichtungen fanden Sinti keinerlei Unterstützung für die Gründung einer neuen Existenz in der „Demokratischen Republik" und im täglichen Miteinander mit Arbeitskollegen oder Nachbarn sahen sie sich nicht selten mit tradierten Vorurteilen konfrontiert. (Ebd.:71 ff.)

Der Schriftsteller Reimar Gilsenbach setzte sich persönlich für die Errichtung der ersten Gedenkstätte für Sinti und Roma ein, die dem Nationalsozialismus zum Opfer gefallen waren. Am Ort des größten Zwangslagers für Zigeuner in Berlin-Marzahn sollte in den achtziger Jahren des letzten Jahrhunderts nach langem Zögern der Machthabenden ein Gedenkstein enthüllt werden. Grotesker Weise war zur Übergabe des „Sinti-Steins" kein einziger Sintu eingeladen worden, dafür waren sechzig Parteigänger, FDJler, Vertreter der Stadt Berlin sowie zwei Fotografen zugegen. „Der Redner erinnert an die Leiden der Juden, auch der Sinti und Roma, an den Widerstand der Kommunisten und Christen. Jetzt, so versichert er, seien die Sinti gleichberechtigte Bürger im sozialistischen Staat." (Gilsenbach 1993:258) Gleichberechtigte Bürger, die nicht einmal an der Einweihung des Denkmals zu Ehren ihrer ermordeten Angehörigen beteiligt wurden. Nur durch einen Zufall konnten dennoch einige Sinti die Denkmaleinweihung beobachten, unter ihnen war auch eine Sintiza mit dem Spitznamen Kaula. Sie war eine Zeitgenossin jener elf Sinti, die der Kinderbuchautorin Grete Weiskopf (Pseudonym: Alex Wedding) als Vorlage für ihren 1931 erschienenen Roman „Ede und Unku" gedient hatten. Ein Buch, das für unzählige DDR-Kinder zur Pflichtlektüre gehörte und sogar zum Kultbuch avancierte.[3] (Ebd.:172 ff.)

---

3   Nur den wenigsten war bekannt, dass Erna Lauenburger, alias Unku, tatsächlich gelebt hatte, im März 1943 in das Vernichtungslager Auschwitz-Birkenau verschleppt und wenig später ermordet wurde.

Erstmals öffentlich erwähnt wurden Sinti und Roma erst im April 1990 in einer Erklärung der frei gewählten Volkskammer, darin heißt es: „Durch Deutsche ist während
der Zeit des Nationalsozialismus den Völkern der Welt unermessliches Leid zugefügt
worden. Nationalsozialismus und Rassenwahn führten zum Völkermord, insbesondere
an den Juden aus allen europäischen Ländern, an den Völkern der Sowjetunion, am polni-
schen Volk und am Volk der Sinti und Roma." (zit. nach: Gilsenbach, 44/90 Wochenpost)
Wenige Monate nach dieser Erklärung reisen neben anderen Asylbewerbern zahlreiche
Roma aus Rumänien und anderen Ostblockstaaten in die erweiterte Bundesrepublik ein.
In den neuen Bundesländern stehen die Menschen in den Jahren nach 1990 vor einem
für sie völlig neuen Problem – dem Umgang mit größeren Ausländergruppen, deren
Akzeptanz und möglicherweise Integration. Reimar Gilsenbach greift diese Problematik
in einem der ersten ausführlichen Artikel auf, die sich in jener Umbruchszeit mit dem
zigeunerischen Leben in der ehemals sozialistischen Republik beschäftigen: „Aber das
ist schon ein anderes Kapitel, es wird vom Vermögen oder Unvermögen der so lange
Eingemauerten handeln, mit der Mauer, die sie umgab, auch den schlimmen Schutzwall
einzureißen, der ihre Herzen, ihr Fühlen und Denken, ihr Empfinden gegenüber anderen einzementiert hat." (Ebd.)

Wiedereinzug der Zigeuner in die neuen Bundesländer

Der „Wiedereinzug" zigeunerischen Lebens in den einst sozialistischen Teil der Bundes-
republik verlief keineswegs reibungslos und ist durch zahlreiche Komplikationen und
Missverständnisse gekennzeichnet. Zunächst kamen Angehörige unterschiedlicher
Zigeunergruppen, vor allem Roma aus den Staaten des allmählich bröckelnden Ostblocks als Bittsteller, genauer als Asylbewerber, nach Ostdeutschland, denn der Fall des
„Eisernen Vorhangs" war Auslöser für einen multiethnischen Flüchtlingsstrom von Ost
nach West. Reimar Gilsenbach findet für die Lage folgende Worte: „Manche Roma aus
Rumänien kommen als Touristen mit genügend Reisegeld, manche als Geschäftemacher,
manche auf Arbeitssuche, manche als politisch Verfolgte. Andere sind bis aufs Äußerste
verelendet, Bettler, Hungernde, ohne jeden Besitz – vierte Welt in Europa." (Gilsenbach,
40/90 Für Dich) Die zu diesem Zeitpunkt wirklich „neuen" Bundesländer kämpften mit
den Problemen der eigenen Integration in das neue Staatsgefüge. Der Umgang und die
Auseinandersetzung mit Asylsuchenden in größerem Umfang sowie mit Minderheiten
im Allgemeinen kam völlig überraschend in die Regionen des einst kleinen, abgeriegelten
Landes DDR.

Ein Rückblick der „Magdeburger Volksstimme" beschreibt die Situation sehr treffend:
„Für die Halberstädter war die Begegnung mit so vielen Ausländern wie kurz nach der

Wiedervereinigung etwas Neues, Ungewohntes. Die Belegungszahlen schnellten rasch von 500 auf bis zu 2272 Asylbewerber Mitte 1992 hoch. Damals kamen viele Zigeuner aus Rumänien, es gab zahlreiche Einbrüche und andere unangenehme Vorkommnisse, was für Unruhe vor allem bei den Bewohnern der Klussiedlung sorgte." (MV:03.02.2003) Halberstadt in Sachsen-Anhalt war kein Einzelfall. Ebenfalls dramatische Szenen spielten sich in den Unterkünften der Asylsuchenden in Leipzig und in deren unmittelbarem Umfeld ab. So ist in der „Leipziger Volkszeitung" im Juli 1993 zu lesen: „350 Roma leben als Asylbewerber in Leipzig und es scheint, als brächten sie den Rechtsstaat ins Wanken: Offen reden etliche Leipziger von Selbstjustiz, wollen die ‚Zigeuner' aus der Stadt jagen. Ursache sind Diebstähle und Räubereien von Roma, die in Straßenbahnen und Gartenanlagen verübt werden. LVZ-Redakteur Jörg ter Vehn beschreibt die Kriminalität, machte sich auf die Suche nach Motiven und fand ein Volk, das nichts zu verlieren hat." (LVZ:14.07.1993) Zeitungsartikel, die in den ersten Jahren nach der politischen Wende über Zigeunergruppen, beispielsweise Sinti und Roma berichten, tragen Titel wie „240 Asylanten in Messehalle eingepfercht" (BILD Leipzig:30.09.1991), „Dresden: Zeltlager ‚erträglich'" (LVZ:13.08.1991) oder „Zwischen Verfolgung, Asylverfahren, Beschaffungskriminalität und Lagerleben: Roma in der Teslastraße" (LVZ:14.07.1993).

Auffällig an diesen Berichten über meist illegal eingereiste Sinti und Roma oder andere Zigeunergruppen der Jahre 1990 bis etwa 1994 ist neben der Tatsache, dass sie häufig den Unmut der Mehrheitsbevölkerung offen thematisieren, ihr aufklärender Charakter. Neben den Konflikten mit Anwohnern oder der Überlastung der Polizeireviere werden den Lesern auch die Ursachen der Flucht von Roma-Familien und Aspekte der Lebensweise von Zigeunern näher gebracht. „In Rumänien steht ihre Kultur jetzt vor dem Aus. Benachteiligung, Arbeitslosigkeit und Rassenhass kamen nach dem Sturz Ceaucescus." (Ebd.) Über das Leben im Asylbewerberheim und einen dort tätigen rumänischen Übersetzer ist in dem Artikel zu erfahren: „Nach zwei Jahren zwischen Stacheldraht und beheiztem Bauwagen, herumfliegendem Müll, illegal geschlachteten Schafen, Kot, abendlicher Musik, brotbackenden und ab und zu tanzenden Frauen, zwischen laut palavernden, streitenden Männern und schrottreifen Autos, latrinenputzenden Kindern und ständig neu hinzukommenden Roma hat er gelernt: ‚Das ist eine alte Kultur, eine alte Mentalität.' ‚Buli Baschas', gewählte Familienoberhäupter, haben die Macht im Lager. Sie bestimmen, was die Frauen und Kinder zu tun und zu lassen haben. Im Kampf ums Überleben der Familie ist ihnen jedes Mittel recht." (Ebd.) Kriminalität war im Umfeld der Asylbewerberheime an der Tagesordnung und die Polizei damit völlig überlastet.

Als im März 1993 ein Roma wegen Diebstahl verhaftet wird, kommt es zu einer Auseinandersetzung zwischen Roma-Frauen und der Polizei, da die Familie die Festnahme nicht hinnehmen will. Im Text heißt es: „Belästigung und Gefährdung durch Kinder, die in Schrottautos herumflitzen sind genauso Alltag, wie in Supermärkten gefasste Asylbewerber, die sich selbst bedient hatten. Gruppen von Roma-Frauen, die in Geschäfte gehen, die Verkäufer umringen, bedrohen und bestehlen sind etwas weniger geworden, ‚ein bis zweimal die Woche kommt das vor‘, sagt Göhring [Leiter im zuständigen Polizeirevier]. Dennoch seien Geschäfte von Thekla über Mockau bis Portitz ‚gefährdet‘. Zurzeit am schlimmsten: Überfälle in Straßenbahnen und an den Haltestellen in der Nähe des Lagers. […] Das Problem: Noch vor dem Lager müssen die Täter gefasst werden. ‚Im Lager haben wir noch keinen erwischt‘, sagt Göhring. Die Bewohner schirmten sich untereinander ab.“ (Ebd.) Auch die Beziehung zwischen der Mehrheitsbevölkerung und der Minderheit der Roma wird in der Presse kritisch reflektiert: „Er [Mitarbeiter der Polizei] glaube nicht daran, dass es immer die Asylbewerber seien, wenn Überfallene die Täter als ‚südländische Typen‘, ‚Zigeuner‘ und ‚dem Äußeren nach Sinti und Roma‘ beschrieben. Aber der Unmut in der Bevölkerung steige an, Vorverurteilungen und Pauschalaussagen wie ‚alle Roma sind schlecht‘ nähmen zu.“ (Ebd.) An anderer Stelle heißt es: „Mit ‚Roma raus‘ ist keinem gedient. Erst recht nicht, wenn man bedenkt, dass unter Hitler Tausende dieser Menschen von Deutschen systematisch ermordet wurden. Aber die Last der Geschichte tragen, darf auch nicht heißen, dass unser Rechtsstaat an den Roma scheitert.“ (Ebd.)

Ein weiteres zentrales Thema, das die Berichterstattung in den Nachwendejahren aufgreift, ist der Kampf gegen den aufkeimenden Rechtsradikalismus in Ostdeutschland, der sich insbesondere gegen Einrichtungen von Asylbewerbern richtete. „Andeutungen von Überfällen und Brandanschlägen oder blutiger Gewalt gegen Roma mehren sich, die Stadt steckt in der Klemme. […] Die Angst vor gewalttätigen Übergriffen sitzt im Nacken. Bis Ende August soll deswegen ein ganzes Paket an städtischen Maßnahmen Abhilfe schaffen.“ (Ebd.) Im Oktober 1991 musste sogar ein Leipziger Asylbewerberheim geräumt werden, da es Hinweise auf geplante Überfälle gab. In einem provisorischen Zeltdorf wurden 200 Sinti und Roma vorübergehend untergebracht. „‚Trotz umfangreicher polizeilicher Vorkehrungen wollen wir Leipzig nicht zu einem zweiten Hoyerswerda werden lassen‘, so gestern Stadtrat Hans-Eberhard Gemkow vor der Presse im Rathaus. In der ‚Woche des ausländischen Mitbürgers‘ wäre insbesondere um den Spannungsherd ‚Asylantenheim Grünau‘ neue Besorgnis aufgekommen. Laut Informationen der Polizei sei mit Bürger-Demos und Aktivitäten der rechtsradikalen Szene vor allem um den 3. Oktober zu rechnen. Betreffs der in der Liliensteinstraße untergebrachten Sinti und Roma war von Akzeptanz seitens Asylbewerbern anderer Nationen sowie der Bevölkerung keine Rede mehr.“ (LVZ:02.10.1991) Deutlich wird an dieser Stelle ganz besonders, dass die Behörden in Ostdeutschland den Flüchtlingsströmen einfach nicht gewachsen sind und diese Tatsache offen zugeben: „Die Stadtverwaltung habe mangels Erfahrung die Probleme der Unterbringung derart unterschiedlicher Kulturen auf dicht besiedeltem Territorium und zu einem Zeitpunkt voller innerer Konflikte unterschätzt. Während sich jedoch in Bonn Diskussionen um eine Änderung des Asylverfahrens abspielen, stehe die Kommune vor der Tatsache, die Konsequenzen einer von da verordneten, unklugen Politik zu tragen." (Ebd.)

Die Mehrzahl der Artikel, die sich mit der Problematik der Asylbewerber auseinandersetzen, präsentieren sich allerdings sehr reflektiert, versuchen die Standpunkte aller Beteiligten aufzugreifen oder setzen sich für Toleranz und Zivilcourage ein. So wurde beispielsweise in der „Leipziger Volkszeitung" der Regierungspräsident Steinbach mit folgenden Worten zitiert: „Er appellierte an alle Leipziger, ‚die sich einen Funken von Menschlichkeit, Toleranz und Anstand bewahrt haben', sich für ein friedliches Miteinander einzusetzen." (Ebd.) Auch das zu Beginn der Arbeit angeführte Beispiel der „Leipziger Händler", die sich „mit dem Besen vor Diebstahl durch Zigeuner schützen" wollen, stammt aus dieser Zeit. (LVZ:16.12.1992) „Aberglaube oder Ausländerhass?" überschrieb die „Leipziger Volkszeitung" den Bericht, in dem es weiter heißt: „Leipzigs Ausländerbeauftragter Stojan Gugutschkow sieht darin eine Form des Selbstschutzes der Händler und möchte diesen Leipzigern keine allgemeine Ausländerfeindlichkeit unterstellen. Im Übrigen sei das erneut ein Beleg dafür, dass man viel zu wenig voneinander wisse." (Ebd.) Mitte der neunziger Jahre des letzten Jahrhunderts gingen die Konflikte zwischen Einwanderungsgruppen und der Bevölkerung allmählich zurück. Dennoch konstatiert Rolf Harder, Leiter der Zentralen Anlaufstelle für Asylbewerber in Sachsen-Anhalt, für seine Region rückblickend: „‚Die richtige Wende brachte 1999 erst der Einzug von 600 Flüchtlingen aus dem Kosovo', erinnert sich Harder. Auch für ihn sei der Anblick der erschöpften und verzweifelten Menschen ein einschneidendes Bild gewesen." (MV:03.02.2003)

Obwohl die traurigen und dramatischen Bilder in den Nachwendejahren in der Presse überwiegen, so konnten die Zeitungsleser auch über fröhlichere Anlässe des Verweilens von Zigeunern in ihrem Umfeld lesen, beispielsweise über die: „Erste Zigeunerhochzeit in Ostdeutschland". (SZ:30.07.1996) Die Mitarbeiter des zuständigen Ordnungsamtes sind zwar von der „überraschenden Hochzeit nicht begeistert", als sie in der Kaditzer Flutrinne bei Dresden „eine Wagenburg von etwa 60 Wohnwagen und den dazugehörigen Limousinen" entdecken, dulden aber den Aufenthalt der Gäste „aus ganz Europa". (Ebd.) Ein Sprecher der Gruppe zeigt sich dagegen souveräner: „‚Kommen Sie, schauen Sie sich das an.' Ein Zelt soll aufgeschlagen werden. Man sei bereit, für den Platz Miete zu bezahlen. Stündlich kommen Wohnwagen hinzu. Kinder spielen auf der Wiese. Mehrere blaue Müllsäcke wurden bereitgestellt." (Ebd.) Mit ähnlichen Begegnungen von Zigeunergruppen, Einwohnern und Ordnungsämtern, sowie deren Darstellung im untersuchten Pressematerial, wird sich der folgende Abschnitt auseinandersetzen.

„Die Zigeuner sind in der Stadt": Ethnografische Befunde

Zunächst muss erwähnt werden, dass innerhalb der vergangenen zwölf Jahre nur 28 Berichte das Verweilen einer Zigeunergruppe im Raum Mitteldeutschland beschreiben. Zudem konzentrieren sich die Berichte, ähnlich wie es Michael Peters für die achtziger Jahre des letzten Jahrhunderts herausgefunden hat, auf die Frühlings- und Sommermonate. Einige Texte sind sehr kurz gehalten, beispielsweise wurde in der „Leipziger Volkszeitung" unter der Rubrik „Übrigens…" lediglich vermerkt: „…steht am Regiser Pleisse-Ufer derzeit eine ‚Wagenburg'. Etwa 100 Sinti und Roma haben auf einer privaten Wiese vor den Toren der Stadt seit einigen Tagen ihre Wohnwagen postiert. Wahrscheinlich ziehen sie noch in dieser Woche weiter, war aus dem Regiser Rathaus zu erfahren. Wohin, weiß keiner. Zigeuner sind eben heute hier und morgen da und in diesen Tagen Stadtgespräch in Regis-Breitingen." (LVZ:31.07.2001) Andere Berichte gehen genauer auf die Herkunft der Zigeunergruppe, den Anlass ihrer Reise oder die Stellplatzproblematik in der Stadt ein.

Fast alle Artikel heben das „Außergewöhnliche" des Aufenthalts einer Zigeunergruppe hervor, sei es als „öffentliches Ärgernis", als „Ordnungsproblem" oder als ungewöhnliches Ereignis schlechthin. Dabei wahren die Journalisten in der Regel eine große Distanz zu den eigentlichen Hauptinformanten und berufen sich überwiegend auf Interviews mit Polizeisprechern und Mitarbeitern von Ordnungsämtern. Zumindest der zugeschriebenen, zigeunerischen Lebenseinstellung: „Lebe im Verborgenen" scheint diese Art der Berichterstattung zu entsprechen. Ob bewusst oder unbeabsichtigt, nur ein Bericht innerhalb des gesamten Untersuchungsmaterials wurde durch ein Foto illustriert. Zudem ein wenig aussagekräftiges Foto, wie es auf den ersten Blick erscheint, denn von „zigeunerischem Leben" ist in der Abbildung tatsächlich kaum etwas zu erkennen. „Sinti und Roma geben Standort fluchtartig auf", ist der dazugehörige Artikel in der „Oschatzer Allgemeinen Zeitung" überschrieben. Darin erklärt ein Sprecher der Stadtverwaltung, es habe bisher kaum Probleme mit Sinti und Roma gegeben: „Wenn wir aus der Bevölkerung die Information bekommen, sind sie meist schon wieder weg. Und Adressen, um einen Ordnungsbescheid nachzuschicken, gibt es nicht." (OAZ:10.08.2001) Betrachtet man das Bild genauer, wird seine Aussagekraft deutlicher. Wie „Fremdkörper" stehen vier Wohnwagen auf einem Acker verstreut und der Fotograf beobachtet die Szenerie aus „sicherer Entfernung". Die Darstellung vermittelt eine gewisse Skepsis.

Das häufigste und in der Regel zentrale Thema der Berichterstattung behandelt die Tatsache, dass Ordnungsbehörden aufgrund der Anwesenheit einer Zigeunergruppe eingeschaltet wurden. In einem Artikel heißt es beispielsweise: „Eine Gruppe von ca. 100 Personen mit belgischer, französischer und holländischer Staatsbürgerschaft weilt seit

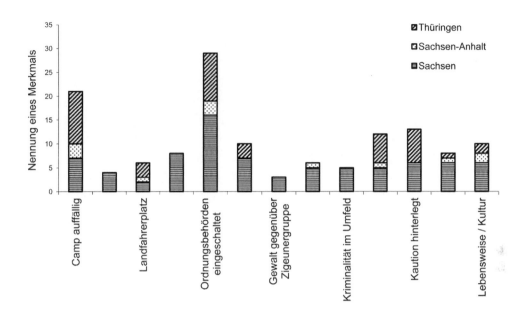

einigen Tagen in Sömmerda. Sie gehört der ethnischen Volksgruppe der Sinti und Roma an. […] Ihren Aufenthaltsort haben die Sinti und Roma angemietet und sich ordnungsgemäß bei den Ordnungsbehörden angemeldet. Die Gruppe hat die Absicht, Verwandte in Prag bei einer Hochzeit zu besuchen." (TA:07.11.1997) Über den Anlass der Reise ist in den Berichten selten etwas zu erfahren, zumindest fünfmal wurde aber erwähnt, dass das Ziel eine Hochzeit sei. Nur gelegentlich werden Aussagen über die Herkunft der Gruppe gemacht, hierbei überwiegen Angaben über südeuropäische Länder oder die Benelux-Staaten, nur zweimal war von „Sinti und Roma aus Osteuropa" die Rede. Die obenstehende Grafik veranschaulicht das Themenspektrum, das sich in den Berichten über die Durchreisegäste abzeichnet.

Fast in jedem Text wurden Mitarbeiter des Ordnungsamtes zitiert. Interessant ist, dass in diesem Kontext auch auf Versuche seitens der Zigeunergruppen, die Behörden durch Sprache, Herkunft, Anzahl der abgestellten Wagen oder Ähnliches zu verwirren, eingegangen wurde. In vier Fällen ist die Anwesenheit einer Gruppe von Polizei und Ämtern verheimlicht worden, da man Neugier und Unmut in der Bevölkerung vermeiden wollte. In drei Artikeln kommt zur Sprache, dass Anwohner tatsächlich versuchten, eine Zigeunergruppe zu vertreiben. Dass in einer Stadt ein Landfahrerplatz zur Verfügung steht oder darüber nachgedacht wird, einen offiziellen Platz für durchreisende Zigeuner zu schaffen, ist eher ein Randthema der Berichterstattung.

Der Tenor in den Texten bewegt sich zwischen Duldung einer Gruppe und Wahrung der, dem Ansehen einer Stadt dienenden, Gastfreundschaft gegenüber den Fremden. Hierzu wird in der Regel betont, man habe für einen Wasseranschluss, ein WC und (eher im Eigeninteresse) einen Müllcontainer gesorgt. Dieser Aussage folgt meist eine Formulierung wie: „Die Leute […] bezahlen ein Standgeld und haben eine Kaution hinterlegt, damit der Platz wieder entsprechend verlassen werde." (TA:21.10.1996) In der „Sächsischen Zeitung" heißt es: „Die Stadt stellte gegen Sofortbezahlung Wasserwagen, Toiletten und Müllcontainer bereit." (SZ:08.04.1994) Die „ordnungsgemäße" Entsorgung von Müll und Unrat ist neben der „ordnungsgemäßen" Anmeldung ein dominierendes Thema. So war beispielsweise in der Chemnitzer „Freien Presse" zu lesen: „Zum Frust über verstellte Parkflächen kam Naserümpfen. Als der Treck weiterzog, blieb Dreck zurück. Verstreut über den Platz lag von der wohlgefüllten Babywindel bis zur nicht ganz so wohlgeleerten Konservendose alles, was im Sommer Gestank ausmacht. Erst gestern wurde der Müll weggeräumt." (FP:21.06.1996) Über die Lebensweise, Aspekte der Kultur sowie Beschäftigung und Auskommen der Zigeunergruppen ist in den Texten nur wenig zu erfahren. Einigen Berichten ist zu entnehmen, dass die Gruppe einer Form des „ambulanten Gewerbes" nachgehe beziehungsweise unter ihnen „fahrende Händler" seien, vorzugsweise Teppichhändler. Oder auch: „Die Frauen kümmern sich nicht darum. Bei der Frage nach dem Lebensunterhalt wird deutlich: ‚Wir arbeiten nicht.' Die jungen Männer spucken aus. ‚Warum sollen wir? Gott schenkt uns alles.', sagen sie und öffnen lachend die Arme gen Himmel." (SZ:08.04.1994)

Eine feste Reiseroute der Zigeunergruppen, möglicherweise eine wiederholt genutzte Strecke oder Regelmäßigkeiten hinsichtlich des Aufenthaltsortes lassen sich anhand der vorliegenden Texte nicht nachzeichnen. In der nachfolgenden Grafik ist zu sehen, dass einige Städte wie Apolda, Erfurt oder Zwickau häufiger aufgesucht wurden, doch es können keine Aussagen getroffen werden, ob es sich hierbei jeweils um dieselben Familienverbände gehandelt hat.

In der Regel verweilen die Gruppen nicht lange an einem Ort, mal aus Eigeninteresse, mal, weil es die Umstände erfordern: „Schon am Sonntag raunten es sich die Apoldaer im Westviertel und an der Promenade zu: Die Zigeuner sind in der Stadt. In der Tat hatten sich Nichtsesshafte mit ihren Wohnwagen auf der Festwiese an der Herressener Promenade häuslich niedergelassen. […] Als Mitarbeiter des Rechts- und Ordnungsamtes jedoch unter Begleitung von Polizeibeamten in der Promenade erschienen, erwiesen sich die Gäste als nicht zahlungswillig. Sie zogen es vor, ihre Wagen wieder anzukuppeln und die Stadt zu verlassen." (TA:07.06.2001) Ob die Wege der Zigeunergruppen bewusst gewählt wurden oder eher durch Zufälle bestimmt sind, lässt sich nicht abschließend beurteilen. Möglicherweise zeigt sich hier die unkomplizierte Konfliktstrategie, bei Problemen mit der gastgebenden Mehrheitsbevölkerung selbst auszuweichen.

Dennoch lässt sich sagen, dass regionale Presseerzeugnisse gerade für das Studium nichtsesshafter Gruppen ertragreich sein können, da Dokumente dieser Art als „Glücksfälle" für das ethnografische Erkenntnisinteresse gelten dürften. Beispielsweise lassen sich Aussagen treffen, in welchem Zeitraum sich Caravangruppen mit vermutlich zigeunerischem Hintergrund im Berichterstattungsgebiet aufgehalten und zeitweilig niedergelassen haben. Allerdings handelt es sich hierbei um punktuelle Beobachtungen, ohne Anspruch auf Vollständigkeit, denn wie sich gezeigt hat, ist es Bestandteil der Informationspolitik zuständiger Behörden, Mitteilungen über den Umgang mit einer sogenannten „Wagenburg" gezielt zurückzuhalten, um Anordnungen nicht legitimieren zu müssen oder Anwohner nicht zu beunruhigen. In anderen Fällen werden in den Texten die Reaktionen der zuständigen Ämter und der Bevölkerung auf das meist unerwartete Auftauchen einer fremden Gruppe in der eigenen Heimat aufgegriffen. Anhand dieser Berichte zeigt sich, wie kulturelles Anderssein thematisiert wird und wie im Einzelfall mit dem Anderen innerhalb der eigenen Gemeinschaft umgegangen wird.

„Der Kampf um das Geschichtsbild": Erinnerungskultur und Wiedergutmachung

Da sich in den inhaltsanalytischen Befunden insbesondere für den Raum Thüringen brisante Kontroversen im Rahmen der Erinnerungskultur abgezeichnet haben, sollen sie an
dieser Stelle noch einmal aufgegriffen werden. Im Herbst des Jahres 1997 fand die wohl
heftigste Debatte zwischen dem „Zentralrat deutscher Sinti und Roma" und der Gedenkstätte Buchenwald statt. Unter der Überschrift „Differenzen um Sicht auf die Geschichte"
wird in der „Thüringer Allgemeinen Zeitung" dargelegt: „Der Streit zwischen dem Zentralrat der Sinti und Roma und der Gedenkstätte Buchenwald sowie dem Land Thüringen
spitzt sich weiter zu. Bei einem Gespräch mit dem Zentralratsvorsitzenden Romani Rose
lehnte es Thüringens Wissenschaftsminister Gerhard Schuchardt (SPD) ab, den Historiker Michael Zimmermann als Referenten eines im Herbst geplanten Kolloquiums zum
60. Jahrestag der Gründung des KZ Buchenwald auszuladen." (TA:21.08.1997) Genannter
Historiker ist der Stein des Anstoßes für den Zentralrat, ihm wird vorgeworfen, in seinen
Arbeiten den Völkermord an Sinti und Roma zu verharmlosen. Die Gedenkstätte und
das Land Thüringen halten dagegen, dass die Freiheit von Lehre und Forschung einen
hohen Stellenwert genieße, doch Rose kontert: „Die Freiheit der Wissenschaft ende dort,
wo die Opfer verhöhnt würden." (Ebd.) Wenig später ist in dem Bericht zu erfahren, dass
der Konflikt einen weiteren Anlass hat, denn über den Zentralratsvorsitzenden heißt es:
„Er reklamierte für den Zentralrat der Sinti und Roma erneut einen Sitz im Stiftungsrat
der Gedenkstätte Buchenwald, um an Entscheidungen teilzuhaben." (Ebd.) Der Protest
gegen die Einladung des Historikers Zimmermann zur „Internationalen Buchenwaldkonferenz" wird durch den Zentralrat geschickt mit dem Anspruch auf einen Sitz im
Stiftungsgremium der Gedenkstätte verknüpft und zu dem Vorwurf, die Gedenkstätte
träfe Entscheidungen gegen den Willen der Überlebenden und ihrer Organisationen,
umgemünzt.

Volker Knigge, Stiftungsdirektor der Gedenkstätte Buchenwald, versucht den Streit
zu schlichten, er „bedauerte die Form der Auseinandersetzung, mit der Opfer funktionalisiert würden. Für ihn sei es ungeheuerlich, einer ‚nationalsozialistischen Sichtweise
auf Sinti und Roma' bezichtigt zu werden. Aus Rücksicht auf die Nazi-Opfer werde die
Gedenkstätte den Streit nicht eskalieren." (Ebd.) Knigge kommt zu dem Schluss, der
Zentralrat wolle „Argumente durch politischen und moralischen Druck ersetzen. Ein
Sonderrecht auf Festlegungen, was historisch wahr oder falsch ist, hätten Opferverbände
aber nicht." (TA:01.10.1997) Zudem sei die Gedenkstätte nach der Wende demokratisiert worden und einem neuerlichen Meinungsdiktat wolle man sich nicht unterwerfen.
Rückendeckung erhält Knigge vom Buchenwald-Kuratorium, dem Land Thüringen und
vom Internationalen Lagerkomitee. Doch auch die Betroffenen selbst erhalten inner-

halb der Debatte eine Stimme, so reflektiert die „Thüringische Landeszeitung" über die Kontroverse, sie sei „ungeschickt aus der Sicht der Mediengesellschaft, die jeden Protest akzeptiert, wenn die Argumente beider Seiten ‚objektiv' richtig oder falsch sind. Die Begriffe ‚Objektivität' und ‚Rationalität' im Zusammenhang mit den KZ-Opfern, den Überlebenden und ihren Angehörigen sind gleichzeitig Bezeichnungen für das Missverständnis zwischen Menschen, die das Grauen am eigenen Leib erfahren haben und denen, die 50 Jahre später mit dem Skalpell der Vernunft die Ursachen sezieren. Die Opfer haben ihre eigene Autorität." (TLZ:02.10.1997) Der Autor bezieht in seine Überlegungen entsprechend diesen Zeilen sowohl den Aspekt der „Mediengesellschaft" als auch die „Opfersensibilität" hinsichtlich der erwähnten Kontroverse ein. Die geplante Konferenz zur Geschichte der Entstehung des Konzentrationslagers Buchenwald verläuft letzten Endes ohne Zwischenfälle, sowohl Michael Zimmermann als auch Vertreter des „Zentralrates deutscher Sinti und Roma" ergriffen das Wort und als Fazit wird verkündet: „Historiker und Zeitzeugen sollten gemeinsam gegen das Vergessen der Geschichte von Buchenwald arbeiten." (TA:06.10.1997)

Im Zuge der Proteste des „Zentralrates deutscher Sinti und Roma" gegenüber der Gedenkstätte Buchenwald wurde auch Kritik am Vertretungsanspruch des Zentralrates laut, beispielsweise durch die „Sinti Union Köln": „Der Zentralrat sei nicht befugt, im Namen der deutschen Zigeuner zu sprechen oder Forderungen zu stellen, heißt es in einem Brief der Vorsitzenden Natascha Winter an den Thüringer Wissenschaftsminister Gerhard Schuchardt. Die Diffamierung Zimmermanns zwinge den Verdacht auf, der Zentralrat wolle sich einen Sitz im Stiftungsrat der Gedenkstätte erzwingen, zu dem er jedoch nicht demokratisch legitimiert sei." (TA:17.10.1997) Drei Jahre später wurde in den thüringischen Zeitungen eine ähnliche Debatte ausgetragen. Diesmal wird der Historiker Eberhard Jäckel von Vertretern des Zentralrates angegriffen. Jäckel wirft der Heidelberger Organisation vor, „seit langem ein falsches Geschichtsbild zu vertreten und es für eigene Interessen zu instrumentalisieren. [...] Die zentrale These laute, die Verfolgung der Zigeuner und der Juden sei identisch gewesen und parallel verlaufen. Dies sei aber historisch falsch." (TA:01.07.2000) Der Stuttgarter Historiker wendet sich zudem an die Politik, „sich auch in der Mahnmaldebatte nicht länger dem Diktum des hinsichtlich der Vernichtung von Zigeunern im Dritten Reich mit übertriebenen und nicht zu belegenden Zahlen argumentierenden Zentralrats zu unterwerfen." (TA:08.07.2000) Weiter heißt es in dem Bericht: „Der Kölner Sinti-Vertreterin [Natascha Winter] hat der Historiker damit aus dem Herzen gesprochen. Die Geschichte soll Nachgeborenen überliefert werden, wie sie wirklich war und nicht, wie sie einigen in den Kram passt." (Ebd.) Die Sinti Allianz Deutschland wehre sich seit langem gegen den „mit der Namensgebung des 1982 gegründeten Zentralrates angemaßten Alleinvertretungsanspruch der Heidelberger", dies könne zwar für Außenstehende wie der interne Streit einer Volksgruppe erscheinen, habe aber weitreichende Konsequenzen: „Zuerst waren und sind wir Zigeuner und bekennen uns bewusst zu der damit untrennbar verbundenen Identität, so Natascha Winter. Sinti und Roma seien lediglich zwei Stämme von vielen, nach Deutschland aber wurden Zigeuner aus elf Nationen verschleppt, unter ihnen viele Lalleri, Manusch und Kalé mit jeweils verschiedenen Kulturen. Wer etwa bei der Namensgebung für ein Mahnmal nur die einen berücksichtige, beschäme und beleidige die anderen." (Ebd.)

Selbst die sonst eher zurückhaltend behandelte Wiedergutmachungsdebatte wurde in der thüringischen Presse kritisch reflektiert: „Mit Sorge wird […] beobachtet, wie der von Romani Rose geführte Verband mit seinem Anspruch, bei Verhandlungen mit Regierungsstellen ausschließlich für alle deutschen Zigeuner zu sprechen, damit bisher offensichtlich noch immer Erfolg hat. Als das Finanzministerium jüngst Zentralrat, Sinti-Allianz und Internationale Romani-Union zu Gesprächen über die Zusammensetzung der Gremien für die vom Deutschen Bundestag beschlossene Zwangsarbeiter-Stiftung Erinnerung, Verantwortung und Zukunft einlud, blieb Romani Rose dem Treffen fern, um sich seinerseits direkt an den Bundeskanzler zu wenden." (Ebd.) Wie die angeführten Textbeispiele belegen, werden zentrale Debatten, die sich mit der Erinnerungskultur wie auch mit dem Thema der Wiedergutmachung beschäftigen, von der Presse durchaus vielschichtig und sachkundig dargestellt, zudem kann von einem hohen Grad sprachlicher Sensibilität gesprochen werden. Vertreter der unterschiedlichen ideologischen Lager kommen zu Wort, den Gründen für die jeweiligen Positionen wird nachgegangen und selbst die Rolle der Medien bei der Präsentation der Kontroversen wurde selbstkritisch thematisiert.

Fazit: Selbst- und Fremdbilder in Mediengesellschaften

Für den Zusammenhalt und die Weiterentwicklung einer demokratischen Gesellschaft ist Öffentlichkeit, also die Bereitstellung von Themen für öffentliche Diskussionen und Diskurse über die Ziele der gesellschaftlichen Entwicklung, eine Grundvoraussetzung. Die Auseinandersetzung mit Minderheitengruppen ist ein wesentlicher Bestandteil dieser öffentlichen Agenda. Daher sind vor allem die Kommunikations- und Medienstrukturen von zentraler Bedeutung, denn „von Strukturen, Prozessen und Inhalten ist abhängig, ob und wie sich die Gesellschaft versteht und verständigen kann." (Jarren 1997:307) In modernen, differenzierten Gesellschaften haben Medien eine dominante Stellung erlangt. Sie verknüpfen die Gesellschaft und ihre funktionalen Teilsysteme und sollten im Idealfall alle Gesellschaftsmitglieder dauerhaft am Prozess der öffentlichen Kommunikation teilhaben lassen. Auch üben Medien einen Einfluss auf individuelle und kollektive Kommunikationsvorgänge aus und prägen soziale Verhaltensweisen. „Es wächst in der Gesellschaft selbst die Einsicht, dass das Wissen über und das Verständnis von Gesellschaft immer mehr von Medien und ihren Angeboten geprägt ist – oder sogar davon abhängig zu werden droht. Es ist deshalb gerechtfertigt, von ‚Mediengesellschaft' zu sprechen." (Ebd.:307 f.) Was wir über unsere Gesellschaft und die Welt, in der wir leben, wissen, haben wir überwiegend über Massenmedien erfahren. Dies gilt ebenso für Diskurse, die sich mit Zigeunergruppen oder zigeunerischen Interessenvertretern auseinandersetzen. Zwar wehren wir uns mittels eines „Manipulationsverdachts", wie es Niklas Luhmann nennt, dieser führt aber nicht zu praktischen Konsequenzen, „da das den Massenmedien entnommene Wissen sich wie von selbst zu einem selbstverstärkenden Gefüge zusammenschließt". (Luhmann 1995:5) Luhmann schreibt diesen Effekt „der funktionalen Differenzierung der modernen Gesellschaft" (ebd.) zu.

Hinsichtlich der Vermittlung von gesellschaftlichen Problemen und Konflikten gewinnen Produkte der Medien innerhalb der Mediengesellschaft an Bedeutung. Die mediale Vermittlungsleistung ist in besonderem Maße gefordert, wenn Phänomene wie der Umgang einer Gesellschaft mit Minderheitengruppen und die Betrachtungsperspektiven dieser Beziehung im Interesse der öffentlichen Aufmerksamkeit stehen. Brisant wird die Vermittlerrolle der Medien insbesondere dann, wenn es gilt, über konfliktgeladene Themen zu berichten. In vielen der aktuellen Diskussionen stehen sich homogenisierende Kulturmodelle und heterogenisierende Kulturparadigmen unversöhnlich gegenüber. Ethnische Minderheiten, ihre Sichtweisen, Erfahrungen und Kompetenzen, haben eine wesentliche strukturelle Bedeutung für das gegenwärtige Gemeinschaftsleben, merkt in diesem Kontext Elka Tschernokoshewa an: „Die Mehrheit – was auch immer darunter verstanden wird – braucht die Minderheit." Denn, so die Autorin weiter, Minderheiten leben ein Doppelleben, eine „gelebte Transkulturalität, doppelte oder mehrfache Perspektivität". (Tschernokoshewa 2001:8) Angehörige ethnischer Minderheiten sind nicht selten zwei- oder mehrsprachig aufgewachsen und besitzen multiple kulturelle Identitäten. Daraus folgt die Auflösung einer Eindeutigkeit, an der vor allem homogenisierende Denkweisen festhalten.

Die Betrachtung nationaler ethnischer Minderheiten, zu denen auch die in Deutschland lebenden Sinti und Roma zählen, verdeutlicht eindrucksvoll, wie die Abgrenzung von und zu einer Minderheit funktioniert. Die Mehrzahl der deutschen Sinti und Roma besitzt einen bundesdeutschen Pass und somit alle Rechte und Pflichten von Staatsbürgern. Der Definition ihres Status entsprechend sind sie Deutsche, die Mehrheit der – anderen – Deutschen sieht sie aber nicht als Deutsche an. „Gleichzeitig wird ihnen eine eigene Kultur abgesprochen, mindestens aber der Wert dieser Kultur bestritten. Die Sinti [und

Roma] begreifen sich selber mehrheitlich als Deutsche mit einer besonderen Geschichte, eigenen Erfahrungen, einer eigenen Muttersprache und eigenen kulturellen Traditionen." (Schmalz-Jacobsen/Hansen 1995:153) Selbst- und Fremddefinition fallen nicht nur in diesem Fall auseinander. Ein Grund hierfür ist die Tatsache, dass Abgrenzungen entworfen werden, indem die Unterschiede betont und Gemeinsamkeiten, wie gleiche Staatsbürgerschaft, Leben im gleichen Rechts- und Sozialversicherungssystem oder die Teilhabe am gleichen Arbeitsmarkt, ausgeblendet werden. Für eine solche Konstruktion scheinen die real vorhandenen Gemeinsamkeiten von Mehrheit und Minderheit in ihrer existentiellen Bedeutsamkeit weniger wichtig zu sein als die wahrgenommenen Unterschiede. Georg Hansen stellt diesbezüglich fest: „Wenn mithin die ethnische Grenzziehung nur wenig empirischer Evidenz bedarf und vor allem aufgrund des Gemeinschaftsglaubens vollzogen wird, so ist die ethnische Zurechnung doch eine nicht zu vernachlässigende soziale Tatsache." (Ebd.) Obwohl für Pressediskurse, die die ethnische Minderheit der Sinti und Roma in Deutschland in irgendeiner Form thematisieren, im Rahmen der hier vorgenommenen Untersuchungen in vielen Bereichen eine verhältnismäßig ausdifferenzierte und aufgeklärte Art der Darstellung konstatiert werden konnte, ist der Anteil, den medial vermittelte Fremdbilder an der ethnischen Grenzziehung haben, nicht zu übersehen. Um nur ein Beispiel zu nennen, sei an die Darstellung von Zigeunermusik in der Berichterstattung erinnert.

Da Medienerzeugnisse eine so herausragende Rolle bei der Verständigung innerhalb der heutigen Gesellschaft spielen, gewinnen medienkritische Diskurse an Bedeutung. Kontinuierliche und öffentlich geführte Diskussionen sind notwendig, um über Prozesse innerhalb der „Mediengesellschaft" aufzuklären und ihre Strukturen transparenter zu machen. Ansätze einer solchen Auseinandersetzung konnten im vorliegenden Untersuchungsmaterial gefunden werden, beispielsweise im Rahmen der Kontroverse über den Umgang mit „Opfersensibilität" und der Reflektion über eine angemessene Darstellung „historischer Wahrheiten". Doch dies kann nur ein Anfang sein, denn „Der Markt stellt nicht ohne weiteres gesellschaftlich notwendige und wünschenswerte Kommunikationsangebote bereit. Es muss zu einem Interessenausgleich zwischen individuellen Nutzungsinteressen und kollektiven Angebotsnotwendigkeiten zur Ermöglichung der gesellschaftlichen Selbstverständigung kommen. Das erfordert Diskussion, und es müssen sich neben den herkömmlichen auch andere Gruppen und einzelne Gesellschaftsmitglieder an der Kommunikation über Medienfragen beteiligen, um die Entwicklung mitzugestalten." (Jarren 1997:307) Die Auseinandersetzung mit Minderheitengruppen und Diskurse über ihre Darstellung innerhalb der Presse bieten hierfür in meinen Augen eine große Chance sowie noch ungenutztes Potential.

Untersuchungsmaterial

Sächsische Zeitung

08.04.1994 Roma-Camp in früherer Kaserne

30.07.1996 Zigeuner-Hochzeit in Kaditzer Flutrinne? Etwa 500 Sinti und Roma kommen aus ganz Europa

Leipziger Volkszeitung

13.08.1991 Zeltlager „erträglich"

02.10.1991 Ein „zweites Hoyerswerda" nicht zulassen. Grünauer Sinti und Roma umquartiert

16.12.1992 Aberglaube oder Ausländerhass? Leipziger Händler schützen sich mit Besen

14.07.1993 Zwischen Verfolgung, Asylverfahren, Beschaffungskriminalität und Lagerleben: Roma in der Teslastraße

31.07.200131.07.2001 Übrigens…

Chemnitzer Freie Presse

21.06.1996 Wenn der Parkplatz zum Campingplatz wird. Ärger am Brückenberg: Sinti und Roma blockieren Stellflächen – Diplomatie gefragt

Oschatzer Allgemeine Zeitung

10.08.2001 Sinti und Roma geben Standort fluchtartig auf. Wohnwagentreck zog in die Kreisstadt Torgau weiter

Magdeburger Volksstimme

03.02.2003 Rolf Harder seit 10 Jahren Leiter der Zentralen Anlaufstelle für Asylbewerber des Landes Sachsen-Anhalt. „Keiner verlässt sein Land ohne wichtige Gründe"

Thüringer Allgemeine Zeitung

21.10.1996 Sportstätte des Friedens vorübergehend Rastplatz. Eine Wagenburg auf dem einstigen Fußballfeld

21.08.1997 Differenzen um Sicht auf die NS-Geschichte

01.10.1997 Streit zwischen Sinti und Roma und Buchenwald

06.10.1997 Gemeinsamkeit von Historikern und Zeitzeugen

17.10.1997 Sinti: Zentralrat nicht legitimiert

07.11.1997 Sinti und Roma machen Rast in Sömmerda. Abfahrt verschiebt sich

01.07.2000 Gegenseitige Vorwürfe

08.07.2000 Wir waren und sind Zigeuner. Wer sind die Sinti und Roma und wer darf sie vertreten?

Thüringische Landeszeitung

02.10.1997 Autorität der Opfer muss man ernstnehmen. Beim Streit der Sinti und Roma mit der Gedenkstätte Buchenwald geht es um Befindlichkeiten

Junge Welt

04.10.1989 Roma und Sinti

Märkische Oderzeitung

11.05.1990 Hier singt und klingt es zwei ganze Tage lang. Autor: Wolfgang Schönwald

Wochenpost

Nr.44/90 Ein paar hundert Landsleute. Autor: Reimar Gilsenbach

Für Dich

Nr.40/90 Die Zigeuner sind da. Autor: Reimar Gilsenbach

Literatur & Quellen

Assmann, A. & J. 1994. Das Gestern im Heute. Medien und soziales Gedächtnis. (*In* Merten, K., Schmidt, S. J. & Weischenberg, S. (Hg.), *Die Wirklichkeit der Medien. Eine Einführung in die Kommunikationswissenschaft*. Opladen: Westdeutscher Verlag. S. 114–140.)

Foucault, M. 2001. *Die Ordnung des Diskurses*. Frankfurt a..M.: Fischer Taschenbuchverlag.

Gilsenbach, R. 1993. *O Django, sing Deinen Zorn. Sinti und Roma unter den Deutschen*. Berlin: Basis-Druck.

Gilsenbach, R. 2001. Sinti und Roma – vergessene Opfer. (*In* Leo, A. & Reif-Spirek, P. (Hg.), *Vielstimmiges Schweigen: neue Studien zum DDR-Antifaschismus*. Berlin: Metropol Verlag. S. 67–84.)

Jarren, O. 1997. Macht und Ohnmacht der Medienkritik oder: Können Schwache Stärke erlangen? Medienkritik und medienpolitische Kommunikation als Netzwerk. (*In* Wessler, H. [et al.] (Hg.) ,*Perspektiven der Medienkritik*. Opladen: Westdeutscher Verlag. S. 305–328.)

Köhler-Zülch, I. 1995. Die Figur des Zigeuners in deutschsprachigen Sagensammlungen. (*In* Solms, W. & Strauß, D. (Hg.), *Zigeunerbilder in der deutschsprachigen Literatur*. Heidelberg 1995. S. 11–46.)

Luhmann, N. 1995. *Die Realität der Massenmedien*. Opladen: Westdeutscher Verlag.

Mayntz, R., Holm, K. & Hübner, P. 1969. *Einführung in die Methoden der empirischen Soziologie*. Opladen: Westdeutscher Verlag.

Schmalz-Jacobsen, C. & Hansen, G. (Hg.) 1995. *Ethnische Minderheiten in der Bundesrepublik Deutschland. Ein Lexikon*. München: C. H. Beck.

Schmidt, S. J. 1994. Konstruktivismus in der Medienforschung: Konzepte, Kritiken, Konsequenzen. (*In* Merten, K., Schmidt, S. J. & Weischenberg, S. (Hg.), *Die Wirklichkeit der Medien. Eine Einführung in die Kommunikationswissenschaft*. Opladen: Westdeutscher Verlag. S. 592–623.)

Streck, B. 1997. *Fröhliche Wissenschaft Ethnologie*. Wuppertal: Ed. Trickster, Hammer-Verlag.

Tschernokoshewa, E. & Kramer, D. (Hg.) 2001. *Der alltägliche Umgang mit Differenz. Bildung – Medien – Politik*. Münster, New York, München, Berlin: Waxmann.

ANDREA STEINKE

Die Mitte ist überall
Überlegungen zu „Shutka Book of Records", dem Fremden und der Exzentrizität

> „Shutka ist ein Ort, an dem der Aus-
> nahmezustand sich auf Dauer räumlich
> eingerichtet hat." (Suzana Milevska)

Shutka ist ein Ort, an dem der fremde Ex-Zentriker sui generis in der durchschnittsbür-
gerlichen wie auch in der intellektuellen Imagination verortet wird. An der Peripherie
Skopjes und damit gleichsam an der Peripherie Europas gelegen, beherbergt Shutka die
wohl größte Roma-/Zigeunergemeinde Europas. An den Rändern Shuto Orizaris, wie
die selbstverwaltete Gemeinde offiziell heißt, haben sich zwar einige Albaner angesiedelt,
die mazedonische Mehrheitsbevölkerung wagt sich meist doch nur bis an den Anfang
Shutkas, dort wo auf dem Bazar allerlei Waren noch billiger angeboten werden als auf
dem Pit Bazar im Zentrum Skopjes. Einige Rucksacktouristen trauen sich manchmal ein
Stück näher in die Peripherie. Hin und wieder kommt ein Kamerateam. Wie im Sommer
2000, als der Regisseur Aleksandar Manić nach Shutka kam, um den Film „The Shutka Book of Records"[1] zu drehen. Er glaubte, in Shutka das Jugoslawien seiner Kindheit

---

1 Originaltitel: Knjiga Rekorda Sutke, Aleksandar Manić: Tschechische Republik, Serbien und
Montenegro, 2005. Auf dem deutschen Markt ist der Film unter dem Titel „Shutka – Stadt der Roma"
erschienen. In diesem Artikel werde ich mich auf den englischsprachigen Titel beziehen, weil er meiner
Meinung nach erstens dem Originaltitel und zweitens der Metapher des Films besser entspricht.

wiedergefunden zu haben. Erfüllt von diesem nostalgischen Gefühl suchte er fortan nach einem Motiv, das Shutka zur Metapher erheben könnte. Dass es nicht die Figur „des Zigeuners" sein sollte, stand schnell fest. Er fand sein Motiv, als der „Champion-Frisör" von Shutka ihm die Haare schnitt (vgl. Steinke 2009). In dieser scheinbaren Banalität ist Manićs Idee geboren. So wurde fünf Jahre später ein Dokumentarfilm uraufgeführt, der anhand von 15 recht einzigartigen Charakteren das Agonische, die Lust am Wettstreit, zeigt. Jeder will im Film den Anderen durch seine Fertigkeiten übertrumpfen, seien es religiöse Spezialisten, Vampirjäger oder Champions im „Anziehen, dem Sex, oder der Kultur". Manić beschreibt Shutka und die dort stattfindenden Wettkämpfe als eine Welt, in der der *homo ludens*[2] regiert. Im Besonderen das Ausrichten der Hochzeits- und Beschneidungsfeste zeichnet den vom Wetteifer des Spiels getriebenen Menschen nach. Ähnlich wie der niederländische Kulturhistoriker Johann Huizinga den Potlatch[3] der Kwakiutl in British Columbia beschreibt, funktioniert das Feste-Geben in Shutka: „Alles, was Potlatch heißt oder damit verwandt ist, dreht sich um das Gewinnen, das Überlegensein, um Ruhm, Prestige und nicht zuletzt Revanche" (Huizinga 2006:71). Gewinner ist derjenige in Shutka, der das größte Fest ausrichtet, das meiste Geld investiert. Mit Bataille könnte man diese Feste als unproduktive Verausgabungen bezeichnen. Die bedingungslose Verausgabung impliziert Verlust und aus diesem (mitunter) Selbst-Verlust generiert sich wiederum das souveräne Dasein als Gegensatz zum knechtischen, bürgerlichen Dasein (vgl. Bataille 1978). Huizinga spricht von Prahlerei und Heldenwahn. Die Gegenwart und der Exzess stehen im Vordergrund: „Es ist nicht die Welt der Sorge um den Lebensunterhalt, Berechnung des Vorteils oder des Erwerbs nützlicher Güter" (Huizinga 2006:72). Diesen Umstand kommentiert Koljo, der Erzähler im Film, folgendermaßen: „Zwei Kinder durch die Schule zu bringen kostet $10 000. Aber in Shutka geben wir lieber $20 000 für eine Beschneidung aus".

Süffisante Bemerkungen wie diese waren es, die in einigen Kreisen für Missmut sorgten. Schon vor der Erstaufführung von „The Shutka Book of Records" organisierten politisch aktive Roma vor Ort Proteste gegen den Film. Der Film zeichne die Roma/Zigeuner von Shutka ein weiteres Mal als die Anderen, die verrückten Freaks, die fremden Exzentriker, so der Tenor der Kritik. Auch viele Shutka-Bewohner stimmten mit ein,

---

2   *homo ludens* (lat. der spielende Mensch). Zur Theorie des *homo ludens* siehe: Huizinga, Johann 2006. *Homo ludens. Vom Ursprung der Kultur im Spiel.* Reinbek bei Hamburg: Rowohlt. Zur Weiterführung Huizingas siehe: Caillois, Roger 2001. *Man, Play, Games.* Urbana and Chicago: University of Illinois Press.
3   Potlatch ist ein unter nordwestamerikanischen autochthonen Ethnien verbreiteter Ritus des Geschenk- und Gabentausches und der Verschwendung. Franz Boas hat den Potlatch als „Form des Handels und der vorsorglichen Kapitalanlage" definiert und damit in westliche Kapitalphilosophie übersetzt (Därmann 2005:145).

andere sahen sich ob der Diskussion gänzlich unbeeindruckt. Der Regisseur hingegen reiste um die Welt und nahm auf verschiedenen Festivals mehrere Preise entgegen, unter anderem den Menschenrechtsfilmpreis von Amnesty International. Dieser scheinbare Widerspruch öffnet die Tür zu einer Kaleidoskopwelt, in der mit dem Lichteinfall die Perspektiven wechseln zwischen Inklusion und Exklusion, Fremdheit und Assimilation, Fremdwahrnehmung und Selbstdarstellung.

Nach Walter Benjamin ist der moderne Heros nicht mehr Held, sondern Heldendarsteller (vgl. Bovenschen 1994:50). Das (Selbst-)Darstellen, die Performanz, spielt eine zentrale Rolle im Aushandeln sozialen Lebens. Was der Soziologe Erving Goffman als „Selbstdarstellung im Alltag" bezeichnet, kann auch auf die Bewohner Shutkas und den Drehprozess übertragen werden: Alle Hauptakteure waren sich zu jeder Zeit der Existenz der Kamera bewusst. Sie wurden für ihre Darstellung finanziell entlohnt. Aber auch die Performanz aller beteiligten Akteure im Film und im darauf folgenden Streit lässt sich als eine Art Währung innerhalb sozialer Gefüge beschreiben: „Performance is currency in the deep world's gift economy" (Grimes 2006:147). Wie man sich darstellt, beeinflusst das „outcome". Gewinner in diesem Spiel ist, wer sich am besten in Szene zu setzen weiß. Dies schlägt sich nieder in der Selbstdarstellung der „Shutkarianer" im Film, in der Rhetorik der Kritiker und in der Argumentation des Regisseurs.

Der Tausch, der auf diesen verschiedenen Ebenen stattfand, war für beide Parteien kein schlechter. Die Darsteller, und hiermit sind neben den Akteuren im Film eben auch die Romaaktivisten und die Bildproduzenten gemeint, bekamen eine Bühne, auf der sie sich und ihre Belange präsentieren konnten.

Bei der Auseinandersetzung mit der Kritik spielt die Unterscheidung zwischen Inszenierung und Authentizität, Realität und Fiktion, Schein und Sein, Dokumentar- und Spielfilm und nicht zuletzt Schauspiel und „wahrem" Selbst eine zentrale Rolle. Im Zugang zu Kulturen, die zur eigenen in einer gefühlten Differenz stehen, fällt gerade diese Unterscheidung schwer. Schnell wird das Verhalten des Anderen als theatral empfunden. In der europäischen Geistesgeschichte ist eine klare Unterscheidung zwischen Sein und Schein zu finden, die in anderen Gesellschaften nicht angestrengt wird:

> „Besonders deutlich wird dies dann, wenn die Theatralität des sozialen Handelns zum Anlaß dazu wird, das ‚Rollenspiel‘ von Menschen als inauthentisch aufzufassen, es als ein ‚Vorspielen‘ zu entlarven, dessen Ziel es ist, das ‚wahre Selbst‘ verborgen zu halten. Gerade in der Beurteilung anderer Kulturen kommt es leicht zu einer solchen Reaktion, da die normierten Verhaltensweisen Anderer für Außenstehende oft so übertrieben erscheinen, daß sie nur als ‚Inszenierungen‘ klassifiziert werden können." (Rao/Köpping 2000:11)

Ursula Rao und Klaus Peter Köpping konstatieren, „daß die soziale Welt […] nicht ohne Inszenierung auskommt, ja daß das Theatralische geradezu einen notwendigen Teil der performativen Wirklichkeitskonstruktion bildet" (ebd.:11 f.).

Der später noch genauer zu betrachtende Helmuth Plessner erachtet in seiner Ausarbeitung zur exzentrischen Positionalität die Künstlichkeit „als die natürliche Verfaßtheit des Menschen" (vgl. Assmann 1998:9). Oder: „Existentiell bedürftig, hältenhaft [sic!], nackt ist dem Menschen die Künstlichkeit wesensentsprechender Ausdruck seiner Natur" (Plessner 1975:316).

Die vielen Bewohner Shutkas sind Teil der multiethnischen mazedonischen Gesellschaft. Mazedonien ist eines der wenigen Länder Europas, in denen Roma als Minderheit offiziell anerkannt sind. Dennoch werden sie von der Mehrheit distinktiv unterschieden und tragen mitunter auch selbst zur Grenzverortung bei. Sie sind im Georg Simmelschen Sinne die Fremden, die Wanderer, die heute kommen und morgen eben nicht weiter ziehen, sondern bleiben.[4] Einige Champions von Shutka jedoch, die Hauptcharaktere von Manićs Film, gelten auch in ihrer eigenen Gemeinschaft als Sonderlinge und Exzentriker. Der selbsternannte mächtigste Derwisch Mazedoniens namens Fazli beispielsweise rief über den Film „alle Medien, auch BBC und CNN, hierher zu kommen, wenn sie Geister filmen möchten". Nach der Ausstrahlung des Films drohte ihm der Ausschluss aus seiner Religionsgemeinde. Muso, der Intellektuelle, Dichter und Bibelübersetzer, ist in Shutka dafür bekannt, dass seine Familie Hunger leidet, während er den lieben langen Tag Worte aufs Papier bringt. Suljo berichtet, wie er Vampire zur Strecke bringt, nachdem er eindringlich ihre extravagante äußere Erscheinungsform beschrieben hat. Jaschar, Liebhaber türkischer Musikkassetten, besitzt 2614 an der Zahl, von denen er jedes Jahr 100 Stück in seiner Badewanne purifiziert. Der 75-jährige Alfonso, der zu besonderen Tagen in Titos Uniform flanieren geht, hat seine junge Ehefrau nach dem lateinamerikanischen Telenovela-Star Kassandra benannt und berichtet ausschweifend über das gemeinsame Sexleben und die Vorteile des Zaubermittels Speiseöl für das selbige. Die Figur, die im Shutka-Alltag wie auch auf der Leinwand das meiste Aufsehen erregte, ist die Transsexuelle Sabrina, der Champion „im Anziehen, im Sex und der Kultur". Sie ist der eigenen Gemeinschaft so fremd und unverständlich, dass ihr Zurschaustellen und damit ihre Verbindung zum Ort Shutka und seinen Bewohnern für viele ein Grund zur Scham war. Der Tenor der internen Kritik an dem Film war: „Diese Leute gibt es hier bei uns, sie sind tatsächlich so, aber man hätte sie nicht zeigen sollen". Das „europäische" Publikum

---

4   Georg Simmels „Exkurs über den Fremden" (1908) hat die Fremdheitsforschung über die Soziologie hinaus nachhaltig beeinflusst. Viele auf ihn folgende theoretische Auseinandersetzungen mit dem Thema bauen auf seinen Erkenntnissen auf.

kann in diesem Kosmos an Kategorien des Andersseins noch eine weitere hinzufügen: die des karnevalesken multiethnischen Balkans, des „multicultural dream that turned into a nightmare" (Žižek 1999:3), in dem die Figur „des" Rom/Zigeuners den inneren, exzentrischen Fremden par excellence darstellt (vgl. van de Port 1998).

Zugeschriebene wie selbst affirmierte Rollen, die Narrative über sowie die Performanz des „Fremden" selbst sind Teil der vielfältigen Perspektiven auf „The Shutka Book of Records". Auch das Magische nimmt viel Raum ein in dem Film über das Gewinnen. Der Regisseur Aleksandar Manić hat die Schwingungen der Stadt entlang der gewählten Champion-Metapher aufgefangen und zu einem Werk verdichtet, das auch unter den Maßgaben des Magischen Realismus[5] gelesen werden kann. Der Film entspannt einen Kosmos, in dem Vampire Menschen jagen und Menschen Vampire, in dem die Bedrohung durch üble Dschinns allgegenwärtig ist, man sich mit genug Übung von Shutka nach Amerika materialisieren kann und in dem jener Champion der Stadt ist, dessen Gänse am besten kämpfen können oder dessen türkische Musikkassetten das Publikum zum Weinen bringen. Der Logozentrismus des Abendlandes wird strapaziert und in Frage gestellt, wenn Koljo in seinem „Meer der Geschichten"[6] fischt.

In der theoretischen Konzeption des Magischen Realismus ist die Idee des Marginalen, der Peripherie inhärent. Die Geschichten des Magischen Realismus spielen sich immer an den Rändern des Zentrums ab: „It is precisely the notion of the ex-centric, in the sense of speaking from the margin, from a place ‚other' than ‚the' or ‚a' center, that seems to be an essential feature of […] magic realism" (D'haen 1995:194). Auch Manić führt Shutka auf diese Weise ein, indem er dem Zuschauer zu Beginn verrät: „*This is the true and authentic story of a small town somewhere in the Balkans, on the edge of Europe …*". Dass diese kleine Stadt tatsächlich in einem realen Staat – Mazedonien nämlich – verortet ist, lässt Manić den Zuschauer nur ganz am Rande wissen. Der Bezug zu Skopje, der großen Stadt, zu der Shutka gehört, fehlt völlig.

Wenn Shutka die Peripherie ist, außerhalb des Zentrums, *ex-centro*, sind seine Bewohner dann in diesem Sinne ex-zentrisch? Ausgehend von der Figur des Exzentrikers

---

5   Eingeführt vom deutschen Kunstkritiker Franz Roh wurde der Begriff des Magischen Realismus bald auf die Literatur übertragen und von Alejo Carpentier nach Lateinamerika „importiert". Im 1949 erschienenen Prolog zu seinem Roman *El reino de este mundo* fundierte er erstmals seine Theorie vom *realismo maravilloso*, dem wunderbaren Realismus. Bekanntester Vertreter Lateinamerikas ist Gabriel García Márquez, der 1982 für *Cien años de soledad* (1967) den Nobelpreis für Literatur verliehen bekam. Anfangs war der Magische Realismus in der Literatur noch ontologisch auf Lateinamerika beschränkt, später wurden ihm Autoren wie Salman Rushdie, Toni Morrison und Amos Tutuola zugeordnet. Ein Hauptcharakteristikum ist das Verwischen der Grenzen zwischen Mythos und Logos.

6   Diese eindeutige Referenz zu Salman Rushdies *Haroun and the Sea of Stories* und damit zum Magischen Realismus legt die Intention des Regisseurs offen.

soll in Folge dieser Idee nachgegangen werden. Ein weiterer Idealtyp, der mit dem des Exzentrikers, der topologischen Idee des Innen und des Außen und vor allem mit dem Idealtypus „des Roma/Zigeuners" in Verbindung steht, ist der des Fremden und wird hier ebenso Beachtung finden.

Exzentriker und Peripherie
„Die Mitte ist außerhalb" Plessner vs. „Die Mitte ist überall" Nietzsche

Exzentrizität im Alltagssprachgebrauch bezeichnet vielerlei Ausprägungen der Abweichung von den Normen des Zentrums. Exzentrik wird im Dudendeutsch als mit „Groteske verbundene Artistik" bezeichnet, die durch Überspanntheit gekennzeichnet ist. Artistik impliziert Künstlichkeit. Das Überschreiten von gesellschaftlichen Anstandsnormen ist die Währung weiter Teile der künstlerischen Szene. Mode, bildende Kunst, Theater. Was uns auffällt sind Exkremente und nackte Haut auf der Bühne, explizit vulgäres Vokabular. Im Fall der britischen Chapman-Brüder, die sich auf Georges Bataille als ihren *spiritus rector* berufen, sind es beispielsweise Bildnisse von penisnasigen Kindern mit dem Namen „Fuck Face", durch die sie Popularität gewannen und so mit ihrer Exzentrik in das Zentrum der Aufmerksamkeit gelangten.[7]

Die Einordnung des Phänomens des Exzentrischen unterscheidet sich in den verschiedenen Wissenschaftsdisziplinen. In der Psychologie existiert Exzentrizität als psycho-pathologische Disposition, die mit Schizophrenie und Wahn assoziiert wird. Die sozio-kulturelle Dimension des Ex-zentrischen zeigt sich beispielsweise anhand eines Arbeitsverweigerers in Leistungsgesellschaften, Alkoholiker in Gesellschaften, die besessen von der Idee der körperlichen Gesundheit und geistigen Ausgeglichenheit sind. Wie der postmoderne Theoretiker Zygmunt Bauman nachgewiesen hat, basieren moderne Nationalstaaten auf dem Prinzip der Homogenität (Bauman 2000:173). Wer sich dieser Gleichmachung widersetzt und die gültigen gesellschaftlichen Normen in Frage stellt, fällt auf.

Helmuth Plessner war einer der ersten, die sich philosophisch mit dem Phänomen der Exzentrizität auseinandersetzten. In „Die Stufen des Organischen und der Mensch" (1928) entwickelte er die Idee der exzentrischen Positionalität und hielt fest, dass der Mensch im Gegensatz zum Tier in einen Abstand und damit in ein Verhältnis zu seinem Selbst treten kann. Er steht seiner Umwelt in diesem Sinne exzentrisch gegenüber. Zwar sind nach Plessner alle Lebewesen „grenzrealisierende Wesen", Tiere jedoch sind im Ge-

---

7   Http://www.sueddeutsche.de/kultur/kunst-und-tabu-hitler-wird-gekreuzigt-1.892866.

gensatz zum „Exzentriker Mensch" zentralistische Wesen. Auch Liessmann beschreibt Exzentrik in ähnlicher Weise, nämlich als „die ironische Enteignung des Anderen, um eine ästhetische Differenz zu setzen, die einzig dem Selbst in seinem Außer-sich-Sein diente" (Liessmann 1994:18).

Exzentriker in der modernen Welt sind ambivalent. Einerseits werden sie ihres Nonkonformismus wegen bewundert, man erfreut sich an ihrem zur Schau getragenen Anderssein. Die Kehrseite ist das Gefühl der Bedrohung für die gegebene Ordnung, das sie auslösen. Die Eindeutigkeit der Welt leidet unter ihnen. Diese Ambivalenz trifft in vielerlei Hinsicht auch auf das Bild zu, das Gadje, Nicht-Roma/-Zigeuner also, von verschiedenen Roma/Zigeunergruppen haben. Besonders in der europäischen Romantik des späten 18. Jahrhunderts kam es zu einer Idealisierung des Fremden zum „Edlen Wilden", die man auch heute wieder finden kann. Die romantische Projektion schließt immer ihr Gegenteil ein und lässt „aus der verführerischen Schönen eine Hure und aus den pittoresk armen Zigeunerkindern gefährliche Bettler und Diebe werden [...]" (Kalkuhl 2002:43).

Exzentriker sind prototypische Grenzverletzer, oder eher Grenzdefinierer: sie machen die Grenze sichtbar, indem sie sie überschreiten. Anders als der Rebell oder der Verbrecher bezweifelt der Exzentriker die Grenzen jedoch nicht – er braucht sie, um sich durch ihre Verortung und Überschreitung von den „Normalen" abzuheben. (Vgl. Bovenschen 1994: 49) Genauso braucht die Grenze den saisonalen oder gewohnheitsmäßigen Regelverletzer. Exzentriker und Grenze führen eine symbiotische Beziehung, sie sind aufeinander angewiesen. Die Grenze ist gewissermaßen die *raison d'être* des Exzentrikers.

Die Kultursoziologin Felicitas Dörr-Backes ist der Ansicht, dass Exzentriker für ihren Regelbruch nicht negativ sanktioniert werden, wie etwa andere soziale Randgruppen (Fremde, Neurotiker). Im Gegenteil werden sie vielmehr für ihr Spiel belohnt, überdurchschnittlich oft mit Elitepositionen. Exzentriker erfüllen eine soziale Funktion, so Dörr-Backes: sie sind ideale Projektionsfläche für die Wünsche und Sehnsüchte der Mehrheit, sie dienen der Abgrenzung, ihre Extravaganz wohnt eine innovative Kraft inne, da sie fern von den vorgegeben Bahnen denken und lenken. Demzufolge ist ihre These, dass moderne Kulturen Exzentriker strukturell integriert haben und sie als Ressource nutzen (vgl. Dörr-Backes 2007).

Der Ethnologe Fritz Kramer findet die Figur des Exzentrikers nicht nur als Strategie der Sicherung der eigenen Individualität in einer „mit sich selbst entzweiten Moderne", sondern auch „in jenen anderen Kulturen [...], die unseren Exotismen ihren Stoff liefern" (Kramer 1994:2).

Er begreift Exzentrizität als inszenierte Alterität und vergleicht in diesem Sinne Fremdgeistbesessenheitskulte der Hauka mit Kölner Karnevalsvereinen. Beide eignen sich das Exotische, das Andere als Strategie der Schockbewältigung mimetisch an. Dafür setzen beide die Existenz und die Anerkennung des Zentrums als Prämisse. Jede soziale Gruppe, jede Gesellschaft hat jedoch ihr eigenes Zentrum, das mitnichten ein geographischer Ort sein muss, sondern genauso in der Mythologie, Ethnogonie oder in imaginierter Gemeinschaft ihren Bestand haben kann:

> „Einfache Hirten und Jäger besitzen ein anschauliches Zentrum in der Zeltstange oder in dem Pflock, den sie einschlagen, um die Weidetiere auf der Wanderung anzubinden. Das ist die Mitte ihres sozialen Lebens und ihrer topographischen Orientierung, Symbol der väterlichen Abstammungslinie und in Mythen und Kosmologien die ‚Mitte der Welt' und die ‚Achse', die Himmel und Erde verbindet." (Kramer 1994:4)

Roma/Zigeunergruppen werden heutzutage oft als nomadisch und mobil wahrgenommen, obwohl ein Großteil von ihnen dieser Zuschreibung nicht entspricht. In Shutka etwa findet man geographisch weit verzweigte Familienstrukturen, die unter anderem durch saisonale Arbeitsmigration entstanden sind. So ziehen die Shutkarianer zahlreiche Referenzen zu anderen Orten, an denen sie selbst oder ihre Familienmitglieder leben. Dennoch ist ihr Zentrum in Shutka. Für ein westeuropäisches Kinopublikum mag die Stadt am Rande Skopjes die magische Peripherie sein, eine Stadt „irgendwo" am Rande Europas, doch für die Champions ist der Bazar von Shutka der Lebensmittelpunkt und der Zuschauer ist der Periphere.

Der Wiener Konrad Paul Liessmann beschreibt die Rolle des Exzentrikers aus einer wiederum anderen Perspektive, allen voran als ästhetische Kategorie:

> „Exzentrizität ist kein soziales, kein politisches, kein moralisches Phänomen, sondern ein ästhetisches. Denn nicht jeder der irgendwelche ausgetretenen Pfade verläßt, ist ein Exzentriker, auch nicht jeder, der ein deviantes, pathologisches Verhalten an den Tag legt."

Ästhetik wird hier als *aísthesis,* die Sinneswahrnehmung äußerer Dinge, gedacht:

> „Nur der ist Exzentriker, der die Abweichung ästhetisch, genauer im Ästhetischen, also außer sich erlebt." (Liessmann 1994:14)

Schon vor Plessner hat der dänische Philosoph Søren Kierkegaard in seinem 1843 erschienenen Erstlingswerk „Entweder-Oder" die Verbindung von Ästhetik und der Exzentrik gezogen, auf die sich Liessmann beruft: „Wer ästhetisch lebt, dessen Stimmung ist immer exzentrisch, weil er sein Zentrum in der Peripherie hat. Die Persönlichkeit hat ihr Zentrum in sich, und wer nicht sich selbst hat, der ist exzentrisch. Wer ethisch lebt, dessen Stimmung ist zentralistisch." (Kierkegaard 1993:791 f.)

Der Exzentriker wird zwar außerhalb des Zentrums verortet, aber nicht jenseits davon. Er verkehrt die Welt, indem er die Peripherie zum Zentrum erhebt und das Innen mit dem Außen vertauscht. Liessmann betont hier eine der wichtigsten Charakteristika der Idee des Ex-Zentrischen überhaupt. Der Exzentriker steht nicht, ebenso wenig wie der Fremde, jenseits der Gesellschaft, sondern schlicht außerhalb des jeweiligen Zentrums. Und das Zentrum ist flexibel, situational und relational. Der Exzentriker ist Teil der Lebens- und Erfahrungswelt der Gesellschaft, Teil des Klatsches, manchmal gar konstituierender Art, und Teil des Diskurses.

Der britische Soziologe Dick Hebdige fügt in seiner Studie über jugendliche Subkulturen in Großbritannien eine sozialwissenschaftliche Erklärung für Exzentrizität hinzu. In den 1980er Jahren wurde Jugend fast ausschließlich im Kontext von Normabweichung thematisiert. Hebdige zufolge verteidigen Subkulturen wie Punks und Skinheads ihr Territorium durch auffälliges Verhalten, das er „hiding in the light" nennt. Eine bewusste Abweichung also, um die Grenzen der eigenen Gemeinschaft abzustecken (vgl. Hebdige 1998).

Diese Abweichung des Exzentrikers ist bemessen, er weiß was er tut und balanciert Extreme aus. Seine Exzentrizität ist keine essentialistische, für immer an ihm haftende Kategorie, sondern eher ein „Strukturelement einer mentalen Disposition" schreibt Literaturwissenschaftlerin Sylvia Bovenschen (1994:52).

Der Exzentriker ist ein Wechselwesen, das nach Belieben seine Gestalt ändern kann, er oszilliert zwischen den Polen „von zwanghafter Determination und dem Anspruch der Selbstzeugung, von Notwendigkeit und Kontingenz, von Unschuld und Hybris – ohne sich je in einem dieser Extreme zu beruhigen." (Bovenschen 1994:50) Gerade die Bewohner von Shutka sind zwar gewohnheitsmäßige Fremde[8] innerhalb einer mazedonischen Gesellschaft, aber ihre Fremdheit ist nicht eindeutig, sondern ebenso situational wie relational. Wenn sie es wollen und für sinnvoll erachten, erfüllen sie die Rolle des Exzentrikers mit all seinen Konnotationen. Auf der anderen Seite können sie in spezifischen Rollen in der Mehrheitsgesellschaft aufgehen oder gar unsichtbar werden, wie es Patrick Williams für Kalderash-Roma in Paris beschrieben hat (vgl. Williams 1982).

Immer wieder wird die Kreativität als eines der Hauptmerkmale von Exzentrikern beschrieben. „Think outside the box" ist ihr Credo. David Weeks und Jamie James beschreiben in ihrer 1995 erschienenen Exzentriker-Studie John Ward aus Northhamptonshire, der sich selbst als „Abfallverwerter" bezeichnet. Aus dem Müll anderer Leute baut er phantastischste fahrende Maschinen (Week/James 1997:37). Die Verbindung zu Shutka

---

8   Zu gewohnheitsmäßigen Fremden siehe: Berland/Rao (2004): Customary Strangers.

ist hier nicht von der Hand zu weisen. Dort findet man Hunderte von wiederaufbereiteten und meist als mobile Sägen umfunktionierte Geräte, die dem eigentlichen Wortsinn des „fahrbaren Untersatzes" äußerst nahe kommen.[9] Ward hat seine Gefährte aus Neugier am „Ungedachten" konzipiert, die Nischenbesetzer in Shutka machen zusätzlich mit ihrer Kreativität wirtschaftlichen Gewinn. Auf der ganzen Welt findet man Roma/Zigeunergruppen, die sich im informellen Sektor durch Nischenwirtschaft, allen voran im Recyclingbereich, ihr Geld verdienen (vgl. Streck 2004).

Dörr-Backes charakterisiert Exzentriker als Innovateure. Auch Roma/Zigeuner werden allzu oft als Meister der Bricolage[10] beschrieben (Okely 1983:77). Sie nehmen Aspekte aus der Mehrheitsgesellschaft heraus, eignen sie sich an und nutzen sie als Ressource. Sie balancieren die Dynamiken von *apropriation* und *détachement* perfekt aus. Auf diese Weise grenzen sie sich nach Patrick Williams auch gleichzeitig von der Mehrheit ab: „es geht darum, sich mit etwas zu unterscheiden, das denen gehört, von denen man sich unterscheiden will – ein Prozess, der gleichzeitig Zugehörigkeit und Emanzipation zeigt" (Williams 2010).

Die meisten theoretischen Auseinandersetzungen mit dem Exzentrischen betreffen ausschließlich Individuen, Einzelgänger, Außenseiter. Der Ethnologe George E. Marcus ist einer der wenigen, der sich mit seinem Exzentrizitätskonzept auf distinktive Gruppen bezieht: Adelsdynastien in Großbritannien. Exzentrizität in diesem Gefüge geht nach Marcus einher mit Exklusivität und Exzess. Das Exzentrische wird zu einem Marker kollektiver Identität:

> „Finally, such a class or dynasty, by becoming preoccupied with distinctive eccentricity among its members and elevating this eccentricity to an emblem of collective condition, where a highly influential standard of character once held, makes society, which no longer recognizes it in an mystified way, now suffer its excesses." (Marcus 1995:47)

In der Folge bezieht sich Marcus stark auf den Fakt der sozialen Konstruiertheit des Exzentrikers und seinen Mangel an Bewusstsein für seine eigene Identität: Diese liegt eher im Auge des Betrachters als im Geist des Exzentrikers. (Vgl. ebd.:48)

---

9   Auch im Film tauchen sie auf, beispielsweise als Derwisch Jaschar mit eben jenem Gefährt Bäume zersägt, nachdem der Zuschauer aufgeklärt wurde: „Wir Muslime glauben, daß unsere Seelen in den Zweigen eines Baumes auf die Wiedergeburt warten. Aber keiner weiß, welcher Baum es ist. Um nicht in Shutka wiedergeboren zu werden, will Jaschar aus allen Bäumen Kleinholz machen."

10   Es war der Ethnologe Claude Lévi-Strauss, der das Bricolage-Konzept in die Sozialwissenschaft einführte.

„Eccentrics, I would argue, in contrast, exhibit very little self-awareness or self-cons-
ciousness in the sense of introspection. Rather, they are hyperaware that their selves
are being constructed elsewhere by other agencies, that they are keenly aware of their
selves being multiply authored. […] This key feature of eccentricity recalls the distinctive condition of doubling or mediation in self-construction that characterizes heirs
to great wealth […].“ (Ebd.)

Marcus hat einige Verhaltensmuster zusammengestellt, die bei Menschen in Adelsdynastien beobachtet werden können, die als exzentrisch gelten:

1. extremes Horten, extreme Sparsamkeit, extreme Verschwendung
2. extremer Rückzug ins Private
3. Angst vor Infektionen und Krankheiten, die entweder in extremer Sauberkeit und
    Reinigungsritualen oder in Körper- und Essensobsessionen resultieren
4. Nonkonformismus, Umkehrung von allgemeingütigem Verhalten, Geschlechter-
    rollen

Gerade die Obsessionen und die Mimesis sind es, in der Marcus den Schlüssel zur Konstruktion des Exzentrikers gefunden hat:

„Indeed when eccentricity becomes the collective emblem of a distinctive identity
among a social class or a mature dynasty in decline, peculiarities of behavior can become hypostatized and self-conscious as a perverse form of privilege, but I would argue that the whole range of observed eccentric behaviors in their individual manifes-
tations, as opposed to being seized upon as the emblem of class or family ideology, are
obsessions and fetishes that have much more to do with the 'mimetic faculty', as Walter
Benjamin termed it and Michael Taussig has recently made much of.“ (Ebd.:51)

Obwohl Marcus sich hier sehr stark auf die Figur des durch materielle Vererbung reich
gewordenen Adels-Exzentrikers bezieht, sind viele seiner Ideen für die Verortung des
Exzentrikers praktikabel: die gesellschaftlichen Zuschreibungsprozesse (auf die man die
Exzentrizität aber nicht reduzieren sollte), die Abgrenzung zur psychiatrischen Einordnung und die Verbindung mit Obsessionen und Fetischen. Marcus bescheinigt den
Adels-Exzentrikern ein ausgeprägtes Bewusstsein dafür, dass ihr exzentrisches Sein von
außen konstruiert wird. Auch die Champions von Shutka wissen um das Bild, das sie mit
ihren Spleens in der mazedonischen Mehrheitsgesellschaft und auch innerhalb Shutkas
abgeben. Im Film bedienen sie diese Erwartungshaltung.

George Bataille hat mit seiner Theorie der Transgression sowohl das Überschreiten der Grenze zwischen Zentrum und Peripherie thematisiert, als auch damit selbst durch seine Auseinandersetzung mit den tabuisierten Themen Tod, Sexualität und Erotik eine Grenze überschritten: die der akademischen Etikette. Die Mitglieder des von ihm begründeten Collège de *Sociologie*, das sich einer „Sakralsoziologie" verschrieben hatte, wurden in Wissenschaftskreisen von Anfang an als *non-conformistes* betrachtet. Batailles Theorie besagt, dass es nur in der Überschreitung möglich ist, das Heilige zu erfahren. Das Heilige ist für ihn die Schwelle, auf der Mensch in der Welt ist und sie gleichsam von außen betrachten kann. Die Überschreitung jedoch ist nicht die Negation des Verbots, der Grenze also, sondern sie „geht über das Verbot hinaus und vervollständigt es" (Bataille 1994:63). Analog dazu kann man sagen, dass der Exzentriker ebenso wenig das Zentrum in Frage stellt, er trägt vielmehr zu seiner Vervollkommnung bei. Batailles Konzeption des Außerhalb ist eng verbunden mit Plessners „exzentrischer Positionalität", wo der Mensch nur außerhalb seiner selbst er selbst sein kann. Ekstatische Erlebnisse bewirken einen Bruch des Subjekts mit sich selbst. Die unmittelbare Ekstase wird im erotischen Exzess erlebt und das absolute Heilige ist nur durch die letzte Grenzüberschreitung, den Tod, zu erfahren.

> „Die ekstatisch-heterologischen Erlebnisse oder souveränen Verhaltensweisen, die das Subjekt von sich selbst entfernen und das Individuum eigentlich zu einem ‚Dividuum' machen, sind beispielsweise die Trunkenheit, die erotischen Erlebnisse, das poetische Schreiben, die Absurdität, der Tod, die Angst, die Gewalt und das Lachen." (Moebius 2006:346)

In diesem Zitat finden sich zwei wichtige Details, die sowohl die Theorie der Exzentrik ergänzen als auch die Auseinandersetzung mit der Figur des Fremden an späterer Stelle vorwegnehmen: die Heterologie und die Absurdität. In „Die Psychologische Struktur des Faschismus" entwickelt Bataille sein Heterologie-Konzept, das sich sowohl auf den Fremden wie auch auf den Exzentriker anwenden lässt. „Die *homogene* Gesellschaft ist die produktive, das heißt die nützliche Gesellschaft. Jedes unnütze Teil wird aus ihr ausgeschlossen, nicht aus der Gesellschaft überhaupt, sondern aus ihrem *homogenen* Teil." (Bataille 1978:10) Die Heterologie „bezeichnet eine Wissenschaft des Unassimilierbaren, des geheimen Rests und des Marginalisierten der Vernunft und homogener Ordnung" (Moebius 2006:16). Bataille versteht Heterologie als den Versuch der Widersetzung der Prozesse sozialer Homogenisierung und „die heterogene Existenz kann [...] in Bezug auf das gewöhnliche (Alltags-)Leben als das ganz andere bezeichnet werden" (Bataille 1978:18). So stellt sich auch der Exzentriker heterologisch gegen die normierte Ordnung

der Gesellschaft. Der Philosoph Vilém Flusser hat in seiner Autobiographie die Bodenlosigkeit wie folgt zusammengefasst: „Das Wort ‚absurd' bedeutet ursprünglich ‚bodenlos', im Sinn von ‚ohne Wurzel'. Etwa wie eine Pflanze bodenlos ist, wenn man sie pflückt,
um sie in eine Vase zu stellen. […] Dieser Drang der entwurzelten Blumen ist die Stimmung des absurden Lebens." (Flusser 1992:9) Flusser's Denken und Arbeiten ist geprägt
von seiner eigenen Biographie als Exiljude. Die Absurdität, die Bodenlosigkeit also, ist
in seinen Augen ein zentrales Element des Migranten. Durch seine Migration sind die
Wurzeln zum Boden, zur Heimat und zu den Vorfahren abgeschnitten, er ist der Fremde
in der Fremde.

Auch heute findet man in der Wissenschaft noch Exzentriker, die gewollt oder unbewusst Themen der Peripherie ins Zentrum rücken und damit für Aufruhr sorgen. Der
slowenische Philosoph Slavoj Žižek bedient sich radikalster Themen und Methoden.
Beispielsweise hat er über den Umgang verschiedener Nationen mit ihren Exkrementen
eine Verbindung zu nationaler Ideologie konstruiert.

In Gegenrede zu Jean-François Lyotards These vom Ende der Ideologie sagt er: „As
soon as you flush you are right in the middle of ideology" und polarisiert mit dieser Or-
dinarität die Wissenschaftsgemeinde. Seien es die Chapman-Brüder in der Kunst, Žižek
in der Wissenschaft oder die Transsexuelle Sabrina, die ihre Andersartigkeit in Shutka
ostentativ zur Schau trägt, so gilt: „Wer Schamverletzung professionell betreibt, ist in allen Gesellschaften Außenseiter" (Streck 2005).

„Daß heute so wenige wagen, exzentrisch zu sein, bezeichnet die Hauptgefahr unserer
Zeit", sagt John Stuart Mill noch Mitte des 19. Jahrhunderts. (Weeks/James 1997:9) Heutige Theoretiker beklagen den drohenden Niedergang der Exzentrik genau aus dem gegenteiligen Grund. In einer hochgradig individualisierten Gesellschaft will jeder Exzentriker sein:

> „Der Exzentriker ist ein Opfer dessen, was man als Ordnungskrise der abendländi-
> schen Kultur bezeichnet hat. Die exzentrische Behauptung Nietzsches, die Mitte sei
> ‚überall', läutete den Niedergang ein. […] Mit der Aufweichung dieser Verbindlich-
> keiten, etwa des topologischen Musters von Innen und Außen, Mitte und Peripherie,
> hat das Exzentrische seine Koordinaten verloren. Der traditionelle Exzentriker ist kei-
> ne Grenzfigur mehr: in der bloßen Zitation des Exzentrischen verliert das Exzentri-
> sche seine Ambivalenz und damit gewissermaßen seine Exzentrizität." (Bovenschen
> 1994:51)

Mag es vor Jahren noch Berufs-Exzentriker gegeben haben, die am ehesten mit
dem Dandytum in Verbindung gebracht werden können, so ist die Exzentrizität der

Postmoderne eher situativ und prozesshaft, „ein plötzliches, unerwartetes Abweichen, das das Abweichen besonders macht, die gleichzeitig das Antikonventionelle parodiert" (ebd.:53). Exzentrizität ist hier kein essentielles Merkmal einer Persönlichkeit, kein festgeschriebener Zustand mehr, sondern ein Prozess „dessen Verlaufsform die gewohnten Ordnungsvorstellungen von Anfang und Vollendung, von Mitte und Peripherie verkehrt" (ebd.).

In der vielteiligen Postmoderne, wo es so viele Brüche von traditionellen Regeln gibt, dass es – nur scheinbar – keine Regeln mehr zu befolgen oder Tabus zu brechen gibt, weicht auch die Idee von Zentrum und Peripherie auf. Allerdings verschwinden die Grenzen nicht, sie verschieben sich, strukturieren sich neu, werden mitsamt der Vielfalt der modernen Lebensstile uneindeutiger, flüssiger und damit schwieriger zufassen. Die Grenzen sind nicht starr, sondern in ständiger Bewegung.[11]

Zwar negieren einige Autoren die phänomenologische Verbindung der Figur des Fremden mit der des Exzentrikers (z. B. Dörr-Backes, Liessmann), aber auch der Fremde, sogleich er auch an einer wie auch immer gedachten Peripherie stehen mag, wird nicht jenseits der Gesellschaft gedacht. Wie der Exzentriker ist er als soziale Kategorie und nicht als Individuum ein Teil der Gesellschaft, hat seinen Platz in ihr, und verortet und bestätigt damit ihre Grenzen.

Die Fremden – Draußen vor der Tür?

> „…one can say, philosophically, that we are all foreigners because there are no origins to begin with." (Kristeva 1991)

Die theoretische Konzeption des Fremden ist der des Exzentrikers nicht unähnlich. Beide Idealtypen gehen von einem Innen und einem Außen aus, einem Zentrum und einer Marginalie. Beide werden in der theoretischen Auseinandersetzung nicht als individuelles Merkmal einer Person, sondern als Strukturmerkmal einer Gesellschaft beschrieben. Jedoch sind beide Qualitäten, die des Fremden und die des Exzentrikers, keine absoluten Kategorien, sondern situative und relationale. Kein Mensch ist absolut fremd oder exzentrisch, sondern er ist es zugeschrieben und/oder selbstgewählt in unterschiedlichen sozialen Kontexten und Beziehungen.

---

11 Allerdings folgen diese Veränderungen nach Bauman nicht mehr dem althergebrachten Muster sozialen Wandels. Der andauernde Zustand der Verflüssigung führt zu einem anhaltenden Krisenzustand, der nicht, – wie beim klassischen Muster von sozialem Wandel – zu einer Restabilisierung führt. (Vgl. Bauman 2000)

Gerade diese Flexibilität ist es, die den Fremden dort, wo der Exzentriker in erster Linie positiv besetzt wird, bedrohlich erscheinen lässt. In der scheinbar paradoxen Situation, gleichzeitig innen und außen zu sein, ist er schwer zu fassen. Er ist weder hundertprozentig fremd noch eigen und doch beides gleichzeitig. So erzeugt er Gefühle der Unsicherheit bei seinem Gegenüber und damit Angst. Nach Zygmunt Bauman enthebt sich der Fremde der Kategorisierung von Freund und Feind. „They bring the outside into the inside, and poison the comfort of order with the suspicion of chaos" (Bauman 1990:146).

Vielen Roma/Zigeunergemeinschaften ist die Trennung zwischen dem Innen und dem Außen inhärent. Judith Okely beschreibt dies einleuchtend in Bezug auf Reinheitsvorstellungen. Bei den Traveller-Gypsies in England beispielsweise gilt der Igel als reines Tier, weil er sich im Gegensatz zur Katze nicht den After leckt, und so das Innen mit dem Außen nicht vermischt. Hier ist zu unterscheiden zwischen dem Innen einer Gemeinschaft und ihrer Beziehung zum Außen einerseits und andererseits der Figur des Roma/Zigeuners als „Fremder", der sich die Grenzen zwischen dem Eigenen und dem Fremden nutzbar macht.

Der Fremde ist für Bauman das, was Dekonstruktivist Jacques Derrida das „Unentscheidbare" nennt. (Bauman 1990:145 f.) Dabei geht es nicht um eine zeitliche Dimension. Der Fremde ist nicht einfach nur noch nicht klassifiziert, er ist generell unklassifizierbar. Er ist das „dritte Element, das nicht sein soll" (ebd.:148). Die zeitliche Einordnung spielt allerdings dann eine Rolle, wenn es um sein In-Erscheinung-Treten geht. Seine Sünde ist der späte Eintritt in die Gemeinschaft. Er ist keine natürliche Person, die schon immer da war, in diesem Sinne ursprünglich ist, sondern eine historische Person. Seine Ankunft ist ein Ereignis der erinnerten Geschichte. Die Erinnerung oder das Erzählen seines Eintritts impliziert die Möglichkeit eines Austritts. Der kann freiwillig oder erzwungen sein. Auf ersteres sind die Festgebundenen insgeheim neidisch und reagieren häufig mit letzterem. Der Fremde ist in der Lage, auf den Lauf der Dinge mit Gelassenheit zu blicken, denn – wenn auch nur in der Theorie, so Bauman – steht ihm die Hintertür zur Verfügung. Seinem Zugehörigkeitsbekenntnis, hat er denn überhaupt eins gemacht, kann nicht getraut werden (vgl. ebd.:149 f.).

Die Ethnologie als Disziplin hat einerseits ihren Teil zur Verortung wie auch am Sichtbarmachen von Fremdheit beigetragen. Andererseits ist die Existenz von Fremdheit ein konstituierendes Element dieser Disziplin. Karl Heinz Kohl, der die Ethnologie als Wissenschaft vom kulturell Fremden definiert, geht von einer relationalen Fremdheit als methodischem Prinzip aus. Der ethnologische Blick wirkt verfremdend, wenn er sich dem Eigenen zuwendet. Denn genau das macht die Ethnologie aus, hebt sie ab von anderen Wissenschaftsdisziplinen: „eine Perspektive entwickelt zu haben, die es erlaubt, die eigenen Institutionen, Normen, Werte, Gewohnheiten und kulturel-len Selbstverständlichkeiten aus der distanzierten Sicht eines von außen kommenden Beobachters zu betrachten" (Kohl 1993:95). Agar hat dieses Konzept in seinen Untersu-chungen auf den Ethnologen als „professionellen Fremden" ausgeweitet. (Agar 1980) Der Ethnologe selbst ist der Fremde, der in eine andere Gemeinschaft eindringt. Leonardo Piasere geht gar soweit, die Tsiganologen als die Außenseiter innerhalb der Ethnologie, einer Disziplin, die selbst schon ein marginales Orchideenfach ist, zu beschreiben. Sie seien „akademische Außenseiter und könnten deshalb sehr innovative Vorschläge ma-chen" (Piasere 2010).

Das Fremdsein, obwohl es auch Chancen in sich birgt, ist dennoch meist ein Stigma, das Mensch ewig anhaftet. Der Soziologe Bülent Diken stellt für türkische Migranten in Dänemark fest, dass jeglicher Versuch sich von ihrem „Türkisch-Sein", ihrem Fremdsein also, zu distanzieren, ihr Türkischsein, ihre Differenz in den Augen der Dänen verstärkt (Marotta 2000:123 f.). Gleiches weiß Johannes Ries von den Țigani in einem siebenbür-gischen Dorf zu berichten. Sie versuchen seit langem, sich in die Mehrheitsgesellschaft zu assimilieren, werden von dieser jedoch umso stärker als „Zigeuner" betrachtet – und das im negativsten Sinne. Nicht so die Corturari, eine andere im Ort vertretene Roma-/Zigeu-nergruppe. Sie werden für ihre traditionelle Lebensweise von der Mehrheitsgesellschaft mit Achtung belohnt (vgl. Ries 2006:84 f.). Wieder kann man hier mit Bauman argumentieren, der im Kontext der Fremdheit die Metapher des Schleims ersonnen hat. Das Schleimige ist ein Zustand, der kontextuell empfunden wird. Situationen, die für einen Menschen ein Hindernis darstellen, werden von anderen als erfrischend und fluide erlebt. „What seems slimy to some, may be fresh, pleasant, exhilarating to others" (Bauman 1995:10).

Auch Vilém Flusser hat sich eingehend mit der Figur des Fremden auseinandergesetzt. Er sieht ihn in dem Migranten, den er dem Beheimateten entgegenstellt. Der Wanderer kommt und geht und mit seinem Gehen stellt er nicht nur das Alltagsleben des Beheima-teten in Frage, sondern beleidigt zudem dessen Heim:

> „Die nicht zu verleugnende Evidenz des Migranten, diese nicht zu verleugnende Häss-lichkeit des Fremden, das von überall kommend in alle Heimaten eindringt, stellt die Hübschheit und Schönheit der Heimat in Frage. [...] Das Unheimliche am Heimat-losen ist für Beheimatete die Evidenz, nicht etwa daß es zahlreiche Heimaten gibt, sondern dass es in naher Zukunft überhaupt keine Geheimnisse dieser Art geben könnte." (Flusser 2007:30)

Das Grundübel in der Beziehung zwischen beiden Parteien sieht Flusser in einer ästhe-tischen Verirrung des Sesshaften:

„Die Beheimateten verwechseln Heimat mit Wohnung. Sie empfinden daher ihre Heimat als hübsch, wie wir alle unsere Wohnungen als hübsch empfinden. Und dann verwechseln sie die Hübschheit mit Schönheit. Diese Verwechselung kommt daher, daß die Beheimateten in ihre Heimat verstrickt sind und daher für das herankommende Häßliche, das etwa in Schönheit verwandelt werden könnte, nicht offen stehen. Patriotismus ist vor allem ein Symptom einer ästhetischen Krankheit." (Ebd.:29)

Hier überschneiden sich Flussers ästhetische Konzeption des Fremden mit der von Liessmann beschriebenen ästhetischen Rolle des Exzentrikers.

Die Verortung der Heimat und die psychologische Beziehung zu dem, was nicht dazu gehört, hat schon Sigmund Freud in seiner Schrift „Das Unheimliche" (1919) nahe gelegt. Das Fremde, das Un-heimliche, im eigentlichen Wortsinn, ist das was Urängste auslöst. Auch er sieht das Fremde im Eigenen, denn das Unheimliche war einmal vertraut, wurde jedoch verdrängt. (Vgl. Freud 1999)

Die Ambivalenz des Fremden stellt Tibor Dessewffy heraus. So nahm „der Fremde" im Verlauf der Geschichte immer auch positiv besetzte Rollen ein. Er fungierte als neutraler Vermittler, der das Vertrauen der Herrschenden genoss, weil er nicht involviert in die Familien- und Klanränkeschmieden war. Historisch stützt sich Dessewffy vor allem auf das Osmanisches Reich. Im 15./16. Jhd. wählte der Sultan für hohe militärische Posten fast ausschließlich fremde Christen, die Janitscharen. Von 48 Militärführern in 130 Jahren waren nur fünf türkischer Abstammung (Dessewffy 1996:602 f.). Schon Meyer Fortes hat dieses Phänomen für Akan-Gemeinden in Westafrika beschrieben, „die Fremdlinge zu Richtern in ihren ureigensten Angelegenheiten erhoben" (Streck 2005). Dasselbe bestätigt der Ethnologe Christopher Hallpike: „the best mediators are outsiders" (Berland 2004:1). Auch in der Mythologie vieler Kulturen stellt die Figur des Fremden einen Mittler dar. Er ist eine liminale Figur, die zwischen Innenwelt und Außenwelt vermittelt, auf deren Grenzen balanciert. Vilém Flusser denkt den Gast als Hierophanie, als Manifestation des Heiligen und sieht Gastfreundschaft als „Teil jenes Rituals, das versucht, die Gottheit, das ‚Andere', günstig zu stimmen" (Flusser 2007:53).

Die Ambivalenz des heiligen Fremden beschreibt der Philosoph Richard Kearney. Der Fremde wird zum Gott gemacht, aber gleichzeitig auch zum Monster (vgl. Kearney 2003). Der Religionswissenschaftler Rudolf Otto hat diese Gleichzeitigkeit von positiven und negativen Assoziationen mit dem „mysterium tremendum" und „mysterium fascinans" beschrieben, dem anziehenden Mysterium, das zur selben Zeit ein ehrfürchtiges Erschauern, Angst, auslöst (vgl. Otto 2004). George Bataille führt Ottos Gedanken in Bezug auf die Transgression weiter: „Das Verbot, das die heilige Sache negativ bestimmt, hat nicht nur die Macht in uns – auf der Ebene der Religion – ein Gefühl von Furcht und

Zittern zu erzeugen. Dieses Gefühl wandelt sich an der Grenze in Verehrung; es wird zur Anbetung. Die Götter, die das Heilige verkörpern, machen diejenigen zittern, die sie verehren" (Bataille 1994:68). Der Zugang der Mehrheitsgesellschaft zur Figur „des Zigeuners" in der eigenen Gesellschaft kann ebenso im Licht dieser Ambivalenz gelesen werden. Ihre gedachte, oft von innen und/oder außen konstruierte Differenz, löst Bewunderung und Abneigung gleichermaßen aus. „Die" Roma/Zigeuner stehen allzu oft für das Fremde im Eigenen. In den Worten des Anthropologen Van de Port heißt das, dass die Roma/Zigeuner als „projektive Identifikationsfläche" gebraucht werden: „Gypsies represent what we are, although we are not allowed to be it" (Van de Port 1998:154).

Wenn der Fremde nicht gar selbst als Gott auf der Reise identifiziert wird, so ist er doch wenigstens ein Mittler zwischen den Menschen und den Göttern. Wie Promotheus, der Kulturbringer in der griechischen Mythologie, oder die Trickstergestalt als Kulturheron, die man in fast allen Kulturen finden kann, kann auch der Fremde als ein Mittler zwischen Mensch und Göttern stehen. Piasere hat unlängst die Figur des Rom/Zigeuners in der Kunst- und Wissenschaftsgeschichte mit der des Trickster verglichen:

> „Et comme le postulent les narratives de certains anthropologues, de nombreux Tsiganes se sont construits d'après l'image que l'on se fait du trickster : bricoleurs, hybrides culturels, en lutte avec les taxonomies dominantes, explorateurs du non-ordre, créateurs ondulatoires, à la Savard, de leur propre diversité à partir du continuum représenté par les cultures des non-Tsiganes, comme l'a bien démontré Patrick Williams (1993) pour les Mānuš français, et donc désacralisateurs des ordres des non-Tsiganes, démo-aristo-monarchistes, tout *et* rien…" (Piasere 2010).

Sie sind alles und nichts davon, sind die Worte Piaseres und damit trifft er auch die Wahrnehmung der Figur des Fremden im Kern. Er ist gleichzeitig fremd und eigen, entzieht sich konsequent jeder räumlich und zeitlich festgeschriebenen Klassifizierung.

Was aber, wenn der Fremde Gegenstand wissenschaftlicher Auseinandersetzung ist? Wie will man das Unklassifizierbare in Theoriemodelle einordnen, wenn die eben noch praktikable Festschreibung doch unter den Augen zerrinnt, sobald der Stand der Sonne wechselt und durch den neuen Lichteinfall neue Sichtperspektiven offenbart werden? Ein Ausweg aus diesem Dilemma sind die Kategorien *relational* und *situativ*. Dazu Patrick Williams:

> „Nous avons donc d'un côté des savants qui, se fondant sur la rencontre d'individus et le partage de moments de vie, affirment ‚les Tsiganes n'existent pas', de l'autre côté des savants qui, ayant exploré des documents d'archives et rasssemblé des témoignages, affirment ‚les Tsiganes existent'." (Williams 2010)

In bestimmten Kontexten und Beziehungen sind sie, was ihnen zugeschrieben wird und was sie selbst vorgeben zu sein. In anderen Situationen werden sie unsichtbar (gemacht) oder sind Schornsteinfeger, Anwälte oder Politiker. Verschiedene Kontexte kreieren verschiedene Rollen. Die Kulturen der Roma/Zigeuner sind jene, die sich bei genauer Betrachtung am hartnäckigsten einer Festschreibung entziehen, weil sie sich verschiedenster „fremder" Kulturelemente bedienen und „Zonen der Ununterscheidbarkeit"[12] schaffen. In Bezug auf die britischen Traveller-Gypsies sagt Okely:

> „The Gypsies may indeed incorporate symbols, rites and myths from the larger society, but there is a systematic, not random, selection and rejection. Some aspects may be transformed or given an inverted meaning. The Gypsies (…) can be seen as *bricoleurs*, picking up some things, rejecting others. The ideology of the dominant society is de-totalised, and the ultimate re-synthesised cosmology takes on a new coherence with perhaps an opposing meaning, and one which accommodates the Gypsies as an independent group" (Okely 1983:77).

Okely legt hier auch besonderen Wert auf die Ambivalenz des Verhältnisses zwischen Minderheit und Mehrheit. Dem Status des Ausgeliefertseins der Minderheit fügt sie eine aktive Seite hinzu: „They are both inside *and* outside the dominant culture. Their outsider status is imposed but also choosen." (Ebd.:61)

John D. Hargreaves beschreibt für die Afrikanistik der 1980er Jahre die Tendenz, afrikanische Sklaverei als Methode der Statusdefinition marginaler Personen zu bestimmen. Der Sklavenstatus machte es einfacher, Fremde ohne Verwandtschaftsanbindung einzuverleiben, so die Theorie. Maurice Bloch allerdings sieht in der Sklaverei keinen Status, sondern im Gegenteil: die Abwesenheit eines Status (vgl. Hargreaves 1981:99). Garnet C. Butchart bezieht sich auf Giorgio Agamben, wenn er schreibt, dass die Fremden in einer Ausnahmebeziehung zur Gesellschaft leben. In dieser Beziehung beruht ihre Inklusion ausschließlich auf ihrer Exklusion, wo Innerlichkeit und Äußerlichkeit momentär ununterscheidbar sind. So sind „Undokumentierte" beispielsweise allein durch ihren Ausschluss von den Rechten und Privilegien der Gesellschaft eingeschlossen. Butchart weist darauf hin, dass sich das englische Wort für Ausnahme (exception) vom lateinischen ex-caperere, herausnehmen, ableitet. Die Fremden stehen außerhalb (vgl. Butchart 2010:22). Auch Bernhard Waldenfels beschreibt in seiner Topographie des Fremden diesen Widerspruch. Er bezieht sich auf den Philosophen Maurice Merleau-Ponty, wenn

---

12 „Zonen der Ununterscheidbarkeit" geht zurück auf den italienischen Rechtsphilosophen Giorgio Agamben, der in seiner Theorie des „nackten Lebens" Orte des Ausnahmezustands beschreibt, in denen Regel und Ausnahme ununterscheidbar werden. Siehe Agamben, Giorgio 2002. *Homo sacer. Die souveräne Macht und das nackte Leben.* Frankfurt/Main: Edition Suhrkamp.

er sagt: „Vielmehr haben wir es mit einer Art leibhaftiger Abwesenheit zu tun". So wie für Bauman der Fremde nicht nur nicht klassifiziert, sondern nicht klassifizierbar ist, ist für Merleau-Ponty der Fremde nicht einfach nur woanders verortet, er *ist* das „Anderswo" (vgl. Waldenfels 1997).

> „Die Zugehörigkeit in der Nichtzugehörigkeit, diese gleichzeitige Ferne des Nahen und Nähe des Fernen wird durch historisch entstandene Kontrastphänomene illustriert, durch den Kontrast von Händlertum und Bodenbesitz, von Teilhabe und neutralem Unbeteiligtsein, von Wärme, die aus organischer Verbundenheit stammt, und Kühle, die einem Gefühl für die Zufälligkeit der jeweiligen Beziehung entspringt." (Ebd.)[13]

Die Definition des Fremden ist eng verbunden mit der Konzeption von Nationalstaaten. Julia Kristeva beschreibt die zwei einzigen Kategorien nationalstaatlicher Zugehörigkeit in der Moderne: das Recht des Bodens (jus soli) und das Recht des Blutes (jus sanguinis). Wer im Staatskontext weder über die eine noch über die andere Zugehörigkeit verfügt, ist fremd: „With the establishment of nation states we come to the only modern, acceptable, and clear definition of foreignness: the foreigner is the one who does not belong to the state in which we are, the who does not have the same nationality." (Kristeva 1991:96). Die Klarheit der Definition von Fremdheit verwischt allerdings, wenn man das geordnete Feld der Bürokratie verlässt und ins reale Leben eintaucht. Ein Pass als Zeichen der Zugehörigkeit ist noch lange keine Garantie für Identifikation und Gemeinschaftsgefühl, wie man es sehr gut an der Gruppe der Deutschtürken sehen kann. Auch viele Roma/Zigeuner verfügen über Pässe, die sie in Nationalstaaten einfügen und sind dennoch das „Andere" der Gesellschaft. Auch hier kann man jedoch mit Relationalität und Situationalität argumentieren. Wie bei anderen Gruppen auch ist die Identität in diesem Fall flexibel.

Hargreaves hat die Tücken bürokratischer Kategorienbildung von „fremd und eigen" für die postkoloniale Nationsbildung Ghanas untersucht. Im Jahr 1957 wurde das westafrikanische Land offiziell unabhängig vom Britischen Empire. 1969 bekamen alle „Fremden", die keine offizielle Aufenthaltsgenehmigung hatten, eine Frist von 14 Tagen, um die junge Nation zu verlassen. 400 000 Menschen wurden ausgewiesen, darunter Gruppen, die schon seit Jahrhunderten auf dem Gebiet lebten, das nun unter die nationalstaatliche Hoheit Ghanas fiel. Gastarbeiter, die erst seit kurzer Zeit in Ghana lebten, waren davon nicht betroffen, denn sie hatten eine offizielle Aufenthaltsgenehmigung. Hargreaves konstatiert: „Strangers do seem to become more vulnerable when regarded as minorities within a modern nation-state" (Hargreaves 1981:98).

---

13 Waldenfels bezieht sich hier eindeutig auf Simmel.

Ähnliches konnte Streck für Roma/Zigeuner feststellen. Sie wurden erst dann zum Problem erhoben, als sie im Zuge der nationalstaatlichen Entwicklung im 19. Jahrhundert bürokratisch erfasst wurden:

> „Entsprechend rüsteten diese auf und schufen über Gesetzgebung und Polizeipraxis ein immer dichteres Netz zur Erfassung und Einbindung der Untertanen über Meldepflicht, Schulpflicht, Dienstpflicht und Besteuerung. Diese beiden gegenläufigen Tendenzen: einerseits die zivilgesellschaftliche Zunahme von Gründen zur Dissidenz, andererseits das Anziehen der staatlichen Regulierungsschrauben schufen das moderne Zigeunerproblem einschließlich seiner Exzesse wie Sterilisierung von Frauen und Vernichtung der Arbeitsunfähigen." (Streck 2010)

Dennoch muss hier zwischen Fremden und Feinden unterschieden werden: „The national state is designated primarily to deal with the problem of strangers, not enemies" (Bauman 1990:153). Genau das unterscheidet den Nationalstaat von anderen supraindividuellen Institutionen. Die Grundlage eines jeden Nationalstaates ist der Zwang zur Homogenität. Bauman, der die „neuen Armen" als die Prototypen postmoderner Fremder beschreibt, sieht in der wohlfahrtsstaatlichen Gesetzgebung einzig und allein den Zweck der Entmachtung der Armen, ihre bürokratische Kontrolle und Verwaltung (vgl. Marotta 2000:124).

Auch der Soziologe Rudolf Stichweh hat sich eingehend mit dem Fremden beschäftigt. Die klassischen Sozialtheorien des Fremden von Schütz und Simmel gehen vom Postulat der Zugehörigkeit aus. Diese Herangehensweise ist nach Stichweh heute nicht mehr tragbar. In der postmodernen Gesellschaft sei Differenz die Basis des Zusammenlebens, Fremdheit kein marginales Phänomen mehr. Stichweh schließt mit dem Fazit, dass es heute eigentlich keine Fremden mehr gäbe. (Vgl. Stichweh 1997) Marotta hält ihm Bauman entgegen, der Marginalisierung, Ausbeutung und Ausschlußpraktiken auch in der differenten Postmoderne als Mechanismen des Umgangs mit dem „Anderen" betrachtet. (Vgl. Marotta 2000) Trotz dessen ist die Figur des Fremden in der Postmoderne eine andere als noch in der Moderne: „The strangers are no more authoritatively pre-selected, defined and set apart, as they used to be in times of the state-managed, consistent and durable programmes of order-building. They are now as unsteady and protean as one's own identity as poorly founded, as erratic and volatile." (Bauman 1995:8)

Im Auge der Betrachter

„Fremder" und „Exzentriker" sind topologische Kategorien, die den Platz von Individuen oder Gruppen in der Gesellschaft bestimmen. Mit Foucault kann man argumentieren, dass Manić in „The Shutka Book of Records" eine Heterotopie, einen Ort des „Anderen" kreiert, der eine „Gegenplatzierung", ein „Widerlager" darstellt (vgl. Foucault 1991:39). Sowohl „der Fremde" als auch „der Exzentriker" sind außerdem idealtypische Theorie-modelle, die in der Realität in ihrer Reinform nicht existieren. Es sind Ergebnisse von Zuschreibungsprozessen, von eigenen und fremden. Jeder Einzelne verortet sein Selbst in „sozialen Figurationen" (Elias) und wird von Anderen eingeordnet. Die Kategorien „fremd" und „exzentrisch" sind Ausdruck des grundmenschlichen Bedürfnisses nach „Komplexitätsreduktion" (Luhmann). Dieser Kategorien sind allerdings nicht starr, sondern „fluide" (Bauman). Ihre Konnotation ändert sich, je nachdem wer aus welchem Blickwinkel auf sie schaut. Die situationale Einordnung ist Ergebnis stetiger Aushand-lungsprozesse mit dem Selbst, dem Innen und den Anderen, dem Außen.[14]

Das Konzept von Selbstbild-Fremdbild-Abbild, das Ries in seiner Arbeit über sieben-bürgische Zigeuner aufgestellt hat, ist in diesem Kontext sehr fruchtbar: „Die Zigeuner, die das Fremdbild der Gaže über sie genau kennen, schalten ein Abbild in das Fremd-wahrnehmungsfeld ein, mit dem sie sich den Gaže gegenüber aktiv repräsentieren. Dieses interagiert zwar mit dem zigeunerischen Selbstbild, muß jedoch nicht notwendigerweise mit diesem übereinstimmen. Es bezieht sich essentiell auf das Fremdbild, das die Gaže von den Roma/Zigeunern haben." (Ries 2006:84) Das Abbild ist also eine Mischung aus Selbst- und Fremdbild, mittels dessen sich die Roma/Zigeuner nach außen repräsen-tieren. Dies ist ein bewusster Prozess. Eine Strategie – besonders des Romaaktivismus – ist es, das Fremdbild der Gadje durch ein abweichendes Abbild neu zu formen, um zu zeigen, dass die Roma ganz anders sind, als sie in der stereotypen Vorstellungswelt der Gadje existieren. Eine andere Strategie ist es jedoch, das Fremdbild mit einem – zu einem gewissen Teil mit diesem übereinstimmenden – Abbild demonstrativ zu bestätigen und somit ihre kulturelle Andersartigkeit zu feiern; ein Othering von innen sozusagen. Ries hat letzteres bei seinen Feldforschungen in Siebenbürgen bestätigen können. Auch

---

14 Analog dazu ist das Konzept der Logik der Äquivalenz und der Logik der Differenz von Ernesto Laclau und Chantal Mouffe zu lesen. „Equivalence is precisely what subverts difference, so that all iden-tity is constructed within this tension between the differential and the equivalential logics." (Laclau 2005:70) Alex Demirović, stellt fest, dass auch das Gegenteil gilt: Differenz subvertiert Äquivalenz. Es herrscht eine Logik der Äquivalenz der Subjekte im Inneren und eine Logik der Differenz zum Außen, bzw. zum Zentrum. „Das Soziale ist der Raum der Spannung zwischen der Logik der Differenz und der Logik der Äquivalenz" (Demirović 2007:63).

Michael J. Casimir ist bei seinen Forschungen zu peripatetischen Gruppen zu ähnlichen Ergebnissen gekommen: „...peripatetics relate and use elaborate origin myths and other legends to rationalize their own social and cultural habits, traditions, values, and identities, but also as tools for manipulating others' perceptions of their status and roles as customary strangers" (Casimir 2004:32). Berland geht auf die Qalandar in Südwestasien ein: sie sind „masters at cultivating inaccurate and/or enigmatic information about their everyday cultures habits in order to enhance, confuse, or neutralise other's perceptions, actions and reactions" (ebd.:33).

Was nun die Frage der filmischen Repräsentation der Fremden angeht, bewegt man sich als Bildproduzent immer auf einem äußerst schmalen Grat:

> „No matter whether the Roma are represented as musicians, criminals, or simply outcasts, they are eternally marked as different. Yet, this is precisely where the dilemma of representation is situated – on the one hand, there is the quest for representing the ethnic group without reverting to generalizations (hence the debates around authenticity and realism), and on the other hand such a representation becomes impossible." (Dobreva 2007:148)

Unter anderem aus diesem Grund hat Manić sich im Vorfeld bewusst dagegen entschieden, vordergründig einen Film über die Roma/Zigeuner von Shutka zu machen. Er sagt aus, an dem Thema „Roma/Zigeuner" im Vorfeld kein Interesse gehabt zu haben, weder aus anthropologischer noch aus soziologischer Sicht. Andererseits wollte er Vergleiche zum serbischen Regisseur Emir Kusturica vermeiden, zu dem es schon aufgrund seiner Biographie viele Parallelen zu entdecken gibt (vgl. Steinke 2009:98). Also legte er den Fokus nach eigenen Angaben nicht auf „die Roma/Zigeuner", sondern auf die „Champions über die Widrigkeiten des Lebens". Für die Welt, die Manić in seinem Film sowohl abbildet als auch gleichsam kreiert, ist die Unterscheidung von Dokumentarfilm und Spielfilm, Authentizität und Inszenierung hinfällig. In Anbetracht der fortschreitenden Hybridisierung der Welt im Allgemeinen und der Filmgenres im Speziellen gibt der Medientheoretiker Peter Krieg den Rat, „sich vom Mythos der Objektivität, des Authentischen zu verabschieden und sich ins ‚Chaos der Wahrnehmungen' zu stürzen" (Krieg 1990:92).

Welchen Wert hat die Bestimmung des Fremden und des Exzentrikers nun für die Auseinandersetzung mit Shutka, genauer mit seiner filmischen Repräsentation in „The Shutka Book of Records"? Der Ausgangspunkt war der Magische Realismus und seine Verortung in der Peripherie, dem ex-centro. Bei dem hybriden Dokumentarfilm handelt es sich auch um ein Werk des Magischen Realismus, da sich Manićs Herangehensweise an die Stadt an der Peripherie Europas dessen Logozentrismus widersetzt und der ratio-basierten abendländischen Gesellschaft mit seiner Darstellung von gefährlichen Vampiren und wundersamen Maschinen eine andere Realität vorsetzt. Er selbst sagt dazu:

> „…ich persönlich habe dieser skurrilen Welt meinen völligen ‚Glauben' geschenkt – ich sage absichtlich Glauben, denn mein europäisches Realitätsdenken lässt eine rational erklärbare Existenz, eine Realmöglichkeit solcher Wesen nicht zu. Heißt es aber deshalb, dass diese Realität als Nicht-Realität und bloßer Aberglaube abgewertet werden sollte, der diesen Menschen in ihrer geistigen Weiterentwicklung nur schadet? Wäre das meine Aufgabe als Dokumentarfilmemacher? Mit einer solchen Einstellung würde ich jederzeit polemisieren; an Dschinns und Vampire habe ich in Schutka so stark geglaubt, dass ich sie von Zeit zu Zeit sogar selbst zu sehen meinte" (zit. nach Steinke 2009:100).

Die Einschätzung des Regisseurs ist bei der theoretischen Auseinandersetzung mit dem Magischen Realismus von besonderer Bedeutung. Entgegen der Vermutung, dass der Magische Realismus schlicht aus einer abendländischen Perspektive das weit entfernte Andere konstruiert, findet sich das Fremde auch hier zuallererst im Eigenen: „Magic realist fiction does not simplistically construe the adherence to an alternative or magical world-view as the result of ethnic identity. Significantly, magic realism's magic is not restricted to the West's Other, but persists at the very heart of the West itself." (Hegerfeldt 2005:303)

Trotz der geographischen und sozialen Marginalität des Ortes in den Augen des Zuschauers existiert Shutka als magischer Ort in dem Film, als in sich funktionierendes Ganzes, das den Bezug zu einem externen Zentrum nicht braucht. Manić hat aus den Fragmenten der Stadt und seiner Bewohner ein magisches Kaleidoskop geschaffen, das bei der isolierten Betrachtung der einzelnen Fragmente nicht sofort offensichtlich wird. Erst die Verbindung all seiner Elemente schafft die magische Atmosphäre des Films.

Manić, als Regisseur in einer privilegierten Position, exzentrisch eher in einer künstlerischen Perspektive, ging auf die Suche nach den Exzentrischen und erhebt sie zu einer mal magisch mal beinahe skurrilen, filmischen Kategorie. Der Film selbst bestimmt die Idee des Exzentrischen, aber auch die verschiedenen Zugänge zur Exzentrizität. Der Derwisch Fazli sagt zum Ende des Films: „Wir Roma brauchen keinen eigenen Staat, denn uns gehört die ganze Welt" und geht damit einher mit Nietzsches Ausspruch „Die Mitte ist überall". Durch ihre Bodenlosigkeit sind die Roma in Fazlis Augen überall beheimatet. Wenn es allerdings um die zentrale Metapher des Films geht, ist die Mitte mitnichten überall. Koljo konstatiert: „Aber wer Shutka verläßt, verliert das Recht auf den Meisterschaftstitel. Und das ist ein ernsthafter Grund, zuhause zu bleiben."

Jeder Film beinhaltet soviel Magisches, soviel Wahrheit, wie das Auge des Betrachters in ihm entdecken will. Shutka ist ex-zentrisch und ist es nicht. Der Fremde ist alles und nichts, ist das Überall und das Anderswo. Oder um es mit Williams Worten zu sagen, *‚les Tsiganes n'existent pas et les Tsiganes existent'.*

Literatur & Quellen

Agamben, G. 2002. *Homo sacer. Die souveräne Macht und das nackte Leben.* Frankfurt/Main: Edition Suhrkamp.

Bataille, G. 1978. *Die psychologische Struktur des Faschismus. Die Souveränität.* Berlin: Matthes & Seitz.

Bataille, G. 1994. *Die Erotik.* Berlin: Matthes & Seitz.

Bauman, Z. 1990. Modernity and Ambivalence. *Theory, Culture & Society.* London: SAGE Vol. 7. S. 143–169.

Bauman, Z. 1995. Making and Unmaking of Strangers. *Thesis Eleven,* 43:1–16.

Bauman, Z. 2000. *Liquid Modernity.* Cambridge: Polity Press.

Berland, J. C. & Rao, A. 2004. *Customary Strangers. New Perspectives on Peripatetic Peoples in the Middle East, Africa and Asia.* Westport: Praeger.

Bovenschen, S. 1994. Lob der Nuance. Zur Rettung des Exzentrischen. (*In* Michel, K. M. & Spengler, T. (Hg.), *Kursbuch Exzentriker.* Berlin: Rowohlt. S. 49 –63.)

Butchart, Garnet C. 2010. The Exceptional Community: On Strangers, Foreigners, and Communication. Communication, *Culture & Critique* 3. S. 21–25.

Caillois, R. 2001. *Man, Play, Games.* Urbana and Chigaco: University of Illinois Press.

Casimir, M. J. 2004. „Once upon a Time": Reconciling the Stranger. (*In* Berland, J. C. & Rao, A. (Hg.), *Customary Strangers. New Perspectives on Peripatetic Peoples in the Middle East, Africa and Asia.* Westport: Praeger. 31–54)

Därmann, I. 2005. *Fremde Monde der Vernunft. Die ethnologische Provokation der Philosophie.* München: Fink.

Demirović, A. 2007. Hegemonie und die diskursive Konstruktion der Gesellschaft. (*In* Nonhoff, M. (Hg.), *Diskurs – radikale Demokratie – Hegemonie: Zum politischen Denken von Ernesto Laclau und Chantal Mouffe.* Bielefeld: transcript. S. 55–86.)

Dessewffy, T. 1996. Strangerhood without Boundaries: An Essay in the Sociology of Knowledge. *Poetics Today,* 17: 599–615.

D'haen, T. L. 1995. Magic Realism and Postmodernism: Decentering Privileged Centers. (*In* Zamora, L.P. & Faris, W. B. (Hg.), *Magical Realism. Theory. History. Community.* Durham: Duke University Press. S. 191–208.)

Dobreva, N. 2007. Constructing the 'Celluloid Gypsy': Tony Gatlif and Emir Kusturica's 'Gypsyfilms' in the context of New Europe. *Romani Studies 5,* 17(2):141–154.

Dörr-Backes, F. 2007. Die Hüter des Grals oder: Exzentriker als integrierende Elemente gesellschaftlicher Modernisierung. (*In* Klingemann, C. (Hg.), *Jahrbuch für Soziologiegeschichte.* Wiesbaden: VS-Verlag für Sozialwissenschaften. S. 29–51.)

Flusser, V. 1992. *Bodenlos: eine philosophische Autobiographie.* Mannheim: Bollmann Verlag.

Flusser, V. 2007. *Von der Freiheit des Migranten. Einsprüche gegen den Nationalismus.* Hamburg: Europäische VA.

Foucault, M. 1991. Andere Räume. (*In* Barck, K.-H., Gente, P. [et al.], *Aisthesis. Wahrnehmung heute oder Perspektiven einer anderen Ästhetik*. Leipzig: Reclam.)

Freud, S. 1999. Das Unheimliche. (*In* Freud, S., *Gesammelte Werke* Bd. XII, Frankfurt a. M.: Fischer. S. 227–278.)

Goffman, E. 2003. *Wir alle spielen Theater. Die Selbstdarstellung im Alltag*. München: Piper.

Grimes, R. L. 2006. *Rites out of place: Ritual, Media and the Arts*. Oxford: Oxford University Press.

Hargreaves, J. D. 1981. *From Strangers to Minorities in West Africa. Transaction of the Royal Historical Society, Fifth Series*. 31:95–113.

Hebdige, D. 1998. *Hiding in the Light: On Images and Things*. London: Routledge.

Hegerfeldt, A. C. 2005. *Lies that tell the truth. Magic Realism seen through contemporary fiction from Britain*. New York: Rodopi.

Huizinga, J. 2006. *Homo ludens. Vom Ursprung der Kultur im Spiel*. Reinbek bei Hamburg: Rowohlt.

Kalkuhl, C. 2002. Fahrendes, tanzendes, zügelloses Volk. „Zigeunerkitsch" tradiert altbekannte Vorurteile. (*In* Kalkuhl, C. & Solms, W., *Vom gar nicht „lustigen Zigeunerleben. Marburger Tagung über „Antiziganismus heute" und Ausstellung über „Unsere Zigeuner"*. http://web.unimarburg.de/zv/news/archiv/muj13/MUJ13-pdf/42-45.pdf.)

Kearney, R. 2003. *Strangers, Gods, and monsters: interpreting otherness*. London: Routledge.

Kierkegaard, S. 1993. *Entweder-Oder*. München: dtv.

Kohl, K.-H. 1993. *Ethnologie – die Wissenschaft vom kulturell Fremden. Eine Einführung*. München: Beck.

Kramer, F. 1994. Exotismen. (*In* Michel, K. M. & Spengler, T. (Hg.), *Kursbuch Exzentriker*. Berlin: Rowohlt. S. 1–12)

Krieg, P. 1990. WYSIWYG oder das Ende der Wahrheit. Dokumentarfilm in der Postmoderne. (*In* Heller, H. B. (Hg.), *Bilderwelten, Weltbilder: Dokumentarfilm und Fernsehen*. Marburg: Hitzeroth. S. 88–95.)

Kristeva, J. 1991. *Strangers to Ourselves*. New York: Columbia University Press.

Laclau, E. 2005. *On Populist Reason*. London: Verso.

Liessmann, K. P. 1994. Kanon und Exzentrik. Zur Ästhetik der Abweichung. (*In* Michel, K. M. & Spengler, T. (Hg.), *Kursbuch Exzentriker*. Berlin: Rowohlt. S. 13–28.)

Manić, A. 2005. *The Shutka Book of Records*. OT Knjiga Rekorda Sutke, Tschechische Republik, Serbien & Montenegro.

Marcus, G. E. 1995. On Eccentricity. (*In* Battaglia, D. (Hg.), *Rhetorics of self-making*. Berkely: University of California Press.)

Marotta, V. 2000. The Stranger in Social Theory. *Thesis Eleven*, 62:121–134.

Menden, A. 2006. *Hitler wird gekreuzigt. Kunst und Tabu*. http://www.sueddeutsche.de/kultur/kunst-und-tabu-hitler-wird-gekreuzigt-1.892866. Zugriff am 27.12.2006.

Milevska, S. 2007. Nicht ganz das nackte Leben – Regeln und Ausnahmen. Zur Problematik der Darstellung ethnischer Minderheiten. *springerin. Hefte für Gegenwartskunst*. No. 1/07.

Moebius, S. 2006. *Die Zauberlehrlinge: Soziologiegeschichte des Collège de Sociologie (1937–1939)*. Konstanz: UVK.

Okely, J. 1983. *The Traveller-Gypsies*. Cambridge: Cambridge University Press.

Otto, R. 2004. *Das Heilige. Über das Irrationale in der Idee des Göttlichen und sein Verhältnis zum Rationalen*. München: C. H. Beck.

Piasere, L. 2010. *Horror Infiniti. Die Zigeuner als Europas Trickster*. Vortrag am Institut für Ethnologie an der Universität Leipzig. 25.05.2010.

Plessner, H. 1975. *Die Stufen des Organischen und der Mensch. Einleitung in die philosophische Anthropologie*. Berlin: Walter de Gruyter.

Rao, U. & Köpping, K. P. 2000. Die „performative Wende": Leben – Ritual – Theater. (*In* Köpping, K. P. & Rao, U. (Hg.), *Im Rausch des Rituals. Gestaltung und Transformation der Wirklichkeit in körperlicher Transformation*. Münster: Lit-Verlag. S. 1–32.)

Ries, J. 2006. *Weltenwanderer. Über die kulturelle Souveränität siebenbürgischer Zigeuner und den Einfluss des Pfingstchristentums*. Würzburg: Ergon.

Simmel, G. 1908. *Exkurs über den Fremden.(In* Simmel, G., *Soziologie. Untersuchungen über die Formen der Vergesellschaftung*. Berlin: Duncker & Humblot. S. 509–512.)

Steinke, A. 2009. *Shutka – Stadt der Roma. Magischer Realismus auf dem Balkan oder Zigeunerstereotype. Der Streit um einen Dokumentarfilm*. Unveröffentlichte Magisterarbeit am Institut für Ethnologie der Universität Leipzig.

Stichweh, R. 1997. Der Fremde – Zur Soziologie der Indifferenz. (*In* Münkler, H. (Hg.), *Furcht und Faszination. Facetten der Fremdheit*. Berlin: Akademie-Verlag. S.45–64.)

Streck, B. 2004. Local Strangers. The Nile Valley Gypsies in the Ethnic Mosaic of Sudan. (*In* Berland, J. C. & Rao, A. (Hg.), *Customary Strangers. New Perspectives on Peripatetic Peoples in the Middle East, Africa and Asia*. Westport: Praeger. S. 179–194.)

Streck, B. 2005. *Vom Zauber der Heterotopie*. Vortrag zur Tagung „Repräsentationen auf Reisen. Die Ankunft des Anderen" am SFB 640 „Repräsentationen sozialer Ordnungen im Wandel".

Streck, B. 2010. *Zigeuner. Geschichte und Kultur*. Unveröffentlichtes Manuskript.

Van de Port, M. 1998. *Gypsies, Wars and Other Instances of the Wild. Civilisation and its Discontens in a Serbian Town*. Amsterdam: Amsterdam University Press.

Waldenfels, B. 1997. *Topographie des Fremden. Studien zur Phänomenologie des Fremden*. Berlin: Suhrkamp.

Weeks, D. & James, J. 1997. *Exzentriker. Über das Vergnügen, anders zu sein*. Reinbek bei Hamburg: Rowohlt.

Williams, P. 1982. The Invisibility of the Kalderash of Paris: Some aspects of the economic activity and settlement patterns of the Kalderash Rom of the Paris susurbs. *Urban Anthropology*, XI(3–4):315–346.

Williams, P. 2010. *Ethnologie der Zigeuner. Von der Begegnung zur Theoriebildung*. Vortrag am Institut für Ethnologie an der Universität Leipzig. 09.06.2010.

Žižek, S. 1999. You May! *London Review of Books*, 21(6):3–6.

MARIA MELMS & MICHAEL HÖNICKE

Antiziganismus und Tsiganologie
Versuch einer Standortbestimmung

Analog zur breit gefächerten Antisemitismusforschung etablierte sich Mitte der 1990er Jahre in Deutschland eine weitere Forschungstendenz der Rassismusforschung (u. a. Wippermann 1997, Ortmeyer/Peters/Strauß 1998, Haupt 1996, Maciejewski 1996; die Satzung der Gesellschaft für Antiziganismusforschung e.V. wurde 1998 verabschiedet, Solms 2010b). Dieser Antiziganismusforschung benannte Zweig stellt den Versuch dar, der „negativen Einstellung der Mehrheitsbevölkerung gegenüber den von ihr sogenannten ‚Zigeunern' und ihren Ursachen" auf den Grund zu gehen (Solms 2010b). Dabei bedeutete vor allem die Konstruktion des Begriffs in Anklang an den Antisemitismus von Beginn an, dass einige terminologische Engpässe zu überwinden waren (vgl. Solms 1991:9–10). Neben unterschiedlichen historischen Dispositionen von Juden und Zigeunern brachte die Übernahme der Terminologie der Antisemitismusforschung Probleme mit sich.[1]

---

1   Die Kontroverse um die historische Vergleichbarkeit von Shoa und Porajmos kann anhand der Auseinandersetzung von Guenter Lewy und Wolfgang Wippermann exemplarisch nachvollzogen werden (Wippermann 1997; Lewy 2000). An dieser Stelle soll auf die am Ende des Textes beschriebene Mahnmaldebatte und der damit zusammenhängenden Opferhierarchisierung hingewiesen werden. Diese entsteht u. a. durch die historische Frage, wie der Genozid an den Juden mit dem Genozid an den als „Zigeuner" verfolgten Menschen vergleichbar sei. Wippermann hält die Gleichsetzung der Ausschließungs- und Vernichtungspraxen für möglich, während Lewy die Sonderstellung des Holocaust hervorhebt. Diese geschichtswissenschaftliche Facette der Opferhierarchisierung deutet darauf hin, welch problematische Elemente in der Konstruktion des Begriffs Antiziganismus mitschwingen, nämlich die

Gemeinsamer Nenner zwischen beiden Komplexen stellte die Fremdwahrnehmung durch die Mehrheitsbevölkerung dar: ein ideologisch aufgeladenes Bild, dessen Aufbereitung ohne ein Verständnis des anderen auskommt und stattdessen hegemoniale Denkmuster reproduziert.

In diesem Sinn erfordert die Untersuchung dieser Vorurteilsstrukturen einen kritischen Umgang mit den Selbstverständlichkeiten des jeweiligen Diskurses. Zu einer Hinterfragung dieser Dispositive gelangen Antiziganismusforscher vor allem durch die kritische Betrachtung historischer und zeitgenössischer Texte aller Art.

Den immer zahlreicher werdenden Publikationen zum Thema Antiziganismus und der damit einhergehenden erhellenden Transparentwerdung tradierter Stereotype steht die nebulöse Herkunft des Begriffes selbst gegenüber. Der Antiziganismusforscher Wolfgang Wippermann stellt fest, dass der Begriff Antiziganismus „erst in den 80er Jahren [des letzten][…] Jahrhunderts geprägt [wurde]. Bis dahin galten Vorurteile gegenüber Sinti und Roma offensichtlich als selbstverständlich, normal und zum ‚kulturellen Code‘ gehörend" (Wippermann 1997:25). Erst mit der Antiziganismusforschung etablierte sich der Begriff, zuvor gehörte das Denken über diskriminierende Praxen der Mehrheitsbevölkerung gegenüber Zigeunern zum Repertoire der Tsiganologie (vgl. Bartel 2008:197, Zimmermann 2007:337, Hohmann 1996:32).

Dass die beiden Konzepte „Tsiganologie" und „Antiziganismusforschung" etwas miteinander zu tun haben müssen, erschließt sich vordergründig nicht nur aus syntaktischen und semantischen Ähnlichkeiten, sondern auch aus der Verortung in einer relativ jungen Vergangenheit. „Der Antiziganismus wird erst seit den 1970er Jahren verwendet, […]" und wurde in Analogie zum Antisemitismus gebildet (Solms 1991:9).

Der Historiker Michael Zimmermann datiert den Begriff „Antiziganismus" ebenfalls in diese Zeit und verweist jedoch auf die Tatsache, dass dieser ursprünglich mit „ts" geschrieben wurde und im Rahmen des ethnologisch-soziologischen Projektes „Kulturelle

---

Fixierung auf den Opferstatus und die Gefahr der historischen Verengung auf einen Aspekt des Zigeunerlebens. Terminologisch enthält das Handwerkszeug der Antiziganismusforscher ebenso problematische Elemente: *Ziganen* existieren per Definition nicht, es handelt sich beim Antiziganismus um eine Antihaltung gegenüber einem Subjekt bzw. Objekt, dass nicht vorhanden ist. Inwiefern die Erschaffung des *Ziganen* Teil des Antiziganismus ist, müsste eigentlich noch erörtert werden. Im Zusammenhang einer terminologischen Analyse lässt sich Antiziganismus „als Konsequenz der Umwidmung der Zigeuner zu Sinti und Roma verstehen." (Bartel 2008:196) Antiziganismus wird also nicht über einen „Ziganismus" bestimmt, sondern in der Konkurrenz mit einem ethnischen Begriffsdoppel. Der Antisemitismus dient immer als Bezugspunkt, um die Konfrontation „Ziganismus" – Antiziganismus zu simulieren. Jede Antiziganismusforschung begibt sich somit in die Abhängigkeit *des zigan/tsigan*. „Eine Antiziganismusforschung muss den ‚Ziganen‘ als weitgehend wertfreie und vom Begriff ‚Zigeuner‘ zu unterscheidende Referenz konstruieren." (Bartel 2008:197)

Alternativen und Integration – das Beispiel der Zigeuner" an der Universität Gießen entstanden ist.[2]

Antiziganismusforschung oder Tsiganologie

> „Diese Entwicklung, die die Angehörigen von Juden, Sinti und Roma allein aufgrund ihrer ethnischen Zugehörigkeit zuerst ausgrenzte und entrechtete, um sie dann zu deportieren und zu vernichten, diese Entwicklung nachzuzeichnen und zu verstehen – dies zumindest zu versuchen – ist Aufgabe der Antiziganismusforschung." (Heuß 2003:26)

Antiziganismus beinhaltet sowohl diskriminierende Verhaltensweisen „[…] gegenüber als ‚Zigeuner' titulierten Menschen – von ausschließenden Strukturen bis hin zu manchmal tödlicher Gewalt – als auch kulturell vermittelte stereotype Denkmuster und Bilder (End & Herold & Robel 2009:18–19). Zu den ausschließenden Mechanismen, die kulturelle Differenzen als negativ konnotierte Abweichung, Bedrohung oder Irritation wahrnehmen, gehört auch der Philoziganismus. Mit Philoziganismus werden positive Vorurteile, d.h. Elemente der Idealisierung oder Romantisierung, beschrieben. „Der Philotsiganismus stellt keine Auflösung der Ausgrenzung dar, sondern ist lediglich die Kehrseite des Vorurteils." (Rakelmann 1981:48, vgl. Benninghaus 2010:35). Da die Etablierung der modernen Nationalstaaten einherging mit der Erfüllung eines Homogenitätsparadigmas, z. B. der Vorstellung eines einheitlichen Volkskörpers, stellen die Literaturwissenschaftler Herbert Uerlings und Iulia-Karin Patrut fest, dass die Repräsentation dieser nationalen Identität verschiedene Formen annehmen kann.

> „Das [Homogenitätsparadigma] kommt nicht nur im jahrhundertelangen Antiziganismus zum Ausdruck, sondern auch im Philoziganismus, der nur bei vordergründiger Betrachtung dessen Gegenteil, in Wahrheit jedoch, entsprechend der Beobachtung, dass ‚das Fremde' immer sowohl Tremendum als auch Faszinosum ist, nur dessen notwendige Ergänzung ist." (Uerlings & Patrut 2008:11)

Die seit der zweiten Hälfte der 1980er Jahre einsetzende Antiziganismusforschung beschäftigt sich demnach mit den Ursachen und Wirkungen des Anti- und Philozigaismus'.

---

2   Auch Wippermann hat 1997 festgestellt, dass der damals in diesem Projekt involvierte Ethnologe „Bernhard Streck 1981 erstmals in Deutschland den Begriff ‚Antitsiganismus' benutzt hat." (Benninghaus 2010:33)

Diese unterscheidet sich „[…] nach ihrem wissenschaftlichen Gegenstand und ihrem gesellschaftlichen Anliegen […]" von der Tsiganologie (Solms 1991:13).

Obwohl beide Forschungsrichtungen, Tsiganologie und Antiziganismusforschung, einen gemeinsamen Anfangspunkt hatten, wurde schnell deutlich, dass auf Seiten der Antiziganismusforschung Vorbehalte gegen die Tsiganologie existierten. Die Antiziganismusforschung erkannte nicht nur stereotype Wahrnehmungsformen der Mehrheitsgesellschaft, sondern „gleich mehrere Elemente des antiziganistischen Rassismus" in der deutschsprachigen Ethnologie, speziell der Tsiganologie (Severin 2009:67).

Besonders der statische Kulturbegriff der Tsiganologie führte dazu, dass in Anlehnung an essentialistische und rassistische Theorien eine homogene Gruppe geschaffen werde, deren Beschreibung letztlich nur allgemeine Stereotype bediene. Der festgestellte Eigensinn jenes Kollektivs widersprach den Integrationsbestrebungen der Bürgerrechtsbewegung und dem politischen Bewusstsein der Antiziganismusforscher, d.h. ihrem gesellschaftlichen Anliegen. Die Nominaldefinition Zigeuner als Objektivierungsform des tsiganologischen Gegenstandes verfehlte das politische Subjekt der Roma. Vor allem diese zwei Argumente brachte die Antiziganismusforschung vor, um die Tsiganologie als antiquiert zu verabschieden: 1. Festschreibung einer Kollektivgruppe/Objektivierung von Eigenschaften und 2. das bewusste Ignorieren von politischen Repräsentationsbestrebungen. Aus dieser Warte erscheint die Tsiganologie als Fortsetzung einer kolonialen Praxis der Fremdzuschreibung, die letztlich kein Interesse an der sozialen Wirklichkeit zeigt.

Der Antiziganismusforscher Jan Severin weist darauf hin, dass mit dem Postulat zigeunerischen Eigensinns ein derart statischer Kulturbegriff gedacht wird, dass dieser sich zu einem Rassismus ohne Rassen verhärtet, „auch wenn sie [die Gießener Tsiganolog_innen] ihn nicht biologistisch, sondern poltisch-moralisch unterfüttern" (Severin 2009:90). Eine Untersuchung jüngerer tsiganologischer Arbeiten legt dagegen andere Befunde nahe. Wenn man den Begriff des Eigensinns auf die verschiedenen Akteurspositionen übertragen möchte, zeigt sich ein schillerndes Kaleidoskop von Aneignungsformen, welche die Antiziganismusforschung nicht erschöpfend beschreiben kann. Das gesellschaftliche Anliegen der Antiziganismusforscher verbietet es, einen nicht integrierungswilligen Zigeuner überhaupt zu denken.[3]

---

3   Die Beschreibung der Opferkonkurrenz durch die Antiziganismusforschung kann hier als Beispiel angeführt werden. Es gibt nicht reale Differenzen, die durch die heterogenen Eigendefinitionen von Zigeunergruppen und -verbänden zustande kommen, sondern nur zugeschriebene Differenzen, die den antiziganistischen Zweck verfolgen, Zigeuner als wankelmütig und akephal darzustellen. Gäbe es denn wirklich akephale Tendenzen und Meinungsverschiedenheiten, wer hätte dann überhaupt das Recht bzw. die Kompetenz, sich darüber zu äußern?

Insofern bleibt die Argumentation schief, wenn eigene politische Implikationen als weniger apodiktisch angesehen werden als angebliche politisch-moralische Generalisierungen der Tsiganologen. Es wäre nötig, über methodologisch-wissenschaftstheoretische Implikationen zu verhandeln, denn zumindest ein gleiches Maß sollte für jeden gelten. Die Möglichkeit, kulturelle Identität *und* Differenz aufzuzeigen, besitzt die Antiziganismusforschung per se ebenso begrenzt, wie eine an statischen Kulturbegriffen hängende Ethnologie. Denn die Annahme von einem allgegenwärtigen Antiziganismus, der dem authentischen Leben von Zigeunergruppen bedrohlich gegenübersteht, basiert auf der Vorstellung einer primordialen Ethnie in Schwebelage, die durch die Herrschaftslogik der modernen Nationalstaaten gefährdet ist. In dieser Vorstellung bleiben die ethnischen Marker objektive Mittel eines Minderheitenschutzes, ein dynamisches Wechselspiel verschiedener Akteure auf mehreren Interaktionsebenen wird ausgeblendet. Schichten und Fluchtlinien des kulturellen Austauschs jenseits des politischen Diskurses bleiben im Dunkeln. Der Philosoph Christoph Türcke weist bereits 1993 darauf hin, dass „‚Rassendiskriminierung‘ zu einer Tautologie wie ‚Volksdemokratie‘ [wird]. Der Begriff passt auf alle Formen der Unterdrückung und erklärt keinen mehr." (Türcke 1991:35) Was Türcke in seinem Artikel die „Inflation des Rassismus" nennt, gilt ebenso für den Antiziganismus. Der Überdehnung der Erklärungskompetenz steht die Vorstellung einer konkreten Opfergemeinschaft gegenüber. In diesem Konstrukt erscheint eine primordiale Einheit bedroht, die eigene Identität zu verlieren aufgrund der rassistischen Diskriminierungspraxen des Antiziganismus.

Es wäre ebenso notwendig, über Begriffe wie Kultur und Ethnizität erschöpfend nachzudenken, dann blieben Vorwürfe wie die Etablierung eines primordialen Kollektivbegriffs außen vor. Denn die Ethnologie und im Speziellen die Tsiganologie kennt vielfältige Formen des kulturellen Austauschs und eines interethnischen Miteinanders. Diese Interdependenzen zu verengen auf den Begriff eines nicht integrierungswilligen Antibürgers kann nicht im Sinnzusammenhang des eigenen Erkenntnishorizontes stehen.[4] Der

---

4   Es ist uns bewusst, dass die Bezeichnung als Legitimation für Diskriminierung und Verfolgung missbraucht wurde und Ethnologen der Gefahr bezüglich der Reproduktion von Stereotypen wachsam sein müssen. Uns ist jedoch bewusst, dass „[...] im ursprünglichen Sinn der Wortbedeutung aber auch keine negative Konnotation [...]" anhaftet (Elsas 2003:118). Wir distanzieren uns von völkerpsychologischen Konzepten wie der „[...] in allen Gegenden treu bleibende[n] Seele [...]" der Zigeuner, wie sie von Martin Block beschrieben wurde oder von rassenhygienischen Wahnvorstellungen eines Robert Ritter oder von der Vorstellung eines „Zigeunergens" im Sinne Hermann Arnolds (Reemtsma 1996). Der Vorwurf, die ethnologisch geprägte Tsiganologie reproduziert per se das Stereotyp des „ewigen Zigeuners" aufgrund der Verwendung des Begriffes „Roma/Zigeuner" erscheint oberflächlich (End & Herold & Robel 2009:18). An dieser Stelle verweisen wir auch auf die Gefahr des rassistischen Befalls, die grundsätzlich für jede Wissenschaft besteht. „Tsiganologie im Geist der von Rajko Djurić vorgeschlagenen [...] Antiziganismusforschung darf und wird davon nicht infiziert werden." (Hohmann 1996:12)

Vorwurf der Homogenisierung einer Gruppe lässt sich aber nicht nur im wissenschaftlichen Bereich, sondern augenscheinlich ebenso dem politischen Vorgehen machen. Um das gesellschaftliche Anliegen der Antiziganismusforschung umzusetzen, bedarf es der Verwendung von ethnischen und sozialen Markern, welche zwar selbst generiert werden, aber trotzdem auf vorhandenen sprachlichen und kulturellen Konventionen fußen. Im Gegensatz zu der hypothetischen Bildung eines wissenschaftlichen Idealtyps wirken diese politischen Kategorien direkt und real. Die Überprüfbarkeit und das Erkenntnisinteresse einer solchen Einordnung von Opfergruppen sind fraglich. Trotzdem bleibt die Überzeugung, mit der Antiziganismusforschung einen emanzipatorischen Impetus zu forcieren, während die Tsiganologie die rückständige Zigeunerwissenschaft reproduziere. Aus dieser Warte scheinen beide Richtungen exklusiv zu sein, wenn nicht diametral entgegengesetzt. Es bleibt zu hinterfragen, wie dieser Widerspruch konstruiert ist und welchem Zweck er dient.

In den siebziger Jahren entstanden, verdeutlichte die Entstehung des Begriffes „Tsiganologie"[5] den „[…] radikalen Bruch mit jener Art ‚Zigeunerkunde‘, die sich in der Vergangenheit allzuoft [u. a.] gegen Roma und Sinti gerichtet hatte." (Hohmann 1996:11) Die tatsächliche Unterscheidung wird oft nur sehr unscharf vorgenommen. Die eigentliche „Zigeunerkunde", welche im 19. Jhd. in Deutschland, Österreich-Ungarn und Rumänien aus einem folkloristischen Interesse am „Zigeunervolk" heraus entstand, muss historisch klar unterschieden werden von der eigentlichen Tsiganologie (Hohmann 1996:11). Der gemeinsame Bezug zu dem Begriff *tsigan* oder *zigan* ist offensichtlich und führt uns direkt zu der Beschäftigung mit dem Begriff „Zigeuner", dessen genaue Herkunft ungeklärt ist.[6] „Die gängigste Ableitung aber ist die von *Atsinganos* oder *Athinganoi* (‚Unberührbare‘), ein Begriff, der schon um das Jahr 1100 in Griechenland verbreitet war." (Bengelstorf 2009:35; vgl. Solms 1991:15) Inwieweit und wie sich die beiden Termini auf den Begriff Zigeuner beziehen, soll im Folgenden erörtert werden. Die Tsiganologie, die seit 1998 an der Leipziger Universität versucht, Studierende und Interessierte für verschiedene Aspekte von Roma-/Zigeunerkulturen zu sensibilisieren, hält an der Bezeichnung „Zigeuner" fest. Zumindest hat man sich seit 2005 innerhalb des Forums und Netzwerkes Tsi-

---

5   Michael Zimmermann hat den Begriff „Zigeuner" als Grundlage des Terminus „Antiziganismus" postuliert. Die Bezeichnung *tsigan* klingt zwar in der Schreibweise „Antitsiganismus" mit, jedoch ist es die Tsiganologie, die den unmittelbaren Kontext der Begriffsbildung ausmacht (Bartel 2008:197).

6   Es existieren zahlreiche Mythen, Legenden und Hypothesen über den Ursprung der Zigeuner sowohl seitens der Mehrheitsgesellschaft als auch in Form von Selbstzeugnissen. Eine ausführliche Darstellung der verschiedenen wissenschaftlichen Hypothesen findet sich u. a. in dem Buch *Die „anderen Zigeuner". Zur Ethnizität der Rudari und Bajeschi in Südosteuropa* von Jens Bengelstorf (Bengelstorf 2009).

ganologische Forschung für die Doppelbezeichnung Roma/Zigeuner entschieden, wenn es sich um vergleichende Studien handelt und/oder das explizite Gruppenethnonym nicht bekannt ist.[7] In dieser Bezeichnung vereint sich ein weiter und enger Zigeunerbegriff. Der weitere ist eine Sammelbezeichnung für unterschiedlichste Gruppen, der engere bezeichnet die wahrscheinlich größte Gruppe der Roma, welche vor allem durch das Romanes miteinander verbunden sind (Bengelstorf 2009:35–36). Diese Doppelbezeichnung verweist einerseits auf eine interne Differenzierung innerhalb der Tsiganologie und andererseits auf die Möglichkeit, mit Hilfe additiver Begrifflichkeiten „die gesellschaftliche Dimension des Begriffes ‚Zigeuner' auszudrücken, gleichzeitig aber einen eigenen Beitrag zur Stigmatisierung zu vermeiden". (Bengelstorf 2009:52) Ein Problem ist, dass es bisher nicht möglich war „eine neutrale und allgemein akzeptierte Sammelbezeichnung für alle Zigeunergruppen zu finden." (Vossen 1983:136) Das Anliegen eines politisch korrekten Diskurses ist der Versuch, wertfreie Begriffe zu schaffen. Gerade in Bezug auf den Terminus „Zigeuner" wird deutlich, dass man historische Facetten nicht ausblenden kann und darf, sie sind aber eben nur ein Teil dieser Begriffsgeschichte. „Das Wort ‚Zigeuner'/‚Zigeunerin' hat im Lauf der sechshundertjährigen Geschichte der Sinti in Deutschland völlig verschiedene Bedeutungen angenommen" (Solms 2010a:17). Es geht uns nicht um die Verneinung oder gar Unaussprechlichkeit von Begriffspaaren wie „Sinti und Roma", sondern um deren radikale Anwendung (vgl. Bartel 2008:199). Man muss mit Sammelbezeichnungen für unterschiedlichste Lebensentwürfe vorsichtig sein, das gilt für Zigeuner wie für Sinti und Roma.

> „Allerdings ist es uns wichtig, keine Homogenität festzuschreiben, wo sie nicht vorhanden ist. Auch droht mit der Bezeichnung ‚Roma' zugleich die Gefahr, sie als Fremdbezeichnung für Menschen anzuwenden, welche sich selbst nicht als diese verstehen."
> (End & Herold & Robel 2009:19)

Es soll an dieser Stelle auf die Homogenisierungstendenzen innerhalb eines politisch korrekten Sprachstils hingewiesen werden. Man könnte argumentieren, dass, wenn es egal

---

7   Im Gegensatz zu dem Vorwurf des Politikwissenschaftlers und Soziologen Joachim Krauss, die Terminologie des FTF reduziere sich in den Veröffentlichungen auf den Sammelbegriff Zigeuner (vgl. Krauss 2009:176), erweist es sich als möglich, verschiedene Begriffsebenen nachzuvollziehen und der jeweiligen komplexen Gruppenrelation gemäß anzuwenden: „Dieser Begriff [Zigeuner] wird in dieser Arbeit dann verwendet, wenn die genaue Gruppenzugehörigkeit nicht geklärt ist und aus der Sicht der Nicht-Zigeuner keine Differenzierungen vorgenommen werden. Zigeuner wird auch dann verwendet, wenn die Sinti selbst von sich als zingari sprechen." (Tauber 2006:6) Obwohl die Studie der Ethnologin Elisabeth Tauber über die Fluchtheirat bei Sinti in Südtirol kein Ergebnis der Studien des FTF ist, verweist die Autorin jedoch dezidiert auf den in Leipzig entwickelten Ansatz.

ist, ob man „Zigeuner" oder „Sinti und Roma" sagt, dann auf ersteren Begriff verzichtet werden könnte. Jedoch impliziert für uns die Bezeichnung „Sinti und Roma" eine spezielle und mit der Bürgerrechtsbewegung in Deutschland verbundene politische Dimension. Hinzu kommt das Problem einer zusätzlichen Marginalisierung von Gruppen, die nicht den ethnischen Marker „Roma" erfüllen. Wenn die Absicht einer Diskriminierung im Raum steht, dann ist das sprachliche Gewand nur die Hülle. Somit geht es nicht um die Frage nach „gedanklicher und sprachlicher Korrektheit" in Bezug auf das Wort „Zigeuner" (Solms 2010a:17). Wenn die sprachliche Äußerung eines Menschen eine negative Implikation einem anderen Menschen gegenüber hat, dann ist es gleichgültig, ob derjenige das Wort „Zigeuner" oder „Sinti und Roma" verwendet; der fehlende Respekt ist hier maßgebend. „Mit der Ellipse, der Auslassung der Bezeichnung ‚Zigeuner' […] wird in hinreichendem Maße signalisiert, dass die von politischer Korrektheit überlagerten Routinen wenigstens in der Stille des Impliziten wieder abgespult werden dürfen." (Bartel 2008:204) Eine Gruppenbezeichnung ist nicht deshalb „falsch", weil sie eine Fremdbezeichnung ist. Roma ist eine selbstgewählte Bezeichnung verschiedener Romanes-sprachiger Gruppen, die man nicht per se als homogene Einheit betrachten kann. Es ist auch anzuzweifeln, dass die Subsumierung unter dem Sammelbegriff außerhalb des deutschen Benennungsdiskurses Sinn macht. Krauss hält in diesem Zusammenhang fest: „Im Falle Rumäniens und Siebenbürgens ist die Bezeichnung ‚Sinti' jedoch nicht gerechtfertigt […]." (Krauß 2010:15)

Beispielhaft ragt diesbezüglich die Mahnmaldebatte in das öffentliche Bewusstsein. Die Repräsentation der Opfer des Nationalsozialismus in Form eines Gedenksteins brachte Probleme mit sich. Zum einen etablierte sich die Vorstellung, den als Zigeuner verfolgten Menschen ein besonderes Denkmal zu setzen, zum anderen entbrannte seit 2003 eine Debatte über die Inschrift.

Der Zentralrat der Sinti und Roma beanspruchte die Verwendung eines Textes des ehemaligen Bundespräsidenten Roman Herzog, in welchem das Begriffspaar Sinti und Roma verwendet wird. Dagegen legten andere Interessenverbände Einspruch ein.

Auf der Homepage der Sintiallianz Deutschland kann man „viel Neues, Informatives und Interessantes über Zigeuner erfahren." (Winter 2008) Die bewusste Verwendung des Terminus „Sinti und andere Zigeuner" verweist auf die Ansicht, „dass keine Gruppe von Menschen aus dem Gedenken ausgeschlossen werden dürfe, die unter der Nazi-Diktatur wegen ihrer tatsächlichen oder vermeintlichen Zugehörigkeit zum Personenkreis der Zigeuner gezählt und dadurch verfolgt wurde". Die „Beschränkung auf die Opfergruppen der Sinti und Roma" bedeutete eine historische Verengung der nationalsozialistischen Ausschließungspraxen (Winter 2008). Wie leichfertig eine solche politische Debatte instrumentalisiert werden kann, zeigt u. a. die Ethnologin und Kulturwissenschaftlerin Yvonne Robel in ihrem Artikel „Zur gedenkpolitischen Stereotypisierung der Roma" (Robel 2009). Sie unterscheidet zwischen Opferhierarchisierung und Opferkonkurrenz, wobei der erste Komplex den Kampf der verschiedenen Opfergruppen um die Anerkennung in der bundesdeutschen Gedenkpolitik umfasst, während der zweite Bereich vor allem „ein aktives Konkurrenzverhalten der verschiedenen NS-Opfergruppen bezüglich der, ihrer Verfolgungsgeschichte zugewendeten, Gedenkpolitik" betrifft (Robel 2009:117). Sowohl durch die Homogenisierung des Diskurses gemäß bestimmter Sammelbegriffe und die damit einhergehende Reduktion der historischen Verfolgungspolitik als auch durch die Verzerrung des Diskurses aufgrund der Betonung von Partikularinteressen, besteht die Gefahr, eine angemessene gedenkpolitische Auseinandersetzung zu unterminieren.

In der (ethno)politischen Praxis stellen Reduktion und Vereinheitlichung zwei gängige Muster der Meinungsfindung (und Gruppenbildung) dar. Die Komplexität der sozialen Wirklichkeit kann fassbar gemacht werden. Wissenschaftliche Kategorien dagegen müssen sich an der Vielschichtigkeit von Erfahrungen messen lassen (und sich vor dem sogenannten Gruppismus schützen). Für beide, die Tsiganologie und die Antiziganismusforschung, gilt es, ständig über eigene Denk- und Schreibprozesse kritisch zu wachen und sich der Gefahr der Etablierung in einen hegemonialen Diskurs bewusst zu sein; „[…] das pflegt man Dekonstruktion zu nennen, so dass man seinen eigenen Diskurs von Beginn an als prinzipiell unabgeschlossen und relativ betrachtet." (Toro 2002:20) „Das Problem einer rein ideologiekritischen Dekonstruktion […] [des Terminus Zigeuner] ist, dass sie ihrerseits ideologisch ist, indem sie grundsätzlich von der Nichtexistenz […] [von Zigeunern] ausgeht, die nicht zum […] [eigenen Weltbild passen]" (vgl. Münzel 2006:19).

Gerade wenn man die kritische Dimension der Auseinandersetzung zwischen Antiziganismusforschung und Tsiganologie betrachtet, verwundert es doch zu sehen, wie ideologische Denkweisen beibehalten und unreflektiert propagiert werden. Die wiederholte Auseinandersetzung mit den Grundlagen der Tsiganologie, „die sich gerade an ihrem fortschrittlichen Impetus abarbeiten muss, um zu klären, wie der Gestus von abgeklärter Fortschrittlichkeit und sozialpsychologisch versiertem, aufklärerischen Anspruch zur Reproduktion des Zigeunerstereotyps führen konnte", steht aus, wenn man in der Tsiganologie lediglich die Fortsetzung der Zigeunerwissenschaft früherer Zeiten sieht (Niemann 2000:35). Eine Kritik der Kritik könnte dagegen aufzeigen, inwieweit sich soziales Bewusstsein, wissenschaftliches Interesse und politische Ambitioniertheit zusammenfügen lassen.

Anti-Antitsiganismus

Die folgende Ausführung zum *Anti-Antitsiganismus* orientiert sich an der Beschäftigung Clifford Geertz' mit dem Thema des Kulturrelativismus in seinem Artikel *Anti-Antirelativismus*. Im Zentrum seiner Betrachtungen steht die Praxis der Dämonenaustreibung, das heißt der Verteufelung des Terminus „Relativismus" soll entgegengewirkt werden. „Mein spiegelartig angelegter Titel wirbt für das Verfahren, eher einer Sichtweise entgegenzuwirken, als eine Sichtweise zu verteidigen, die jene zu widerlegen beansprucht." (Geertz 1996:254)

Ihrerseits bezieht sich diese Analogie des Titels Anti-Antirelativismus auf den Begriff Anti-Antikommunismus, der seinen Höhepunkt während des Kalten Krieges hatte. Der Kommunismus wurde in den USA zu Zeiten des Kalten Krieges als Bedrohung und dies wiederum als wichtigste Tatsache des politischen Lebens postuliert und propagiert. Denjenigen, die sich jedoch selbst nicht als Antikommunisten, sondern als Anti-Antikommunisten bezeichneten, wurde immer eine heimliche Neigung für die Sowjetunion unterstellt. War man also nicht bedingungslos einverstanden mit dieser absoluten Definition des Kommunisten als größten Feind, galt man sofort als Sympathisant. Entweder war man gegen den Kommunismus oder man war selbst Kommunist. Außerhalb dieses Schwarz-Weiß-Denkens und dieser radikalen Opposition gab es keine Möglichkeit, am Diskurs teilzuhaben.[8]

Geertz erkannte eine gleich gelagerte Maulsperre für die Wissenschaftstheorie seiner Zeit. Jedes Abweichen von einer positivistischen Position bedeutete, in die Arbitrarität von Relativismus und Skeptizismus zu verfallen und jeden festen wissenschaftlichen Boden unter den Füßen zu verlieren. Er beschreibt diesen Akt des Ausschlusses in bewusster Analogie zur politischen Strömung des Anti-Kommunismus, um darzustellen, wie der Ausschluss von Erkenntnissen in einem wissenschaftlichen Diskurs eine politisch dogmatische Position einnimmt. Ähnlich wie in Karl Raimund Poppers Konstruktion der offenen Gesellschaft die Vorstellung des kritischen Rationalismus enthalten ist, findet Geertz eine Verschränkung von hegemonialen Codes in den Bereichen Wissenschaft und Politik anhand eines spezifischen Ausschlussmechanismus': *either you are with us or you are against us.*

In der Verwendung des Begriffs Antiziganismus findet sich ein solcher Ausschlussmechanismus, wenn dieser „inflationäre Ausmaße" (Benninghaus 2010:25) annimmt. Im

---

8   Das wäre dann genau so, als wenn man behaupten würde, dass Abtreibungs-Gegner, die gegen rechtliche Einschränkungen sind, die Abtreibung selbst als eine gute und wunderbare Sache empfinden (Geertz 1996:254).

Jahr 1991 merkte Wilhelm Solms noch an: „Im Unterschied zum Antisemitismus lebt der Antiziganismus trotz des Völkermords bis heute weiter und ist nicht nur bei Rechtsradikalen, sondern in allen Schichten der Gesellschaft anzutreffen. Er verstößt nicht gegen die ‚Political Correctness', sondern gilt als selbstverständlich." (Solms 1991:10) Zwei Jahre später konstatierte Türke bereits eine „Inflation des Rassismus", die aufgrund vager Begrifflichkeiten feststellbar sei (vgl. Türke 1993). Der Definition des Antiziganismus gemäß kann jede Äußerung über das Zigeunerleben als negativ stereotypisierend abgelehnt werden. Lediglich die Anmerkungen politisch sanktionierter Bürgerrechtler entweichen dem Verdacht auf Vorurteilsbildung.

Die aus dieser Position resultierende Verweigerungshaltung gegenüber andersartigen Erkenntnissen begründet sehr gut die anhaltende Frontstellung der Antiziganismusforschung gegenüber der Tsiganologie. Eventuelle kritische Stimmen aus anderen Disziplinen werden nicht als wissenschaftlich anerkannt: die Ethnologie stellt für einige Autoren der Antiziganismuforschung lediglich ein universitäres *Survival* der Kolonialzeit dar (Severin 2009, Reemtsma 1996, vgl. Benninghaus 2010:27). Besonders der Vorwurf, die Sozialwissenschaften schufen durch ihre Methoden „passive Studienobjekte", die mit der sozialen Wirklichkeit wenig zu tun hätten und nicht als selbständige Akteure gesehen würden, zieht sich durch die Argumentation (Acton 1996:62). Der Blick auf das „Objekt der Forschung" (Solms 1911:13) verhindere den Zugang zum eigentlichen Gegenstand.

Dabei könnten gerade die vielfältigen Einblicke der Ethnologen helfen, das stereotype Bild einer geschlossenen primordialen Einheit der Zigeuner zu zerstören.[9] Im Geiste der Antiziganismusforscher könnte der anti-antitsiganistische Impuls der Ethnologie eine bedeutende Rolle spielen. Im Weg steht aber die apodiktische Grenzziehung zwischen angeblich rassistischen und pejorativen Perspektiven und der eigenen sakrosankten Verwendung von Begriffen.[10]

Im Gegensatz zu der Gesellschaftsanalyse, die Solms 1991 stellen konnte, existiert heute ein politisch korrektes Bewusstsein über die Verwendung von Begriffen. Dass die Antiziganismusforschung trotzdem anhaltende Diskriminierungen erkennt, zeigt

---

9   Johannes Ries unterscheidet diesbezüglich zwei gegensätzliche wissenschaftliche Betrachtungsweisen: „essentialist or primordialist ones, which are based upon real definitions, and constructivist ones that use nominal definitions." (Ries 2008:287) Die Annahme, dass die primordialistische Realdefinition einer Zigeunergruppe möglich ist, entspricht einer Festschreibung der Gruppenidentität, unabhängig von äußeren Einflüssen und gesellschaftlichem Wandel. Die Nominaldefinition des konstruktivistischen Blickwinkels erlaubt dagegen eine Reflexion über die theoretische Bedingtheit der scheinbar zeitlosen und objektiven Beobachtungen.

10   In diesem Zusammenhang lässt sich auf die fehlende Auseinandersetzung mit der eigenen Terminologie verweisen: „Diskussionen um das Wort ‚Antiziganismus' als solches oder auch Definitionsversuche dieses Begriffes waren kaum zu verzeichnen." (Zimmermann 2007:339)

zweierlei: erstens die Unschärfe des Begriffs Antiziganismus und zweitens, dass sich stereotype Wahrnehmungen nicht durch Sprachzensur entschärfen lassen. Und in diesem Fall gilt sowohl für die Tsiganologie als auch für die Antiziganismusforschung:

> „Die ‚Wissenschaft vom Zigeuner‘ ist eine Domäne von Nichtzigeunern. Und die Motive dürften mannigfach sein: allem voran vielleicht Neugier. Nicht ganz auszuschließen sind allerdings auch Machtgelüste, etwa die Befriedigung, über ein Wissensmonopol zu verfügen, und Eitelkeit, die durch akademische Ehren bedient wird, aber auch das Gefühl, etwas für eine ‚bedrohte‘ Minderheit zu tun, oder auch: ‚Wiedergutmachung‘ für die Greuel der Vorgenerationen. Eine Gemengelage ist wahrscheinlich.“ (Abal 2000:133–134)

Die ‚Tsiganomanie‘, die Ola Abal erkennt, grassiert demnach auch unter Antiziganismusforschern. Denn zumindest ein sozialpolitisch aufklärerischer Impetus und eine Fokussierung auf den historischen Abschnitt des Nationalsozialismus sind zu erkennen.[11]

Gerade die Beschreibung als Opfergruppe im Zusammenhang mit den Gräueln der NS-Zeit und die Fokussierung auf diese Epoche könnte „damit der Inklusion der Sinti und Roma langfristig einen Bärendienst erweisen.“ (Treinen & Uerlings 2008:695) Gemeint ist die Ausblendung der Vielfalt von Kultur zugunsten einer viktimologischen Perspektive. Am Beispiel enzyklopädischer Einträge vollziehen die Autoren nach, welches Bild des Zigeuners zu verschiedenen Zeiten reproduziert worden ist. Neben den klassischen Stereotypen finden sich auch in zeitgenössischen Darstellungen Vereinheitlichungen, deren Wahrheitsgehalt angesichts der Wirklichkeit verblasst. Die Fokussierung auf den Opferstatus klammert nicht nur Aspekte des sozialen Zusammenlebens aus, sondern sorgt auch für eine Hierarchisierung der Opfergruppen. Das Instrumentarium dieser Einordnungsmechanismen stellen bereitwillig Antiziganismusforschung und Bundespolitik bereit: die notwendige Objektivierung und Klassifizierung von Opfergruppen anhand von vorgefertigten Rastern, die es wahrzunehmen oder abzulehnen gilt. Dieser hegemoniale Code sorgt dafür, dass die Sprache einseitig bleibt. Die aktive Mitgestaltung kann nur durch bekannte Label vollzogen werden, anderweitig bleibt die Subalterne stumm.

Diese paradoxe Konstellation verweist auf ein Grundproblem der Antiziganismusforschung: eine methodologisch schwer nachvollziehbare Gemengelage zwischen Dekonstruktivismus und der positivistischen Vorstellung, durch reine Begriffe dem verqueren Bewusstsein der Mehrheitsbevölkerung auf die Schliche zu kommen. Einerseits

---

11 „Ohne einen Begriff von dem, was im nationalsozialisitschen Deutschland geschehen ist, bleibt das Reden über den Antiziganismus auf Malta oder in der frühen Neuzeit bedeutungslos.“ (Maciejewski 1996:9)

gelten natur- und sozialwissenschaftliche Begriffe als Scheingegenstände, deren Wahrheitsgehalt marginal ist. Denn eigentlich geht es um „Reflexe der Zigeunerpolitik" (Solms 1991:10), die sich nicht nur in der Alltagswahrnehmung, sondern auch in der Wissenschaft verhärten. Andererseits gilt die kritische Macht der Antiziganismusforschung als unbestreitbar und das politische Wirken der Bürgerrechtsbewegung als politischer Befreiungsschlag. Innerhalb der eigenen Axiomatik sollte eine gewisse Skepsis gegenüber der reinen, im Sinn von ideologiefreien Verwendung von Begriffen und der Vorbehalt gegenüber den Modalitäten der Regierung ihren Rahmen finden.

Zwei Axiome der Antiziganismusforschung

Zwei grundlegende Annahmen der Antiziganismusforschung betreffen die Tragweite des Begriffes. Zimmermann hat darauf hingewiesen, dass vier Risiken die Aussagekraft eines Terminus für diskriminierende Praxen schmälern können: „die Überdehnung der Erklärungsfunktion; die Entkontextualisierung des Zigeunerdiskurses, die Reduktion der Zigeunerpolitik auf den Antiziganismus; schließlich eine Sicht der Zigeunerfeindschaft als homogener Diskurs." (Zimmmermann 2007:340)

Zu einer „Überdehnung der Erklärungsfunktion" kommt es, wenn man „Antiziganismus als hinreichende Bedingung" für verschiedene historische Entwicklungen auszumachen versucht. Antiziganistische Vorbehalte stellen demnach einen Aspekt diskriminierender Praxen, sie erschöpfen diese nicht und bilden auch nicht ihre Grundlage. Zur „Entkontextualisierung des Zigeunerdiskurses" kommt es, wenn man sich auf antiziganistische Phänomene beschränkt und diese isoliert betrachtet. Nur wenn Zigeunerpolitik „im Kontext umfassender Entwicklungen und im Vergleich zu anderen gesellschaftlichen Gruppen untersucht" wird, erschließt sich der spezifische Zigeunerdiskurs. Dies verweist auf „die Reduktion der Zigeunerpolitik auf den Antiziganismus". Zigeunerpolitik bedeutet in der Antiziganismusforschung zumeist Repression. Die Vielfalt gouvernementaler Steuerungselemente in der Gegenwart und eine differenzierte Betrachtung vergangener Epochen legt dagegen nahe, dass politische Maßnahmen ein breites Repertoire abdecken, welches von Duldungen über die Zahlung von Hilfeleistungen bis hin zu Assimilation oder Vertreibung reichte. Dem gemäß verfehlt die Perspektive, „Antiziganismus als vermeintlich homogene[n] Diskurs mit einheitlicher Praxis" zu sehen, die vielfältigen politischen Entwicklungen und die jeweilige historische Situation (Zimmermann 2007:340).

Wir möchten die vier Kritikpunkte Zimmermanns verdichten und vor allem zwei aus den Axiomen ableitbare Theoreme in Frage stellen. Ersteres nennen wir Identitätsthese, das Zweite Kontinuitätsthese.

Die Identitätsthese ergibt sich aus folgender Annahme:

> „Mit ‚Antiziganismus‘ wird die negative Einstellung gegenüber den sogenannten ‚Zigeunern‘ (polnisch ‚cygan‘) bezeichnet, die von Reserviertheit, offener Ablehnung und Ausgrenzung über Verfolgung, Einsperrung und Vertreibung bis zu massenhafter Deportation und Vernichtung reicht. Der Antiziganismus ist eine Ideologie, die, wie die Geschichte der Zigeunerverfolgung lehrt, jederzeit in feindliche Aktionen umschlagen kann." (Solms 1991:8)

In diesem kurzen Definitionsversuch fällt vor allem die Parallelisierung von „diskriminierenden Praxen" und „kulturell vermittelte[n] stereotype[n] Denkmuster[n]" (End & Herold & Robel 2009:18–19). auf. Es gibt offensichtlich einen Zusammenhang zwischen beiden Komplexen. Der Grad der Aggression und die Position des Aggressors scheinen dabei nicht relevant zu sein. Es handelt sich um ein Bündel von Ausschließungsmechanismen, welches auf verschiedenen Ebenen omnipräsent ist: „Von ihrer [die Konstruktion des ‚Zigeuners‘] ‚Allgegenwärtigkeit‘ lässt sich von daher sprechen, als sie in verschiedenen gesellschaftlichen Teilbereichen wie Wissenschaft, Politik und Medien jeweils einen wesentlichen Platz einnehmen." (Ebd.:18) Hier zeigt sich die Spannbreite des Antiziganismus-Begriffs, die drohende „Überdehnung der Erklärungsfunktion" (Zimmermann 2007:340). Der Antiziganismus wird als Ideologie beschrieben, in der Xenophobie unmittelbar in Gewalt umschlagen kann. Dabei läuft man Gefahr, jede weitere Handlungskomponente außer Acht zu lassen, es bleibt die Beschreibung von Kurzschlussreaktionen; Praxen der Diskriminierung, die Vermittlung von Stereotypen. Staatliche Institutionen und Gruppendynamiken fallen zusammen in einem Kollektivsubjekt.[12]

Es ist nicht nur unklar, wer der eigentliche Handlungsträger ist, d.h., wo, von wem und wie genau Stereotype perpetuiert werden, sondern ebenso fraglich, wann und wie abstrakte Stereotype in konkrete Aggressionen umschlagen. Hierzu müsste der Zigeunerdiskurs mit anderen zeitgenössischen Diskursen abgeglichen und nicht als einheitliche Praxis beschrieben werden. Aber offensichtlich stehen die Definitionen einer solch weit spannenden Betrachtung im Weg.

> „Der Begriff ‚Antiziganismus‘ bezeichnet die Feindschaft gegenüber Sinti und Roma […]. Grundlage dieser Feindschaft ist ein ‚Zigeuner‘-Bild, das aus Klischees, Stereotypen und Vorurteilen zusammengesetzt ist […]. Die antiziganistische Aggression

---

12 Dementsprechend sieht Solms den Antiziganismus vor allem als „Reflex der Zigeunerpolitik", welcher als Stereotyp weiter im Gesellschaftskörper zuckt (Solms 1991:10).

richtet sich jedoch nicht gegen das – abstrakte – Bild, sondern – konkrete – Menschen, nämlich Sinti und Roma." (Winckel 2002:10)

Die Entwicklungsstränge, welche zur konkreten Diskriminierung von Sinti und Roma führen, werden ausgeblendet, zugunsten eines homogenen Bildes rassistischer Diskriminierung. Es geht nicht um die Frage, wie Alltagswahrnehmungen in Krisenzeiten, d. h. bei der Begegnung mit fremden Kulturelementen, dechiffriert werden und die Kollektivsymbolik erhalten wird. Vor allem die Erkenntnis, dass diskriminierende Praxen mit weit verbreiteten Stereotypen in Einklang stehen, begrenzt den Horizont der Antiziganismusforschung auf ein wiederholtes Aufzeigen dieser Konstellation.

Die Kontinuitätsthese lässt sich aus folgenden Ausführungen ableiten:

> „Tatsächlich lässt sich das Zigeunerbild, dessen Züge hier aufscheinen, nahezu über fünf Jahrhunderte zurückverfolgen. Es ist Teil eines kulturellen Systems von weitergegebenen Vorstellungen darüber, wie ‚Zigeuner' angeblich sind. Wir haben es also mit Strukturen von langer Dauer zu tun, die das Ressentiment gegenüber Sinti und Roma als ein tief im gesellschaftlichen Leben eingeschliffenes Schema ausweisen – als ein Grundmuster der Xenophobie, vergleichbar mit dem Antisemitismus." (Maciejewski 1996:11)

Die Antiziganismusforschung findet eine Ideologie, deren Schema das der radikalen Abgrenzung ist: Antiziganismus (vgl. Solms 1991:8). Diese Haltung durchzieht das Abendland und ist verbunden mit gesellschaftlichen und staatlichen Institutionen. Die Zielgerichtetheit und Kontinuität der Zigeunerverfolgung, welche hier suggeriert wird, verweist sicherlich auf die drastischen Maßnahmen, die ergriffen wurden, um mit den kulturell Fremden umzugehen. Allerdings birgt diese Emphase der Verfolgungsproblematik die Gefahr, spezifische historische Konstellationen zu missachten.

Folglich kommt es zur „Überdehnung der Erklärungsfunktion", zur Konstruktion des „Antiziganismus als einheitlichem Diskurs" und zu einer Reduktion der „Zigeunerpolitik auf den Antiziganismus" (Zimmermann 2007:340). Vor allem Letzteres beinhaltet die Auffassung, dass die europäische Zigeunerpolitik ausschließlich und zu allen Zeiten auf Repression und Verfolgung setzte. Diese einseitige Betrachtung findet ihre Entsprechung auf der Seite der Vorurteilsforschung:

> „Am Zigeunerstereotyp ist über Jahrhunderte gearbeitet worden. Seine zentralen Elemente waren frühzeitig entwickelt und werden bis heute fortgeschrieben. In der Sprache des alltäglichen Rassismus lassen sie sich durch drei Adjektive bündeln: Zigeuner sind fremd, faul und frei." (Hund 2000:7)

Dass Zigeuner „fremd, faul und frei" sind, wussten Antiziganisten und Philoziganisten zu allen Zeiten. Mit dieser Implikation ließen sich dann exkludierende Maßnahmen und politische Repressionen einfacher durchsetzen. Hier gehen Identitäts- und Kontinuitätsthese Hand in Hand und ein zu scheltendes Kollektivsubjekt aus Staat, Funktionären und höriger Masse entsteht: „Es scheint auch, dass es manchen Antiziganistizisten gar nicht eigentlich um Zigeuner geht, sondern darum, über sie und auf ihrem Rücken Gesellschaftskritik zu üben." (Benninghaus 2010:30) Zigeuner als geborene und ewige Opfer werden durch die immer wieder vollzogene Suche nach versteckten und offensichtlichen Antiziganismen stilisiert und homogenisiert. Es kommt nicht nur zur scheinbaren Objektivierung des Fremdverständnisses, sondern auch zu einer Homogenisierung des Zigeunerdiskurses. Innerhalb der Antiziganismusforschung gab es deshalb Einwände gegen eine solche Begriffskonstruktion.

Vor allem die Betrachtung des Nationalsozialismus als paradigmatische Umgangsform von Politik, deutschem Volk und Zigeunern wird in Frage gestellt. Obwohl die Exklusionsmechanismen der NS-Zeit einen *locus classicus* totalitärer Regierung bilden, beschränken sich die Beziehungen nicht auf diese Modalitäten.

> „In dieser […] Grenzüberschreitung den Kern der Beziehungen zwischen ‚Deutschen'
> und ‚Zigeunern' zu erkennen, bedeutet nicht, der Vorgeschichte, auch nicht soweit
> sie Verfolgungsgeschichte war, eine Teleologie zu unterstellen, und es bedeutet auch
> nicht, das Leben von Sinti und Roma in der heutigen Bundesrepublik ausschließlich
> oder primär mit Blick auf den Völkermord zu sehen." (Uerlings & Patrut 2008:18)

Diese Prämisse dient als Grundlage, um einer Überspannung und Verallgemeinerung des Antiziganismusphänomens mit Vorsicht zu begegnen und eine Annäherung an historische Gegebenheiten erst zu ermöglichen. „Es ist nicht möglich, historische Linien zu ziehen, die Kontinuitäten in der Verfolgung konstruieren." (Heuß 2003:12) Es bleibt dann aber fraglich, welche Erklärungskompetenz dem Begriff Antiziganismus bei der Auffindung historischer Sonderentwicklungen zukommt. Es wäre verfehlt, die Existenz eines breitgefächerten Antiziganismus zu bestreiten, jedoch erweist dieser sich als Komplementärbegriff. Um die hermeneutische Annäherung an den jeweiligen Zeitgeist zu leisten, bedarf es eines tieferen Einblicks in die gesellschaftlichen Wechselbeziehungen.

> „Der Erklärungswert des plakativen Begriffs ‚Antiziganismus' ist gering. Nähme man
> ihn als Leitbegriff, schränkte er unsere Erkenntnismöglichkeiten ungebührlich ein.
> Denn seine Blickrichtung ist eng, enger jedenfalls als bei offeneren Termini wie ‚Zi
> geunerbild' oder ‚Zigeunerdiskurs'." (Zimmermann 2007:346)

Tsiganologie und Antiziganismusforschung

In Anlehnung an das Wissenschaftsverständnis des Soziologen Joachim Hohmann kann die Antiziganismusforschung als ein Teil der Tsiganologie verstanden werden: „Es ist wohl augenscheinlich, daß Antiziganismusforschung und Tsiganologie deutliche Verwandtschaft zeigen, ja in mancher Hinsicht identische Ansätze und Ziele aufweisen." (Hohmann 1996:33; vgl. Benninghaus 2010:32) Inwieweit sich beide Disziplinen positiv befruchten können, soll im Weiteren erörtert werden. In diesem Sinn wurde in der Tsiganologie von Beginn ihrer sozialwissenschaftlichen Orientierung an Antiziganismus als ein Forschungsfeld betrachtet. In der Tradition der Frankfurter Schule ging es um die Entlarvung der Vorurteile gegenüber Zigeunergruppen mit einem Eigensinn, der sich nicht mit der autoritären Unterwürfigkeit der Mehrheitsbevölkerung in Einklang bringen ließ.

In dieser Konstruktion eines Anti-Bürgers lag dann auch die Krux, welche den Bruch der Antiziganismusforschung erklärt.

„Die Antiziganismusforschung unterscheidet sich auch dadurch von der Tsiganologie, dass sie ihre Aufgaben und Ergebnisse mit Vertretern der Sinti und Roma diskutiert, da diese die tradierten Zigeunerbilder mit größerer Sensibilität wahrnehmen und ständig direkt oder indirekt mit antiziganistischen Äußerungen und Aktionen konfrontiert sind." (Solms 2006:13)

Da die Beschreibung der radikalen Andersartigkeit zigeunerischen Lebens nicht mit den politischen Ambitionen der Bürgerrechtsbewegung der Sinti und Roma koordinierbar war, kam es allmählich zur Ablösung und Neuverortung der Antiziganismusforschung.

Trotzdem gab es Versuche, die Spannungen zu überbrücken und eine gemeinsame Basis zu finden. Hohmann hält 1996 noch „die Einbindung des Faches [Tsiganologie] in eine Einrichtung, die Antiziganismusforschung zur Aufgabe hat" für denkbar: dabei sollte die wissenschaftliche Untersuchung des Phänomens Antiziganismus auf sechs Gebieten erfolgen: historische, ethnologische, soziologische, politologische, kulturologische und pädagogische Untersuchungen (Hohmann 1996:31). Eine solche Einbindung bzw. Verbindung könnte nicht nur weitere Stränge der vielfältigen Strukturen der Zigeunerfeindschaft offen legen, auch könnte die Rückbesinnung auf die Tsiganologie einige terminologische Ungereimtheiten aus dem Weg schaffen, da die Antiziganismusforschung den Ziganen als vom Begriff Zigeuner unterscheidbaren Bezugspunkt bilden müsste, um analytisch scharfe Begriffe verschiedener Zuschreibungspraxen zu erhalten.

Die Antiziganismusforschung könnte sich also als ein Sonderforschungsbereich im Besonderen mit Stereotypen beschäftigen, denn sie untersucht im Grunde genommen die Einstellung der Mehrheitsbevölkerung gegenüber Zigeunern, nicht diese selbst. Die Tsiganologie stellt den Versuch dar, verschiedene Relationen zwischen Mehrheits- und Minderheitsgesellschaften darzustellen.[13] Eine wechselseitige Befruchtung beider Gebiete wäre demnach zumindest denkbar bei der Betrachtung der Interaktionsfelder zwischen Mehrheit und Minderheit.[14]

Perspektiven

Zigeuner ist für uns ein relationaler Begriff, der vor allem Gruppen bezeichnet, die in einem besonderen Verhältnis – als Minderheit und in Deutschland auch *in der* Minderheit[15] – zur Mehrheitsgesellschaft stehen. Wir gehen davon aus, dass „[…] die Geschichte einer Minderheit ganz wesentlich die Geschichte einer Interaktion zwischen Minderheit und Mehrheit ist." (Uerlings & Patrut 2008:10) Interessant ist dabei, wie Zigeuner auf diese Mehrheit und ihre Grenzen reagieren und vice versa. Dabei ermöglicht der situationale Umgang mit Bruchzonen und Fluchtlinien dieser Konstellation ein Verständnis der Minderheit als doppelrelational, als Affirmation und Negation der Mehrheitskultur, z. B. in Form von wirtschaftlicher Symbiose und kultureller Dissidenz. Ein Fokus ist die Untersuchung von Schnittstellen der Mehrheits- und Minderheitsgesellschaft, an denen sich Kultur de- und reterritorialisiert. Die ethnologisch fundierte Tsiganologie hat den Vorteil, „[…] mit ihren multiperspektivischen Ansätzen weitere Interpretationsansätze liefern [zu können, die] nicht nur auf einen Weg der kulturellen Reaktion von Minderheiten auf die Diskriminierung durch Mehrheitsgesellschaften beschränkt [ist]." (Ries & Jacobs 2009:3) Ethnologische Tsiganologie dient als Grundlage für vertiefende Reflexion:

---

13 Stellvertretend: „As an anthropologist following constructivist premises I propose to shift to an explicitly relational definition of Romani/Gypsy cultures in connection to the majority society." (Ries 2008:288)

14 Aus der Sicht der Antiziganismusforscher mag sich eine ethnologische Beschreibung wie die folgende vielleicht stereotypisierend anhören: „To be able to exploit the national social benefit services and drive a Mercedes at the same time, one needs the skills of language, negotiating power and knowledge of the cultural system of the actual country. These skills, power and knowledge are found in most gypsy populations." (Engebrigtsen 2007:19) Trotzdem eröffnet eine solche Herangehensweise Perspektiven auf Interaktionsfelder jenseits politisch korrekter Performanzen, da in diesem Fall transsilvanische Roma als Akteure beschrieben und nicht als Opferkollektiv homogenisiert werden.

15 Zumeist befinden sich Roma/Zigeuner nicht nur zahlenmäßig in der Minderheit, sie sind in Deutschland auch eine der vier offiziell anerkannten Minderheiten, das heißt *in der* Minderheit.

„[…] nicht nur über die Sinti und Roma [zu] reden und [zu] schreiben […], sondern auch den Austausch mit den Menschen selbst [zu] suchen […]." (Engbring-Romang 2003:9)

Im Geiste von Hohmanns pluralistischer Ausrichtung der Tsiganologie erschien in den letzten Jahren eine Vielzahl von Texten und Konzepten aus verschiedenen Disziplinen, von denen eine kleine Auswahl im Folgenden aufzeigen soll, wie stereotype Kategorisierungsmuster umgangen und hinterfragt werden können. Die Analyse von Machtverhältnissen und Herrschaftspraxen in einer flüchtigen globalisierten Moderne steht der Herausforderung gegenüber, die Vielschichtigkeit und Situationalität von gesellschaftlichen Interaktionsformen begreifen zu können. Bereits 1985 verwies der Tsiganologe Reimer Gronemeyer auf die Tragweite der Gesellschaftsanalyse Michel Foucaults. Die Ausführungen des französischen Poststrukturalisten zu der Herausbildung des Dispositivs moderner Regierung können erhellend auf den Zusammenhang von Vorurteilsbildung und Zigeunerpolitik sein.

Denn wenn die Gesellschaftsanalyse der Antiziganismusforscher für die Zeiten pastoraler Herrschaftsformen und Disziplinargesellschaften durchaus gelten mag, so verfehlt die Vorstellung einer überdauernden, gleich bleibenden Diskriminierungspraxis den Umstand, das der Modus moderner Regierung nicht der Normierung unterliegt, sondern die Methode der Normalisierung ein völlig anderes Diskursgefüge schafft.

„Michel Foucault hat diese gesellschaftlichen Entwicklungen genauer beschrieben: vom richtenden Schwert entwickelt sich das Instrumentarium sozialer Kontrolle über das Gefängnis und andere einschließende Institutionen zur kontrollierenden Software in Gestalt der Therapie, der Sozialarbeit etc. Auf direkte Gewalt kann immer mehr verzichtet werden, da die Instrumente der sozialen Kontrolle ständig subtiler werden." (Gronemeyer 1995:4)

Diese Form subtiler sozialer Integration bleibt in der Theorie der Antiziganismusforschung unerklärbar, denn Diskriminierungspraxen sowohl physischer als auch psychischer Gewalt bleiben dauerhaft in der Funktion der Zigeunerpolitik gebündelt.

Das Umschlagen von Vorurteilsstrukturen in nackte Gewalt erscheint reflexartig und unmittelbar. Damit wird einem antiquierten Gesellschaftsbild Vorschub geleistet, in dem subtile Formen der sozialen Steuerung unerkannt bleiben. Der Philosoph Huub van Baar hat im Hinblick auf die Untersuchung der „Romani Grassroots" angemerkt, dass Foucaults Theorie der Gouvernementalität von Bedeutung sein könnte. In dieser Machtanalyse geht Foucault davon aus, dass die gegenwärtigen gesellschaftlichen Verhältnisse getragen werden durch einen Prozess der Normalisierung. D. h., im Gegensatz zur Disziplinargesellschaft existiert keine Vorstellung des unnormalen Fremden, auf dem auch die

Xenophobie des Antiziganismus beruht. Im Gegenteil wird durch den Prozess der Normalisierung die Norm erst diskursiv geschaffen. In der Tat basiert das gesellschaftliche Anliegen der Antiziganismusforscher auf einer solchen Vorstellung von hegemonialem Konsens. Die Reflexion über die Machtrelation Wissenschaft/Politik anhand des Foucaultschen Leitfadens hat nach Huub von Baar den Vorteil, daß:

> „it avoids both the positivism that dominates much social scientific research and the textual focus of many cultural studies. Gouvernmentality studies analyze power and governing practices by linking them to different technologies. They allow for a genealogical approach to political rationalities and their paradigmatic or subtle changes over time. Gouvernmentality is both historical and empirical in its focus. It encourages us to analyze political formations such as European or international institutions, regions and NGOs". (Baar 2008:223)

Dieser Blick auf die vielschichtigen Selbsttechnologisierungen und Identitätsbildungsprozesse auf der politischen Bühne sind nicht nur postrukturalistischen Perspektiven wie der Machtanalyse Foucaults oder der Rhizomvorstellung von Gilles Deleuze und Felix Guattari zu eigen, sondern entspringt auch der postmodernen Vorstellung von der Bedeutung der Performanz. In diesem Bild findet das diskursive Stellungsspiel nicht im Sinn der Aushandlung eines offenen Habermasschen Konsens statt, sondern es ist gekennzeichnet von Verwerfungslinien und Instrumentalisierungen. Die *Personen* verfolgen Interessen, schließen sich zu strategischen Gruppen zusammen und ein bewusster Umgang mit der eigenen ethnischen Identität gehört zum Repertoire dieses Diskurses. In diesem Sinn gehört es auch zur Kontrastkultur, jene Gegensätze selektiv und unterschiedlich zu betonen, je nach pragmatischer Bedürfnislage. Die vielfältige Binnendifferenzierung und unterschiedliche Außenwahrnehmung von Zigeunerkulturen entspricht einer dem modernen Menschen eigenen Repräsentationsform, mit den dazugehörigen paradoxen und hybriden Darstellungsweisen und Selbstentwürfen. Die *Bricoleure*[16] des Alltags routinieren ihre Handlungsfelder, je nachdem, in welchem Diskurs sie sich befinden, neu, *codeswitching* gehört zum Alltag. Um diese subjektiven Perspektiven in ihrer Wahrhaftigkeit zu beschreiben, bedarf es der Auseinandersetzung um historisch verfestigte Wahrnehmungsmuster ebenso wie der Nachzeichnung einer möglichen Aneignung und Verwertung dieser. Denn die gesellschaftliche Konstruktion der Wirklichkeit vollzieht sich nicht im luftleeren Raum, sondern anhand eines Repertoires kultureller Deutungsmuster

---

16   Die britische Ethnologin Judith Okely benutzt in der Betrachtung von Zigeunergruppen als kreative Akteure den Begriff *bricoleurs* (vgl. Okely 1994:59 f.).

und Kollektivsymbole. Im Versuch, Kulturen zu verorten, bedarf es ebenfalls einer permanenten Aufmerksamkeit und Feinfühligkeit für die sich ständig verändernden Grenzziehungen. Die Widersprüchlichkeit der gelebten Wirklichkeit in ihren Facetten und mit ihren Zwischenräumen kann nur durch eine Wissenschaft von der Differenz beschrieben werden. Dabei gilt es, Kategorien zu entwerfen, die die Beschreibung des *inbetween* möglich machen, ohne selbst den Fokus von kulturellen Dynamiken zu verschieben. Die Tsiganologie kennt den Begriff des Eigensinns, welcher einerseits analytische Tragweite besitzt, andererseits relationale und relative Identifikationsprozesse klar unterscheiden kann. Eine ähnliche relative Kategorisierung versucht auch der italienische Ethnologe Leonardo Piasere in der Beschreibung von Zigeunern als Trickersterfiguren.

> „Manchmal erscheint der *Trickster* als die Verkörperung der Unendlichkeit selbst, denn er definiert sich nach seinen eigenen Begrifflichkeiten: Radin bezeichnete den *Trickster* als eine Einheit aus Verneinung und Bejahung. Der italienische Mathematiker Paolo Zellini beschrieb die Unendlichkeit als Union zweier unvereinbarer Seiten, der ‚reinen Affirmation und der reinen Negation‘". (Piasere 2010)

In dieser Spannbreite bewegen sich die aktiven Gestaltungsmöglichkeiten von Zigeunerkulturen. Die Kontingenz der Aneignung und Verwindung von Wahrnehmungsfeldern liegt in dieser tricksterhaften Disposition. Eine Besinnung auf die pluralistische Ausrichtung der Tsiganologie nach Hohmann erlaubt die Beschreibung von Aneignungsprozessen jenseits der einseitigen Handlungsbeschreibung des viktimologischen Blickwinkels der Antiziganismusmusforschung. Die vielfältigen Selbstdarstellungsformen im Alltag in Verbindung mit den Repräsentationsformen, Fremdwahrnehmungen und -zuschreibungen stellen die Tsiganologie und die Antiziganismusforschung vor ein Problem, das sich nicht ohne weiteres lösen lässt. Es bleibt der Versuch, die speziellen Relationen zwischen Mehrheitsbevölkerung und Minderheit in all ihren Facetten und hybriden Formen zu beschreiben und dabei die eigenen Kategorien zu hinterfragen.

Literatur & Quellen

Abal, O. 2000. „Tsiganomanie" eine Begriffserläuterung. (*In* Wurr, Z. (Hg.), *New Ziro – Neue Zeit? Wider die Tsiganomanie. Ein Sinti- und Roma-Kulturlesebuch.* Kiel: Agimos. S. 133–136.)

Acton, T. A. 1996. Zigeunerkunde – eine Begriff, dessen Zeit vorüber ist. (*In* Hohmann, J. S. (Hg.), *Handbuch zur Tsiganologie.* Frankfurt a.M. u. a.: Peter Lang. S. 55–63.)

Baar, H.v. 2008. Scaling the Romani Grassroots – Europeanization and Transnational Networking. (*In* Jacobs, F. & Ries, J. (Hg.), *Roma-/Zigeunerkulturen in neuen Perspektiven. Romani/Gypsy Cultures in New Perspectives.* Leipzig: Universitätsverlag. S. 217–243.)

Bartel, B. P. 2008. Vom Antiziganismus zum antiziganism. *Zeitschrift für Religions- und Geistesgeschichte,* 60(3):193–213.

Bengelstorf, J. 2009. *Die „anderen Zigeuner". Zur Ethnizität der Rudari und Bajeschi in Südosteuropa.* Leipzig: Eudora.

Benninhaus, R. 2010. Einige Anmerkungen zum „Antiziganistizismus". *FTF Blickpunkte,* 6 (1. Aufl.): 25–41.

Elsas, C. 2003. Die Kirchen und die „Zigeuner". (*In* Engbring-Romang, U. & Strauß, D. (Hg.), *Aufklärung und Antiziganismus. Beiträge zur Antiziganismusforschung.* Band 1. Seeheim: I-Verb.de. S. 118–125.)

End, M., Herold, K. & Robel, Y. 2009. Antiziganistische Zustände – eine Einleitung. Virulenzen des Antiziganismus und Defizite in der Kritik. (*In* End, M., Herold, K. & Robel, Y. (Hg.), *Antiziganistische Zustände. Zur Kritik eines allgegenwärtigen Ressentiments.* Münster: Unrast. S. 9–66.)

Engbring-Romang, U. 2003. Einleitende Bemerkungen. (*In* Engbring-Romang, U. & Strauß, D. (Hg.) *Aufklärung und Antiziganismus. Beiträge zur Antiziganismusforschung.* Band 1. Seeheim: I-Verb.de. S. 7–10.)

Engebrigtsen, A. 2007. *Exploring Gypsyness: Power, Exchange, and Interdependence in a transylvanian Village.* New York, Oxford: Berghahn Books.

Geertz, C. 1996. Anti-Antirelativismus. (*In* Konersmann, R. (Hg.), *Kulturphilosophie.* Leipzig: Reclam. S. 253–291.)

Haupt, G. 1996. *Antiziganismus und Sozialarbeit. Elemente einer wissenschaftlichen Grundlegung, gezeigt an Beispielen aus Europa mit dem Schwerpunkt Rumänien.* Berlin: Frank & Timme.

Heuß, H. 2003. Aufklärung oder Mangel an Aufklärung? Über den Umgang mit den Bildern vom „Zigeuner". (*In* Engbring-Romang, U. & Strauß, D. (Hg.), *Aufklärung und Antiziganismus. Beiträge zur Antiziganismusforschung.* Band 1. Seeheim: I-Verb.de. S. 11–33.)

Hohmann, J. S. 1996. Vorwort. (*In* Hohmann, Joachim S. (Hg.), *Handbuch zur Tsiganologie.* Frankfurt a. M. u. a.: Peter Lang. S. 11–12.)

Hund, W. D. 2000: Vorwort. (*In* Hund, W.D. (Hg.) *Zigeunerbilder. Schnittmuster rassistischer Ideologie.* Duisburg: DISS.)

Krauß, J. 2009. „Zigeunerkontinuum" – Die Raum und Zeit übergreifende Konstanz in der Beschreibung von Roma in Theorie und Empirie. *Jahrbuch für Antisemitismusforschung 18*. Berlin: MetropolVerlag. S. 163–180.

Krauß, J. 2010. Roma in Siebenbürgen – ein „Homeland" für „Zigeuner"? (*In* Fischer, M. (Hg.), *Romänien*. Tübingen: Tübinger Vereinigung für Volksunde e.V. S. 9–32.)

Lewy, G. 2000. *The Nazi persecution of the gypsies*, Oxford: Oxford University Press 2000.

Maciejewski, F. 1996. Elemente des Antiziganismus. (*In* Giere, J. (Hg.), *Die gesellschaftliche Konstruktion des Zigeuners. Zur Genese eines Vorurteils*. Frankfurt a.M. u.a.: Campus. S. 9–28.)

Münzel, M. 2006. Vier Lesarten eines Buches: Zur Rezeption von Hans Stadens ‚Wahrhaftige Historia'. (*In* Domschke, R., Kupfer, E., Kutschat, R. S., Merklinger, Martina & Tiemann, J. (Hg.), *Martius-Staden-Jahrbuch* 53:9–22.)

Okely, J. 1994. Constructing Difference: Gypsies as „Others". *Anthropological Journal on Europaen Cultures* 3(2)55–73.

Ortmeyer, C., Peters, E. & Strauß, D. 1998. *Antiziganismus: Geschichte und Gegenwart deutscher Sinti und Roma*. Wiesbaden: HeLP, Zentralstelle Publikationsmanagement.

Piasere, L. 2010. *Horror Infiniti. Die Zigeuner als Europas Trickster*. Vortrag am Institut für Ethnologie an der Universität Leipzig. 25.05.2010.

Niemann, S. 2000. Eine Nomadische Kultur der Freiheit. Vom Traum der Tsiganologie. (*In* Hund, W.D. (Hg.) *Zigeunerbilder. Schnittmuster rassistischer Ideologie*. Duisburg: Diss. S. 31–51.)

Reemtsma, K. 1996. Exotismus und Homogenisierung – Verdinglichung und Ausbeutung: Aspekte ethnologischer Betrachtungen der „Zigeuner" in Deutschland nach 1945. (*In* Reemtsma, K.(Hg.), *Sinti und Roma: Geschichte, Kultur, Gegenwart*. München: Beck. S. 48–57.)

Ries, J. 2008. Writing (Different) Roma/Gypsies – Romani/Gypsy Studies and the scientific construction of Roma/Gypsies. (*In* Jacobs, F. & Ries, J. (Hg.), *Roma-/Zigeunerkulturen in neuen Perspektiven. Romani/Gypsy Cultures in New Perspectives*. Leipzig: Universitätsverlag. S. 267–291.)

Ries, J. & Jacobs, F. 2009. Gegen Einheit und Essenz in der „Tsiganologie". *FTF Blickpunkte* 5 (1. Aufl.) 3–16.

Robel, Y. 2009. Konkurrenz und Uneinigkeit. Zur gedenkpolitischen Stereotypisierung der Roma. (*In* End, M., Herold, K. & Robel, Y. (Hg.), *Antiziganistische Zustände. Zur Kritik eines allgegenwärtigen Ressentiments*. Münster: Unrast. S. 110–131.)

Severin, J. 2009. Zwischen ihnen steht eine kaum zu überwindende Framdheit. Elemente des Rassismus in den „Zigeuner"-Bildern der deutschsprachigen Ethnologie (*In* End, M., Herold, K. & Robel, Y. (Hg.), *Antiziganistische Zustände. Zur Kritik eines allgegenwärtigen Ressentiments*. Münster: Unrast. S. 9–66.)

Solms, Wilhelm 1991. „*Kulturloses Volk*"? *Berichte über „Zigeuner" und Selbstzeugnisse von Sinti und Roma*. Tübingen: Gunter Narr Verlag.

Solms, W. 2010a. Warum die Sinti und Roma keine „ZigeunerInnen" sind. *Heft der Flüchtlingsräte* 2010:17–19.

Solms, W. 2010b. http://www.antiziganismus.de, Zugriff: 05.10.2010.

Tauber, E. 2006. *Du sollst keinen Ehemann nehmen! Respekt, die Bedeutung der Toten und Fluchtheirat bei den Sinti Estraixaria.* Berlin: LIT.

Toro, A. de 2002. Jenseits von Postmoderne und Postkolonialität. Materialien zu einem Modell der Hybridität und des Körpers als transrelationalem, tranversalem und transmedialem Wissenschafts-konzept. (*In* Hamann, C. & Sieber, C. (Hg.), *Räume der Hybridität. Postkoloniale Konzepte in der Theorie und Literatur.* Hildesheim u. a.: Georg Olms Verlag. S. 15–53.)

Treinen, R. M. & Uerlings, H. 2008. „Zigeuner" im Brockhaus. (*In* Uerlings, H. & Patrut, I.-K. (Hg.), *‚Zigeuner' und Nation. Repräsentation – Inklusion – Exklusion.* Frankfurt a. M. u. a.: Peter Lang. S. 9–67.)

Türcke, C. 1993. Inflation des Rassismus. *Konkret* 8:35–41.

Uerlings, H. & Patrut, I.-K. 2008. „Zigeuner", Europa und Nation. Einleitung. (*In* Uerlings, H. & Patrut, I.-K. (Hg.), *„Zigeuner" und Nation. Repräsentation – Inklusion – Exklusion.* Frankfurt a. M. u. a.: Peter Lang. S. 9–67.)

Vossen, R. 1983. *Zigeuner: Roma, Sinti, Gitanos, Gypsies zwischen Verfolgung und Romantisierung.* Frankfurt a.M.: Ullstein.

Winckel, Ä. 2002. *Antiziganismus.* Münster: Unrast-Verlag.

Winter, N. 2008: http://www.sintiallianz-deutschland.de/index2.html, Zugriff: 05.10.2010.

Wippermann, W. 1997. *Wie die Zigeuner. Antisemitismus und Antiziganismus im Vergleich.* Berlin: Elefanten-Press.

Zimmermann, M. 2007. Antiziganismus – ein Pendant zum Antisemitismus? Überlegungen zu einem bundesdeutschen Neologismus. (*In* Bogdal, K.-M., Holz, K. & Lorenz, M. (Hg.), *Literarischer Antisemitismus nach Auschwitz.* Stuttgart,Weimar: Metzler. S. 337–347.)

NINA STOFFERS

„Gypsymania!" Oder: Warum der Hype in der Clubmusik doch nicht so neu ist
Eine Untersuchung zu Phänomenen der *Akzeptanz* in der Sozial- und Kulturgeschichte von Roma-/Zigeunermusikern

Inzwischen gibt es ihn in jeder größeren Stadt in Deutschland: den „Gypsyclub". In rauschenden Parties wird die Fusion von Gypsymusik mit elektronisch erzeugten Beats am DJ-Turntable gefeiert und ein buntgewürfeltes Publikum tanzt symbolisch die Vereinigung von Ost und West. Doch der Hype hat seinen Höhepunkt bereits hinter sich, er hat sich im Mainstream etabliert. Immer mehr Journalisten und Wissenschaftler fragen nach dem Warum dieses Trends, nach den Strukturen und Strategien sowie ihren Akteuren.

Die wissenschaftliche Herausforderung besteht darin, die einzelnen Stränge dieses Konglomerats zu entwirren, denn dem Phänomen liegt nicht *eine* Musik(richtung) *der* Roma/Zigeuner[1] zugrunde, sondern es vermischen sich verschiedene Musikstile mit

---

1   Ich verwende den Terminus „Roma/Zigeuner" als wertfreien Oberbegriff für die heterogenen Gruppen der Roma/Zigeuner und bin mir der – vor allem im deutschen Sprachraum – negativen Konnotationen bewusst. In Ermangelung eines für alle Gruppen akzeptablen Sammelbegriffs (der Begriff „Roma" bezeichnet einerseits eine der drei großen europäischen Gruppen neben den Sinti und den Kalé und wird andererseits als Synonym für die Gesamtheit aller Gruppen gebraucht – womit jedoch nicht alle Gruppen einverstanden sind) scheint es mir jedoch für die wissenschaftliche Arbeit präziser, diese Doppelbezeichnung zu verwenden; wo es möglich ist, verwende ich die jeweilige Eigenbezeichnung der Gruppen (z. B. die Musikerbezeichnungen *Lautari* in Rumänien, *Zurnacies* in Südwestbulgarien, *Vlach-Roma* und *Romungro* in Ungarn etc.).

unterschiedlichen und häufig unbewussten Wünschen und Erwartungen des Publikums, vermengt mit konsumstrategischen Plänen und journalistischen Vereinfachungen und Popularisierungen. Inwieweit sich dieser Trend in ein Muster einordnen lässt, das sich verschiedenartig in Form und Zeit, aber ähnlich in der Wirkung beschreiben lässt, soll Gegenstand dieses Artikels sein. Dabei werde ich verschiedene Phänomene untersuchen, denen eines gemeinsam ist: Sie lassen sich alle unter dem Stichwort *Akzeptanz* zusammen führen und sind Belege und Phänomene von Verhaltensweisen, die – in verschiedenen Abstufungen – als positiv von Seiten einer Gadje[2]-Mehrheit gegenüber einer Roma-/Zigeuner-Minderheit bewertet werden können.

Ganz konkret versammelt die kritische Literaturanalyse meiner Diplomarbeit Publikationen, die aus unterschiedlichen Disziplinen wie der Musikethnologie, der historischen und systematischen Musikwissenschaft, der klassischen Ethnologie und der Soziologie, aber auch aus Vorträgen von Tagungen, Festival-Broschüren, CD-Booklets, Radio-Features und journalistischen Interviews stammen. Dabei müssen vor allem die Forschungsperspektive sowie der Sprachduktus und die Wissenschaftlichkeit der einzelnen Quellen kritisch beleuchtet werden, da es sich dabei fast ausschließlich um Produkte von Gadje handelt, deren Perspektive oft viel mehr Aussagen machen über eigene Strukturen als über solche einer Minderheit. Die Arbeit ist somit in weiten Teilen eine Diskursanalyse, die sich in erster Linie mit den Begriffen und ihrer Verwendung selbst auseinandersetzt. Dadurch erscheint meine Verwendung von Begriffen wie „Mehrheit" und „Minderheit" sowie „Gadje" und „Roma/Zigeuner" vielleicht als abstraktes Modell und statische Gegenüberstellung, die den tatsächlichen Lebensverhältnissen keine Rechnung zu tragen scheint. Wo es möglich ist, werde ich diese Begriffe in ihrer Dichotomie auflösen und sie in den jeweiligen Kontext einbinden: Wann, wo, warum und in welchem Zusammenhang werden Roma-/Zigeunermusiker erwähnt? Was für Aussagen lassen sich zu Wechselbeziehungen zwischen Minder- und Mehrheit machen? Ganz generell liegt es jedoch in der Natur einer Diskursanalyse, dass diese Begrifflichkeiten zunächst bewusst nicht eindeutiger definiert werden, um zum einen ihre Verwendung durch die jeweiligen Autoren zu analysieren, zum anderen aber, um die Begriffe selbst in ihren Grenzen aufzuzeigen. Das so gewonnene Material wird in Belege für unterschiedliche Formen von *Akzeptanz* gegliedert, sodass sich daraus ein vielgestaltiges Bild der sozialen und kulturellen wie auch der zeitlichen und räumlichen Einbettung entwerfen lässt. Insgesamt liegt dem Beitrag die Hypothese zugrunde, dass trotz der kulturellen Bedeutung

---

2   Für die jeweilige Mehrheitsbevölkerung wird die Fremdbezeichnung „Gadje" (Plural) aus dem Romani verwendet. Es meint alle Fremden und Nicht-Roma/-Zigeuner und wird von mir analog zu „Roma/Zigeuner" wertfrei gebraucht. Die Schreibweise folgt derjenigen Hemeteks in der MGG2 (Hemetek 1998: Sp. 448).

und Funktion der Musik einer Minderheit der soziale Status dieser Gruppe im gesamtgesellschaftlichen Kontext keine Aufwertung erfährt. Roma-/Zigeunermusiker sind „both
[…] second-class citizens and […] perpetuators of venerated […] cultures." (Beissinger
1991:16) In der Person des Roma-/Zigeunermusikers kulminieren verschiedene Stereotypen und Klischees einer bestimmten ethnischen Gruppe und eines bestimmten Berufs-
standes ebenso wie sich das Verhältnis von Minderheit und Mehrheit widerspiegelt.

Definition(en) und theoretische Grundlagen

Der Begriff Roma-/Zigeunermusik wird für viele unterschiedliche Stile, Funktionen und
Verwendungen gebraucht. Zunächst ist der Begriff Zentrum eines Diskurses, der regionale und gruppenspezifische Musikrichtungen subsumiert, von denen die folgenden in
der Mehrheitsgesellschaft besonders bekannt sind: die ungarische Caféhausmusik, die
spanische Flamenco Gesangs- und Tanzkunst, der Sinti- und Manush-Jazz/Swing, die
russischen Roma-Chöre und in letzter Zeit z. B. die *manele*-Popmusik rumänischer Diskotheken. Wird der Begriff musikwissenschaftlich genauer bestimmt, so finden sich unterschiedliche Definitionsansätze. Die Modelle, die teils miteinander verwoben werden,
sich teils aber auch gegenseitig ausschließen, sind die folgenden:

    1. Der Begriff hat keine gemeinsame Grundlage, da es keine gemeinsame „Musik-
sprache" aller Roma/Zigeuner gibt (Sárosi 1977:22). Deshalb muss der Begriff von jeder
Autorin zunächst näher bestimmt werden.

    2. Es gibt Gemeinsamkeiten und bestimmte Kriterien, die für „die meisten Roma-
Musikstile […] trotz aller Unterschiede"[3] gelten könnten (Elschek 2000:186 f.). Zu diesen
zählen unter anderem:

1. prägnante rhythmisch-metrische Struktur
2. häufig Musikinstrumente, die die rhythmisch-metrische Funktion unterstützen
3. relativ große Impulsdichte, hohes Tempo, additive, komplementäre rhythmische
   Elemente
4. freie, rhapsodische Gesangsformen als Gegenstück zur rhythmisch-metrischen
   Bindung

---

3   In diesem Zusammenhang wird oft das so genannte Zigeunermoll genannt – eine Variante des har-
monischen Molls mit zweitem Leitton aufwärts zur Dominante. Allerdings gibt es keine verlässlichen
Nachweise, dass der „Zigeunermusik" diese spezifische Tonleiter zugrunde liegt. Katrin Steinbrinker hat
anhand von Aufnahmen und Analysen der Vlach-Roma aus den 1970er Jahren aus Ungarn feststellen
können, dass in dieser Musik beispielsweise kein „Zigeunermoll" zu finden ist (Steinbrinker 1982:56).

5. in manchen Gattungen auch Verbindung zwischen beiden Stilen

6. Tanzvortrag, auf Akzente der Musik bezogen

7. stegreifartige Ausführung, Improvisation

8. expressive, emphatische musikalische und tänzerische Vortragsart

9. Dynamik der Ausführung: besonders großes Klangvolumen.

3. Die Funktion der Musik dient als Distinktionsmerkmal. Dies ist eine der häufigsten Unterscheidungen und gliedert sich vor allem in Musik für ein zahlendes Publikum und in Musik, die für die eigene ethnische Gruppe gemacht wird (z. B. Hemetek 1992:105). Weiterhin kann als noch präzisere Unterscheidung auf der Funktionsebene in Volks-, Unterhaltungs- und Kunstmusik unterschieden werden (Lorenz 2008:107,115).

4. Die ethnische Zugehörigkeit der Musiker steht im Mittelpunkt. Häufig beziehen sich die Wissenschaftler, meist Musikethnologen, auf eine bestimmte Gruppe (Hemetek *MGG2* 1998: Sp. 447–457). In einigen Definitionen erfolgt die Zuordnung durch das Publikum, so z. B. bei Radulescu „music played and/or sung by professional musicians [...], which is believed to be Gypsy by those who attend the performance" (Radulescu 2003:81), vgl. hierzu auch mit letztem Punkt zum *label*.

5. Die Musik lässt sich nicht per se als immer gleiche Roma-/Zigeunermusik definieren. Sie ist variabel und kann nur ausgehend von der jeweiligen Situation, also abhängig von Ort, Zeit, den äußeren Umständen und individuellen Merkmalen als solche interpretiert werden (ebd.:82 f.).

6. Die Musik wird als *label* genutzt. Diese Einordnung kann sowohl musikwissenschaftlich[4] als auch ethnologisch[5] begründet werden: Über die Indienstnahme eines oftmals bewusst nicht näher präzisierten Sammelsuriums, das Klischees und Stereotypen enthält, kann das *label* sowohl „von außen" durch die Gadje als auch „von innen" durch Roma-/Zigeuner selbst verwendet werden. So machen sich auch Musiker diese Bilder zunutze und verwenden und „spielen" mit Klischees und Stereotypen. Außerdem können nach dieser Definition auch Gadje-Musiker unter dem *label* auftreten (ähnlich wie bei

---

4   Hier möchte ich auf Liszt verweisen, der in seinem als Vorwort zu den *Ungarischen Rhapsodien* gedachten Ausführungen *Des Bohémiens et de leur musique en Hongrie* (erschienen 1859) die Debatte um Ursprung und Authentizität von Roma-/Zigeunermusik auslöste, indem er Roma/Zigeuner als die Urheber der ungarischen Volksmusik ausmachte. Durch diese These und die darauf folgenden entschiedenen Ablehnungen, am prominentesten und fundiertesten vertreten durch Béla Bartók zu Beginn des 20. Jahrhunderts, wurde der Begriff „Zigeunermusik" erstmals als *label* im heutigen Sinne genutzt.

5   Zum Begriff des *labels* bezogen auf Roma/Zigeuner in der Ethnologie hat Willems beigetragen: er wirft Grellmann (1783) vor, die These „of one Gypsy people" für die folgenden Jahrhunderte und Diskurse festgelegt zu haben und so Homogenisierung über die ethnische Zugehörigkeit zu betreiben: „Grellmann gathered them all under the label of ‚Gypsies'." (Willems 1998:20)

Klezmer-Gruppen und deren Repertoire) und das Publikum kann zu „Gypsies" werden, z. B. auf den rauschhaften Parties der Gypsyclub-Szene. Häufig findet damit auch eine symbolhafte Aneignung vermeintlich „typischer" kultureller Ausdrucksweisen wie Tanzstil oder Kleidung statt.[6]

Der Begriff bleibt also, je nach Bedeutungsebene und Herangehensweise, unterschiedlich definier- und damit interpretierbar. So könnte man einerseits von Verwirrung und Schwammigkeit sprechen, andererseits aber auch von Vielfalt und Flexibilität. Im Rahmen dieser Diskursanalyse werde ich das flexible und heterogene Deutungsangebot des Begriffs Roma-/Zigeunermusik dann nutzen, wenn es um die Vielzahl der Stile oder der Bedeutungsebenen geht. Andernfalls wird der Begriff durch die jeweiligen und präziseren Eigenbezeichnungen ersetzt. Die Untersuchung richtet ihr Augenmerk jedoch ausschließlich auf Musik, die für ein Gadje-Publikum und nicht für die eigene ethnische Gruppe gespielt wird. Da sich die Untersuchung musiksoziologisch und nicht -analytisch mit Roma-/Zigeunermusik auseinandersetzt, verwende ich die Definitionsansätze des *labels*, der ethnischen Zugehörigkeit sowie der Kontextabhängigkeit zu einem sehr offen gehaltenen Konzept von Roma-/Zigeunermusik. Ich hoffe so dem Anspruch Rechnung zu tragen, dass die Verwendung kritische Rückschlüsse auf Strategien der jeweiligen Autoren zulässt – eingeschlossen meine eigene Sichtweise.

Phänomene der *Akzeptanz* in historischer und systematischer Perspektive

Der *Akzeptanz*-Begriff ist ein komplexes Gebilde. Lucke beschreibt „Akzeptanz" daher als „keine Eigenschaft, sondern das Ergebnis eines wechselseitigen Prozesses" (Lucke 1995:89–100). Dieser Prozess lässt sich über drei Größen beschreiben: Akzeptanzsubjekt, Akzeptanzobjekt und einen für beide bezuggebenden Akzeptanzkontext. Damit ist „Akzeptanz" jedoch keine feststehende Größe, sondern ein Phänomen, das „hochgradig variabel" ist und eine „subjekt-, aktor- und prozeßorientiert[e] Perspektive" herausfordert (ebd. 1995:419). Vor diesem Hintergrund müssen die folgenden Beispiele gedacht und eingeordnet werden.

Die thematischen Unterkapitel sind zunächst vorrangig chronologisch, um den Einstieg in das Thema zu erleichtern. Schließlich orientieren sie sich aber gegen Ende des Artikels mehr und mehr an der inhaltlichen Strukturierung, was einige chronologische Sprünge mit sich bringt. Die gewählte Systematisierung zielt also nicht darauf ab, starre

---

6 Interessant wären Untersuchungen zu ebendiesen Ausdrucksweisen in den Clubs. Meines Wissens gibt es aber bislang noch keine empirischen Arbeiten auf diesem Gebiet.

Grenzen zu ziehen, sondern exemplarische Blickwinkel zu erproben. Zu beachten ist indes, dass die Perspektive des vorliegenden Artikels, von der aus die Roma-/Zigeunermusiker eingeordnet werden, stets diejenige der heterogenen Gadje-Mehrheitsgesellschaft ist.

Akzeptanz im Kontext von Musik als Dienstleistung

Den Musikerberuf zunächst als Dienstleistung einzuordnen,[7] ermöglicht es, unterschiedliche Formen des Berufs zu erfassen, da das Austauschverhältnis zwischen dem Musiker und seinem Zuhörer fokussiert wird. Dieses Austauschverhältnis kann sich dabei sowohl auf den ökonomischen Bereich als auch auf den zwischenmenschlichen Kontakt beziehen.

Erste Erwähnungen von Roma-/Zigeunermusikern

Als älteste verbürgte Schilderung von Roma-/Zigeunermusikern kann man die Berichte einiger arabischer Schriftsteller betrachten, in denen von dem aus der persischen Dynastie stammenden Sassaniden-Herrscher Varhan V. Gor die Rede ist. Er ließ um 430 n. Chr. eine große Anzahl von Musikern aus Indien in den Iran kommen,[8] da die Nachfrage sehr groß war. Der Geschichtsschreiber Hamzah al-Isfahani berichtet darüber in seinen Annalen um 950 ebenso wie der iranische Dichter Abo al-Qasem Mansur, genannt Firdusi, in seinem Epos Schahname um 1000. Ersterer benennt sie als Nachfahren vom Stamme der Zott, letzterer bezeichnet sie als Luri.[9] Obwohl laut Gilsenbach beide Namen auch heute noch als Synonym für Roma/Zigeuner gelten, lässt sich eine Verwandtschaft der Luri und Zott mit den verschiedenen Gruppen der heutigen Roma/Zigeuner in Europa nicht einwandfrei nachweisen.[10] Interessant erscheint hier dennoch der Aspekt, dass diese Musiker über Länder und Herrschaftsgebiete hinweg als Dienstleister angefordert wurden und demzufolge einen gewissen Ruf besessen haben mussten.

---

7   Vgl. Salmen (1997:45).
8   Die Länder bezeichnen die jeweiligen Staaten, in denen das Gebiet heute liegt, vgl. Gilsenbach (1994:14).
9   Gilsenbach geht davon aus, dass beide Schreiber – da sie ein halbes Jahrtausend später darüber berichten – die Namen für fahrende Leute und Gaukler ihrer Zeit rückwirkend auf diese indischen Musiker übertrugen. Die genauen Quellenangaben zu Hamzah al-Isfahani und Firdusi, s. Gilsenbach (1994:17, 23, 25).
10   S. dazu Reemtsma (1996:14 f). Zudem sind beide Namen als Sammelbezeichnungen für verschiedene Gruppen bekannt, die entweder aus der gleichen Region eingewandert waren, aber unterschiedliche Berufe ausübten oder aber in Lebensweise und sozialer Randschicht Ähnlichkeiten aufwiesen, jedoch unterschiedlicher Herkunft waren.

Folgt man den geschichtlichen Daten, die etwas zu Roma-/Zigeunermusikern aussagen, wird man erst wieder im 15. Jahrhundert fündig. So berichtet Crowe von „several prominent Roma musicians", die für die Zeit um 1460 erwähnt werden. Als Beispiel nennt er einen Lautenspieler, der nicht nur mit Namen, Oliver Cinganus, erwähnt, sondern außerdem als Besitzer eines Hauses in Dubrovnik aufgeführt wird (Crowe 1995:197, s. a. Gilsenbach 1994:88). Diese drei Indikatoren – Namensnennung, Berufsbezeichnung sowie Hausbesitzer – lassen auf Cinganus gute soziale Stellung und sein offenkundig gutes Ansehen in der Raguser Gesellschaft (heutiges Kroatien) schließen. Die Erwähnung des Oliver Cinganus als sesshaften, angesehenen Musiker ist der einzige Befund dieser Art in den ersten Berichten; ansonsten finden sich eher Angaben zu wandernden Musikern, wie im Folgenden zu sehen sein wird.

Wandernde Roma-/Zigeunermusiker

Ab dem 15. Jahrhundert treten neben den wandernden Musikern, die das mittelalterliche Europa bereits in Form von Troubadours, Minnesängern, Jokulatoren, Igritzen (unterschiedliche Bezeichnungen für Spielleute und Gaukler) und dergleichen kannte, auch wandernde Roma-/Zigeunermusiker in Erscheinung (Salmen 1983). Es gibt nur sehr wenige Zeugnisse zur Bezahlung und fast keine Angaben zur sozialen Stellung der Roma-/Zigeunermusiker sowie zu der Frage, ob das Musizieren ihre Haupttätigkeit war, zum Leben reichte oder ob sie weiteren Beschäftigungen nachgehen mussten. Allerdings lässt sich doch anhand einiger Beispiele zeigen, dass ihnen überwiegend positiv begegnet wurde. Die meisten Daten ergeben sich aus Ausgabenbüchern des Adels, so dass man durchaus von einer Wertschätzung der Musiker sprechen kann, da sie zum einen vor diesem hohen Publikum auftreten konnten und zum anderen dafür entlohnt wurden.[11] So findet sich im Ausgabenbuch des italienischen Herzogs von Ferrara, Borso von Este, ein Betrag von 0,6 Pfund, den er am 4. Februar 1469 „einem Cingano [zahlte], der die Zither vor Seinem Hochwohlgeborenen spielte" (Gilsenbach 1994:96). In Ungarn musizieren 1489 Zigeuner als Lautenisten auf der südlich von Budapest gelegenen Insel der Königin Beatrix, der Gemahlin des ungarischen Königs Matthias Corvinius. Sárosi nennt außerdem für Westeuropa folgende Daten, in deren Zusammenhang wandernde Roma-/Zigeunermusiker erwähnt werden, die Geld für ihr Spiel erhielten: Regensburg 1443, Konstanz 1460, Edinburgh 1505 und 1530. Für Ungarn werden in den Rechnungs-

---

11 Allerdings bleibt einiges im Bereich der Spekulation: die Frage, warum sich die Musiker am Hofe einfanden, ob sie gerufen worden waren oder auf ihrem Weg dort vorbei kamen. Interessant wäre die weitergehende Untersuchung, wie viel die Musiker im Vergleich zu anderen Dienstleistern oder Angestellten bekamen, um auf diese Weise etwas über das Ansehen der Musiker zu erfahren.

büchern von Prinz Siegmund (1502) und von König Ludwig II. (1525) ebenfalls Ausgaben bzw. Trinkgelder für Roma-/Zigeunermusiker notiert (Sárosi 1977:58 f.).

Roma-/Zigeunermusiker als Statussymbole

Nicht nur wandernde Roma-/Zigeunermusiker werden im 15. und 16. Jahrhundert erwähnt, sondern auch solche, die beim Militär angestellt waren, als Kriegsbeute von Feldzügen mitgebracht wurden oder als Leibeigene bei Grafen und Fürsten lebten. Die meisten dieser Beispiele stehen für eine stark hierarchisierende Haltung, denn die Musiker wurden als Eigentum behandelt, über das der Besitzer nach Belieben verfügen konnte – auch wenn aufgrund der damals üblichen gegenseitigen Verpflichtung die Grafen und Fürsten dem Leibeignen offiziell militärischen und juristischen Schutz bieten mussten. Schicksale versklavter Musiker finden sich jedoch nicht allein unter Roma/Zigeunern, sondern sind im Zusammenhang mit dem jeweiligen gesellschaftlichen System zu betrachten. Deshalb folgen an dieser Stelle einige Beispiele, die man als „diskriminierende Akzeptanz" einstufen könnte: obwohl eine systemimmanente Diskriminierung besteht, geben sie gleichzeitig Auskunft über das Interesse an den Musikern.[12] Sie waren eine geschätzte Kriegsbeute, erzielten in (Tausch-)Geschäften hohe Preise und Fürsten konnten mit der eigenen Hauskapelle ihr Prestige aufbessern. Sárosi erwähnt, dass osmanische und ungarische Adlige Musikersklaven untereinander austauschen: der Burghauptmann István Bessenyei von Kiskomárom korrespondiert 1639 mit dem Beg von Pécs nach Musikern – dieser verlangt für die Übersendung vergoldete Schießgewehre als Gegenwert (Sárosi 1977:41). Ebenfalls aus dem 17. Jahrhundert wird im *Ungarischen Simplicissimus* berichtet: „Sie [die Roma/Zigeuner] sind von Natur zur Musik geneiget, wie dann fast jeder Ungarische Edel-Mann einen Zigainer hält, so ein […] Geiger oder […] Schmied darbey." (Sárosi 1977:60) Oftmals wurde der Beruf des Geigers, wie auch der des Schmieds in Personalunion ausgeübt, denn das Gehalt, das ein Musiker bezog, reichte häufig nicht zum Lebensunterhalt (Kodály 1956:120 ff.). Außerdem konnte laut Sárosi das Schmiedehandwerk das Ansehen des Musikers heben, da dieser Beruf nicht per se verachtet wurde, weil man den Schmied-Musikern keine Faulheit nachsagen konnte – ein ansonsten häufig vorgebrachter Vorwurf gegenüber musizierenden Roma/Zigeunern.

Über osmanische Roma-/Zigeunermusiker beim Militär – bei einem Festzug, den Sultan Murad III. vor den Toren Budapests zu Ehren einer Gesandtschaft Kaiser Rudolfs veranstaltete – gibt ein Chronist im Jahre 1584 mit folgenden Worten Auskunft:

---

12 In der Diplomarbeit gehe ich ausführlicher auf Musikersklaven im Kapitel 2.2.3 zur systemimmanenten Diskriminierung ein.

„Erstlich giengen vorher, durch eine grosse mennig dess Volks, so von allen Orten zusammen gelauffen, drey Zingani oder Zigeuner welche von etlichen für Egyptier, von andern für Arabier gehalten werden, auff Türchisch bekleidet. Der Mitler vnter diesen dreyen schlug auff einer Lauten [...]: die andern beyde spieleten ein jeder auff einer kleinen Geigen, so ein scharpffen vnlieblichen Thon gaben vnd mit einer Barbarischen Stimme sangen sie darein, was von den Osmanischen Sultanen verricht." (Hans Lewenklaw von Amelbeurn (1590), zitiert bei Brepohl 1913:2)

Aus diesem Beispiel schließt Brepohl, dass Roma/Zigeuner den Türken willkommene Musiker waren und deshalb von diesen geduldet wurden. Er zieht aber auch die Möglichkeit in Betracht, dass die Roma/Zigeuner von den Osmanen zum Militärdienst gezwungen wurden bzw. dass sie als Musiker nicht freiwillig dem osmanischen Heer folgten (Brepohl 1913:3). Aber die Musiker werden im militärischen Umfeld nicht nur zu Festzügen gebraucht: Um 1660 wird die osmanische Armee von Anatolien aus von einer 6900 Personen umfassenden Hilfstruppe begleitet, die Wege anlegen sowie Lebensmittel und Kanonen befördern sollte. Dieser Hilfstruppe gehörten auch 128 Trompeter und Trommler an, die Roma/Zigeuner waren (Sárosi 1977:40).

In den zur Kunstmusik zählenden Militärmusikkapellen *mehterhane* der Janitscharentruppen[13] wurden *davul-zurna*-Ensembles (ein oder zwei Kegeloboen sowie eine große Trommel) „immer schon ausschließlich von Yiftoi[14] gespielt" (Brandl 2000:206). Diese Ensembles wurden vom Sultan als besonderes Privileg an verdiente Paschas verliehen und als Ehrengabe an Gäste geschickt, um für diese aufzuspielen. Berichtet wird auch von ehemaligen Militärmusikern, die sich im osmanischen Reich an den Handelsstraßen und besonders rund um die Karawansereien ansiedelten, wo sie für die musikalische Versorgung von reisenden Kaufleuten und umliegenden Grundbesitzern sorgten. Zu ihren Aufgaben gehörte die illustrierende und anfeuernde Begleitung des türkischen Ringkampfs ebenso wie das Spiel bei Festen in Garnisonen (Brandl 2000:208). Von verschiedenen Autoren wird angenommen, dass Roma/Zigeuner unter osmanischer Herrschaft zwar nur einen marginalisierten Status inne hatten, aber nicht verfolgt wurden, wie in anderen europäischen Ländern (EDROM et al. 2008:12ff., Marushiakova/Popov 2001) – zumindest so lange sie sich politisch nicht auflehnten und ihre Steuern

---

13 Diese waren als Infanterie die Kerntruppe des osmanischen Heeres. Gebildet seit 1329 zunächst aus zum Islam übergetretenen Kriegsgefangenen, bestanden die Janitscharen bis 1826 (Brockhaus 1970:378).
14 Yiftoi ist die Bezeichnung für sesshafte und nomadisierende Roma/Zigeuner auf dem griechischen Festland, die sich, so Brandl, von *Eyiftoi*, griechisch für „Ägypter", ableitet. Das griechische Wörterbuch, Gemoll (1991), vermerkt allerdings keinen Eintrag zu Yiftoi o. ä. und gibt für „Ägypter" Αιγυπτιος an.

zahlten. Dies kann anhand osmanischer Statistiken aus dem 15. und 16. Jahrhundert für das Gebiet des heutigen Bulgariens nachgewiesen werden. Sie belegen, dass die Präsenz von Roma/Zigeunern in Dörfern und Städten stabil war.[15] Unter anderem mag es daran gelegen haben, dass im osmanischen Reich eine relative Religionstoleranz herrschte – andere Buchreligionen wurden geduldet, solange sie mehr Steuern abgaben. Man kann also auf ein gewisses kulturelles Nebeneinander schließen.

Ende des 18. Jahrhunderts begann in Ungarn ein Popularitätszuwachs der Roma-/ Zigeunermusik, der zunächst von einigen Namen getragen wurde und schließlich die Entstehung diverser Roma-/Zigeunerkapellen zur Folge hatte. Neben Panna Czinka – Geburtsjahr unbekannt, gestorben 1772 – (Sárosi 1977:76), die von Sárosi als die erste Roma-/Zigeuner-Primgeigerin bezeichnet wird und die aufgrund ihrer Beliebtheit regelmäßig einige Meilen für herrschaftliche Vergnügungen geholt wurde, ist es vor allem der Name János Bihari (1764–1827), dem nicht nur die ungarische Musik- und Gesellschaftswelt große Anerkennung und Hochachtung zollte. Bihari konnte in Pest viele Möglichkeiten wahrnehmen, um seine Fähigkeiten als Instrumentalist auszubilden und trat in Buda bei den k. u. k. erzherzöglich-palatinalen Festlichkeiten sowie in Preßburg bei Krönungs-, Hof-, Reichstags- und sonstigen Feierlichkeiten als Interpret der ungarischen Musik auf; selbst nach Wien wurde er zu kaiserlichen Festen gerufen. Ausländischen Gästen als größte Berühmtheit in Ungarn vorgeführt, war auch Liszt von Biharis Spiel äußerst angetan. Seine Berühmtheit brachte ihm – zumindest zeitweise – ein sehr einträgliches Salaire: nach Aussagen von Zeitgenossen „lebte [er] wie ein Fürst, wohnte in einem Hotel, ein livrierter Diener trug ihm seine Geige nach" (Sárosi 1977:85). Dennoch soll er später verarmt gestorben sein.

Es muss noch einmal hervorgehoben werden, dass Musik selten die einzige Einnahmequelle darstellte, besonders in einfacheren, ländlichen Gegenden. Panna Czinka und ihr Mann, der als Bassist in ihrer Kapelle spielte, konnten nicht allein von dieser Profession leben und waren, wie viele andere, im Schmiedehandwerk tätig. Auch Kapellen, die in wohlhabenden Orten – aber ohne vornehmen Gönner – lebten, mussten dorthin wandern, wo man Geld verdienen konnte: beispielsweise zu Reichstagen, an Badeorte und in größere Städte (Sárosi 1977:76, 79).

In den wenigen Berichten, die man über ländliche Roma-/Zigeunermusiker seit Ende des 18. Jahrhunderts findet, werden diese meist humoristisch oder als exotische Kuriosität beschrieben. Trotzdem wurden sie geschätzt, denn schließlich waren sie für die dörfliche Bevölkerung die „Lieferanten musikalischer Moden" (Sárosi 1977:249)[16] und mussten mit den neuesten Entwicklungen Schritt halten.

---

15 S. dazu Crowe (1995:3) und Marushiakova/Popov (2001:29).

16 Salmen weist in seiner Einleitung (1983:7) darauf hin, dass „[a]lle diese Unsteten [darunter zählt

Akzeptanz im Kontext von Popularität und Mode

Der folgende Abschnitt behandelt zwei Erscheinungsformen der *Akzeptanz*, die über das bislang beschriebene Dienstleistertum hinausgehen, weil sie gesellschaftliche Phänomene aufzeigen: Ein Musikstil avancierte bei großen Teilen der Gesellschaftsschichten zur nationalen Popularität und löste damit eine Mode aus, die als Vorläufer der Kommerzialisierung des 20. Jahrhundert anzusehen ist. Da diese Entwicklung sowohl in Ungarn für den als *verbunkos* bezeichneten Stil, als auch in Spanien für den *Flamenco* im 19. Jahrhundert auftrat, werden sie hier nacheinander beschrieben.

Roma-/Zigeunermusiker als Repräsentanten von „Nationalmusik": Der *verbunkos*

Für die *Akzeptanz* der Zigeunermusiker in Ungarn ist es von Bedeutung, dass sich mit der Gründung und dem zunehmenden Erfolg von Roma-/Zigeunerkapellen auch ein neuer Stil entwickelte und verband, der *verbunkos*. Ursprünglich war dies ein Männertanz, der zur Anwerbung neuer Soldaten für die deutschsprachige Armee der Habsburger aufgeführt wurde, deshalb wird dieser Stil – abgeleitet aus dem Deutschen – Werbungsmusik genannt (Sárosi 1977:91). Dieser wurde in einer Zeit, in der die Ungarn wie andere Völker Europas nach nationalen Ausdrucksformen suchten, zum Symbol für das erwachende Nationalbewusstsein. Am Unabhängigkeitskrieg von 1848/49 nahm die Mehrzahl der Roma-/Zigeunermusiker in Militärkapellen der ungarischen Truppen teil und hatte dort eine wichtige Funktion: „they helped keep the national spirit of national resistance alive." (Kállai 2002:79) Infolge des gescheiterten Freiheitskampfes wurden Roma-/Zigeunermusiker nun endgültig zu Trägern des Ausdrucks patriotischen Gefühls und Widerstands gegen die Habsburger Herrschaft. Die Welle der Begeisterung für ungarische Roma-/Zigeunermusik ließ die Nachfrage stark ansteigen, so dass die Pester Zeitschrift *Hölgyfutár* (Damenkurier) am 3.11.1851 notiert: „Die Zigeunermusik ist in unserer Hauptstadt eine so große Mode geworden, daß die gegenwärtigen drei Kapellen kaum noch den Forderungen der Gastwirte nachkommen können." (Zit. nach Sárosi (1977:80)[17] Sie wurden zu einem „indispensable part of everyday entertainment" (Kállai

---

er auch die Roma/Zigeuner] mit oder auch ohne bodenständige Bindungen [...] für die Gesamtheit insofern von Bedeutung [sind], als sie auf materiellem wie auch auf geistigem Gebiete als Mittler und Bindeglieder zwischen den Seßhaften und somit – wenigstens vor der Neuzeit – zwischen den mangels regen Verkehrs mehr oder weniger isolierten Siedlungen vermittelnd aktiv zu sein vermögen."

17 Die *Ungarischen Rhapsodien* von Liszt (1840 bis 1853 komponiert), hatten aufgrund ihrer stilistischen Verwandtschaft mit dem *verbunkos* einen Werbeeffekt für denselben. Ebenfalls zum Einfluss des *verbunkos* auf die Kunstmusik schreibt Syfuß: „Die ‚Zigeunermusik', die sich in Sarasates ‚Zigeunerweisen' und Ravels ‚Tzigane' widerspiegelt, ist nichts anderes als die ungarische Verbunkos-Musik." (Syfuß 1996:152)

2002:77) und zu einem Inbegriff ungarischer Musik bzw. der „Zigeunermusik" schlechthin. Immer häufiger wurden Konzertreisen innerhalb der Landesgrenzen, oft in Begleitung namhafter ungarischer Adliger, aber auch ins Ausland durchgeführt – nicht nur
in Europa, sondern auch in Amerika und Nordafrika – wo sie als Repräsentanten der
ungarischen Musik große Erfolge feierten.

Die nationalen wie internationalen Erfolge drückten sich auch in der Herausbildung
und im Anwachsen namhafter Roma-/Zigeunermusiker-Dynastien aus, die zur Aristokratie der Roma/Zigeuner aufstiegen. Insgesamt erhöhte sich die Zahl der Musiker
merklich, so dass Ende des 19. Jahrhunderts 17.000 Roma-/Zigeunermusiker in Ungarn
registriert wurden, während man hundert Jahre früher deutliche weniger, nämlich 1600
Musiker, gezählt hatte (Kállai 2002:78).

Damit war die Ära des *verbunkos*, mit Kállais Worten, ein „turning point" (Kállai
2002:76), infolge dessen Roma-/Zigeunermusiker nicht nur gut verdienten, sondern
auch sozial anerkannt wurden. Dieser soziale Aufstieg infolge der Popularität brachte
aber auch negative Aspekte mit sich. So bemerkt Kállai kritisch:

> „The social recognition that resulted from this development was to cost the gypsy mu-
> sicians a great deal of adaptation and self-discipline since the peculiar idea of ‚having
> a good time' entertained by the Hungarian gentry often exposed gypsy musicians to
> a variety of humiliating situations and experiences, which they had to tolerate if they
> were to continue earning their living." (Kállai 2002:77)[18]

Zigeunermusiker als exotisches (Bühnen-)Sujet: Der *Flamenco*

Ein anderer Musikstil, der aufgrund seiner Popularität weit über die Landesgrenzen
hinaus bekannt wurde und eine repräsentierende Rolle inne hatte, ist der *Flamenco* in
Spanien. Hierbei spielt der Aspekt der Exotik für meine Untersuchung die zentrale Rolle.
Um dies heraus zu arbeiten, erfolgt zunächst eine kurze Betrachtung des exotischen Ste-
reotyps des „Zigeuners" sowie eine historische Herleitung.

Wie andere Stereotype auch entwickelte sich das exotische Stereotyp des „Zigeuners"
durch eingebürgerte Vorurteile mit festen Vorstellungsklischees und manifestierte sich
besonders in der Literatur und Oper des 19. Jahrhunderts.[19] Vorläufer waren unter an-

---

18 Zum Aspekt der Anpassung und Assimilierung von Roma/Zigeunermusikern s. das Kapitel 3.1 in
der Diplomarbeit.
19 Eine ähnliche Entwicklung ist in Russland zu verfolgen, wo besonders russische Roma/Zigeuner-
Chöre und deren Sängerinnen beim bourgeoisen Publikum beliebt waren und Liebhaber in den Litera-
tenkreisen des 19. Jahrhunderts fanden, vgl. z.B. Lemon (2000).

derem Cervantes Novelle *La Gitanilla* von 1613 sowie die deutsche Bohème-Mode des ausgehenden 18. Jahrhunderts mit ihrem romantischen Drang nach Freiheit. In zahlreichen Novellen und Theaterszenen, Singspielen und zunehmend auch in Opernwerken fand der Zigeunertopos Eingang. Mit diesem verknüpften sich die Attribute der Freiheit, der leidenschaftlichen Liebe und Erotik sowie der Verbundenheit mit der Natur.[20] Obwohl, wie Baumann feststellt, die Darstellungen der zu Hauptdarstellerinnen avancierten Zigeunerinnen mit Hugos *Esmeralda* und Mérimées *Carmen* wie auch der gleichnamigen Oper von Bizet realistischer geworden sind, bleiben vor allem „[m]usikalisch […] alle Opern dem Klischeebild verhaftet" (Baumann 2000:406). Die dahinter steckenden (möglichen) Mechanismen deckt Hölz in seiner Analyse über Fremdbilder in der französischen Literatur des 19. Jahrhunderts als „klassisches Phänomen der Xenophobie" auf (Hölz 2002:135). Gleichzeitig spielen in der Beschäftigung mit dem (vermeintlich) Fremden[21] Wunschträume und Projektionen eine Rolle, die sich häufig als die andere Seite in der Fremdbegegnung herausstellen.

> „Das Schicksal der Zigeunerkultur im 19. Jahrhundert illustriert aufs genaueste jenen Mechanismus, wonach das Fremde grundsätzlich in einer ambivalenten Spannung von ‚faszinosum' und ‚tremendum', Wunschbild und Angstbild aufgeht." (Hölz 2002:52)

Mit der Verbreitung und Verwendung dieser Klischees und Stereotype verfestigten sich zwei diametrale und paradoxe Bilder: eines mit romantischen und exotischen Attributen, ein anderes mit stigmatisierenden und diskriminierenden Attributen. Das erste, zwar nur eine Seite spiegelnde, aber dennoch positive Bild trug in Spanien dazu bei, dass über die Faszination und Begeisterung für die Musik den Gitanos insofern *Akzeptanz* entgegengebracht wurde, als sie eine repräsentative Funktion zugesprochen bekamen:

---

20 In zwei Tabellen gibt Baumann (2000) die Anzahl der „Zigeuner-Singspiele und -Opernwerke" für das 18. Jahrhundert (über zehn Werke) sowie für das 19. Jahrhundert (über 60 Werke) an und bezieht sich dabei auf die Auswahl Angermüllers, der 1976 eine erste größere Untersuchung zu dem Thema „Zigeuner und Zigeunerisches in der Oper des 19. Jahrhunderts" herausbrachte. Interessant ist in diesem Zusammenhang Lorenz Verknüpfung (2008:99): „An vielen Beispielen lässt sich nachweisen, dass die Indienstnahme der Zigeunermusik durch die europäische Kunstmusik nicht nur eine Konsequenz der Popularität aufkommender Zigeunerkapellen seit etwa Mitte des 18. Jh. darstellt, sondern auch durch die aufkommende Konstruktion von Nationalkulturen Aufwind erhielt."
21 Ich weise hier bewusst auf die Konstruiertheit von „Fremdheit" hin, die sich in Bezug auf „die" Zigeuner deshalb ergibt, weil sie trotz Anwesenheit seit dem 15. Jahrhundert in Europa immer wieder als Fremde stigmatisiert werden.

„[T]he Gitanos, who live throughout Spain [...] have to come epitomise Spanishness outside Spain. [...] Spanishness and Gypsyness – irrationality, passion, mystery, honour – definitely overlap in popular, non-Spanish representations of Spain." (Gay y Blasco 1999:6)

Die Frage nach der Urheberschaft sorgt in der *Flamenco*forschung nach wie vor für Diskussionen: Leblon untersucht alle existierenden Thesen auf ihre Haltbarkeit und kommt zu dem Schluss, dass die erste Entwicklung der Musik wesentlich auf die Gitanos zurückgeht, in der zweiten Etappe (beträchtliche Erweiterung des Repertoires sowie des Publikums) die Payos (Nicht-Gitanos) die führende Rolle spielten (Leblon 1997:97). Papapavlou sieht den *Flamenco* nicht als Bestandteil entweder der andalusischen oder der Roma-/Zigeunerkultur, sondern als einen Weg, den die Einheimischen (Andalusier und/oder Roma/Zigeuner) gewählt haben, um kulturelle Unterschiede zu präsentieren (Papapavlou 2000:42). Für den vorliegenden Artikel ist der Aspekt von Bedeutung, dass mit dem *Flamenco* die Gitanos in Verbindung gebracht werden und diverse Bilder und Klischees dazu im Umlauf sind.

Historisch fassbar wird der *Flamenco* erst in der zweiten Hälfte des 18. Jahrhunderts. Félix Grande, *Flamenco-aficionado* (dt. Liebhaber) und Schriftsteller, vertritt die These, der *cante jondo* (tiefer Gesang) sei bereits bei geheimen Zusammenkünften[22] von Roma-/Zigeunerfamilien zur Verehrung der eigenen Ahnen gepflegt worden. Nach dem Erlass der äußerlich liberalen Gesetzgebung von Karl III. aus dem Jahr 1783, die auf Zwangs-Assimilation und nicht wie bisher auf Verfolgungsmaßnahmen setzte, sei dann der *Flamenco* öffentlich bekannt geworden.[23] Es entwickelten sich weitere Auftrittsmöglichkeiten wie die im 19. Jahrhundert entstehende „Fiesta", wo Musiker von wohlhabenden Familien oder Einzelpersonen für einen Auftritt engagiert wurden. 1842 öffnete in Sevilla das erste *café-cantante* (sinngemäß: singendes Café), in denen sich *Flamenco*darbietungen und Gastronomie verbanden (Papenbrok-Schramm 1998:15f.). Diese wurden zwar viel kritisiert, aber ihr Verdienst lag darin, neue Existenzmöglichkeiten für Künstler zu schaffen.

Die Epoche ab 1860 wird als „Goldenes Zeitalter" bezeichnet, denn der *Flamenco* fand seine Verbreitung nun auch außerhalb Andalusiens. Zur Kommerzialisierung trugen zum einen Musiker bei, die versuchten, breitenwirksamer für ein größeres Publi-

---

22 Geheim deshalb, weil durch Gesetze das Zusammenleben der Gitanos erschwert bzw. verhindert wurde, vgl. Djuric (1996:239) und Vossen (1983:45–49).

23 Vossen (1983:303). Übersetzungen in Klammern im Vorherigen und Folgenden nach Vossen. Interessant ist, dass sowohl Djuric (1996:244) als auch Papenbrok-Schramm (1998:15) diese These nicht mehr als solche kennzeichnen und sie dadurch absolut setzen, Belege oder Zitate fehlen bei beiden.

kum zu spielen, was meist eine Verflachung nach sich zog, so dass „der Flamenco [...] eine ‚käufliche Ware' im Show-Geschäft [wurde]." (Vossen 1983:305) Schließlich setzte sich der Einzug des *Flamencos* auf die Theaterbühnen Anfang des 20. Jahrhunderts fort, was in der romantischen Literatur des 19. Jahrhunderts respektive „im Zusammenhang mit der italienischen Opera buffa bzw. der französischen Opéra Comique[24] des 18. Jahrhunderts aktualisiert [wurde]" (Baumann 2000: 397): die Verfestigung der Stereotypen eines „exotisch" geprägten Roma-/Zigeunerbildes. Zusammenfassend seien Elscheková/ Elschek zitiert:

> „Musikkulturen und Musiker sind in vielen Gemeinschaften nur durch die Sonderrolle der Minderheitenmusiker verständlich, und sie wurden zu typischen Repräsentanten einer Mehrheitskultur, die sich mit ihren Musikidiomen identifizierte." (Elscheková/Elschek 1996:24)

Akzeptanz im Kontext sozialer Funktionen von Musik

Die soziale Funktion von Musik kann innerhalb einer Gesellschaft eine bedeutende Position einnehmen, beispielsweise in der Nutzung als traditionelles Brauchtum. Als Minderheit(en) stehen Roma-/Zigeunermusiker jedoch einerseits außerhalb dieses Brauchtums, werden aber andererseits als Ausführende der Musik selbst zu struktur- und formgebenden Teilnehmern der Riten, Feste und Zeremonien. Damit sind sie gleichzeitig Insider und Outsider. Besonders die Studien zu den südosteuropäischen Ländern Bulgarien und Rumänien bieten Beispiele exemplarischer Aussagekraft zu einigen der sozialen Funktionen von Musik.

Musikalische Stile und traditionelles Repertoire weiter zu geben, war häufig eine Aufgabe von Roma-/Zigeunermusikern wie den rumänischen *Lautari* oder den türkisch-muslimischen Roma-/Zigeunermusikern Südwest-Bulgariens, die *Zurnacies* genannt werden. Dadurch befanden sich die Musiker nicht nur durch die Ausübung ihres Berufs in einer ökonomischen und musikalisch-gesellschaftlich gesicherten Nische, sondern sie wurden ebenfalls zu Bewahrern von Tradition.[25] Diese Weitergabe erfolgte vom Vater an

---

24 *Opera buffa* bzw. *Opéra Comique* sind die italienischen bzw. französischen Bezeichnungen für die komische Oper oder musikalische Komödie, im Gegensatz zur *Opera seria*, der ernsten Oper.
25 Brandl weist für die griechischen *davul-zurna*-Ensembles auf den gleichen Aspekt hin (Brandl 2000:220), Cronshaw schreibt diese Rolle im *Rough Guide Weltmusik* ebenfalls den finnischen Roma zu (Cronshaw 2000:71) und auch Rao gibt diese Aufgabe als Teil der Dienstleitungen von Peripatetikern (nomadischen Dienstleistern) an, zu denen sie beispielsweise die Roma/Sinti Europas in der vor- und frühindustriellen Zeit rechnet (Rao 2003:16).

den Sohn oder von einem anderen älteren männlichen Familienmitglied an das jüngere. Frauen werden in europäischen Quellen, anders als für Quellen, die den orientalischen Raum betreffen,[26] nur vereinzelt erwähnt.

In Bulgarien hing die Musizierpraxis der *Zurnacies* eng mit bestimmten Funktionen zusammen, die innerhalb des gesellschaftlichen Lebens von Bedeutung sind: Im 19. Jahrhundert traten sie als professionelle Musiker in kleinen Orchestern und militärischen Ensembles auf. Exklusiv spielten Roma/Zigeuner die zur damaligen Zeit begehrtesten Instrumente *zurna* und *tapan* (Volksoboe und große Trommel). Steuerregister der Zeit belegen, dass der Beruf des Musikers für Roma/Zigeuner der gängigste war (Peycheva/Dimov 2002:307). Sie musizierten traditionell für Christen wie auch für Muslime an familiären Festen sowie an kalendarischen Feiertagen: So sind sie vor allem bei Hochzeiten, bei Taufen, Beschneidungsfesten, diversen weiteren religiösen Festen und Ritualen, aber auch bei Abschiedsfesten für die zum Militär ausziehenden jungen Männer sowie bei Sportwettkämpfen (Ringkampf, Pferderennen) als Musiker zugegen. Ihre Aufgabe beinhaltet die musikalische Strukturierung des Festes sowohl zeitlich wie räumlich: Sie sind verantwortlich, Prozessionen und rituelle Momente zu leiten, zu untermalen und zu beenden. Sie sind es aber auch, die sich aufgrund ihrer Erfahrung mit den Traditionen und deren Beschaffenheiten auskennen. Auch im 19. und 20. Jahrhundert sind *zurnaci*-Formationen sehr gut bezahlte und angesehene Musikgruppen, die für wohlhabende Auftraggeber auf städtischen wie auch auf Gruppen- und Familienfesten spielten. Die *Zurnaci*-Musik gehört damit sowohl zur traditionellen als auch zur modernen bulgarischen Kultur, übernimmt dabei je nach Kontext „hohe" und „niedere" Funktionen: in überlieferten magischen Ritualen ist der Musiker der „first assistant to the leader", bei Hochzeiten und Sportveranstaltungen verbreitet die Musik Signalwirkung, um die Teilnehmer durch das Ereignis zu leiten und in einzelnen Fällen hat die *zurna* als Instrument auch eine epische Funktion inne (Peycheva/Dimov 2002:430).

Eine ähnliche Rolle spielten in den rumänischen Fürstentümern unter osmanischer Herrschaft die *Lautari*, die von Beissinger definiert werden als „professional male Gypsy singers who have performed traditional song and dance music in Romania for centu-

---

26 Die wenigen Studien, die es zu Roma/Zigeunern im Orient gibt, möchte ich in Zusammenhang mit der sozialen Funktion von Musik erwähnen. Hannas Studie über *Die Ghajar. Zigeuner am Nil* erschien 1983 in Ägypten und stellt unter anderem Künstlerfamilien aus einer Region südlich von Kairo vor, deren musikalische Arbeitsteilung auch Frauen als Sängerinnen und Tänzerinnen mit einbezieht. Auch Hamzeh'ee erwähnt für die Kauli im Westiran mehrere Funktionen ihrer Musik bei Hochzeiten, Begräbnissen usw. sowie in jüngster Zeit Auftritte bei lokalen Fernseh- und Radiosendern. Die meisten Kauli leben aber nicht von der Musik allein (Hamzeh'ee 2002:150–155). Streck weist für die Halab im Sudan auf den „Rückgang der peripatetischen Angebote auf dem Musiksektor" hin (Streck 1996:158 f.).

ries." (Beissinger 1991:15)[27] Mit der Zeit ersetzten sie zunächst die rumänischen Joku-latoren als höfische Unterhalter der Feudalgesellschaft und hielten diese Stellung trotz der im Folgenden großen Beliebtheit türkischer Musik und deren Musiker. Als eine Besonderheit innerhalb der Musizierpraxis von Roma/Zigeunern formierten sich im 18. Jahrhundert *Lautari*-Gilden in den Fürstentümern der Walachei und der Moldau: Die erste Gründung fand 1723 in Craiova (Walachei) statt. Das Oberhaupt einer Gilde hatte die Teilnahme der *Lautari* bei Festen und Feiern, bei Hochzeiten von Bojars und Kaufleuten zu regeln; außerdem wurden Regeln und Richtlinien – unter anderem für Fälle schlechten Benehmens – aufgestellt (ebd.:20). Nicht zuletzt trug auch dieser Aspekt zur Professionalisierung der *Lautari* bei. Beissinger stellt in ihren Untersuchungen zu den *Lautari* fest, dass sich die Tradition des epischen Gesanges in Rumänien am längsten im europäischen Vergleich halten konnten, gerade weil die *Lautari* – im Gegensatz zu den serbo-kroatischen und bulgarischen Episksängern – eine „class of singers" bildeten. Die professionelle Weitergabe der Musik ermöglichte so das Überleben so genannter alter Traditionen. Erst mit den sich ständig verändernden Bedingungen für (Unterhaltungs-) Musiker im 20. Jahrhundert, bedingt durch die technische Reproduzierbarkeit, erlebt die *Lautar*-Kunst ein schwindendes Interesse, was weniger Aufträge für die *Lautari* und damit insgesamt einen Rückgang für diese bedeutet (ebd.:23–27).

Ein weiterer Aspekt, an dem man die gesellschaftliche Bedeutung einer Musik mes-sen kann, ist die Höhe der Entlohung ihrer Musiker. In vielen europäischen Ländern gehörten Roma-/Zigeunermusiker – wenn auch nur eine kleine Anzahl und meist nur über kurze Zeitspannen – zu den bestbezahlten Dienstleistern ihrer ethnischen Gruppe, bekamen einzelne Persönlichkeiten hohe Geldbeträge oder andere materielle Auszahlun-gen. Freilich ist dies eine Variable, die starken Schwankungen unterliegt, denn der Markt-wert einer Musikdarbietung richtet sich zwar einerseits nach der Nachfrage, unterliegt damit starken Modeströmungen, ist andererseits aber losgelöst davon, da er nicht unbe-dingt etwas über die musikalische Qualität aussagen muss. Im Folgenden möchte ich die Rolle der Roma-/Zigeunermusiker in einigen der sozialistischen Staaten Europas im 20. Jahrhundert erörtern, in denen diesen als Teil der (staatlichen) Folklore eine inoffi-zielle Wertschätzung entgegengebracht wurde.

In vielen Ländern gab es offiziell keine Minderheiten, denn Unterschiede wie kul-turelle Eigenheiten oder eine eigene Sprache wurden nivelliert. In Rumänien z. B. wurden

---

27 *Lautar* (plural *Lautari*) ist abgeleitet vom türkischen *lavta*, einem lautenähnlichen Instrument, des-sen Spieler als *Lautar* bezeichnet wurde. Beissinger untersucht in ihrer Studie die epische Tradition der *Lautari*, die besonders von den im ländlichen Raum Beheimateten weiter gegeben wurde. Unter den *Lautari* gibt es auch ethnische Rumänen, sie sind aber – verglichen mit der Zahl der ethnischen Roma/Zigeuner-*Lautari* – eine sehr viel kleinere Gruppe.

Folklore-Ensembles und Orchester vom sozialistischen Regime gegründet und Folklore-Festivals und Wettbewerbe organisiert. Dadurch konnte der Staat kontrollieren, was gespielt wurde, aber auch wer spielen durfte: Auf Kosten der professionellen und traditionsreichen *Lautari* setzte man deshalb oft ethnische Rumänen ein, auch wenn diese Amateurmusiker waren (Beissinger 2001:31). Ähnlich erging es den *Zurna*-Ensembles, die im so genannten „regeneration process" mit einem Bann belegt wurden: Die ethnische Homogenisierung sah eine „Bulgarisierung" vor, weshalb alles, was die osmanische (Besatzer-)Vergangenheit in Erinnerung rief, verboten war. Auch wenn sich das staatliche Verbot nicht gänzlich durchsetzen konnte, wurde die *Zurnaci*-Musik stark in Mitleidenschaft gezogen. Abhängig von der Region war dieser Bann zu Beginn bzw. Mitte der 1970er bis Mitte bzw. Ende der 1980er in Kraft – da es keine schriftlichen Quellen darüber gibt, muss man sich ausschließlich auf die Erinnerungen von Musikern verlassen (Peycheva/Dimov 2002:452 ff., Crowe 1995:26).

Deutlich wird diese Haltung auch daran, dass die Kunst der *Lautari* – als rumänische Epik – zwar eines der identitätsstiftenden und traditionsreichen Genres in Rumänien war, die Rolle der Roma jedoch komplett ignoriert wurde. Die oft negative Attitüde bis hin zum „deep-seated racism" gegenüber Roma/Zigeunern fand somit auch Eingang in die Fachliteratur (Beissinger 1991:31 f.). Meist jedoch umgingen Forscher das heikle Thema der ethnischen Zugehörigkeit ihrer Informanten durch Schweigen und Nicht-Benennen.

Trotzdem spielten Roma-/Zigeunermusiker in vielen sozialistischen Ländern des 20. Jahrhunderts eine wichtige Rolle. So gehörten in Bulgarien die *Zurnacies* zur staatlichen Folklore und wurden durch die ideologisch und ästhetisch ausgerichteten Staatsfestivitäten zu einem wichtigen Teilbereich der sozialistischen Kultur funktionalisiert. Seit den 1950er Jahren spielten sie bei Folklorefestivals, auf Live-Konzerten und – wie auch schon für frühere Machthaber – auf politischen Veranstaltungen, beispielsweise den 1.-Mai-Demonstrationen. Der Staat hielt jedoch ihre Tätigkeit nicht für eine Profession, sie waren „both demanded and rejected by the society – the high music proficiency has a non-prestigious character under the conditions of the farmers' culture" (Peycheva/ Dimov 2002: 421–425). Gleichwohl florierte das Geschäft der Musiker: Wie die von Peycheva/Dimov befragten *Zurnacies* für die Periode zwischen 1950 und 1980 angeben, waren die *Zurnacies* sehr beschäftigte und die bestbezahlten Musiker innerhalb der Region: der Verdienst einer Veranstaltung – z. B. bei einer Hochzeit oder in einem Restaurant – übertraf deutlich das monatliche Durchschnittseinkommen.[28]

---

28 So gibt ein Spieler aus einem der *zurnacie* Zentren, Gotse Delchev, an, dass ein monatliches Durchschnittseinkommen im sozialistischen Bulgarien (1944–1989) um die 60 *leva* betrug; dem gegenüber konnte ein Musiker an einem Samstag zwischen 150 und 300 *leva* verdienen. (Peycheva/Dimov 2002:311)

Die Bezahlung musikalischer Darbietungen wurde in Bulgarien im Vorfeld ausgehandelt: Meist wurde ein Teil vor, ein weiterer nach der Veranstaltung gezahlt. Die direkte Bestellung eines Gastes aber und die Wertschätzung eines Musikers wurde seit dem 19. Jahrhundert bei Hochzeiten, in Restaurants und Cafés durch die Praxis der *parsa* ausgedrückt: dem spielenden Musiker werden Geldscheine auf die Stirn oder an das Instrument geklebt oder in die Taschen gesteckt.

In Rumänien konnte ein typisches *Lautari*-Ensemble von zwei bis drei Spielern noch bis Mitte des 20. Jahrhunderts vor allem mit dem Musizieren auf Hochzeitsfesten genug für den Lebensunterhalt der Familie verdienen. Doch das Repertoire dieser privaten Feiern war meist öffentlich vom staatlichen Gewaltmonopol sanktioniert, wie Dan Armeanca, ein schon vor 1989 erfolgreicher *Lautari*-Musiker, erläutert:

> „Unter Ceaußescu liefen *manele* [ursprünglich ein langsamer Tanz, heute ein Begriff für rumänischen ‚Gypsypop'] oder internationale Musik nur auf privaten Festen. In den Restaurants – wo viele Gypsymusiker arbeiteten – war ausschließlich rumänische Volksmusik oder Caféhausmusik erlaubt. Wir haben trotzdem gespielt was wir wollten, aber wenn uns die falschen Leute gehört hätten, wären wir sofort rausgeflogen." (Zit. in Friedrich 2004:11)

Ein weiteres Problem bestand darin, dass beispielsweise in Bulgarien das Musizieren nicht als Beruf akzeptiert war und nur regelmäßige Lohnarbeit in Festanstellung anerkannt wurde. Die *Zurnacies* jedoch verdienten bei ihren Auftritten das Mehrfache des monatlichen Durchschnittseinkommens – wofür sie wiederum verfolgt werden konnten (Peycheva/Dimov 2002:311). Die Autoren weisen auf die Diskrepanz der Wahrnehmung zwischen den staatlichen Autoritäten und den Roma/Zigeunern hin, die sich als traditionsreiche Berufsgruppe verstanden. Unabhängig vom politischen System analysiert Pettan bezüglich des niedrigen Sozialstatus der Roma/Zigeuner in den Ländern auf dem Balkan und in der Zeit vor der politischen Wende folgendes:

> „This status can be examined on two mutually related levels: (1) in Gypsies' unsuccessful attempts to achieve recognition from state legislators as a national minority, and (2) in discrimination caused by local authorities." (Pettan 2000:265)

Akzeptanz im Kontext von Konzert und Kommerz

Ein Bereich, der in der zweiten Hälfte des 20. Jahrhunderts an Bedeutung gewonnen hat, betrifft die veränderten Auftrittsbedingungen: Die in Ungarn und Spanien bereits im 19. Jahrhundert einsetzende Vermarktung und Kommerzialisierung auf nationalem und internationalem Niveau findet in Deutschland erst im kapitalistischen System der Bundesrepublik eine Entsprechung. Als Kristallisationspunkt des folgenden Abschnitts wird exemplarisch zunächst das Selbstverständnis der Sinti[29] zwischen Unterhaltungs- und Konzertmusik untersucht, dann das Phänomen des exotischen Export-Trends und schließlich der damit verknüpfte Hype um die Gypsymusic in den Clubs, die sich beide ebenfalls in Deutschland beispielhaft beobachten lassen.

Roma-/Zigeunermusiker zwischen Unterhaltungs- und Konzertmusik

Zu Sinti-Musikern und ihrer Musik im deutschen Raum gibt es erstaunlich wenig aufgearbeitete Quellen aus früheren Jahrhunderten. Alle Autoren, die sich damit beschäftigen, tun dies zu den unterschiedlichsten Aspekten der Musik unmittelbar vor und nach Django Reinhardt, also ab den 1930er Jahren. Die Jahrzehnte und Jahrhunderte davor – Roma/Zigeuner werden in den deutschen Ländern das erste Mal 1407 in Hildesheim erwähnt (Gilsenbach 1994:45) – sind, wenn überhaupt, nur Gegenstand kurzer Passagen. Vossen geht zumindest insoweit darauf ein, dass er bemerkt, dass es keine gesicherten Anhaltspunkte zur „ursprünglichen" Musik der Sinti und Manush gibt (Vossen 1983:299). Ein Beispiel zu den Aufführungsorten eines Musikers von 1781 aus dem Raum Stuttgart vermag jedoch einen Eindruck zu vermitteln und bestätigt das Bild, das man in anderen europäischen Ländern findet: Die Frau des Sinto Balthas May gibt zu den Möglichkeiten des Musizierens an: „Es gebe vielerley Gelegenheiten, Zum Exempel bei Kirchweyhen und an Orten von Edelleuthen, wo man durch Aufspielen etwas bekomme." (Zit. in Fricke 1996:441 f.) Bestätigt findet sich das Bild der Aufführungsorte in dem Lebensbericht des Sinto-Musikers Adolf Boko Winterstein, geboren 1910 in der Pfalz, der zusammen mit seinem Vater in Wirtshäusern – wo auch getanzt wurde – aufspielte und er beobachten konnte, wie sein Vater beim Geldverdienen vorging: Dieser spielte erst, wenn die Leute bereits fröhlich und angetrunken waren, da sie dann großzügiger Trinkgeld gaben (Renner 1988:27). Das Repertoire umfasste, was man in den Dorfgasthäusern, auf Hochzeiten und

---

[29] Auf die ähnlich gelagerte Situation der Musique-Manouche in Belgien und Frankreich kann ich hier nur verweisen, vgl. Awosusi (1997), besonders der Überblick über die westeuropäischen Länder im Beitrag von Litterst.

in den Kur- und Badeorten verlangte, also Ländler, Polkas, Walzer, aber auch Elemente der ungarischen „Zigeunermusik" (*verbunkos*) und erfolgreiche Operetten- und Schlager- melodien.

Mit dem Erfolg des belgischen Manoush-Gitarristen Jean Baptiste „Django" Rein- hardt (1910–1953), der 1934 mit dem französischen Gadje-Geiger Stéphane Grappelli (1908–1997) das *Quintette du Hot Club de France* gründete und zu Weltruhm brachte, veränderten sich nicht nur Repertoire, Instrumentierung und Spielstilistik, sondern auch die Zusammensetzung des Publikums sowie die Aufführungsorte (Litterst 1997:104). Das musikalische Material des Quintetts bestand zum einen aus erfolgreichen Jazztiteln der 1920er, 1930er und 1940er – hauptsächlich aus der Swing-Ära –, zum anderen aber auch aus eigenen Kompositionen, wie dem berühmten *Nuages* von Django Reinhardt. Als Einflüsse des Stils werden neben dem zeitgenössischen Swing-Jazz aus den USA und der Valse musette aus Frankreich auch die ungarische Roma-/Zigeunermusik genannt.[30] Der Erfolg Django Reinhardts und des *Quintette du Hot Club de France* ließen diese zu einer Hauptinspirationsquelle mit bedeutender Vorbildfunktion für Sinti- und Manoush- Musiker werden:

> „Der Swing-Stil Django Reinhardts und des QdHCdF ist der Teil der heutigen Sinti- Musik, der die Bezeichnung Sinti-Jazz (bzw. die Synonyme Sinti-Swing, Zigeuner- Swing, Gipsy-Swing, Jazz manouche/gitan) gefunden hat. Das Folklore-, Operetten-, Schlager- und Klassik-Material wurde fortan zunehmend in dem neuen Hot-Club- Swing-Stil dargeboten" (Litterst 1997:104)

Nach dem Porajmos (Romanes fürHolocaust) wurde in Deutschland Musik weitest- gehend in den eigenen Sinti-Kreisen praktiziert und man beschränkte den Kontakt zur deutschen Bevölkerung auf geschäftliche Kontakte (Litterst 1997:105). Allerdings scheint es trotz dieser allgemeinen Aussage über Sinti-Musiker vereinzelt auch solche gegeben zu haben, die weiterhin ihrem Wandergewerbe nachgingen: So beschreibt der bereits erwähnte Sinto Winterstein, dass er 1959 wieder nach Deutschland zurück gekehrt sei und dort wie vor dem Krieg einen Wandergewerbeschein zum Musizieren bekam. Mit seinem Vater und Bruder habe er viel Geld verdient, da er ebenfalls Geigen- bauer gewesen sei. Er war bekannt und beliebt, wie die Ausrufe „Ach, der Winterstein ist da" belegen (Renner 1988:130). Zu Beginn der 1960er Jahre formierten sich die er-

---

30 Vgl. Halwachs/Heinschinck/Fennesz-Juhasz (2000:117), Litterst (1997:103). Awosusi benennt in ihrem Vorwort zum zweiten Band der von ihr herausgegebenen Reihe auch Einflüsse der altindischen Raga-Tradition und bezeichnet dies als mitgebrachtes „altindisches Erbe" (Awosusi 1997:10).

sten ständig besetzten Musikgruppen nach Vorbild des inzwischen legendär gewordenen *Quintette du Hot Club de France.*[31] 1967 traten erstmals Sinti-Musiker um den Geiger Hans „Schnuckenack" Reinhardt (1921–2006) mit einem Konzertprogramm unter dem Titel *Musik deutscher Zigeuner* an eine „erstaunte Öffentlichkeit [heran], die bis dahin die Existenz einer eigenständigen musikalischen Kultur dieser Minderheit nicht zur Kenntnis genommen hatte." (Siegfried Maeker, Konzertmanager, zit. in Litterst 1997:108) Eine Blütezeit erfuhr der Sinti-Swing in den 1970er Jahren, in der sich auch die Bürgerrechtsbewegung der Roma/Zigeuner formierte:

> „Der Sinti-Swing entwickelte sich zu einer quer durch alle gesellschaftlichen Schichten und Generationen geschätzten konzertanten, hochvirtuosen Unterhaltungsmusik, von der sich keineswegs ausschließlich ein Jazzpublikum angesprochen fühlte." (Litterst 1997:143)

Und Halwachs et al. resümieren:

> „Ihm [dem Sinti-Swing] kommt nicht mehr die Funktion der reinen ‚Dienstleistung' zu, denn er ist keine begleitende Tanz- oder Tafelmusik, sondern Konzertmusik und ‚Musik zum Zuhören'." (Halwachs/Heinschinck/Fennesz-Juhasz 2000:117)

Roma-/Zigeunermusik als exotischer Exportschlager

> „Die Musik der Minderheiten wird Teil eines Kulturbetriebs von massenmedialen Aktivitäten. Die Musik wird als ein [sic] Art ‚Exotikum' in das Kulturleben eingeführt. Der große Boom, der mit Roma-Sinti-Festivals, mit den Reisetourneen europaweit zu verzeichnen ist, hängt mit diesem kommerziellen musikalischen Show-Business zusammen." (Elscheková/Elschek 1996:28)

Anders jedoch als die Erfolgsentwicklung ungarischer Roma-/Zigeunerensembles im 19. Jahrhundert, verläuft die Linie bei einigen der um den Jahrtausendwechsel vom 20. ins 21. Jahrhundert populär gewordenen Gypsy Bands gegenläufig: Durch den „Import" nach Westeuropa, in die USA, nach Kanada und Japan und ihre dortigen Erfolge, gelangen sie zu mehr Bekanntheit auch im nationalen Kontext (Friedrich 2004:3). Dieser Prozess wird besonders von der rumänischen Blechblasformation *Fanfare Ciocarlia* (der Name leitet

---

31 In Frankreich verlief diese Entwicklung ähnlich, aber wesentlich früher, teils bereits in den 1940er Jahren.

sich von den rumänischen Wörtern *fanfara* für Blasmusik und *ciocarlie* für Lerche ab) verkörpert: Unter der Woche waren die Musiker als Fabrikarbeiter tätig und hatten an den Wochenenden Engagements auf Hochzeiten und bei anderen rituellen Festivitäten. Durch den Deutschen Henry Ernst, der sie auf einer Reise nach Rumänien hörte und von ihrer Musik so begeistert war, dass er die Idee, diese Musik im Westen Europas vorzustellen, auch organisatorisch umsetzte, kam es 1997 zur ersten Tournee in Deutschland. Die westliche Wahrnehmung beschreibt Radulescu als „Gypsy exoticism" wie folgt:

> „The people's enthusiasm [gemeint ist das westliche Publikum] for them is almost irrational: suffice it for one authorizes voice to utter the magic phrase ‚Gypsy music,' and the whole attendance will be instantly electrified." (Radulescu 2004:204)

Ihre Einschätzung bezogen auf die Rumänen lautet: „[they] are less extravagant than the Westerners'. They do not get excited by the ‚exoticism' with an oriental touch" (ebd. 2004:205). Und tatsächlich: erst neun Jahre nach ihrer ersten Tournee in Deutschland standen, am 10.6.2006, *Fanfare Ciocarlia* das erste Mal in Cluj-Napoca im Rahmen des *Transilvania Internationel Film Festival* auf der öffentlichen Konzertbühne (www.tiff. ro, Zugriff vom 10.8.2006). Die Popularität im Ausland lässt sich anhand von neuen Tourneen, gefüllten Konzertsälen, verkauften Musik-CDs sowie Plätzen in den Charts belegen. Ihre vier seit 1998 herausgebrachten CDs waren allesamt in den World Music Charts Europe vertreten; die Platte *Gili Garabdi* von 2005 war sogar drei Monate in den Top 20 und damit für das gesamte Jahr auf Platz 5.[32]

Gypsymania 2.0: Hype in der Clubszene[33]

Verbunden mit Gruppen wie *Fanfare Ciocarlia* fand im westlichen Europa ein weiterer Trend statt, der sich in der Clubszene und den Diskotheken abspielte. Die Fusion von traditioneller Roma-/Zigeunermusik mit elektronisch erzeugten Rhythmen aus der Club-

---

32 Die World Music Charts Europe sind 1991 von elf Radioproduzenten aus elf Ländern der European Broadcasting Union (EBU) gegründet worden: Jeden Monat wählen Radio-Worldmusic-Spezialisten aus 23 europäischen Ländern ihre Top Ten der (Worldmusic-)Neuveröffentlichungen aus. Die Nominationen werden mithilfe einer Datenbank zusammen geführt und als World Music Charts Europe in Radiosendern gespielt, auf Webseiten und Teletextsystemen veröffentlicht. Für die Jahresplatzierung gelten nicht die Monatsplatzierungen, sondern absolute Zahlen, um wirklichkeitsgetreu abzubilden, dass nicht immer alle Juroren vertreten sind und manche Plätze sehr hoch, andere nur knapp erreicht werden. Informationen wurden der Homepage www.wmce.de entnommen, Zugriff vom 21.7.2006.
33 Hier kann ich nur einen ersten Einstieg in das Thema liefern. Bislang gibt es nur sehr wenig publizierte wissenschaftliche Literatur dazu.

musik erlebt seit gut acht Jahren, also kurz nach bzw. parallel zu den großen Erfolgen von Bands wie *Fanfare Ciocarlia*, besonders in Deutschland einen enormen Popularitätszuwachs. Dieser zeigt sich unter anderem darin, dass Clubveranstaltungen mit eigenem Namen keine einmaligen Veranstaltungen geblieben sind, sondern ihre Fortsetzung in deutschland- und europaweiten Tourneen fanden. Beispiele hierfür sind allen voran der *Bucovina Club* des Frankfurter DJ *Shantel* (Stefan Hantel), der seit dem Frühjahr 2002 diese Clubveranstaltung im *schauspielfrankfurt* betreibt, die *BalkanBeats* im Berliner *Mudd Club* von DJ *Soko* (Robert Soko) seit 2001 und weitere wie der *Baikaltrain* in Leipzig, der *Klub Balkanska* in Marburg, *Gypsymania* in Saarbrücken oder *La Bolschevita* in Wiesbaden. Daneben existieren eine Reihe von anderen Clubs, die neben den clubtauglich gewordenen Gypsy-Brass-Klängen insbesondere die russische (Folklore-)Musik in den Mittelpunkt stellen, so z. B. die *Russendisko* in Berlin, *Datscha* in Hamburg oder *Kompott* in Köln.

Dass sich dieser Trend immer mehr zu einem Hype[34] entwickelte, hing auch damit zusammen, dass die Medien das Thema nicht mehr nur in der lokalen Tagespresse, sondern auch mit längeren Sendungen der nationalen Funk- und Fernsehanstalten aufgriffen. Das *ARTE* Musikmagazin *Tracks* porträtierte im Mai 2005 Gruppen dieser Szene, die öffentlich-rechtlichen Rundfunkhäuser *Hessischer Rundfunk* und *Deutschlandfunk* sendeten Features innerhalb ihrer Musikprogramme (März 2006 bzw. Juni 2006) und die Tageszeitung *Die Tageszeitung* widmete unter dem Titel *Gypsymania!* eine komplette Extrabeilage der Musik und ihrer Akteure (12./13. Mai 2007, Rubrik: Weltmusik). Es existieren einige deutsche Plattenfirmen (*Asphalt Tango Production, Trikont, Eastblok Music, essay recordings*), die sich auf diesen Musikmarkt spezialisiert haben, der sich zwischen den Begriffen „Gypsy" und „Eastern" sowie den geografischen Regionen „Südosteuropa", „Balkan" und „Russland" verortet. Diese Vermischung von geografisch wie musikalisch höchst unterschiedlichen (aber für das deutsche Publikum offensichtlich gefühlt nah beieinander liegenden) Regionen und Stilen verweist auf zwei Entwicklungen, die ihren Ausgang im Zusammenbruch des Ostblocks von der Sowjetunion bis nach Jugoslawien haben. Durch die in den 1990er Jahren immer stärker wachsenden Diasporagemeinden aus der ehemaligen Sowjetunion und dem stetig steigenden Flüchtlings- und Emigrantenstrom aus den Ländern Ex-Jugoslawiens entwickelten sich neben anderen kulturellen Strömungen Veranstaltungen, die die Musik des Heimatlandes in den Mittelpunkt stellten, aber nicht als herkömm-

---

34 Englischer Begriff für eine Welle oberflächlicher Begeisterung sowie für aggressive Werbung (Duden 2009:557). Interessant ist auch die folgende Erläuterung einer Internetseite, die sich zum Ziel gesetzt hat, Hypes zu sammeln, um diese von der Online-Community besprechen zu lassen: „Englischer Begriff für Medienrummel. […] Der Mechanismus speist sich nach Art eines Perpetuum Mobile selbst: Vorfreude generiert Hype, und Hype generiert Vorfreude." www.wehype.com, Zugriff vom 15.5.2010.

liche Heimatvereine fungierten, sondern von Beginn an ein junges, partyfreudiges Emi-granten-Publikum um sich sammelten, „settled somewhere in the twilight zone between irony and nostalgia" (Barber-Kersovan 2009a:246). So geht die *Russendisko* auf den sehr erfolgreichen und gleichnamigen Kurzgeschichten-Sammelband des russischen Autors Wladimir Kaminer zurück. Die *BalkanBeats* entstanden, als der Bosnier Robert Soko und Gleichgesinnte die vielfältige Musik des nicht mehr existierenden Staates Jugoslawien neu aufleben lassen wollten, „als Symbol eines vergangenen und doch präsenten friedlichen Jugoslawien, das längst Utopie geworden war." (Siebert/Horlitz im CD-Booklet zu *Balkan-Beats* 2005:1) In der Folge zogen diese zunächst kleinen und nur von einer bestimmten Zuhörerschaft besuchten Veranstaltungen immer mehr und unterschiedliche Partygänger an – sie entschlüpften der Nische und wurden von einer immer breiteren Masse rezipiert. Offensichtlich konnten die Clubs ein Lebensgefühl transportieren, das auch viele deutsche junge Erwachsene ansprach. Denn der gepflegte musikalische Rückgriff auf Folklore und Volksmusik ist in Deutschland bezogen auf die eigene Tradition nicht üblich (neben der traditionellen Volksmusik wird darunter vor allem auch der eher von der älteren Genera-tion geschätzte Schlager gerechnet) – und alles andere als „cool und sexy".

> „Jetzt ging es darum, diese Tempomacher in ein schickes Clubgewand zu kleiden und aus der Folklore-Ecke zu zerren, damit es auch die Kids cool finden. Der Beat hat angezogen, der Balkan pumpt." (*Eastblok* Homepage zum Release der CD *Balkan-Grooves* am 05.02.2010)

Ein wichtiger Wegbereiter für den Popularitätszuwachs des musikalischen Hypes in den 1990er und den 2000er Jahren ist jedoch ein anderes künstlerisches Medium gewesen: der Film. Ohne die Filme von Emir Kusturica und die Musik von Goran Bregović ist das Phänomen nicht zu erklären. So bezeichnet Barber-Kersovan die Zusammenarbe-it des Duos für die einem großen Publikum bekannt gewordenen Filme, u. a. „Time of the Gypsies" (1989) und „Underground" (1995),[35] als Wegbereiter für die „Balkan res-pektive Gypsy-Welle" (Barber-Kersovan 2009b:1). Dabei sollte allerdings eine kritische Einordnung beider, in vorliegendem Artikel also eine musikanalytische Sicht bezogen auf Bregović, nicht fehlen: Dieser verwende nämlich ausgewählte Elemente der Musik-traditionen des Balkans „that conform to the audience's perception of the region and expectations of what Balkan music should sound like." (Marković 2008:12) Seine eklek-

---

35 Für den ebenfalls sehr bekannten Film „Schwarze Katze, weißer Kater" (1998) war zwar ebenfalls Kusturica verantwortlich, allerdings war Bregović nicht mehr mit der Musik betraut, weshalb ich den Film hier außer acht lasse.

tische Annäherung an Musik, die er als „recycling" bezeichnet, wird sowohl geschätzt als auch stark kritisiert. So bezieht er sich in seiner Kompositionsweise direkt auf Roma-/Zigeunermusiker:

> „They have this thing, how to say that without using bad words?! They have no problem with stealing music. Which is the only honest method of making the music. Because the music does not belong to anybody. It is just something that is around." (Bregović zit. in Gogos 2009:17)

Allerdings sprechen die strengen Fesseln um Urheberschaft und -rechte zum Schutz seiner von ihm heraus gebrachten Musik eine ganz andere Sprache (Marković 2008:20). Für viele Roma-/Zigeunermusiker stehlen auch nicht sie, sondern Bregović selbst. Und nicht alle sehen es so gelassen wie Aurel Ioniţa, der Geiger der rumänischen Gypsyband *Mahala Raï Banda*:

> „Bregovic hat auf mich großen Einfluss gehabt. Man kann sagen, dass er der klügste Dieb war und ich respektiere ihn dafür. Mit Hilfe der Kusturica Filme wurde die Zigeunermusik vom Balkan im Westen bekannt." (Friedrich 2006:3)

Die Vorwürfe von Mustafa Zekirov, dem Sänger von *Turlitawa Shutka* aus Mazedonien, die er gegenüber *Shantel* anbringt, verweisen dabei auf den springenden Punkt:

> „Wer ist Shantel?! Meiner Meinung ist Shantel ein Schatten von Goran Bregović. […] Nur dank der Dummheit der Gadjos kann jemand so erfolgreich sein. Und er glaubt daran!" (Gogos 2009:30)

Die beiden Gadje-Musiker Bregovic und *Shantel* haben mit ihrer Musik, ihren Platten und Tourneen ein beachtlich großes Publikum erreicht und dabei viel Geld verdient. Sie haben es geschafft, dass „Gypsymusic" häufig mit ihnen in Verbindung gebracht wird. Doch die westliche Ausprägung des Trends – Gadje-DJ's und Roma-/Zigeunermusiker – habe, so Friedrich, seinen Höhepunkt bereits überschritten, was man unter anderem daran erkenne, dass Roma-/Zigeunermusiker wie das Bukarester Musikerkollektiv *Shukar Collective*, die ungarische Sängerin *Mitsou* oder die serbische Band *Kal* und ihre „authentische urbane Roma-Musik seit neuestem eher vom Balkan komm[en], als aus den Soundküchen von Paris oder Frankfurt." (Friedrich 2006:17) Die Entwicklung geht zwar weiter, aber die Musikrichtung hat sich etabliert.

Bleibt die Frage nach den Gründen für diesen Hype und diese sind vor allem dort zu suchen, wo das Geschäft gemacht wird – beim Publikum. Die Musik und ihre Protagonisten,

> „trafen den Nerv eines mitteleuropäischen Publikums, das die Filme von Emir Kusturica liebte und seine Sehnsucht nach dem ach so archaischen Leben im unentdeckten Osten Europas auch in hiesigen Konzertsälen ausleben wollte." (Friedrich 2004:4)

Das Publikum sei „satt vom anglo-amerikanischen Sound" gewesen, glaubt auch DJ *Pixie* (Siebert 2006:1) und das Lebensgefühl der Gypsymusic konnte so „als Marker, als konsumistische Aneignung" dienen, in der „Roma-Musiker [eine] Antithese zur statischen Mehrheit" bilden (Hemetek 2009:2). Diese Konstruktion fungiert seit jeher immer wieder als Projektionsfläche für Sehnsüchte nach dem Archaischen, dem Ursprünglichen und Authentischen, aber auch nach Exotik und Unbekanntem. Das „Andere" dient als Kompensations- und Projektionsraum, in dem die zur eigenen Alltagswelt gehörenden Strukturen in ihr Gegenteil verkehrt werden. Port schreibt 1998:

> „The visits of Serb townspeople to the Gypsy bars [in denen Musiker die ganze Nacht auftreten] are a dramatic version of a motif found in virtually all European cultures: the Gypsy world as the refuge for all who wish to escape from the claustrophobic clutches of their regulated lives." (Port 1998:6)

Die Indienstnahme romantisierender Stereotype und Klischees eröffnet eine kulturelle Zuflucht, in der es mithilfe von Musik (und Alkohol) um Flucht, Rausch, um ein Ausbrechen in eine Gegenwelt geht. Port:

> „It emerges that collective fantasies about Gypsies, and celebrations of unreason such as those connected with the Gypsy bands, serve as attempts to resolve the dilemma of the indispensable but unreliable story." (Ebd.:33)

Die Eigenbeschreibungen des *Bucovina Club* als „Tollhaus" mit „Szenen von Rausch und Verbrüderung, von Witz und Anarchie" (Shantel 2003:3) sollen hier – ohne näher auf marktstrategische Intentionen, Vergleichbarkeit zwischen Serbien und Deutschland etc. einzugehen – als Illustration genügen.

Auf der Tagung *Doing gypsy* im September 2009 in Marburg erläutert Greiner, dass dieser Trend in der Popkultur nicht neu sei, sondern eine typische Romantisierung, die gleichzeitig einem tradierten Antiziganismus Vorschub leiste. Er stellt die Hypothese auf, dass alle Hörer und Käufer dieser Musik, Partygänger, DJ's und Sympathisanten – und dabei bezieht er sich vor allem auf die studentische Generation als Zielgruppe – aufgrund des gesellschaftlichen Erfolgsdrucks dem alten Klischee der Freiheit im „lustigen Zigeunerleben" hinterher laufen und dies „mit nichts anderem zu assoziieren in der Lage zu sein scheinen als mit faria faria ho"[36] (Greiner 2009:18). Aber ist dies wirklich die einzige Erklärung zum Hype um die Gypsyclubmusik?

Die von Greiner angestellte Analyse trifft sich mit meinen Beobachtungen, dass es einige Kontinuitäten bereits dagewesener Phänomene am Hype um die Gypsyclubmusik gibt. Allerdings finde ich die Schlussfolgerung, dass es sich hierbei nur um das romantisierende Klischee der Freiheit handelt, zur Erklärung des Hypes bzw. des Publikumsinteresses nicht ausreichend, sondern verweise auf Port und das von ihm beschriebene Ausbrechen in eine konstruierte Gegenwelt. Auch hier ist das „Andere" funktionsmächtig, genährt von Sehnsüchten, Projektionen, aber eben auch von Neugier und Interesse, die nicht grundsätzlich verfemt werden sollten. Dass dieses Interesse zumeist oberflächlich bleibt und nicht unbedingt zu einer tiefgehenden Beschäftigung mit der Kultur der Roma/Zigeuner führt, ist freilich keine neue Erkenntnis, sondern findet sich ebenso in Bezug auf andere (Jugend-)Musikkulturen, beispielsweise dem Hip-Hop.

Die Verlockung, die diese Musik für das Publikum bereit zu halten scheint, ist ebenjener Rollentausch, den Port als „becoming Gypsies", als „would-be Gypsies" (Port 1998:188) beschreibt. Auch DJ Shantels Song „Disko Partizani" spielt damit, wenn er im Refrain die „Tsiganisatsia, Tsiganisatsia" inszeniert: hier können und dürfen – oder sollen? – wir alle in der Partisanen-Disko zum „Gypsy" werden. Für Shantel selbst beschreibt „Tziganisatzia" den „Moment, wenn wir als Band auf der Bühne keine Grenzen mehr kennen... Ich meine zwischen Bühne und Publikum." (Shantel 2010:2) Dabei werden nicht nur aus konsumstrategischen Gesichtspunkten Stereotype und Klischees bewusst eingesetzt und in den Dienst genommen, um das Publikum zu binden. Nicht umsonst wird diese interaktive und kollaborative Mitwirkung des Einzelnen im digitalen Zeitalter als neuer Entwicklungsschritt, als Web 2.0, bezeichnet – und verspricht die Gypsymania 2.0 nicht genau dies: Mitmachen und dadurch eben selber ein wenig zum „Gypsy" werden?

Tatsächlich ist die „Balkan-Gypsy-Welle" in weiten Teilen zwar nicht von der Sehnsucht nach dem vermeintlich undurchsichtigen, verruchten, eben archaischen „europä-

---

36 Greiner spielt damit auf das deutsche Volkslied *Lustig ist's Zigeunerleben* an, das die harte Realität nicht nur romantisch verklärte, sondern schlichtweg leugnete. Das zuerst in Tirol nachweisbare Lied ist in mehreren Varianten überliefert und entstand um 1800. Gesungen wurde es von der sesshaften Bevölkerung, „die derartige Randgruppen mit Misstrauen [...], aber auch leisem Neid beobachteten und ihre eigenen Sehnsüchte in deren ‚freies Leben' projizierten.", s. Rölleke (1993:224 f.).

ischen (Süd-)Osten" zu trennen. Doch eigentlich lassen sich Ost und West längst nicht mehr so klar voneinander trennen. Die besondere Faszination an dem Phänomen der Gypsyclubmusik scheint gerade in dieser herausfordernd grenzüberschreitenden und hybriden Vermischung verschiedener musikalischer und kultureller Einflüsse zu liegen.

Resümee

Für die Untersuchung zum Verhältnis der Mehrheit zur Minderheit lassen sich zusammenfassend zwei relativ allgemeine Aussagen machen: Zum einen weist das musikalische Spektrum von Roma-/Zigeunermusikern und Roma-/Zigeunermusik in seinen Formen, Stilen und Schauplätzen eine derartige Diversifikation auf, dass es fast unmöglich erscheint, sie alle mit einem Begriff – und einer Untersuchung – fassen zu wollen. Zum anderen aber deuten die verschiedenen Erscheinungsformen von *Akzeptanz*, geprägt durch die Mehrheitsgesellschaft, darauf hin, dass eben diese unterschiedlichen Musikformen und ihre Repräsentanten in den verschiedenen Kontexten sehr erfolgreich und akzeptiert waren und sind. Dabei erfahren die Musiker als Ausführende sehr verschiedene Formen der *Akzeptanz*: teils nur geduldet, weil gebraucht, z. B. als „Bewahrer von Tradition" und, wie in den ehemaligen sozialistischen Ländern als Teil der staatlichen Folklore – man könnte mit Ries von einer „rassistischen tolerantia" (Ries 2007:116)[37] sprechen – werden sie teils aber auch bewundert, verehrt und nicht zuletzt: verhältnismäßig gut bezahlt, wie die Ausführungen zu den Repräsentanten von Nationalmusik in Ungarn oder Spanien des 19. Jahrhunderts oder eben auch zur Gypsyclubmusik gezeigt haben.

Es lässt sich feststellen – und dies ist die zweite allgemeine Aussage –, dass die Erscheinungsformen der *Akzeptanz* vielfach solche Phänomene aufzeigen, die in unterschiedlichen Zeit- und Raumkontexten immer wiederkehren. Folglich kann differenziert werden: Als Musiker akzeptiert werden Roma/Zigeuner durchaus, dies ist nicht neu, aber interessant erscheint, warum. Diese Feststellung verweist nämlich einerseits, wie in diesem Artikel beschrieben, auf verschiedene Handlungsmuster der Mehrheitsgesellschaft, andererseits aber wiederum auf die Minderheitsgesellschaft, die eben jene Vielfalt an musikalischen Formen ausgeprägt hat.

---

37 Ries verwendet diesen Begriff bezogen auf die Interaktionen von Roma/Zigeunern und Gadje eines traditionellen Dorfkontexts in Siebenbürgen, Rumänien: „Mit *tolerantia* beziehe ich mich also nicht auf Handlungsregeln für das Geltenlassen von Überzeugungen, Normen, Wertesystemen, sowie der ihnen entsprechenden Handlungen anderer, sondern auf das Erdulden des Anderen ohne Anerkennung." Hervorhebungen im Original, (ebd.).

Insofern kann auch gesagt werden, dass in der Geschichte nicht die *Akzeptanz* der variable Faktor ist, sondern die je nach Kontext unterschiedlich stark ausgeprägten Ab- und Ausgrenzungsmechanismen, die zu Diskriminierungen führen. So kam es beispielsweise durch die Nationalstaatsidee und die damit einhergehenden Homogenitätsbestrebungen im 19. Jahrhundert zu einer Sortierung der Kulturen und damit schließlich auch zu stärkerer Diskriminierung von Randgruppen. Immer wieder scheinen solche Brüche in Gesellschaften dafür verantwortlich zu sein, dass auf der Suche nach neuen Sicherheiten ebenjene Randgruppen wie Roma/Zigeuner als *faszinosum* und *tremendum* herhalten müssen. Doch anstatt resignativ nur auf das sich immer gleich drehende Rad der Geschichte zu verweisen, plädiere ich mit Tschernokoshewa für eine „Dialogizität"[38], die sich aus dieser Suche und diesem Interesse ableiten lassen sollte. Minderheiten, so ihre These, haben eine gewisse Übung darin, verschiedene Perspektiven einzunehmen. Die provozierende Frage sei, wie die gesellschaftlichen Strukturen geöffnet werden können, um solche „Dialogischen Begegnungen" zu ermöglichen. Klar ist indes: Jede Gesellschaft braucht ihre Minderheiten!

---

38 Vgl. Tschernokoshewa (2011:20f.).

Literatur & Quellen

Awosusi, A. (Hg.) 1997. *Die Musik der Sinti und Roma.* Bd. 2: *Der Sinti-Jazz* (= Schriftenreihe des Dokumentations- und Kulturzentrum Deutscher Sinti und Roma). Heidelberg: Dokumentations- und Kulturzentrum Deutscher Sinti und Roma.)

Barber-Kersovan, A. 2009a. *How Balkan Rock Went West. Political Implications of an Ethno-Wave.*(*In* Clausen, B., Hemetek, U., Saether, E. & European Music Council (Hg.), *Music in Motion. Diversity and Dialogue in Europe.* Bielefeld: transcript Verlag. S. 233–251.)

Barber-Kersovan, A. 2009b. Vortrag auf der Tagung *Dialogische Begegnungen.* 15.05.–17.05.2009. Bautzen. Eigene Vortragsnotizen, eigene Paginierung.

Baumann, M. P. 2000. Roma im Spiegelbild europäischer Kunstmusik. (*In* Baumann, M. P. (Hg.), *Music, Language and Literature of the Roma and Sinti.* Berlin. S. 393–444.)

Beissinger, Margaret H. 1991. *The Art of the Lautar: The Epic Tradition of Romania.* New York, London.

Brandl, Rudolf Maria 2000. Die „Yiftoi" und die Musik in Griechenland – Rolle und Funktion. (*In* Baumann, M. P. (Hg.), *Music, Language and Literature of the Roma and Sinti.* Berlin. S. 197–224.)

Brepohl, F. W. 1913. *Die Zigeuner als Musiker in den türkischen Eroberungs-Kriegen des XVI. Jahrhunderts: Ein Beitrag zur Geschichte der Zigeuner.* Wiesbaden.

Cronshaw, A. 2000. Neue Runen. Stille Orte in Finnland. (*In* Broughton, S. u.a. (Hg.), *Rough Guide. Weltmusik.* Stuttgart,Weimar. S. 64–74.)

Crowe, D. M. 1995. *A History of the Gypsies of Eastern Europe and Russia.* London, N.Y.

Djuric, R., Becken, J. & Bengsch, B. 1996. *Ohne Heim – ohne Grab: die Geschichte der Roma und Sinti.* Berlin.

Edirne Roma Association (EDROM), European Roma Rights Center (ERRC) & Helsinki Citizen's Assembly (hCa) 2008. *We Are Here! Discriminatory Exclusion and Struggle for Rights of Roma in Turkey.* Istanbul.

Elschek, O. & Elscheková, A. 1996. Theorie und Praxis der Erforschung der traditionellen Musik der Minderheiten. (*In* Hemetek, U. (Hg.), *Echo der Vielfalt. Traditionelle Musik von Minderheiten/ethnischen Gruppen.* Wien.)

Elschek, O. 2000. Die Musik der Roma und Sinti in der Mehrheitsgesellschaft. Funktionen, Stile, Chancen. (*In* Baumann, M. P. (Hg.), *Music, Language and Literature of the Roma and Sinti.* Berlin. S. 179–196.)

Fricke, T. 1996. *Zigeuner im Zeitalter des Absolutismus. Bilanz einer einseitigen Überlieferung. Eine sozialgeschichtliche Untersuchung anhand südwestdeutscher Quellen.* (= Reihe Geschichtswissenschaft Nr. 40). Pfaffenweiler.

Friedrich, G. 2004. *Suburban Bucharest. Mahala Sounds from Romania.* CD-Booklet US 0323. München. Eigene Paginierung. S. 1–28.

Friedrich, G. 2006. *Der DJ ist selten ein Roma. Roma-Club-Musik – remixt und arrangiert: Trends zwischen Bukarest, Wien und Paris*. Radio-Feature des Hessischen Rundfunks. 30.3.2006.

Gay y Blasco, P. 1999. *Gypsies in Madrid. Sex, Gender and the Performance of Identity*. Oxford, N.Y.

Gilsenbach, R. 1994. *Weltchronik der Zigeuner. Tl. 1: Von den Anfängen bis 1599* (= Studien zur Tsiganologie und Folkloristik Bd. 10). Frankfurt a.M.

Gogos, M. 2009. *Kulturpartisanen – oder die Balkanizer. Wie ein Lebensgefühl zum Exportschlager wurde*. Radio-Feature des Westdeutschen Rundfunks (WDR 3). 30.05.2009.

Greiner, S. 2009. Well, I Walked Right On to Your Rebel Roadside. „Schwarze Katze, Weißer Kater" und der Antiziganismus der Popkultur. Vortrag auf der Tagung *Doing gypsy*. Hessischer Kultursommer 2009, 02.–10.09.2009, Marburg.

Halwachs, D. W., Heinschinck, M. F. & Fennesz-Juhasz, C. 2000. Kontinuität und Wandel. Der Stellenwert von Sprache und Musik bei Roma und Sinti in Österreich. (*In* Baumann, M. P. (Hg.), *Music, Language and Literature of the Roma and Sinti*. S. 99–153.)

Hamzeh'ee, M. R. 2002. *Zigeunerleben im Orient. Eine vergleichende interdisziplinäre Untersuchung über die Geschichte, Identitätsstruktur und ökonomische Tätigkeit orientalischer Zigeuner*. Frankfurt a. M.

Hanna, N. S. 1993. *Die Ghajar. Zigeuner am Nil*. München.

Hemetek, U. 1992. Musik als Ausdruck der Identität – Roma und Sinti in Österreich. (*In Jahrbuch der Hochschule für Musik und darstellende Kunst Wien*. S. 101–133.)

Hemetek, U. 1998. Roma, Sinti, Manush, Calé. (*In* Finscher, L. (Hg.), *Die Musik in Geschichte und Gegenwart. Allgemeine Enzyklopädie der Musik*. Kassel. Sachteil 8:Sp. 447–457.)

Hemetek, U. 2009. Vortrag auf der Tagung *Dialogische Begegnungen*. 15.05.–17.05.2009. Bautzen. Eigene Vortragsnotizen, eigene Paginierung.

Hölz, K. 2002. *Zigeuner, Wilde und Exoten. Fremdbilder in der französischen Literatur des 19. Jahrhunderts*. Berlin.

Kállai, E. 2002. Gypsy Musicians. (*In* Sik, E. & Kováts, A., *Roma Migration*. Budapest. S. 75–96.)

Kodály, Z. 1956. *Die ungarische Volksmusik*. Budapest.

Leblon, B. 1997. *Gitanos und Flamenco. Die Entstehung des Flamenco in Andalusien* (= Reihe Interface Nr. 6). Berlin.

Lemon, A. 2000. *Between two Fires. Gypsy performance and Romani memory from Pushkin to post-socialism*. Durham.

Litterst, G. 1997. Djangos Erben – Zigeunermusik zwischen Traditionspflege und Fortentwicklung. (*In* Awosusi, A. (Hg.), *Die Musik der Sinti und Roma*. Bd. 2: *Der Sinti-Jazz*. Heidelberg. S. 101–156.)

Liszt, F. 1978. „Die Zigeuner und ihre Musik in Ungarn." (*In Gesammelte Schriften VI, Nachdruck der Ausgabe Leipzig 1883*. Hildesheim, N. Y. & Wiesbaden.

Lorenz, T. 2008. Musikkulturen der Zigeuner. Regionale Vielfalt im transnationalen Diskurs. (*In* Jacobs, F. & Ries, J. (Hg.), *Roma-/Zigeunerkulturen in neuen Perspektiven*. Leipzig. S. 97–118.)

Lucke, D. 1995. *Akzeptanz. Legitimität in der „Abstimmungsgesellschaft"*. Opladen.

Marushiakova, E. & Popov, V. 2001. *Gypsies in the Ottoman Empire. A contribution to the history of the Balkans* (= Interface Collection 22). Bristol.

Markovic, A. 2008. Goran Bregovic, the Balkan Music Composer. *Ethnologia Balkanica* 12:9–23.

Papapavlou, M. 2000. *Der Flamenco als Präsentation von Differenz: Gitanos und Mehrheitsbevölkerung Westandalusiens in ethnologischer Perspektive.* Göttingen.

Papenbrok-Schramm, M. 1998. Geschichte und Entwicklung des Flamenco gitano-andaluz. (*In* Awosusi, A. (Hg.), *Die Musik der Sinti und Roma.* Bd. 3: *Der Flamenco.* Heidelberg. S. 11–23.)

Pettan, S. 2000. Gypsies, Music, and Politics in the Balkans: A Case Study from Kosovo. (*In* Baumann, M. P. (Hg.), *Music, Language and Literature of the Roma and Sinti.* Berlin. S. 263–292.)

Peycheva, L. & Dimov, V. 2002. *The Zurna Tradition in Southwest Bulgaria* (= Bulgarian Musicology Researches). Sofia.

Port, M. v. d. 1998. *Gypsies, Wars and Other Instances of the Wild. Civilization and its Dimension in a Serbian Town.* Amsterdam.

Radulescu, S. 2003. What is Gypsy Music? On Belonging, Identification, Attribution and the Assumption of Attribution. (*In* Jurková, Z. (Hg.), *Romani Music at the turn of the Millenium. Proceedings of the Ethnomusicological Conference.* Prague. S. 79–84.)

Radulescu, S. 2004. *Chats about Gypsy Music.* Bucureşti.

Rao, A. 2003. Peripatetische Gruppen zwischen Kalkutta und Istanbul: Ähnlichkeiten und Unterschiede. (*In* Matras, Y., Winterberg, H. & Zimmermann, M. (Hg.), *Sinti, Roma, Gypsies. Sprache – Geschichte – Gegenwart.* Berlin. S. 11–39.)

Reemtsma, K. 1996. *Sinti und Roma. Geschichte, Kultur, Gegenwart,* (= Beck'sche Reihe Nr. 1155). München.

Renner, E. (Hg.) 1988. *Zigeunerleben. Der Lebensbericht des Sinti-Musikers und Geigenbauers Adolf Boko Winterstein.* Frankfurt a.M.

Ries, J. 2007. *Welten Wanderer. Über die kulturelle Souveränität siebenbürgischer Zigeuner und den Einfluss des Pfingstchristentums* (= Religion in der Gesellschaft Bd. 21). Leipzig.

Salmen, W. 1983. *Der Spielmann im Mittelalter* (= Innsbrucker Beiträge zur Musikwissenschaft Bd. 8). Innsbruck & Neu-Rum.

Salmen, W. 1997. *Beruf: Musiker, Verachtet – vergöttert – vermarktet. Eine Sozialgeschichte in Bildern.* Kassel u. a.

Sárosi, B. 1977. *Zigeunermusik.* Budapest.

Shantel 2003. *Bucovina Club.* CD-Booklet. Essay Recordings. Eigene Paginierung.

Shantel 2010. Schriftliches Interview mit DJ *Shantel* aka Stefan Hantel, 30.08.2010.

Siebert, A. & Horlitz, S. 2005. *BalkanBeats* 2005. CD-Booklet. Eastblokmusic. Eigene Paginierung.

Siebert, A. 2006. Interview mit DJ *Pixie* aka Armin Siebert. Berlin. 17.04.2006.

Steinbrinker, K. 1982. *Die ungarische Zigeunervolksmusik. Musikwissenschaftliche Auswertung einer Sammlung von über 120 Aufnahmen aus ungarischen Dörfern. Versuch einer Gesamtdarstellung von Zigeunervolksmusik.* Unveröffentlichtes Manuskript. Hamburg.

Streck, B. 1996. *Die Halab. Zigeuner am Nil* (= Sudanesische Marginalien Bd. 4). Wuppertal.

Syfuß, E. 1996. Der Einfluß der ungarischen Roma-Musik auf die virtuose Violinenliteratur von Ravel und Sarasate. (*In* Awosusi, A. (Hg.), *Die Musik der Sinti und Roma*. Bd. 1: *Die ungarische „Zigeunermusik"*. Heidelberg. S. 129–154.)

Tschernokoshewa, E. 2011. Die hybridologische Sicht. Von der Theorie zur Methode. (*In* Tschernokoshewa, E. & Keller, I. (Hg.), *Dialogische Begegnungen. Minderheiten – Mehrheiten aus hybridologischer Sicht*. Münster, New York, München & Berlin: Waxmann. S. 13–30.)

Vossen, R. (Hg.) 1983. *Zigeuner. Roma, Sinti, Gitanos, Gypsies zwischen Verfolgung und Romantisierung. Katalog zur Ausstellung „Zigeuner zwischen Verfolgung und Romantisierung – Roma, Sinti, Manusch, Calé in Europa" des Hamburgischen Museums für Völkerkunde* (= Ullstein-Sachbuch Nr. 34135). Frankfurt a. M., Berlin & Wien.

Willems, W. 1998. Ethnicity as a Death-Trap: The history of Gypsy Studies. (*In* Lucassen, L., Willems, W. & Cottaar, A. (Hg.), *Gypsy and Other Itinerant Groups. A Socio-Historical Approach*. London & Portland. S. 17–34.)

Nachschlagewerke und Wörterbücher

Brockhaus *Enzyklopädie in zwanzig Bänden* 1970. Neunter Band IL-KAS. Wiesbaden.

Duden 2009[25]. *Die deutsche Rechtschreibung*. Bd. 1. Mannheim, Wien & Zürich.

Duden 1990. *Fremdwörterbuch*. Bd. 5. Mannheim.

Gemoll, W.G. 1991. *Griechisch-deutsches Schul- und Handwörterbuch von Wilhelm Gemoll*. Durchgesehen und erweitert von Karl Vretska. Nachdruck. München.

Internetquellen

http://eastblok.de/ebm/index.php?option=com_content&task=view&id=339; Zugriff: 05.02.2010

www.tiff.ro; Zugriff: 10.08.2006.

www.wehype.com/magazin/artikel/show/2008/06/01/was-bedeutet-der-begriff-hype/; Zugriff: 15.5.2010.

www.wmce.de; Zugriff: 21.7.2006.

CLARA WIECK

Zwischen Kontinuität und Wandel
Die Van Bagria Rajasthans

In der Ethnologie Südasiens galt Indien lange Zeit als „Republik der Dörfer", als „fairly immobile and unchanging society in the longue durée" (Markovits u. a. 2003:4). Dabei war und ist die Subsistenz einer nicht unerheblichen Zahl von Menschen an die Bewegung im Raum geknüpft. Mehr als 500 mobile Gemeinschaften (Malhotra 1982) und geschätzte 7 % der Gesellschaft (Randhawa 1996) durchziehen den indischen Subkontinent auf der Suche nach natürlichen oder sozialen Ressourcen. Manche von ihnen züchten Ziegen, Schafe, Kamele, Rinder, Schweine, Yaks oder Enten. Andere jagen und sammeln, was ihnen die Natur schenkt. Wiederum andere gehen seit Generationen einer Vielzahl verschiedener, auf Mobilität beruhender Tätigkeiten nach. Als Händler, Genealogen und Schmiede, als Schlangenbeschwörer, Tätowierer und Rezitatoren, als Puppenspieler, Zahnärzte und vielerlei mehr verkaufen sie sesshaften Gemeinschaften ihre Produkte und spezialisierten Dienstleistungen – ein „ethnologisches Dorado".

Demographisch keine zu übersehende Größe, sind jene Gemeinschaften in der wissenschaftlichen Literatur bis heute nicht hinreichend repräsentiert und galten bis in die 80er Jahre als „marginal to the academic interest" (Misra & Malhotra 1982:V). Als koloniale Hilfswissenschaft beteiligte sich die Ethnologie an der Kreation von den Kolonialismus überdauernden Stereotypen mobiler Gemeinschaften. Ab den 50er Jahren bildeten holistische Dorfmonographien den in der Ethnologie Südasiens vorherrschenden Arbeitsmodus. Erst unter Eindruck der in den 80er Jahren initiierten „Subaltern Studies" und der Ablösung der brahmanisch informierten Indologie als Leitdisziplin der Ethnologie durch die neuere Geschichtswissenschaft, wandte sich die entstehende „postkoloniale Ethnologie" zunehmend marginalen, wie etwa mobilen Gruppen zu.

Die in den ariden Gebieten des nordwestindischen Bundesstaates Rajasthan lebenden Van Bagria – eine Gemeinschaft traditioneller Jäger – sind eine jener zahlreichen Gruppen. Einen Teil ihrer im Didwana Tehsil des Distrikts Nagaur lebenden Gemeinschaft lernte ich während der Wintermonate des Jahres 2009 im Rahmen eines Praktikums bei der indischen Nichtregierungsorganisation Lokhit Pashu Palak Sansthan (dt.: Organisation für das Wohl von Viehzüchtern) kennen. Basierend auf meinen eigenen Beobachtungen, welche im Spiegel vorhandener Literatur zu den Van Bagria und mit ihnen verwandten Gruppen reflektiert werden, möchte ich im Folgenden ein Bild – eine Momentaufnahme – ihrer Gemeinschaft skizzieren, einer Gemeinschaft zwischen Kontinuität und Wandel.

Wer sind die Van Bagria?

In schriftlicher Form fixiert wurde der Name Van Bagria respektive Van Vagri (Misra 1989), Van Baoria (Mandal 1998:980) und Vagri (Werth 1996) erstmalig in Forschungs-kontexten der 1980er Jahre. Bis dato findet sich in ethnographischen Quellen keine Er-wähnung einer Gemeinschaft diesen Namens. In Quellen der Kolonialzeit – voluminöse Kompendien und Gazetteers, die zumeist Titel wie „The Tribes and Castes of…" trugen und von dem kolonialen Eifer berichten, Menschen „fast wie Schmetterlinge" (Michaels 2006:180) zu archivieren – genannt und beschrieben werden hingegen eine unüberblick-bare Anzahl von Gemeinschaften, die sowohl untereinander als auch mit den Van Bagria in Verbindung stehen. Vaghri, Bawaria, Baori, Badhak und Bagri sind nur einige der hier aufgeführten Termini, die Segmente eines über nahezu ganz Indien verbreiteten Clusters ineinander verwobener Gemeinschaften bezeichnen.

Im England des 19. Jahrhunderts wurden unveränderliche, da genetische Dispositio-nen als Ursache von mit Landstreicherei und Armut assoziierten nomadischen Lebens-formen begriffen: „The British regarded mobility as ‚backward', nomads as uncontrollable and hence potentially criminal" (Rao & Casimir 2003a:65). Auf Südasien übertragen und unter Eindruck der Entdeckung des Kastensystems führte diese Gedankenkette zur Idee der „kriminellen Kasten". Unter dem 1872 erlassenen „Criminal Tribes Act" registriert und sozial stigmatisiert, bedienten sich viele jener größtenteils mobilen Gruppen im Verlauf des 20. Jahrhunderts neuer ökonomischer Strategien. Das 1985 von indischen Anthropologen und Soziologen initiierte Großprojekt „People of India", welches darauf abzielte, die indischen Gemeinschaften in ihrer Gesamtheit zu kategorisieren, führt die Vagri, Bawaria/Bauria und Baori als sesshafte Agrikulturalisten, Lohnarbeiter und Dienstleister auf. Auf die Schwierigkeit, Gemeinschaften zu identifizieren und gegeneinander abzugrenzen, wird im Vorwort der Serienbände Bezug genommen:

> „About forty-seven communities were deleted by the field investigators because (…) some of the communities were (…) clans and subgroups of other communities. We dealt with the problem of subgroups of other communities. We dealt with (…) change in identities of some communities, merger of small with big communities, etc." (Singh 1998: 26 f.)

So lässt sich vermuten, dass der Name Van Bagria von den Betreffenden selbst oder ihren sesshaften Nachbarn generiert wurde, um eine Unterscheidung zwischen Segmenten einer sich ausdifferenzierenden Gemeinschaft zu bezeichnen. Das Suffix „van" (hindi: Wald, Dickicht, Wildnis) wird zum Marker einer Gemeinschaft, die ihrer traditionellen, auf Mobilität beruhenden Lebensweise verhaftet ist.

Selbstbilder

Über die Ursprünge und die Geschichte der Van Bagria finden sich in historischen Quellen keine direkten Hinweise. Somit macht es nur wenig Sinn, darüber zu spekulieren, ob Gruppen wie die Van Bagria als Nachkommen prähistorischer Jägergemeinschaften gelten können, sie einst Angehörige der sesshaften Gesellschaft waren und durch externe Faktoren zu einer mobilen Lebensweise übergingen oder ob „sich ein schon immer wanderndes gesellschaftliches Substrat nach einem langsamen Prozess gesellschaftlicher Umwandlung oder Anpassung in den ökonomischen Nischen der jahrtausendealten staatlichen Kultur Indiens ausbreitete" (Werth 1996:3). Jedoch ist es gerade die Frage nach dem Ursprung der eigenen Gemeinschaft, die das Selbstverständnis der Van Bagria berührt und uns dieses deshalb näher zu bringen vermag.

Ebenso wie die an Fakten orientierte Geschichtsschreibung reflektieren die Ethnogonien der Van Bagria Aspekte von Wirklichkeit. Bei der Betrachtung ihrer oral tradierten Legenden fällt ein wiederkehrendes Motiv ins Auge: Durch Unwissenheit oder schlechten Benimm lädt eine Gruppe hochkastiger Rajputen im Mittelalter Schuld auf sich. Ihrem Vergehen folgt die göttliche Strafe, wodurch die Gemeinschaft ihr soziales Prestige einbüßt und sich zu einem Leben als stigmatisierte Jäger verdammt findet. Im Rückgriff auf Vergangenes kann eine Diagnose der Gegenwart erfolgen. Indem die eigenen, mitunter beschwerlich empfundenen Lebensumstände auf die Vergehen einst lebender Vorfahren zurückgeführt werden, wird der eigene Status sich selbst und anderen gegenüber erklär- und legitimierbar.

Bilder der Anderen

Die Wahrnehmung der Van Bagria durch andere „Kasten" erfolgt zumeist auf der Basis bestehender Vorurteile und Stereotypen: „Diese Leute sind anders. Sie leben in der Wildnis!" So und ähnlich wurden mir die Van Bagria von sesshaften Bewohnern des Didwana Tehsils beschrieben. Auf mein Nachfragen, was genau die Van Bagria von ihnen unterscheide, erhielt ich immer wieder die Antwort, sie seien eben anders, ihre Erscheinung, ihr Auftreten, ihre ganze Lebensweise. Woher rührt diese Wahrnehmung?

S. K. Mandal zufolge migrierten die Van Bagria in den 70er Jahren aus der Shekawati Region nach Marwar, in das „Land des Todes", so die wörtliche Übersetzung. (Vgl. Singh 1998:3585) Diese Information korrespondiert sowohl mit dem 1972 verabschiedeten Indian Wildlife Protection Act, der den Van Bagria ihre traditionelle Hauptbeschäftigung, die Jagd, in neu eingerichteten Natur- und Wildschutzgebieten gesetzlich untersagte als auch mit der Erwähnung des Distriktes Alwar in tradierten Legenden der Gemeinschaft. So liegt die Annahme nahe, dass die Van Bagria durch politische Programme zum biologischen Artenschutz aus ihrem einstigen Territorium in Ostrajasthan gedrängt wurden und in Konsequenz in aride Gebiete westlich gelegener Distrikte abwanderten. Als unangepasste Fremde, deren Ursprung rätselhaft und deren Sprache den Bewohnern des Didwana Tehsils fremd erscheint, besitzen die Van Bagria innerhalb der lokalen Sozialgefüge gleich den peripatetischen Gruppen Indiens, den „Customary Strangers" (Berland & Rao 2004), keinen festen Platz. Insofern die Van Bagria jedoch jagen und damit mutwillig töten, Fleisch konsumieren und auf die Dienste brahmanischer Priester verzichten, ähneln sie den unberührbaren Kasten der Region und werden mit diesen auf einer sozialen Stufe gesehen.

In der sie umgebenden Gesellschaft gelten die Van Bagria als eine in der Wildnis lebende Gemeinschaft von Jägern, als billige Arbeitskräfte und als Menschen, die vor allem durch Bettelei oder den Verkauf ihrer Jagdbeute in Erscheinung treten. Im Gegensatz zu anderen nomadischen Gemeinschaften, die sesshaften Kasten ihre Dienstleistungen und Produkte anbieten, werden die Van Bagria dabei nicht der Kategorie *Khānābadoś* zugerechnet, sondern als *Jangali,* als „Bewohner der Wildnis" bzw. „Wilde", bezeichnet.

Als Gegenbild zu der sesshaften und scheinbar zivilisierten Kultur der Dörfer entworfen, beruhen Vorstellungen, die die Bewohner des Didwana Tehsils von den Van Bagria besitzen, nur selten auf eigenen Erfahrungen. Eher werden sie kommunikativ vermittelt und reproduziert. Kinder wiederholen das von ihren Eltern Gesagte. In ein

Korsett tradierter Normen eingebunden, unterliegen das Handeln und die Beziehungen vieler Menschen des Didwana Tehsils alten Vorstellungen von ritueller Reinheit und Unreinheit. Ein auf Augenhöhe geführter Dialog, welcher der Revision oder Überprüfung stereotyper Vorstellungen zuträglich sein könnte, ist unter diesen Umständen nur schwer vorstellbar.

Auch Ethnologen produzieren „Bilder der Anderen". Es ist ihr Beruf. Im Folgenden möchte ich daher nun mein Bild oder vielmehr meine Momentaufnahme der Van Bagria und ihrer Kultur zeichnen, einer Kultur, die im Kontrast zu der ihrer sesshaften Nachbarn steht, jedoch gleichsam mit dieser verwoben ist.

Erste Begegnungen

Gestärkt von in Ghee ertränktem Brot und süßem, würzigem Chai fahren wir dem anbrechenden Tag im gepolsterten Jeep entgegen. Vorbei an einem lärmenden Städtchen und staubigen Dörfern tauschen wir die geteerten Landstraßen gegen sandige Pisten. Es ist Winter und Trockenzeit. Nur partiell stehen Felder in Frucht, was auf künstliche Bewässerung und den Wohlstand ihrer jeweiligen Besitzer schließen lässt. Die Landschaft; eine Monochromie in hellem Ocker, durchsetzt von kahlköpfigen Khejri-Bäumen (Prosopis cineraria), deren nahrhafte Blätter dem Überleben der zahlreichen Kleinviehherden der Region geopfert wurden. Wir fahren durch den indischen *jungle*, die Wildnis, den wüsten, unbesiedelten Raum abseits der Dörfer und Städte. Recht unvermittelt erscheinen in meinem Blickfeld Zelte und Menschen. Mitten in der Landschaft ein Lager der Van Bagria. Wir sind da.

Das geschärfte Auge kann ein Lager der Van Bagria leicht erkennen und von den Lagerplätzen anderer mobiler Gruppen unterscheiden. In der Regel campiert die Gemeinschaft auf unkultiviertem, da minderwertigem Gemeinland, auf das andere Kasten keinen Anspruch erheben, häufig auf einer Sanddüne, nach Möglichkeit in der Nähe eines *Naadi* (Wasserreservoirs) und stets in der Nähe eines schattenspendenden Baums. Bunte Bündel ordentlich gefalteter Steppdecken und frei in der Landschaft stehende Betten deuten darauf hin, dass sich das Leben der Van Bagria während der trockenen Wintermonate tagsüber wie nachts unter freiem Himmel abspielt. Vielfach finden sich jedoch auch tunnelförmige Zelte, die aus einem Gerüst gebogener Äste bestehen, über das eine Plastikplane gespannt ist, sowie aus Ästen, Stroh und dornigem Gestrüpp gefertigte Unterstände und Hütten. Fast immer sieht man irgendwo einen großrädrigen Kamelkarren stehen, welcher es seinen Besitzern gestattet, ihr Lager rasch abzubrechen, ihre wenigen Besitztümer zu verstauen und weiterzuziehen. Neben einem Kamel, das am Rande des Lagers stehen mag, zeigen sich in den Lagern der Van Bagria in lokaler Variation Schafe,

Ziegen, Hühner oder Esel. Immer lassen sich auch ein oder zwei zahme und bisweilen mit Halsbändern geschmückte Hunde sichten, was insofern verwundert, als Hunde in Indien keine allzu geschätzten Tiere sind. Wenn sich die Familie nicht auf Wanderschaft befindet, sondern den Lagerplatz für längere Zeit bewohnt, fällt weiterhin ein gänzlich aus Stroh gefertigtes, tunnelartiges Konstrukt auf, dessen Zweck sich dem fremden Betrachter nicht unmittelbar erschließen mag. Ähnlich verhält es sich mit einem metallenen, etwa 50 cm langen Zylinder, der sich auf einem nahe des Lagers stehenden Baum entdecken lässt. Dass es sich bei dem Konstrukt aus Stroh um das ihrer Göttin geweihte Opferzelt handelt und jene Göttin ihren Schrein in dem in luftiger Höhe verstauten Zylinder besitzt, vermag der Unwissende nur im Gespräch mit den Van Bagria zu erfahren.

Mein Blick aufgrund fehlenden Vorwissens noch trübe, steige ich aus dem Wagen. Binnen kurzer Zeit steht uns die gesamte hier lebende Familie der Van Bagria gegenüber. Sie sind von unserem Besuch informiert; noch weiß ich nicht, dass fast jede Familie ihrer Gemeinschaft im Besitz eines Mobiltelefons ist. Ich blicke umher und versuche, der auf mich einströmenden Eindrücke Herr zu werden. Die in einiger Entfernung, jedoch in Hörweite zu dem Kreis der Männer stehenden Frauen der Van Bagria tragen wie die meisten Frauen in Rajasthan keine Saris, sondern einen bis zu den Knöcheln reichenden Faltenrock (*Ghāgrā*), der mit einer Bluse (*Cholī*) sowie mit einem über die Schulter und den Kopf geworfenes Tuch (*Oḍhnī*) kombiniert wird. Gleich den Frauen anderer Kasten halten sie sich im Hintergrund und lassen ihre Männer agieren, ein Kind im Arm, ein anderes am Rock, das Gesicht hinter den Enden ihres *Oḍhnī* verborgen. Ihre Männer, schmal und feingliedrig wie sie, tragen weiße *Dhotī*, farbenfrohe Turbane und bisweilen noch buntere und mit wilden Mustern versehene Hemden. Männer, Frauen und die zahlreichen Kinder sind reichlich mit Halsketten, Armreifen und Ohrringen geschmückt. Ein kleiner Junge hat eine Krawatte angelegt. Die Haare der Van Bagria stehen mitunter wild in alle Richtungen ab oder sind zu originellen Frisuren geflochten, Kinderköpfe sind zum Teil mit Tonsuren versehen. Zu meiner Überraschung tragen auch die meisten Männer ihre Haare lang. Eine Gemeinschaft, reich an Farben und Kreativität, deren äußeres Erscheinungsbild auf mich dennoch ärmlich wirkt.

Familie und Organisation

Eine der ersten Fragen, die Frauen der Van Bagria mir stets stellten, war jene, ob ich verheiratet sei und wie viele Kinder mir geschenkt waren. Die Reaktionen meines jeweiligen Gegenübers auf das Geständnis meiner Kinderlosigkeit reichten von leichtem Befremden bis hin zu kleinen Gesten des Mitleids, welche mir von Begegnungen mit Frauen anderer

Kasten bereits vertraut waren. Wie überall in Indien sind Familie und Verwandtschaft auch für die Van Bagria von zentraler Bedeutung.

Deszendenz bietet Mechanismen zur sozialen Regulation, demnach die Gemeinschaft der Van Bagria in verschiedenen exogamen Clans, den sogenannten *Gotras* organisiert ist. Heirat ist keine Sache des Individuums, sondern eine Angelegenheit, die den Aufbau der Gemeinschaft definiert und in Folge von den Eltern für ihre Kinder arrangiert wird. Geheiratet wird im Jugendalter, wenngleich eine Verlobung der Partner ungleich früher erfolgen kann. Anders als in Indien weitläufig üblich, wird von der Familie der Frau dabei traditionell keine Mitgift erhoben. Vielmehr steht die Familie des Mannes in der Pflicht, einen Brautpreis zu zahlen. Jener Brautpreis entfällt, wenn sich zwei Familien dazu entschließen, Frauen zu tauschen. Denn durch den Frauentausch werden zwischen verschiedenen Familienverbänden Allianzen geknüpft, wobei jede geschlossene Allianz das Recht auf und die Verpflichtung zur Reziprozität schafft.

Die vornehmliche Funktion der *Gotras* besteht darin, die Regeln für Heiratsallianzen festzulegen. Dabei ist aus der Perspektive der Ehekandidaten insbesondere die *Gotra* des eigenen Vaters zu meiden. Ein willkommener Partner für das eigene Kind entstammt einer Familie, zu der bereits Heiratsbeziehungen bestehen und der kein schlechter Ruf vorauseilt. In Folge muss eine junge Frau, die nach der Eheschließung zu der Familie ihres Mannes zieht, ihr soziales Umfeld nicht hinter sich lassen, insofern in der neuen Lokalgruppe aufgrund bestehender Allianzen bereits Angehörige ihrer eigenen Familie auf sie warten. Zudem schließen sich Familien, die Allianzbeziehungen unterhalten, bisweilen zu größeren Migrationsgruppen, sogenannten *Dheras*, von drei bis fünf Familien zusammen. Nie sind die Ehepartner daher auf sich alleine gestellt, sondern werden auch im Falle einer problematischen Ehe von einem Netz sozialer Beziehungen getragen. Die Kinder des Paares werden der Familie des Mannes zugerechnet, jedoch später wohlmöglich wieder mit der Familie der Frau vereint.

Inwiefern die Heiratswünsche verliebter Teenager von ihren Familien berücksichtigt werden, hängt davon ab, in welchem Maß die angestrebte Verbindung der familiären Sozialpolitik zuträglich ist. Die Fluchtheirat ist unter jungen Paaren daher, so beklagen ältere Van Bagria, vor allem in jüngerer Zeit gängige Praxis, den eigenen Willen durchzusetzen. Für die Gemeinschaft hingegen ist sie ein Eklat, der die beteiligten Familien in einen Ausnahmezustand versetzt. In der Regel werden die Liebenden schnell aufgespürt und in die eigenen Reihen zurückgeholt, woraufhin der Kastenrat über die Zukunft des Paares entscheidet.

Verstirbt ein Ehepartner frühzeitig, soll der verbleibende Partner nicht alleine bleiben. Häufig wird ein Witwer mit der jüngeren Schwester oder Cousine seiner verstorbenen Frau (Sororat) und eine Witwe mit dem jüngeren Bruder oder Cousin ihres verstorbenen

Mannes (Levirat) verheiratet. Unter Umständen mag ein Mann folglich Ehemann mehrerer Frauen sein, wie mir am Beispiel eines etwa 15-jährigen Jungen erklärt wird. Für diese auf sozialen Grundsätzen beruhende Praxis werden die Van Bagria von anderen Kasten scheel angesehen, mitunter jedoch auch beneidet.

Ganz ähnlich verhält es sich im Falle alleinstehender Witwen, die bei den Van Bagria anders als in der nordindischen Gesellschaft oftmals üblich, nicht mit Unheil assoziiert werden. Mit ihrer farbigen Kleidung und den mit Reifen geschmückten Armen gleichen verwitwete Frauen jenen Frauen, die einen lebenden Ehemann haben. Ihr Status wird nicht sonderlich hervorgekehrt.

Auch sind Trennungen in der Gemeinschaft der Van Bagria keine Seltenheit. Zwar gilt die lebenslange Ehe als erstrebenswertes Ideal, doch wenn Männer unter Alkoholeinfluss zu Gewalt neigen oder es aus anderen Gründen zu ständigen Streitereien kommt, werden die Eheleute, im Besonderen wenn die Ehe noch jung ist, getrennt und an einen anderen Partner verheiratet. Ehebruch und Trennungen aus Liebe zu einer anderen Person werden von der Gemeinschaft hingegen als Normbruch gewertet und sanktioniert. Sollte es dem Paar gelingen, ihren Willen gegenüber der Gemeinschaft durchzusetzen, muss die Frau von ihrem neuen Partner offiziell aus der Ehe gelöst werden. Ihr nunmehr ehemaliger Mann erhält eine Kompensationszahlung.

Recht und Ordnung

Normen geben der Gemeinschaft der Van Bagria ihre Struktur und diktieren Verhaltensmuster. Wer aber wacht über die Einhaltung der Norm und bestraft ihren Bruch? Vor allem bei Streitigkeiten zwischen Familien in Bezug auf Eheschließungen, Seitensprünge und Scheidungen, ist es die Aufgabe des Kastenrats, des *Kastenpañchāyats*, die soziale Ordnung wiederherzustellen. Als *Pañchāyat*, in der wörtlichen Übersetzung „Rat der Fünf", wird die in Indien weit verbreitete, traditionelle, politisch-juristische Instanz einer Gemeinschaft bezeichnet, an der alle verheirateten Männer eines Heiratsbezirks teilhaben können, wobei die Leitung den sogenannten *Pañchs* obliegt. *Pañchs* sind jene, denen aufgrund ihres würdigen Alters, ihrer Ehrbarkeit oder ihrer rhetorischen Fähigkeiten besonderer Respekt zukommt. So spiegelt das *Pañchāyat* die Machtstrukturen der Gemeinschaft und die Autorität der Ältesten wider. Frauen ist die direkte Teilnahme in der Regel nicht erlaubt, ihre Belange werden von den männlichen Verwandten ihrer Geburtsfamilie vertreten. Das *Pañchayat* setzt und interpretiert die Normen der Gemeinschaft, überwacht und straft deren Verletzung, spricht Recht, verhängt Bußgelder und besitzt die Autorität, Mitglieder aus der Kaste auszuschließen. Nicht selten werden Konflikte Einzelner im Rahmen des *Pañchāyats* zu Streitfragen der gesamten Gemeinschaft, da die Familie des Regelbrüchlers gegenüber ihrer Gemeinschaft mit zur Verantwortung gezogen wird. So kann das *Pañchāyat* als Diskursgemeinschaft begriffen werden, in der verschiedene Parteien in wechselnder Besetzung um die Auslegung bestehender Normen ringen. Durch diesen internen Streit über die Werte und Normen der Gemeinschaft wird die kollektive Identität bestätigt, erneuert und sich ihrer vergewissert. (Vgl. Hayden 1999)

Als quasiautonomer Rechtsraum besitzt der Kastenrat gegenüber staatlichen Gerichten eine weitaus höhere Legitimität, da die gesamte Gemeinschaft unter Einschluss der Streitparteien an der Kompromissfindung beteiligt ist. Auch werden Bestechungsgelder, deren Zahlung in beiden Rechtssystemen gängige Praxis ist, vorzugsweise innerhalb der eigenen Gemeinschaft beglichen. Jene Bestechungsgelder aktivieren oder bestärken soziale Bindungen und stellen somit eine Investition in das „soziale Kapital" (Bourdieu 1983) dar, welches auch für andere Zwecke genutzt werden kann. Dagegen beruhen Zahlungen an Anwälte, Polizisten und Zeugen nur bedingt auf dem Prinzip der Reziprozität und werden von den Van Bagria folglich eher als „Vergeudung" begriffen. Gesetzt den Fall, dass zwischen Streitparteien trotz aller Bemühungen keine Einigung erzielt werden kann und Situationen zu eskalieren drohen, scheut man sich jedoch nicht davor, die Polizei zu alarmieren. Zudem scheinen staatliche Gerichte von Einzelnen angerufen zu werden, wenn einerseits die Integrität und Urteilsfähigkeit der *Pañchs* aufgrund von Bestechlichkeit oder Trunksucht in Frage steht oder andererseits, um die Lösung eines Konfliktes zum eigenen Vorteil hinauszuzögern oder die Macht jener Netzwerke zu demonstrieren, über die man außerhalb der eigenen Gemeinschaft verfügt.

Allgemein gesprochen, unterhalten die Van Bagria zum staatlichen Rechtsapparat ein ambivalentes Verhältnis. Im Rahmen der amtlichen Jurisdiktion werden vor allem Konflikte verhandelt, die in Interaktion zu anderen Kasten sowie der Beamtenschaft des Staates auftreten. Die meisten Auseinandersetzungen haben die Van Bagria dabei zum einen mit der Forstbehörde, die darüber wacht, dass geschützte und gefährdete Tiere nicht Opfer von Jagdzügen werden und dementsprechende Vergehen ahndet, zum anderen mit landbesitzenden Kasten und Dorfgemeinschaften, welche sie mitunter gewaltsam davon abhalten, sich in der direkten Nähe fester Siedlungen niederzulassen. Das eigentlich Bemerkenswerte an der Beziehung der Van Bagria zum staatlichen Rechtswesen ist jedoch, dass sie gegenüber Kontrahenten aus der sesshaften Gesellschaft zu wenig Prestige und Seilschaften besitzen, als dass sie Polizei und Gerichte in ihrer Entscheidungsfindung maßgeblich beeinflussen könnten.

Das Göttliche und das Soziale

Wie bereits beschrieben, sind Normen das Bindemittel der Gemeinschaft der Van Bagria. Die soziale Struktur der Gemeinschaft ist eng mit ihrer religiösen Glaubenswelt verknüpft, denn die Normen des gesellschaftlichen Lebens liegen in der Religion begründet.

In ganz Indien werden neben dem aus der vedisch-puranischen Literatur bekannten Götterreigen lokale Gottheiten verehrt, die von Region zu Region variieren und sich damit von der großen sanskritischen Tradition absetzen. In der Indologie werden jene Glaubenssysteme dem sanskritisch-brahmanischen Hinduismus häufig als kleintraditioneller Volkshinduismus gegenübergestellt. Dabei handelt es sich jedoch nicht um zwei getrennte Religionen, sondern vielmehr um „Varianten, die sich in einem konstanten, religiösen Prozess der Verbreitung und Dynamisierung bedingen und ergänzen". (Michaels 2006:43) Als Gemeinschaft, die sich zwischen den Dörfern und Traditionen Rajasthans bewegt, erweisen die Van Bagria den Hochgöttern des hinduistischen Pantheons Respekt, jedoch gilt ihre ungleich höhere Verehrung den *Matas*, den Muttergöttinnen.

Der Kult um eine weibliche Göttin findet sich in vielen der regionalen Traditionen Indiens. Häufig wird den verschiedenen Göttinnen innerhalb des Hinduismus ein gemeinsamer Bezugspunkt zugeschrieben, indem sie als Manifestationen einer einzigen großen Göttin oder der weiblichen Energie Shivas, der *Śakti,* betrachtet werden. Tatsächlich sollen viele jener Göttinnenkulte jedoch älter als manche der vedischen und puranischen Hindugötter sein. Als Muttergöttin, der die Menschen ihr Leben und Sein zu verdanken haben, ist die Identität und Funktion der *Matas* ambivalent. Dazu bemerkt Heinrich von Stietencron (2006:103): „Die Erde als Prototyp allen Weiblichen macht jene Ambivalenz bereits deutlich, die dem mütterlichen Aspekts des Weiblichen, der Fruchtbarkeit, dem Gebären und Beschützen, einen anderen, unheimlichen Aspekt entgegensetzt, nämlich das Verweigern der Nahrung, das Grab und das Verschlingen der eigenen Geschöpfe." Die Göttinnen sind nach Stietencron Mütter mit milden, aber auch unheimlichen, zerstörerischen Aspekten. Sie bringen Leben und Tod. Denn sie verlangen nach Blut, und wird ihr Durst nicht gestillt, sorgen sie selbst für ihr Wohlergehen. Sie zeigen sich gnädig und „gewähren Glück – aber oft nur, wenn man ihre dunkle Seite kennt und durch Tieropfer rechtzeitig beschwichtigt" (ebd. 2006:103).

Die Van Bagria verehren verschiedene *Matas* oder, wenn man so will, unterschiedliche Manifestationen der einen Göttin. Dabei scheint jede *Gotra* im Besitz einer eigenen *Mata* mit eigenem Namen zu sein, womit die Göttin als Wahrzeichen eines Klans fungiert. Ferner verehrt jeder erwachsene Mann gemeinsam mit seinen Nachkommen seine eigene Göttin, während seine Frau in erster Linie der Göttin ihres Vaters oder Bruders verpflichtet ist. Weil die Göttin die Geschicke der Menschen lenkt, sorgt sich der Mensch um ihr Wohlergehen. Da es die Göttin ist, die Regen schenkt, Krankheiten heilt und den Fortbestand der Gemeinschaft sichert, muss um ihre Gunst gerungen werden.

Obgleich viele der genannten *Matas* in Rajasthan auch von anderen Kasten verehrt werden, bleiben die Van Bagria den Schreinen und Verehrungsstätten der Dörfer meist fern. An Stelle eines fest verorteten Heiligtums besitzt jede Familie ihrer Gemeinschaft einen an ihre Bedürfnisse angepassten, transportablen Schrein in Form eines metallenen Zylinders. Jener etwa ein Meter lange Schrein wird auf einem nahe des Lagers stehendem Baum verwahrt und nur zu besonderen Anlässen herabgeholt.

Es ist der Mann, in der Regel der Vorstand und Repräsentant einer Familie, der in direktem Kontakt zu der Göttin steht und als Medium, als *Bhuvo*, zwischen ihr und den Menschen vermittelt. Hingegen wird das Verhältnis zwischen Frauen und der Göttin von Zwiespältigkeit und Distanz bestimmt. Für die Vagri Tamil Nadus erklärt Lukas Werth diesen Unterschied in der Art der Beziehung mit dem Aspekt der Sexualität. Da ein gemeinsamer Ursprung der Vagri Tamil Nadus und der Van Bagria Rajasthans anzunehmen ist und ihre Kulturen signifikante Ähnlichkeiten aufweisen, sollen die Annahmen Werths hier auch auf die Van Bagria bezogen werden und meine eigenen Beobachtungen ergänzen. Während die Göttin bei den Vagri mit Reinheit assoziiert wird, wird der Mensch, so Werth, als sexuelles Wesen begriffen. Dabei ist es die Frau, die Kinder gebärt und aufgrund ihrer Regelblutung Monat für Monat eine Phase ritueller Unreinheit durchläuft. So wird klar, weshalb es auch den Frauen der Van Bagria verboten ist, sich der Göttin ihrer Familie zu nähern: „Die Funktionen des Geschlechtsteils der Frau, Menstruationsblut, Geschlechtsverkehr, das Gebären von Kindern, müssen von der Göttin ferngehalten werden." (Werth 1996:261) Diesem Umstand wissen auch die Männer der Van Bagria Rechnung zu tragen, indem sie den Schrein der Göttin fern des weiblichen Aktionsradius in den luftigen Höhen eines Baumes deponieren.

Der Mann, der von der Göttin dazu erwählt ist, ihr zu opfern und in direkten Kontakt zu ihr zu treten, verantwortet die Umsetzung der von der Göttin beschlossenen Normen. Dabei ist ihm bewusst, dass eine Missachtung der göttlichen Gebote Gesundheit und Bestand seiner Familie gefährden würde. Da der Mann derjenige ist, der im Ritual in die Sphäre der Göttin gelangt, muss er sich so weit als möglich vor einer Berührung mit dem weiblichen Geschlecht hüten. Insbesondere auf das Haar eines Mannes erhebt die Göttin Anspruch. Es gehört ihr. Auf ihr Geheiß lässt sich ein Mann mit dem Ende der Kindheit und dem Eintritt in ein Leben als Ehemann das Kopfhaar wachsen. Frauen ist es untersagt, dieses Haar wie auch den Turban, der es verhüllt, anzutasten. Nach Werth kann die Funktion des Turbans analog zu der des Schreins begriffen werden: Er umschließt, was heilig ist. (Vgl. Werth 1996:162, 260)

In einer exemplarischen Beschreibung einer Vagri-Kolonie führt Werth an anderer

Stelle aus: „Eine Frau sitzt vor einem Topf auf einer Feuerstelle; vor einer anderen sitzt ein Mann und kocht etwas, ein ungewöhnlicher Anblick in Tamil Nadu". (Werth 1996:63) Auch in Rajasthan, wo Männer gewöhnlich nur im Bereich der Gastronomie, nicht aber im privaten Rahmen zum Kochlöffel greifen, erscheinen die kochenden Männer der Van Bagria exotisch. Auch jenes Phänomen kann auf die Beziehung der Van Bagria zu den von ihnen verehrten Göttinnen zurückgeführt werden. Es ist ein göttliches Gebot. „He [der *Bhuvo*] must cook his own food and fetch his own water; he cannot eat food cooked by anyone else, including his wife, mother, sister or daughter" fasst Misra (1989:309) das bestehende Tabu Ende der 1980er Jahre zusammen. Seitdem scheinen die Göttinnen ihre Restriktionen gelockert zu haben. Denn mehr als zwanzig Jahre nachdem Misra die Van Bagria des Didwana Tehsils befragte, weiß ein älterer Mann zu berichten, dass Männer in vergangenen Zeiten nach ihrer Eheschließung für fünf Jahre grundsätzlich kein Essen ihrer Frauen entgegengenommen und *Bhuvos* dieses gänzlich verweigert hätten, sich heute jedoch selbst diese von ihren Frauen bekochen ließen.

Ungeachtet der sich hier abzeichnenden Transformationsprozesse jüngerer Zeit ist deutlich geworden, wie religiöse Glaubensvorstellungen bei den Van Bagria eng mit der sozialen Struktur ihrer Gemeinschaft verwoben sind. Die Beziehung zur Göttin regelt das soziale Miteinander. Im Folgenden wollen wir uns dem Ritual zuwenden, dem sakralen und dem Alltag enthobenen Bereich, in dem die Van Bagria ihren Göttinnen begegnen.

Opfer und Ritual

In einer Familie werde ich dazu eingeladen, den Schrein der *Mata* zu besuchen. Erst nach einiger Zeit fällt mir auf, dass die Frauen und Mädchen der Familie, so wie wir uns dem Baum der Göttin nähern, zurückbleiben. Um das bestehende Tabu weiß ich zu dieser Zeit noch nicht. Meine Verirrung hingegen scheint niemanden sonderlich zu irritieren. So sehe ich zu, wie ein junger Mann auf den Baum klettert und den Schrein der Göttin hinab zu seinem Vater reicht, der diesen, nachdem er seine Schuhe aus Respekt vor dem Heiligen ausgezogen hat, öffnet und den Inhalt präsentiert. Dazu wickelt er aus farbigen Tüchern mehrere fünfeckige aus Silber und Gold gefertigte Reliefs unterschiedlichen Alters, die jedoch alle das gleiche Bild ziert: eine auf einem löwenähnlichem Wesen reitende Göttin mit prallen Brüsten und vier Armen, die in ihren Händen einen Dreizack und verschiedene Schwerter hält. Es ist die in ganz Indien populäre Darstellung *Durgas*, der als Allmutter verehrten *Mahadevi* (Große Göttin).

Nach den Ausführungen Werths besitzt jeder Mann eine persönliche Göttin. Dabei erbt ein Mann die Göttin seines Vaters oder die eines männlichen Verwandten, dem keine Söhne gegeben sind. Zudem hat ein Vater die Möglichkeit, seinen Söhnen eine eigene Göttin zu schaffen, indem er ein Stück Stoff bemisst und zu einem Dreieck faltet. „Ein Tuch, also eine Göttin, muss für jeden auf den ältesten folgenden Sohn, spätestens wenn er das Kindesalter hinter sich gelassen hat, vom Vater mit in den Schrein gelegt werden (…) Das Silberbild kann er sich auch noch besorgen, wenn er schon verheiratet ist und Kinder hat". (Werth 1996:155) Außer der Göttin befinden sich in dem Schrein mehrere Kurzdolche, die so genannten *Kathār*, sowie ein Schellenkranz – Gegenstände, die auf eine Verwendung im Ritual hinweisen. In einer verschnürten Plastiktüte wird, wie ich vermute, die Ritualkleidung des *Bhuvo* aufbewahrt.

Bei den Van Bagria werden all jene Ereignisse, die ein Mitglied ihrer Gemeinschaft von einem Zustand in einen anderen übergehen lassen, wie etwa die Geburt, die Frauwerdung eines Mädchens, die Heirat und der Tod durch Rituale markiert. Davon im zeitlichen Verlauf unabhängig opfern die Van Bagria ihrer Göttin, um sich ihre Gunst zu bewahren und insbesondere dann, wenn ein Mitglied der eigenen Familie Schuld auf sich geladen hat. Die präferierte Form des Opfers stellt die Schlachtung eines Tiers dar und wird in der Regel von einem kleineren, vegetarischen Opfer, dem *Kadhai* ergänzt. Im Falle knapper Ressourcen kann dieses vegetarische Opfer das Tieropfer jedoch auch ersetzen. Beim *Kadhai* ist es die Aufgabe des *Bhuvo*, des religiösen Spezialisten einer Familie, *Pūrīs* (Weizenfladen) und *Gulgulā* (eine Süssigkeit) in einer tiefen Pfanne (*Kadhai*) zu frittieren, um die Göttin herbeizurufen und von ihr in Besitz genommen zu werden. Nach V. N. Misra (1989:309) ist das *Kadhai* eine unter niederen Kasten recht verbreitete Form des Opfers. Dabei ist die Vorstellung zentral, der Opferer könne die Speisen mit bloßer Hand aus dem siedenden Öl nehmen ohne sich die Finger zu verbrennen, weil die Gottheit von ihm Besitz ergriffen hat. Ähnlich Wundersames ereignet sich im Fall des von den Van Bagria praktizierten, aufwändigeren Tieropfers. Hier wird das Opfertier, zumeist eine Ziege, mit Hilfe der *Kathār* in einer eigens für diesen Zweck errichteten Hütte aus Stroh geschächtet. Anstatt das Tier nach Art der Hindus (*Jhaṭkā*) mit einem Hieb zu enthaupten, wird dem Tier die Halsschlagader nach Art der Moslems (*Halāl*) durchtrennt, um es vor Eintritt des Todes rückstandslos ausbluten zu lassen. Dabei wird das Silberrelief mit dem Bild der Göttin dem Tötungswerkzeug aufgelegt, so dass dieses zwangsläufig mit dem Blut des Opfertieres in Berührung kommt. In einem Zustand der Besessenheit trinkt der *Bhuvo* das aus der Halsschlagader strömende Blut des Opfertieres, beziehungsweise ist es die Göttin, die ihrem *Bhuvo* „auf den Kopf kommt" und in seiner Gestalt handelt. Einen Mann, der von dem Blut trinkt, ohne von der Göttin besessen zu sein, steht nach Aussage der Van Bagria in der Gefahr, zu sterben. Im weiteren Verlauf des Rituals spricht die Göttin aus dem Mund ihres Mediums, wobei sie den Anwesenden ihre Weisungen erteilt, mahnt und segnet. Nach der Opferzeremonie wird der Körper des geopferten Tieres gehäutet, zerlegt und an die anwesenden Familien verteilt, welche das Fleisch direkt vor Ort zu einem Mahl verkochen.

Die blutige Opferpraxis der Van Bagria führt bei der sie umgebenden Gesellschaft zu einigem Befremden. Für viele Menschen gilt der Hinduismus neben dem Buddhismus und freilich in Form der sogenannten reformierten „großen Tradition" gedacht, als die Religion mit dem striktesten Tötungsverbot, die *Ahiṃsā* (Nichtverletzen) als ein dem Hinduismus zugrunde liegendes Prinzip. Jedoch kennt die Religion seit vedischen Zeiten auch blutige Formen des Verehrungskultes: die Schlachtung von Büffeln und Ziegen sowie das „große Pferdeopfer" (*Aśvameda*), welches der Legitimation königlicher Herrschaft diente. (Vgl. Schlensog 2006:48) Erst im Zuge einer fortschreitenden Ethisierung des Hinduismus geriet jene Form der Religiösität in Verruf, wurden Tier- und auch Menschenopfer zunehmend tabuisiert.

Als Gläubiger ihrer *Matas* sind die Van Bagria Teilhaber eines über ganz Indien verbreiteten, facettenreichen Göttinnenkultes, welcher als Shaktismus wiederum auch Teil der großen Traditionen des indischen Subkontinents ist. So wie sich kleintraditioneller Volkshinduismus und brahmanische Hochreligion seit jeher in einem Prozess von Angleichung und Abgrenzung befinden, kann vermutet werden, dass das religiöse Ritualsystem bei den Van Bagria derzeit im Wandel begriffen ist, „sanskritisiert". So seien „früher", wie ein Mann der Van Bagria erzählt, eine Vielzahl von Ritualen durchgeführt worden, in denen sich die Göttin dem Menschen offenbarte. Hingegen beschränke sich die direkte Kommunikation mit der Göttin in der Gegenwart auf die Rituale des *Kadhai* und Tieropfers.

Bewegliche Ökonomie

Innerhalb der sesshaften Bevölkerung des Didwana Tehsil gelten die Van Bagria als traditionelle Jäger. Nach eigener Aussage wollen sie bis vor etwa 40 Jahren nahezu ausschließlich von dieser Tätigkeit gelebt haben. Auf die zunehmende Verknappung natürlicher Ressourcen innerhalb der letzten Dekaden reagierte die Gemeinschaft mit dem Übergang zu einer breit angelegten Multi-Ressource-Ökonomie. Heute sichern die Van Bagria ihren Lebensunterhalt mit einer Reihe unterschiedlicher Tätigkeiten, angefangen von Bettelei über Lohnarbeit und den Verkauf tierischer Produkte bis hin zum Angebot spezialisierter Dienstleistungen.

Wie wohl nur wenige Menschen Rajasthans besitzen die Van Bagria einen reichen Erfahrungsschatz über Natur und Tierwelt, die Gewohnheiten verschiedener Wildtierarten sind ihnen vertraut. „Their trained eyes and ears are able to spot partridge and sandgrouse from a considerable distance and they are able to control the path of the movement and flight of the birds by mimicking their sound." (Misra 1989:305) Ausführlich schildert Misra die verschiedenen Methoden und Hilfsmittel, denen sich die Van Bagria/Van Vagri zum Fang großer wie kleiner Tiere bedienen. Demnach werden Vögel, Kleintiere, Reptilien und auch größere Säugetiere vielfach mit Hilfe selbstgefertigter Netze, Metall- und Schlingenfallen gefangen oder mit Speeren, Pfeil und Bogen sowie vorladender Schrotflinten erlegt.

Sind die Van Bagria auf den von Misra veröffentlichten Photographien häufig mit ihren Jagdwaffen abgebildet, sehe ich selbst während meiner Besuche in ihrer Gemeinschaft wenig auf ihre traditionelle Beschäftigung hindeuten. Einzig schmale und bisweilen mit Halsbändern geschmückte Mudhol-Hunde, die in Indien als Jagdhunde eingesetzt werden und von denen jede Familie ein oder zwei Tiere besitzt, sowie bisweilen um die Nacken kleiner Jungen baumelnde Steinschleudern lassen darauf schließen, dass sich die Van Bagria auch heute noch einen Teil ihres Lebensunterhaltes erbeuten.

Selbstredend werden die Essgewohnheiten und -vorlieben der Van Bagria von ihrer traditionellen Tätigkeit bestimmt. Pferdehirsche und Antilopen, Gazellen, Wild- und Stachelschweine, Goldschakale, Bengalfüchse und Wildhasen, Mungos und Wüstenwarane, Pfauen, Wachteln und Rebhühner, Tauben, Gänsegeier und Eidechsen – fast keine Tierarten werden laut Misra von den Van Bagria als ungenießbar betrachtet oder ihr Verzehr aus ideologischen Gründen abgelehnt, demzufolge die Gemeinschaft von anderen Kasten mitunter despektierlich als „Allesfresser" bezeichnet wird.

Die Van Bagria aber schätzen den Genuss von Fleisch. Zumeist wird es mit nur wenig Gewürzen über dem offenen Feuer geröstet. Als Jäger sind sie mit der Schlachtung von Tieren vertraut und vermutlich verkaufen und tauschen sie Teile ihrer Jagdbeute seit jeher an beziehungsweise mit anderen Kasten. Dementsprechend verwundert es nicht, dass sie in Reaktion auf den Schwund natürlicher Ressourcen zu Formen des Erwerbs übergingen, die mit der Jagd assoziierbar sind und durch welche die Versorgung der eigenen Gemeinschaft mit Fleisch garantiert werden kann: Als saisonale Wachmänner haben sich die Van Bagria in das lokale System der Dienstleistungen integrieren lassen. Für den Schutz reifender Felder vor Schädigung durch Wildtiere werden sie von landbesitzenden Bauern in Naturalien entlohnt, angesichts des hinduistischen Tötungsverbotes eine ideale Symbiose. Im Didwana Tehsil ist jede Familie der Van Bagria ferner im Besitz einiger Schafe, Ziegen oder Hühner, deren Zucht recht rentabel zu sein scheint. Abgesehen davon, dass Fleisch, Milch und Eier selbst konsumiert werden können, lassen sich für Tiere und deren Produkte unschwer Käufer finden. So traf ich in einer Familie auf zwei Moslems, die dabei waren, mehrere junge Hühner zu erstehen; in einer anderen Familie begegnete ich einem Händler, der den Van Bagria einen beachtlichen Berg frisch geschorener Schafswolle abzukaufen suchte.

Im Jahr 1989 schreibt Misra über die Van Bagria/Van Vagri des Didwana Tehsils: „They also do not work as labourers of public projects or in agricultural fields. It is their love for freedom which inhabits them from accepting any job that requires fixed hours of work and externally imposed discipline." (Misra 1989:300) Zwanzig Jahre später bildet die Lohnarbeit einen der Hauptpfeiler zur Überlebenssicherung. Viele der vor allem jungen Männer sind in Ziegelfabriken beschäftigt oder arbeiten als Erntehelfer in der Landwirtschaft. Dabei kann, so ihre Aussage, mitunter gutes Geld verdient werden.

Hin und wieder sah ich in den Dörfern des Didwana Tehsils kleine Gruppen von Frauen die staubigen Marktstraßen entlanggehen, ihrer Erscheinung nach Van Bagria und in ihren Posen eindeutig. Bettelei stellt eine weitere Wirtschaftsstrategie der Gemeinschaft dar, die um die religiöse motivierte Gebefreudigkeit der frommen Landbevölkerung weiß. Vor allem Frauen, aber auch alte Menschen und Kinder suchen die Siedlungen der Sesshaften auf, um an deren Türen Essensreste zu erbitten. Nur selten kehren die Bettelnden mit leeren Händen zurück. Die gewonnene Nahrung – zumeist *Roṭi* (aus Weizen gebackene Fladenbrote), *Dāl* (ein aus Linsen und Bohnen gekochter Brei) und Hirsebrei – sichert den Van Bagria eine ausreichende Versorgung mit Kohlenhydraten und erspart ihnen die zeitintensive und unbequeme Zubereitung wildwüchsiger Pflanzen.

Jene schiefe Reziprozitätsbeziehung, in der die Van Bagria nehmen ohne zu geben, mag aus ihrer Sicht legitim erscheinen, denn es ist die Gesellschaft der Sesshaften, von der sie ausgeschlossen sind und die für die missliche Lage der eigenen Gemeinschaft mitverantwortlich gemacht werden kann. Gleichzeitig jedoch reproduzieren die Van Bagria in der sie umgebenden Gesellschaft existierende Vorstellungen sozialer Hierarchien und ritueller Reinheit, in dem sie von „unberührbaren" Kasten wie den Meghwal keine Speisen entgegennehmen und zudem Haushalte meiden, in denen sich eine Geburt oder ein Todesfall ereignet hat.

Eine Familie der Van Bagria ist eine wirtschaftliche Einheit, in der jedes Mitglied seinen Teil zur Überlebenssicherung beiträgt. Die unter höheren Kasten verbreitete Auffassung, dass Frauen nur im Bereich des Privaten wirken sollten, ist den Van Bagria unbekannt. Zu dringend ist eine Familie auf den Mitverdienst der Frau angewiesen. Während Männer jagen oder als Lohnarbeiter und Feldwächter beschäftigt sind, betteln Frauen, schöpfen Wasser oder sammeln Früchte und Blätter wilder Gewächse. Auch der Erwerb von Kleidern, Schmuck und Kochutensilien fällt in den Verantwortungsbereich der Frauen, denn sie sind, wie ein Mann der Van Bagria im Gespräch bemerkt, klug und können gut handeln.

Kinder der Van Bagria werden von ihren Eltern im Didwana Tehsil nicht zur Schule geschickt, was aufgrund von räumlicher Mobilität ohnehin nur schwer zu bewerkstelligen wäre, sondern in die eigenen Alltagsroutinen eingebunden. Schon früh wachsen sie in die ihnen zugedachten Rollen und das Arbeitsleben hinein. Sie begleiten ihre Mütter beim Gang in die Dörfer oder bleiben im Lager, wobei älteren Kindern die Aufsicht über ihre jüngeren Geschwister obliegt. Zudem werden Kinder häufig mit dem Hüten der familiären Herden betraut und schon kleine Jungen üben sich in der Jagdkunst, indem sie mit Steinschleudern Vögel und kleinere Tiere zu erlegen suchen. Mit etwa 13 Jahren ist ein Junge in der Lage, sich nahezu selbst zu versorgen und wenige Jahre später wird er mit seiner jungen Ehefrau eine eigene Wirtschaftseinheit bilden.

Bis heute leben die Van Bagria in der Kontinuität alter Traditionen. Nach wie vor fühlt sich ihre Gemeinschaft der Jagd verbunden. Daneben jedoch zeichnet sie, wie wir an einigen Beispielen gesehen haben, ein erhebliches Maß an Flexibilität und Findigkeit aus, was die Erschließung neuer ökonomischer Quellen betrifft. Dazu nennt Misra (1990:100) weitere Einkommensquellen. So sollen die Van Bagri auch Honig verkaufen und in vergangenen Jahren zudem aus Stroh gefertigte Kissen und Zelte zu Geld gemacht haben. Allerdings konnten sich letztere Waren, so Misra weiter, gegenüber den den Markt überschwemmenden industriellen Massenprodukten nicht behaupten, weswegen ihre Produktion eingestellt wurde.

In meiner Momentaufnahme, die vermutlich einzig einen Teil wirtschaftlicher Realität abzubilden vermag, sichern die Van Bagria den Bestand ihrer Gemeinschaft mit Hilfe von Jagd, Viehzucht, Bettelei, Lohnarbeit und peripatetischen Dienstleistungen. Was in der einen Familie eine wesentliche Erwerbsquelle darstellt, mag dabei in einer anderen von weitaus geringerer Bedeutung sein.

Auf der Suche nach Sicherheit

Die traditionelle Wirtschaftsweise der Van Bagria, die Jagd, gründet auf dem Prinzip räumlicher Mobilität. Einst jagte eine Wirtschaftseinheit ihrer Gemeinschaft für eine gewisse Zeit innerhalb eines bestimmten Territoriums, um in Folge an einen anderen Lagerplatz weiter zu ziehen. So wurde der Erschöpfung natürlicher Ressourcen vorgebeugt. In ähnlicher Weise wie die Jagd erfordert der Verkauf spezialisierter Dienstleistungen wie auch die Haltung von Kleinviehherden in den ariden Gebieten Rajasthans die Bereitschaft zur Bewegung im Raum. Hingegen verliert die Mobilität für die Van Bagria derzeit in dem Maß an Bedeutung, in dem sich Familien anderen Einkommensquellen wie der stationären Lohnarbeit zuwenden.

Die Van Bagria zählen zu den landlosen Gemeinschaften Indiens. Bis zu ihrem Ausschluss aus den Waldgebieten Rajasthans im Zuge umweltpolitischer Maßnahmen dürfte ihnen der Gedanke an privaten Besitz von Land fremd gewesen sein. Als mobile Jäger durchquerten sie den Raum, ohne sich diesen anzueignen. Gilt es als Charakteristikum der sesshaften Gesellschaft, den Raum aufzuteilen, jedem seinen Anteil zuzuweisen und die Verbindung zwischen den Teilen zu regulieren (vgl. Delitz 2010:92), begriffen die Van Bagria ihr Territorium als Gemeinland. Erst nachdem ihre Gemeinschaft, wie vermutet werden kann, in den 1970er Jahren in die ariden Gebiete westlich gelegener Distrikte abwanderte und dort zunehmend in Interaktion zu den Bewohnern der Dörfer trat, wurde ihnen ihre Landlosigkeit zum Problem.

Häufig siedeln die Van Bagria fernab fester Siedlungen auf unkultivierten Flächen, auf welche andere Kasten keinen Anspruch erheben und die in Indien je nach Intension auch mit den Begriffen „commons" oder „wasteland" bezeichnet werden. Um sich in unmittelbarer Nähe der Dörfer niederzulassen, benötigen sie die Zustimmung der Landeigentümer, die ihnen nicht selten auch verweigert wird. Insofern der Didwana Tehsil über so gut wie keine natürlichen Wasserreservoirs verfügt, sind die Van Bagria jedoch von den Brunnen der Dörfer abhängig. Abgesehen davon, dass das Recht auf Wasser immer wieder erstritten werden muss, da ihnen als quasi „Unberührbaren" der Zugang zu den Dorfbrunnen mitunter verwehrt ist, wird das weite Tragen gefüllter Wasserbehältnisse als mühsam erkannt. Vielfach äußern die Van Bagria heute folglich den Wunsch, offiziell sesshaft zu werden und ihren Anteil an Land und Wasser zu erhalten. Über finanzielle Ressourcen, um Land zu erwerben und Brunnen bohren zu lassen, verfügen die Van Bagria indes nicht.

Mit dem Ziel, unterdrückte und zunehmend marginalisierte Gemeinschaften an die Lebensstandards der indischen Mehrheit heranzuführen, initiierte die indische Regierung eine Reihe von Entwicklungsprogrammen, durch welche landlosen Kasten Grund und Boden bereitgestellt und die Errichtung von Siedlungen protegiert wird. Die von Werth beschriebenen Vagri Tamil Nadus etwa leben seit geraumer Zeit in einer so entstandenen „colony". (Vgl. Werth 1996:110) Auch Mandal (1998:982) beschreibt die Van Bagria/Van Baori als seminomadische Gemeinschaft: „The Government has allotted lands for cultivation. They are engaged in farming now. The yield is very low." Hingegen konnten die im Didwana Tehsil lebenden Van Bagria bisher nicht von derlei Programmen profitieren. Individuelle Erfolgsgeschichten, die kursieren und auch an mein Ohr drangen, können auf vertrauensvolle Beziehungen zurückgeführt werden, die einzelne Familien der Van Bagria zu ihren Patronen und Gewährsmännern unterhalten. So traf ich auf mehrere Familien, die von den Anwohnern des jeweils benachbarten Dorfes geduldet wurden und teilweise auch kleine Landparzellen bestellten. Eine dieser Familien war durch die Hilfe eines Fürsprechers sogar in den Besitz einer Handpumpe gelangt, welche ihnen lange Wege ersparen sollte.

Um an den groß angelegten Programmen der Regierung teilhaben zu können, fehlt es den Van Bagria/Van Baoria des Didwana Tehsils an den notwendigen Voraussetzungen. Zwar erfasste sie das Projekt „The People of India" in den 1980er Jahren als eigenständige Gemeinschaft, doch wurden sie bis heute nicht in die offiziellen Listen der Scheduled Castes und Scheduled Tribes aufgenommen, demnach sie gegenüber der Regierung nur schwer Ansprüche auf Förderung geltend machen können. Ohnehin sind die Van Bagria über das rechtliche Procedere nur unzureichend informiert, da die meisten von ihnen weder lesen noch schreiben können und sie weitgehend außerhalb der politischen Arena stehen. Die Mühe, die Van Bagria über ihre Rechte und Möglichkeiten aufzuklären, machen sich wohl nur die wenigsten ihrer Nachbarn.

Vor einigen Jahren jedoch wurde ein Regionalpolitiker mit der prekären Lage der Van Bagria konfrontiert und leitete die Anliegen der Gemeinschaft an die Nichtregierungsorganisation Lokhit Pashu Palak Sansthan (LPPS) weiter. Jene erklärte sich bereit, die Van Bagria bei ihrem Gesuch um Land zu unterstützen. Die Organisation erläuterte den Van Bagria die politische Verfahrensordnung und betreibt gegenwärtig vor allem Lobbyarbeit, um eine offizielle Registrierung der Gemeinschaft zu erwirken. Zudem müht sie sich, zwischen den Vorstellungen und Interessen der Van Bagria und der ihrer Nachbarn zu vermitteln.

Im Sommer des Jahres 2008 realisierte LPPS ein Treffen zwischen mehreren hundert Van Bagria sowie Vertretern aus Politik und Öffentlichkeit. Ein Video gibt Zeugnis von dem Ereignis: Auf einer Tribüne reihen sich die mit Blumengirlanden geschmückten Würdenträger, davor, auf dem Boden und unter einem riesigen Zeltdach sitzen die Van Bagria. Männer, Frauen und Kinder, sie alle haben sich auf den Weg gemacht, um an diesem historischen Geschehnis teilzuhaben. Nie zuvor hatte sich ihre Gemeinschaft in so großer Zahl versammelt. Eine bunte wie quirlige Masse, die von den Rednern wiederholt zu Ruhe ermahnt werden muss. Freimütig und ungeniert blicken die Menschen, auch die Frauen, der Kamera ins Auge. Mehrfach werden die Van Bagria im Verlauf des Treffens dazu aufgefordert, der Jagd auf Pfauen abzuschwören. Insbesondere die absichtsvolle Tötung des Pfaus, der vielen Hindus heilig ist und zudem zum indischen Nationalvogel erklärt wurde, hatte die Van Bagria zunehmend in gesellschaftlichen Misskredit gebracht. Diesen galt es, hier symbolisch und öffentlich zu überwinden. Indem die Van Bagria beim Namen ihrer Göttin und mit teils leuchtenden Augen das geforderte Versprechen leisten, bekunden sie ihre Bereitschaft, sich in die vorskizzierten Muster der Mehrheit einzupassen. Ihrem Schwur entgegnend wird den Van Bagria öffentlich Hilfe für den vor ihnen liegenden Weg zugesichert. Denn sollte ihnen ihre Bemühung gelingen, so die Redner, würde ihrer Gemeinschaft Respekt entgegengebracht und winke ihnen Land, Häuser, sauberes Wasser und Schulbildung.

Ein halbes Jahr später, im Winter 2009, wollen die Van Bagria ihrem Schwur treu geblieben sein. Die Jagd im allgemeinen hingegen, so die Quintessenz verschiedener Gespräche mit ihnen, würde für sie derzeit eine (noch) unerlässliche Erwerbsquelle darstellen, auf die auch aus Rücksicht auf das Moralempfinden anderer Kasten nicht völlig verzichtet werden könne. Darüber hinaus würden Landherren, die mit den Van Bagria in Verbindung stehen und deren Wünsche aufgrund ihrer Funktion als Patron nur schwer verweigert werden könnten, immer wieder auch Fleisch von Wildtieren oder ganze Rebhühner ordern. Sollte ihnen jedoch Land zuteil werden und sich ihre Lebensbedingungen verbessern, wären sie bereit, das Jagen aufzugeben, sich niederzulassen und ihre Kinder in die Schule zu schicken. Denn so wie sich ihre Lage gegenwärtig gestalte, könne es langfristig nicht weitergehen.

Wie deutlich geworden sein sollte, stehen die Van Bagria in Beziehung zu verschiedenen Akteuren aus Politik und Zivilgesellschaft. Je nach Kontext interagieren sie mit Polizei und Forstbehörde, oft hochkastigen Patronen, Auftraggebern und Kunden. Dabei eint die verschiedenen Akteure ihre gemeinsame Blickrichtung, nur selten wird den Van Bagria ein Dialog auf Augenhöhe angeboten. Eher wird die Gemeinschaft ob ihrer Verwandtschaft zu dem einst von den Briten kriminalisierten Cluster an Gemeinschaften mit Argwohn oder davon losgelöst in der Rolle des Hilfsbedürftigen betrachtet. Was Dutt von den Bawaria, einer mit den Van Bagria verwandten Gemeinschaft, berichtet, scheint auf die Van Bagria übertragbar: „Due to their criminal past the Bawarias are looked upon with suspicion. Even local NGOs and the State Administration takes on at best an extremely patronising attitude dealing with the Bawaria, treating them as a community that needs development assistance and needs to be reformed." (Dutt 2004:270)

Jene Mischung aus Paternalismus und gesellschaftlichen Ressentiments tritt auch in der Betrachtung vergangener Unternehmungen zur Ansiedelung mobiler Gemeinschaften hervor. Gleichwie wohl die meisten Bewohner Indiens eine Sesshaftwerdung nomadischer Gemeinschaften, deren Lebensweisen als überholt gelten, begrüßen, soll diese doch nicht in der unmittelbaren Nähe des eigenen Dorfes erfolgen. Eine Integration niedrigkastiger, mobiler Gruppen in die lokalen Sozialsysteme schien in Folge zum Scheitern verurteilt. Großangelegte Siedlungen abseits etablierter Dörfer, die wie im Falle der blechschmiedenden Gadulia Lohar eine beträchtliche Anzahl an Familien an einen vorbestimmten Ort zwang, standen den Bedürfnissen der Betreffenden häufig entgegen. Diese nämlich hätten eine Landnahme an anderen Plätzen und in kleinen, durch Verwandtschaftsbeziehungen organisierten Gruppen den Vorzug geben wollen. (Vgl. Mann 1993:143)

Hinzu kommt, dass nomadische Gemeinschaften Mobilität und Sesshaftigkeit häufig nicht als Polarität begreifen, sondern die verschiedenen Lebensformen zur Optimierung wirtschaftlicher Strategien kombinieren. Den Vagri Tamil Nadus etwa dienen ihre Siedlungen als Fixpunkte ihrer teils ausgedehnten Wanderungen. Dabei ist der Grund für ihre anhaltende Mobilität nicht einzig in der Unfruchtbarkeit des ihnen zugeteilten Bodens zu suchen. Die Tatsache, dass die Vagri fertiles Land immer wieder auch an Ackerbau betreibende Kasten verpachten, deutet darauf hin, dass Mobilität eine ganze Lebensart meint. (Vgl. Werth 1996:110)

Für die pastoralnomadischen Basseri Beluchisthans dokumentiert Fredrik Barth, wie entweder wachsender Wohlstand oder im Gegenteil zunehmende Verarmung die Prämissen zu einem Übergang in die Sesshaftigkeit bilden: „Only the top and the bottom of the nomadic economic spectrum are at all comparable to the statuses found in the village community; and only for them one can see motives for sedentarization." (Barth 1986:110) Dabei gelingt es jedoch, so Barth, einzig der Fraktion der prestigeträchtigen Reichen, sich als vollwertige Mitglieder in die vorhandene Sozialstruktur eines Dorfes einzugliedern. Chandrashekar Bhat, der sich mit einer in Südindien lebenden Gemeinschaft mobiler Erdarbeiter, den Waddar, befasste, übertrug die Ergebnisse Barths in den 80er Jahren auf den indischen Subkontinent. Mit ihm gilt herauszustellen, dass eine Integration ehemals nomadischer Gemeinschaften in den „gesellschaftlichen Mainstream" Indiens von verschiedenen Faktoren abhängig ist. Neben dem Gesichtspunkt der Zeit spielt das Bemühen nomadischer Gruppen, sich an die kulturellen Muster ihrer Nachbarn anzupassen, eine ebenso große Rolle wie die Bereitschaft und Fähigkeit regionaler Sozialsysteme, neue Gruppen von Menschen in ihren Reihen aufzunehmen. (Vgl. Bhat 1994:21)

Ausblick

Die Van Bagria sind in ein über große Teile Indien verbreitetes Cluster an Gemeinschaften eingewoben. Gingen verschiedene Einheiten jenes Clusters mit der Zeit zu sesshaftem Bodenbau über und sind heute unter verschiedenen Termini vor allem als „scheduled castes" registriert, bezeichnet der Name „Van" Bagria respektive „Van" Baori oder „Van" Vagri eine Gemeinschaft, die aufgrund ihrer mobilen Lebensweise und kulturellen Identität als mehr oder minder eigenständige Kaste begriffen wird und bisher keine amtliche Registrierung besitzt.

Bei der Betrachtung verschiedener kultureller Teilbereiche der Van Bagria fiel auf, dass ihre Gemeinschaft die Lebensweisen und Normen der sie umgebenden Gesellschaft auf verschiedene Weise kontrastiert: Die Van Bagria leben und wandern auf unfruchtbarem Land zwischen Nahrung produzierenden Dörfern. Sie essen Fleisch, auch jenes von Pfauen oder Echsen und werden „Allesfresser" geschimpft. Sie schicken ihre Kinder nicht zur Schule und verweigern damit, was dem modernen Inder als höchstes Gut gilt. Sie opfern blutig, um sich der Gunst ihrer Göttin zu versichern, weshalb ihnen der Ruf der „Wilden" anhaftet.

Dabei verweist ihre Lebensweise auf Traditionen vergangener Tage, mit denen viele Inder im Lauf der Geschichte gebrochen haben. Demnach ist ihre im Verhältnis zu ihren sesshaften Nachbarn zu ermittelnde „Kontrastkultur" (Streck 1996), die ihnen zeitweise zugeschriebene Kriminalität sowie ihre soziale Marginalität vor allem als das Ergebnis einer Kette historischer Ereignisse zu verstehen.

Auf den Wandel äußerer Lebensumstände wie den Schwund natürlicher Ressourcen und traditioneller Territorien reagierten die Van Bagria mit der Anpassung wirtschaftlicher Strategien, wodurch sie zunehmend in Interaktion zu anderen Kasten traten. „Even though the Van Vagris do not form an integral part of the peasant society in the way many artisan and service castes do, they have established a certain degree of symbiosis with the settled population" schreibt Misra (1989:310) und verweist damit auf neue Formen der Beziehung und Abhängigkeit, in die sich die Van Bagria begeben haben. Den Van Bagria gelang es, sich Zwischenräume in den Ökonomien Anderer zu erschließen. Dabei zeugen die temporär erfolgreiche, später jedoch überholte Produktion strohener Kissen und Zelte, der Übergang zur Tierzucht und das Angebot spezialisierter Dienstleistungen wie die Feldwacht von ihrer Sensibilität und Flexibilität im Hinblick auf die sich wandelnden Bedürfnisse ihrer Kunden. Wie viele andere „service nomads" (Hayden 1979) sind die Van Bagria Meister der Adaption.

Inwieweit die Van Bagria des Didwana Tehsils ihre ökonomischen Strategien wie auch ihre kulturellen Muster den Konventionen ihrer sesshaften Nachbarn anpassen werden oder ein wie auch immer geartetes Recht auf Andersartigkeit durchzusetzen suchen, wird die Zukunft zeigen. Gegenwärtig scheinen die Van Bagria gewillt und im Begriff zu sein, sich in den durch Politik und Medien propagierten kulturellen Mainstream Indiens einzufügen. In Indien, wo tradierte Vorstellungen von ritueller Reinheit und Unreinheit mit den Vorstellungen einer dem Anspruch nach modernen und demokratischen Gesellschaft kollidieren, bleibt offen, ob, wie und in welchem Zeitraum die Van Bagria in der sesshaften Gesellschaft ihrer Nachbarn „ankommen" werden.

Literatur & Quellen   .

Barth, F. 1986 [1961]. *Nomads of South Persia. The Basseri Tribe of the Khamseh Confederacy*. Prospect Heights, Illinois: Waveland Press.

Bhat, C. 1984. *Ethnicity and Mobility. Emerging Ethnic Identity and Social Mobility among the Waddars of South India*. New Delhi: Naurang Rai Concept Publising Company.

Berland, J. C. & Rao, A. (Hg.) 2004b. *Customary Strangers. New Perspectives on Peripatetic Peoples in the Middle East, Africa, and Asia*. Westport, Connecticut London: Praeger Publishers.

Bourdieu, P. 1983. Ökonomisches Kapital, kulturelles Kapital, soziales Kapital. (*In* Kreckel, R. (Hg.), *Soziale Ungleichheiten*. Göttingen. S. 183–198.)

Delitz, H. 2010. „Die zweite Haut des Nomaden". Zur sozialen Effektivität nicht-moderner Architekturen. (*In* Trebsche, P., Müller-Scheeßel, N. & Reinhold, S. (Hg.), *Der gebaute Raum. Bausteine einer Architektursoziologie vormoderner Gesellschaften*. Münster: Waxmann Verlag GmbH. S. 83–106.)

Dutt, B. 2004. Livelihood Strategies of a Nomadic Hunting Community of Eastern Rajasthan. *Nomadic Peoples* 8(2):260–273.

Hayden, R. M. 1979. The Cultural Ecology of Service Nomads. *The Eastern Anthropologist* 32(4):297–309.

Hayden, R. M. 1999. *Disputes and Arguments amongst Nomads. A Caste Council in India*. New Delhi: Oxford University Press.

Malhotra, K. C. 1982. Nomads in India. (*In* Chopra, R. & Agarwal, A. (Hg.), *State of the Environment in India*. Delhi: Centre for Social Environment. S.122–124.)

Mandal, S. K. 1998. Van Baoria. (*In* Singh, K.S. (Hg.), *People of India. Rajasthan* Part I+II, Volume XXXVIII, Anthropological Survey of India. Mumbai: Popular Prakashan. S. 980–983.)

Mann, R. S. 1993. *Culture and Integration of Indian Tribes*. New Delhi: MD Publications.

Markovits, C., Pouchepadass, J. & Subrahmanyam, S. (Hg.) 2003. *Society and Circulation. Mobile People and Itinerant Cultures in South Asia 1750–1950*. Delhi: Permanent Black.

Michaels, A. 2006 [1996]. *Der Hinduismus. Geschichte und Gegenwart*. München: C. H. Beck.

Misra, P. K. & Malhotra, K. C. (Hg.) 1982. *Nomads in India. Proceedings of the National Seminar*. Calcutta: Anthropological Survey of India.

Misra, V. N. 1989. Van Vagris. Nomadic Hunters of Western Rajasthan. (*In* Tiwari, S.C. (Hg.), *Changing Perspectives of Anthropology in India*. Delhi: Today and Tomorrow's Publishers. S. 285–311.)

Misra, V. N. 1990. The Van Vagris. „Lost" Hunters of the Thar Desert, Rajasthan. *Man and Environment* XV(2):89–108.

Rao, A. & Casimir, M. J. (Hg.) 2003. *Nomadism in South Asia*. New Delhi: Oxford University Press.

Randhawa, T. S. 1996. *The Last Wanderers. Nomads and Gypsies of India*. Ahmedabad: Mapin Publishing.

Schlensog, S. 2006. *Der Hinduismus*. München: Piper.

Singh, K. S. (Hg.) 1998a. *People of India. Rajasthan.* Part I+II, Volume XXXVIII, Anthropological Survey of India. Mumbai: Popular Prakashan.

Singh, K. S. 1998b. *India's Communities.* Delhi, Calcutta, Chennai & Mumbai: Oxford University Press.

Stietencron, H. v. 2006 [2001]. *Der Hinduismus.* München: C. H. Beck.

Streck, B. 1996. *Die Halab: Zigeuner am Nil.* Wuppertal: Ed. Trickster, Peter Hammer Verlag.

Streck, B. 2010. *Roma und andere Zigeuner.* Unveröffentlichtes Manuskript.

Werth, L. 1996. *Von Göttinnen und ihren Menschen. Die Vagri, Vaganten Südindiens.* Berlin: Das Arabische Buch.

ESTHER NIEFT

Überall schön, doch zu Hause am besten?
Einschätzungen der Wohnstandortentscheidungen, materiellen Wohnsituation und internen Segmentierung der Bewohner_innen einer ostslowakischen *osada*

Im Jahr 2005 setzte ich – unfreiwillig und im Vorüberziehen – zum ersten Mal meine Füße in eine der als *osady*[1] bezeichneten Zigeuner- bzw. Romasiedlungen der Slowakei und wähnte mich schlagartig zwischen Scharen von Menschen; zwischen bunten, lauten, dreckigen, neugierigen, hochgestylten Kindern; Stöckelschuhe im Schlamm, Narben, Lachen, Holzblechhütten. Ich ertappte mich dabei, wie meine eingezogenen Zehen in den Sandaletten krampften, wie meine Hand nach meinem Portemonnaie krallte und ich, fasziniert und erschreckt zugleich, weiter schritt. Fortan hörte ich mich und andere Nicht-Slowak_innen über diese Zustände schimpfen, über Zigeunerwitze in der Studentenzeitung der Uni Bratislava, über den Rassismus unter den Slowak_innen. Ich wusste nichts und ich verstand nichts, weder die diese Siedlungen bewohnenden Menschen, noch die slowakische(n) Mehrheitsbevölkerung(en).

---

1 *Rómska/cigánska osada (Sg.) rómske/cigánske osady (Pl.)* [in wortwörtlicher Übersetzung: ‚Roma-/Zigeunersiedlung(en)'] – In der Slowakei wird umgangssprachlich die Bezeichnung *osada (sg.)/osady (pl.)* [wortwörtlich: *Siedlung(en)*] verwendet, die sich gemeinhin, jedoch nicht ausschließlich, auf Romasiedlungen bezieht.

Meine Diplomarbeit im Fachbereich Geographie, deren Inhalt grundlegender Bestandteil dieses Artikels ist, schrieb ich über eine dieser *osady*, fortan OMU genannt.[2] Ausgangspunkt meiner Arbeit ist die Frage gewesen, wieso sich solche räumlich segregierten Siedlungen im heutigen Europa bilden und halten können. Alexander Mušinka, Anthropologe und Pädagoge an der Universität Prešov, stellt zur in diesem Zusammenhang immer aufkommenden Frage, ob die Weißen[3] die Roma / Romnija exkludieren oder sich diese eher von der Mehrheitsgesellschaft wissentlich distanzieren, im Interview mit der slowakischen Wochenzeitung *Tyždeň* fest: „*Diese Diskussion ähnelt der, ob nun das Huhn oder das Ei zuerst war. Wenn Sie in einem Umfeld leben sollen, das auf Sie schaut wie auf einen ‚Looser', dann werden Sie lieber dort wohnen, wo Sie sich normal fühlen. Wer kann nun dafür, dass sie gegangen sind? Sie oder das Umfeld?*"[4] (Bán & Májchrak 2009:19) Das dynamische Wechselspiel von Exklusion durch die Mehrheit(en) und der gleichzeitig möglichen Distanzierung einer Minderheit erscheint nicht analytisch trennbar. Dieses konnte so auch nicht das primäre Thema der Diplomarbeit darstellen, in der stattdessen nach Momenten der Etablierung der *osady* in den Gesellschaften einer solchen – OMU – gesucht wurde und in der die Exklusionsmechanismen der Gesellschaftsmehrheiten,[5] die die Existenz der *osady* unfraglich mitbedingen, bewusst außer Acht gelassen wurden. Grundlegende Annahme der Arbeit ist, dass die Entscheidung, in einen gewissen Ort zu ziehen oder in ihm dauerhaft zu siedeln, letztendlich dem Individuum obliegt. Ein Individuum, das handelt, wird dieses eigene Handeln, und sei es in absoluter Eigenlogik, für sich begründen können. Es galt, diese Begründungen durch qualitative Feldforschung zu erfahren[6] und zu strukturieren. Ebenso war zu überprüfen, ob OMU überhaupt, wie

---

2   OMU ist eine rein fiktive Bezeichnung und weist keinerlei beabsichtigte Konnotationen auf.

3   Bezeichnet alle Nicht-Zigeuner_innen und wird in und OMU kongruent zur Bezeichnung die *Gadje / Gadjia* (Sg.: *Gadjo / Gadji*) [Romanes, wortwörtlich für ‚dummer Bauer'] genutzt.

4   Alle Übersetzungen sind, sofern nicht anders angegeben, durch mich erfolgt.

5   Der Verzicht auf den Begriff der Mehrheitsgesellschaft geschieht bewusst. Dieser geht mit der Vorstellung eines qualitativen Unterschieds zwischen einer Minderheit und einer Mehrheit einher. In der Slowakei sehen sich die Bewohner_innen der *osady* nicht nur einer mehrheitlichen ethnisch slowakischen Gesellschaft gegenüber (wobei auch zu hinterfragen wäre, inwiefern diese als homogen zu bezeichnen wäre), sondern verschiedensten Staatsminderheiten. Zudem stellt (vgl. I.1) auch die ‚Minderheit' der Roma / Romnija an sich keine – sinnvolle – Einheit dar. Gesellschaftsmehrheiten sind so als ein stark heterogenes Gegenstück zu *osada*-Bewohner_innen zu verstehen, dessen relevanter qualitativer Unterschied nach m. E. vorwiegend im Sozialen zu finden ist.

6   Im Rahmen der Diplomarbeit fanden drei qualitative Feldforschungsaufenthalte mit einer Gesamtdauer von gut anderthalb Monaten im Juni und August 2009 sowie im Januar 2010 in OMU statt. Grundlegende Siedlungsspezifika sind mir bereits vor meinem Forschungsbeginn bekannt gewesen, da ich vor einigen Jahren bereits längere Zeit (~3 Monate) bei der in OMU tätigen NGO verbracht habe. Im Rahmen des Feldforschungsaufenthaltes wurde u. a. die Kartierung OMUs (Bewohner_innen, Alter, Baussubstanz der Wohneinheiten etc.) vorgenommen sowie ero-epische Gespräche (vgl. Girtler 2001) mit vielen der Bewohner_innen geführt.

von mir stets unterstellt, als negativer Wohnstandort wahrgenommen wird, Gründe für Auszug/Nicht-Zuzug überhaupt gegeben sind, oder ob der/die Bewohner_in, wie Karl-Markus Gauß meint, *„… tatsächlich anders leben [will] als wir. Ein Roma zeigte mir stolz, dass er mit Frau, vier Kindern und Eltern auf 30 Quadratmetern wohnt. Das ist keine Pflicht, sondern eine Frage der Ehre und Liebe. Auch den öffentlichen Raum sehen sie [die Roma] anders. Lärm oder Schmutz stören sie nicht. Das führt zu Konflikten"* (Greenpeace Magazin 2004).

Die folgenden Ausführungen werden zeigen, dass diese Aussage mit den Meinungen der Bewohner_innen OMUs nicht kongruent geht. Ebensowenig die sonst schlüssige Argumentation Mušinkas, die Zigeuner_innen wohnten in der *osada*, weil sie dort ‚normal' leben können – Gegenteiliges scheint der Fall. Der Artikel wird in Abschnitt 1, nach einer kurzen Einbettung OMUs in die aktuelle Lage der *osady* der Slowakei, anreißen, wie die *osady* derzeit wissenschaftlich begriffen werden und die als Roma/Romnija resp. Zigeuner_innen bezeichneten Bewohner_innen gemeinhin wie analytisch erfasst werden können.[7] Auf der Vorstellung OMUs aufbauend folgt die Diskussion dessen, was die Bewohner_innen OMUs bewegt zuzuziehen resp. nicht wegzuziehen und was die Bewohner_innen zu bleiben motiviert. Zudem wird ein Einblick gegeben, wie OMU als Lebensstandort wahrgenommen wird. Die interne Segmentierung der Bewohner_innen OMUs, Kritik an der materiellen Wohnsituation, die dem Bürgermeister zugeschriebene Rolle sowie die potentielle Funktion von Stolz und Neid bei der ‚Lösung' der Wohnungsfrage werden Thema des Abschnitts 2 sein.

Die hier dargestellten Ergebnisse spiegeln meinen derzeitigen Informationsstand wider. Sie erheben in keiner Weise den Anspruch, vollständig und ausschließlich zu sein, sondern zeigen Perspektiven der internen Wahrnehmung OMUs auf.

---

7 Ich halte eine Diskussion, inwiefern die Bewohner_innen der *osady* besser als Zigeuner_innen oder Roma/Romnija zu bezeichnen sind in Hinblick auf das Thema des Artikels für irrelevant. Beide Bezeichnungen sind in und um der von mir untersuchten Siedlung geläufig und weitestgehend deckungsgleich, wobei keine dieser zwingend mit einer negativen/positiven Konnotation belegt sein muss, jedoch kann. Dies gilt auch für der sich teils im Bemühen um politische Korrektheit bedienten Bezeichnung als ‚Roma', der z.B. Ärger über positive Diskriminierung mitschwingen kann. In den Ausführungen werden beide Begriffe, ebengleich wie in und um OMU, nach reinem Belieben genutzt und bei Bedarf abweichende/absichtliche Konnotationen vermerkt.

Zu den *osady* in der Slowakei im Gemeinen sowie zu OMU und der (Im-)Mobilität der Bewohner_innen im Speziellen

OMU ist eine von rund 600 *osady* der Slowakei. Diese werden von ungefähr 40 % der 320.000 Zigeuner_innen der Slowakei bewohnt,[8] gelten zumeist als räumlich segregiert[9] und sind im Vergleich zu den umgebenden Wohngebieten der Mehrheitsbevölkerung bedeutend dürftiger mit Infrastruktur ausgestattet. Die *osady* werden mit Schlagwörtern wie 'doppelter Marginalisierung', 'Inseln der Armut' oder 'Hungertälern' belegt[10] und sorgen, nicht nur lokal, für Aufruhr und Unmut. Dieser äußerte sich im Jahr 2009 z. B. durch die von Marián Kotleba, Chef der Neonazigruppierung »Slovenská pospolitost'« (Slowakische Zusammengehörigkeit), organisierten Demonstrationen gegen den 'Roma-Terror' oder dem Bau einer Mauer zwischen weißem und Zigeunerviertel in Ostrovany (vgl. SME 2009a, SME 2009b, ORF 2009).

Zur wissenschaftlichen Fassung der *osady*

Die *osady* stellen nach Vaňura „ländliche, kumulierte und gegenwärtige Wohnstandorte einer bis mehrerer komplexer Roma-Familien [dar], die mehr oder weniger räumlich wie sozial von den anderen Bewohnern des Ortes isoliert sind, von ihnen allerdings

---

8 Diese Zahlen sind wie stets zum Thema umstritten und beziehen sich auf Úrad splnomocnenca vlády Slovenskej republiky pre rómske komunity (o. J. a). Schätzungen des slowakischen Demographischen Forschungszentrums belaufen sich mit 90 %-iger Sicherheit auf eine Zahl von 380.000, was einen Anteil von 7,2 % an der Gesamtbevölkerung darstellt. Die Roma/Romnija bilden die zweitgrößte Minderheit nach den Ungar_innen (Vaňo 2001 nach UNDP 2006:24).
9 *Osady* als ethnisch räumlich segregiert zu beschreiben, greift meines Erachtens zu kurz, denn sie sind ebenso Scheide sozialer Unterschiede. Bei einer Beschreibung als 'ethnisch räumlich segregiert' unterliegen Differenzen, die als kulturelle Unterschiede erscheinen, jedoch ursächlich auf soziale Unterschiede zurückzuführen sind, der Gefahr, ethnisiert zu werden.
10 In der Slowakei stellen (verallgemeinert) marginalisierte Gebiete v. a. die nördlichen, südlichen und östlichen Grenzregionen dar, deren (vererbte) sozio-räumliche Ungleichheit sich in Zeiten der Transformation weiter vertieft(e). Zigeuner_innen, die in diesen Gebieten in den *osady* wohnen, unterlägen einer 'doppelten Marginalisierung' – marginalisiert durch die Region und zudem als Roma/Romnija [die zusätzlich geringfügige Infrastrukturausstattung der *osady* bedacht, handelt es sich gar eher um eine dreifache Marginalisierung, Anm. EN]. Dies bedinge materielle und soziale Abhängigkeit und eine Fokussierung auf das Gestalten des Überlebens anstelle des Lebens (Radičová 2002: 90 f.). Diese sozioräumlichen Anomalien, teilweise mit bis zu hundertprozentiger (Langzeit-)Arbeitslosigkeit, überziehen die betroffenen Regionen jedoch nicht systematisch, sondern in Form von 'Hungertälern' und 'sichtbaren Inseln der Armut'. In diesen marginalisierten Regionen sei mit einer zunehmenden Ethnisierung der Armut inkl. der Verfestigung der Langzeitarbeitslosigkeit und der Entwicklung einer zweigleisigen Gesellschaft zu rechnen (Vašecka 2004:45–49).

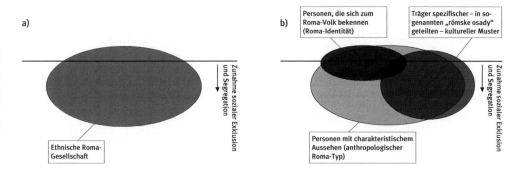

a)

b) **Personen, die sich zum Roma-Volk bekennen (Roma-Identität)**   **Träger spezifischer – in sogenannten „rómske osady" geteilten – kultureller Muster**

Zunahme sozialer Exklusion und Segregation

Ethnische Roma-Gesellschaft

Personen mit charakteristischem Aussehen (anthropologischer Roma-Typ)

Abb. 1 Gemeines (a) und analytisches Modell (b) der slowakischen Roma-Gesellschaft (Quelle: Hirt & Jakoubek 2008:27 f.)

ökonomisch abhängig sind." (2008:105)[11] Die Bewohner_innen der *osady* verfügen über eine spezifische Kultur,[12] was darauf schließen lässt, dass die Gesamtheit der slowakischen Zigeuner_innen an sich keine kulturelle (oder ideelle) Einheit bildet. Die Stratifizierung der slowakischen Roma-Gesellschaft ist im ‚Analytischen Modell' der Roma-Gesellschaft erfasst (vgl. Abb. 1b), das im Gegensatz zum ‚Gemeinen Modell' steht (vgl. Abb. 1a). In letzterem, dass in Alltag und Politik mehr als geläufig ist,[13] wird die ‚Gruppe' der Roma/Romnija anhand physiognomischer Merkmale identifiziert, ethnisch zementiert und eine Unterscheidung dieser findet lediglich hinsichtlich des Ausmaßes sozialer Exklusion und Segregation statt.[14] Das ‚Analytische Modell' zeigt jedoch deutlich, dass

11 Bez. der *osady* besteht keine Definitionsklarheit. Nach der gewählten Definition ist OMU als *osada* zu verstehen (Vgl. zu diesem Punkt auch Fußnote 15).

12 Im Hinblick auf die *osady* werden v. a. zwei Modelle der spezifischen Kultur, beide ein Ergebnis sozialer Exklusion, diskutiert: Das der ‚Kultur der Armut' und das der ‚Enklaven traditioneller Gesellschaft(en)' (vgl. hierzu u. a. Hurrle 2005 sowie grundlegend die ersten Beiträge des Sammelbandes *Romské osady v kulturologické perspektivě*, hrsg. von Jakoubek & Poduška 2003).

13 Zur Kritik an den Folgen der Nutzung (so auch durch das Úrad splnomocnenca vlády Slovenskej republiky pre rómske komunity) des ‚Gemeinen Modells' vgl. Hirt & Jakoubek 2008. Die Tatsache, dass weite Teile der Gesellschaft, und eben auch Politiker_innen, Roma/Romnija an ihrer Physignomie festmachen, spiegelt das Interview der *Týždeň* mit Vladimír Palko (ehemaliger slowakischer Innenminister und Abgeordneter der KDS) zu seinem Vorschlag eine Roma-Kriminaliätsstatistik (wieder) einzuführen, hervorragend wider. Auf die Nachfrage von *Týždeň*, wie in solchem Falle ein Polizist feststelle, wer Rom und wer kein Rom sei, meint Palko: „Die Methode ist, ‚ich schaue und sehe es'." Woraufhin die *Týždeň* fragt, woran sich dieses ‚Sehen' festmache – an der Farbe, Haut, Kleidung? Palko erwidert: „Jeder Mensch erkennt das, wenn er einen Rom sieht. Entschuldigen Sie, aber diese Frage erscheint mir arg lächerlich." (Gális & Závodský 2009:17)

14 So Hirt & Jakoubek 2008. M. E. greift die Einschätzung, die gemeine Bevölkerung differenziere lediglich entlang des Grades von Segregation/Exklusion der Zigeuner_innen, jedoch zu kurz: ‚Unser/nicht unser', ‚gut/schlecht' sind weitere zur Differenzierung herangezogene Kriterien.

neben dem Grad der sozialen Exklusion/Segregation und dem (Nicht-)Tragen charak-
teristischer visueller Merkmale weitere Kriterien wie das bewusste (Nicht-)Tragen einer
Roma-Identität sowie das (Nicht-)Tragen spezifischer Sozialisationsmuster eine Stratifizierung der slowakischen Roma/Romnija bedingen (Hirt & Jakoubek 2008:27 f.).

Im ‚Analytischen Modell‘ wird ebenso deutlich, dass sich nicht nur die slowakische
Roma-Gesellschaft differenziert, sondern auch innerhalb der Bewohnerschaft der *osady*
Unterschiede auszumachen sind: Nicht alle Bewohner_innen der *osada* unterliegen der
(räuml.) Segregation in gleich starkem Maße, nicht alle räumlich segregiert wohnenden
Zigeuner_innen sind Träger_innen einer spezifischen Kultur der *osada*-Bewohner_innen,
nicht alle Bewohner_innen weisen ein physiognomisch charakteristisches Erscheinungs-
bild auf, nur wenige Bewohner_innen verschreiben sich der Idee eines Roma-Volkes etc.
(Quelle: ebd.)

Zu OMU, der beforschten *osada*

OMU ist administrativer Bestandteil einer in der Zips/Ostslowakei gelegenen Ortschaft,
deren Mutterort ‚M‘ (~ 300 EW) hauptsächlich von der slowakischen Mehrheitsbevölkerung bewohnt wird. OMU befindet sich knapp einen Kilometer von ‚M‘ in Richtung Waldrand entfernt und hat sich durch den sukzessiven Auszug der Mehrheitsbevölkerung (resp. deren Ableben) über die letzten Jahrzehnte zu einer *osada* entwickelt.[15]
OMU verfügt im Gegensatz zu ‚M‘ nicht über Gas und fließend Wasser, letzteres ist an
zwei Pumpen und einer Quelle zu besorgen. OMU ist nicht an die Kanalisation ange-
schlossen, Elektrizität ist prinzipiell vorhanden. Bis auf wenige Ausnahmen sind die Be-
wohner_innen OMUs auch in der Gemeinde gemeldet (Růžička & Toušek 2008:249 f.;
Úrad splnomocnenca vlády Slovenskej republiky pre rómske komunity o. J. b). Im Juni

---

15 Nach der Defnition Vaňuras handelt es sich bei OMU um eine *osada*. Růžička & Toušek konstatieren jedoch, dass sie keineswegs ‚klassisch‘ sei. So sei OMU untypisch hinsichtlich der demographischen Entwicklung, der Nutzung des Wohnaltbestands der früheren Mehrheitsbevölkerung sowie der
nur geringfügigen Existenz von *chatrče/chyšky* (provisorische Bauten, zumeist Hütten, aus verschiedensten, mehr oder weniger profanen Baumaterialien zusammengesetzt; ausführlich zur traditionellen und
aktuellen Bauweise vgl. Mušinka 2002), die stets mit dem Begriff *osada* verbunden würden. Des Weiteren stelle OMU einen administrativen intravilanen (und nicht *osada*-typisch extravilanen) Ortsteil
dar, auch wenn dieser faktisch physisch räumlich ‚eigenständig‘ sei (Růžička & Toušek 2008:267). Am
trefflichsten, so Dritte, sei OMU als *kólonia* zu bezeichnen. Diese definiere sich durch eine Überprägung
eines ursprünglich gadjikenen Siedlungsteils durch Roma/Romnija, während der die Verdrängung/der
Auszug der Gadje/Gadjia einsetzt. Eine *kólonia* stelle im Gegensatz zur *osada* keine Siedlungsneugrün-
dung dar. Die Bezeichnung als *osada* ist jedoch sowohl außerhalb wie innerhalb OMUs anzutreffen,
wenn auch eher selten, da OMU zumeist mit dem Ortsnamen betitelt wird.

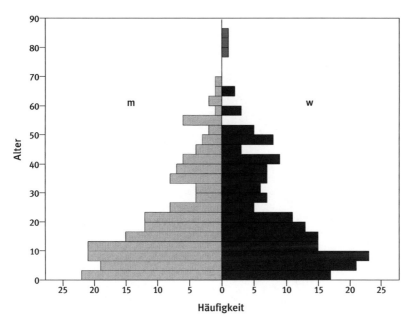

Abb. 2 Altersverteilung der Bewohner_innen OMUs nach Geschlecht[16]; Datenerhebung/Darstellung: EN

2009 wurde OMU von rund 360 Personen bewohnt. Deren Altersverteilung, die einen Altersdurchschnitt von knapp 21 Jahren aufwies, ähnelt der Pyramiden-Form (Heineberg 2004:61). Diese ist auf eine stark positive Reproduktionsrate (junges Erstgeburtsalter, viele Geburten/Frau und die im Vergleich zur Mehrheitsbevölkerung recht niedrige Lebenserwartung, vgl. Vaňo 2001 nach UNDP 2006:24) der *osada*-Bewohner_innen zurückzuführen (vgl. Abb. 2).

In OMU wird überwiegend der Altbestand der Häuser der früher in OMU wohnhaften Gadje/Gadjia bewohnt, wobei dieser oft umgebaut, neu parzelliert sowie durch Neubauten aus Stein und Holz erheblich nachverdichtet wurde (vgl. Abb. 3 und Abb. 4[17]).

---

16 Die Validität der der Kartierung entstammenden Daten ist ausreichend, sie sind als gute Näherungswerte an die Realität zu betrachten. Ziel der Kartierung war es nicht, absolut exakte Daten zu ermitteln, da der damit verbundene Arbeitsaufwand in keinem Verhältnis zum Mehrwert solcher Daten gestanden hätte. So weichen gerade auch die bei Nachbar_innen und Kindern erfragten Altersdaten oft um mindestens 1 Jahr ab. Diese Ungenauigkeit sollte sich jedoch im Mittel nivellieren.
17 Aus der Karte wird die Anzahl der Bewohner_innen pro Bausubstanz nicht ersichtlich. 39,8 % bewohnen die Altsubstanz; 13,9 % die Altsubstanz angebaut mit Stein; 11,8 % Neubau aus Stein; 9,5 % Neubau aus Palette; 8,0 % Altsubstanz angebaut mit Palette; 6,9 % die gemischte Bausubstanz; 5,4 % die *drevenice*; 4,1 % ausgebaute Schuppen; 0,5 % einen Bauwagen. Eine Darstellung der stark unterschiedlich ausfallenden Wohnraumverfügung je Bewohner_in kann nicht erfolgen, da Daten zur Wohnraumgröße nicht erhoben wurden.

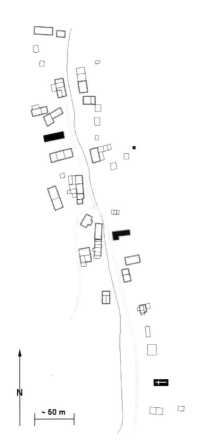

Altbestand
aktuelle Wohnhausstruktur
Straße
Bach

Abb. 3 Entwicklung der Siedlungsstruktur OMUs: aktuelle Siedlungsstruktur projiziert auf der Siedlungsstruktur der früheren gadjikenen Bevölkerung; Datenerhebung / Darstellung: EN

Außer einer Kernfamilie mit fünf Personen sind alle Bewohner_innen OMUs miteinander ‚verwandt'.[18] In OMU, wie auch außerhalb, weiß man in vielfältigen Versionen von der Gründung dieser Verwandtschaft zu berichten. So begab es sich wie folgt: „Noch weit vor dem Zweiten Weltkrieg kam ein Rom [nach OMU], der Viehhirte war […] Ihm zog ein weiterer Bruder, seiner, nach." „Im Grunde kam er dorthin um Kühe zu weiden, ja, einen Wohnwagen brachte er sich dorthin mit. Aber die Ehefrau erkrankte ihm und sie

---

18   Ich definiere ‚Verwandtschaft' hier als ‚Blutsverbindung' resp. Einheirat in diese, wobei für mich beide Formen ‚direkte Verwandtschaft' darstellen. Wer mit einer in solche ‚Blutsverwandtschaft' eingeheirateten Person verwandt ist, gilt als indirekt verwandt. Ich behaupte, dass mit dem Konzept der Verwandtschaft in den *osady* situativ umgegangen wird, eine stabile und Außenstehenden konsequent erscheinende Definition von Verwandtschaft nicht gelingen kann, da sowohl das Konzept der kognatischen Verwandtschaft (Budilová & Jakoubek 2008:195) als auch die Idee einer ‚spezifischen' Verwandtschaftsgenerierung (Kernfamilie, komplexe Familie, Stammesverwandtschaft, vgl. Jakoubek 2004:103 ff.), die zudem im Slowakischen/Deutschen mit nur einem Wort gefasst wird, existiert.

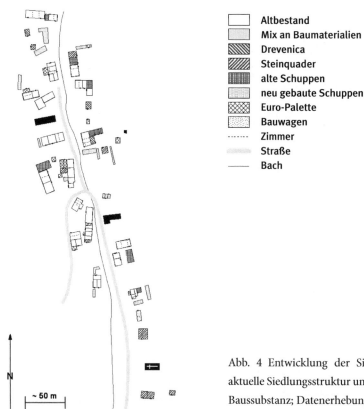

Altbestand
Mix an Baumaterialien
Drevenica
Steinquader
alte Schuppen
neu gebaute Schuppen
Euro-Palette
Bauwagen
------ Zimmer
〰〰〰 Straße
——— Bach

Abb. 4 Entwicklung der Siedlungsstruktur OMUs: aktuelle Siedlungsstruktur unter Berücksichtigung der Baussubstanz; Datenerhebung / Darstellung: EN

[die Leute/Ärzte] sagten ihm, dass es ernst um sie stehe. So kam ihre Schwester herbei, um sich um sie zu kümmern. Die Ehefrau aber gesundete ihm, so dass er [fortan] dort mit zwei Frauen lebte. Nun, diese zwei Frauen hatten zusammen 24 Kinder [von ihm] und von diesen Frauen leben beide noch." „Und OMU ist praktisch aus diesen beiden Brüdern heraus entstanden und späterer Zeit nahmen die Kinder sich einander an."[19]

Die Bewohner_innen OMUs sind so hauptsächlich Nachfahren einer der Schwestern (AG) und (JG) oder deren ‚Schwager‘ Frau (EG)[20]. Innerhalb der drei Linien kam es im Laufe der Jahre zu vielen Vermischungen, die sowohl innerhalb OMUs als auch in

---

19 Zusammenschnitt der Gespräche mit dem zuständigen Bürgermeister am 19.06.2009 sowie dem Bürgermeister des Nachbarorts am 26.06.2009. Selbige Aussagen werden auch von den Bewohner_innen OMUs getroffen, liegen als vollständiges Transkript jedoch nur von den Gesprächen mit den Bürgermeistern vor.
20 Diese trug den gleichen Nachnamen wie die beiden Schwestern. Über eine mögliche Verwandtschaft liegt jedoch keine Aussage vor.

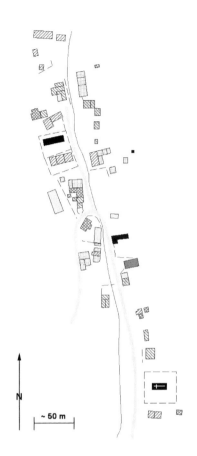

⫽⫽	(JG)
⧅	(EG)
⊞	(AG)
	Geschwister indirekt mit (JG)/(AG)/(EG) verwandt
	nicht mit (JG)/(AG)/(EG) verwandt
	Straße
——	Bach
– –	Zäune

N

~ 50 m

Abb. 5 Anordnung der Wohneinheiten der ‚drei Nachkommenslinien', aufbauend auf den Schwestern (AG)
und (JG) sowie deren Schwägerin (EG); Darstellung:
EN, Datenbasis: Kartierung EN/von Růžička zur Verfügung gestellter Stammbaum

den Nachbarortschaften oft mit Inzest gleichgesetzt werden, wobei dem jedoch faktisch nicht so ist.[21] Die drei Nachkommenslinien finden sich bis heute in der Siedlungsstruktur OMUs, die maßgeblich durch die *dvorečeks (Häuser-Cluster, kleine Höfe)*[22] geprägt wird, wieder (vgl. Abb. 5).

21 Mir (und dies konstatiert so auch Růžička 2004) sind keine reellen Fälle von Inzucht bekannt. Diese sind auf Grundlage der Definition nach Budilová und Jakoubek, dass sich Inzucht auf die Kernfamilie beschränke, auch nicht zu erwarten (2008:196). Die Heirat würde jedoch bevorzugt innerhalb der kognatischen Familie arrangiert (Cousin_e 1.–4. Grades, oft auch im Tausch – *pre čeranki* – z.B. zweier Brüder gegen zwei Schwestern). Dies führe zur Endogamie innerhalb der kognatischen Gruppe und sei auf den – allerdings umstrittenen – Reinheitskomplex (vgl. Fußnote 49) zurückzuführen (ebd.).

22 Die *dvorečky* werden von mehren Kernfamilien, der ‚aktuellen' Verwandtschaft, gebildet. Brüder siedelten dabei zumeist beieinander, da ein eine Kernfamilie gründendes Paar – von dem der Bau einer neuen Wohneinheit erwartet wird – diese zumeist im *dvoreček* des Ehemanns errichtet (detaillierter hierzu Budilová & Jakoubek 2008:196–199). Diesem Prinzip wird in OMU nur bedingt gefolgt.

Růžička vertritt die These, dass diese drei Linien wesentlichen Einfluss auf die soziale Organisation OMUs haben, sprich es als hierarchisch höher/niedriger angesehene Nachkommen/Bewohner_innen gibt: Die Nachfahren von (JG), der ‚wirklichen Ehefrau‘, hätten eine dominantere Position inne, es gäbe alltägliche, unterschwellige Spannungen zwischen ihnen und den Nachfahren von (AG). Růžička relativiert diese These insofern, als dass er zu bedenken gibt, dass dieses Ordnungsprinzip evt. nur für die ersteren Generationen[23] gültig gewesen sei (Růžička 2004:280 ff.)[24], was erklären könnte, warum mir diese Ordnungskriterien während der Feldforschungsarbeiten nicht bewusst geworden sind.

In OMU verfügen nur ausgesprochen wenige Personen über ein offizielles Arbeitsverhältnis, die meisten Bewohner_innen sind von Sozialhilfe abhängig und so im Rahmen der Sozialhilfeverordnung von 2004 zu ‚aktiváčne práce‘ (dem Ein-Euro-Job ähnelnd) verpflichtet, einige Stunden die Woche in OMU resp. den umliegenden Gemeinden zu arbeiten.[25] In der Siedlung sind derzeit eine NGO sowie drei Sozialarbeiter_innen tätig. Im selben Gebäude wie diese befindet sich ein Kindergarten. Seit einem Jahr sind einige Klassen der Grundschule aus dem Nachbarort nach OMU verlagert.

Zur (Im-)Mobilität der Bewohner_innen OMUs und deren Einschätzungen OMUs als Wohnstandort

Im Folgenden wird besprochen, warum nach OMU zugezogen wird, wie sich das (geringe) Interesse am Bleiben in OMU begründet und was die vielen Mobilitätswilligen an einem Wegzug aus OMU hindert. Ebenso wird gezeigt, wie die Bewohner_innen OMU

---

23 Der Begriff der Generation ist insofern problematisch, als dass es auf Grund der oft sehr langen Reproduktionsphase trotz ‚Startgeneration‘ zu vielen Überschneidungen kommt und eine Inbeziehungsetzung der Generationen mit Altersklassen mit jeder Generation weniger schlüssig funktioniert. Die jüngsten Kinder einer Mutter sind oft jünger als die älteren Kinder deren ältester Kinder. Die Generationsabgrenzung ist so wie folgt zu verstehen: Generation 1 – Startgeneration (JG)/(AG)/(EG), deren Kinder: Generation 2, deren Kinder: Generation 3 uswusf.

24 Spannungen zwischen den Nachkommenslinien wie auch zwischen Altsiedler_innen (hier definiert als zugezogen in den 50er Jahren) und Neusiedler_innen (definiert als später zugezogen oder eingeheiratet) wären mit Hilfe (proto-)politischer Heiraten inzwischen gelöst (vgl. Růžička 2004 und Budilová & Jakoubek 2008:206). Ich kann in diesen Punkten keine Stellung beziehen, denn mir gegenüber wurden die oben angesprochenen Dichotomien in OMU nie geäußert.

25 Im Jahr 2004 wurde das Sozialsystem der Slowakei reformiert, dass mit heftigen Einschnitten in die finanzielle Situation vieler Zigeuner_innen einherging und von lokalen Protesten begleitet wurde. Das neue System soll der sich immer stärker etablierenden Abhängigkeit der Beziehenden vom Sozialsystem durch die Aktivierung dieser entgegenwirken. 2003 betrug die staatliche Unterstützung für eine 6-köpfige Familie (Eltern in materieller Armut, 2 Kinder im Vorschulalter, 2 Kinder schulpflichtig) 11.240 SKK/Monat, nach der Kürzung der Sozialhilfe 2004 nur noch 5.410 SKK (Úrad splnomocnenca vlády Slovenskej republiky pre rómske komunity 2006:A.).

als Wohnstandort wahrnehmen und darauf eingegangen, inwiefern die Kritik an diesem auf potentielle Wunschwohnumfelde schließen lässt.

Gründe für Zuzug:

Der Anteil zugezogener Personen ist in OMU relativ gering und meiner Einschätzung nach in Gegenüberstellung zum natürlichen Bevölkerungswachstum fast zu vernachlässigen.[26] Das Gros der Zugezogenen ist vereinzelt, und zwar auf Grund von Einheirat, nach OMU zugezogen. Nach Budilová & Jakoubek sei es für Bewohner_innen der *osady* charakteristisch, dem Gesetz der Patrilokalität zu folgen (2008:196–199). In OMU sind dementsprechende Zuzugsgründe von Bewohner_innen geäußert worden. Jedoch existieren faktisch viele Paare, die nicht nach diesem Prinzip gehandelt haben.[27] Für viele der vor einigen Jahr(zehnt)en Zugezogenen gilt, dass OMU zur Zeit des Zuzugs als deutlich weniger negativ (gar positiv?) im Vergleich zu heute wahrgenommen wurde. Somit ist nicht nachzuvollziehen, inwiefern die Entscheidung für OMU als Wohnstandort unter aktuellen Bedingungen erneut getroffen werden würde, gar eine Beziehung der Partner_innen überhaupt zu Stande gekommen wäre.[28] „Wissen Sie, damals war das nicht so…", ist in OMU oft zu hören.

In den letzten Jahren sind drei Kernfamilien (~13 Personen), alle aus Städten, zugezogen. Dies unfreiwillig insofern, als dass persönliche Probleme sie aus ihren alten Wohnstätten forttrieben[29] und OMU diesen Orten infrastrukturell um einiges nachsteht. Dennoch gilt auch für diese Personen: Sie sind allesamt froh, überhaupt ein Dach über dem Kopf zu haben.

Die Zugezogenen leben im Vergleich zu den in OMU Geborenen und deren Heiratspartner_innen um einiges großzügiger (Wohnraumgröße, Zimmeranzahl) und etab-

---

26 Diese Aussage ist insofern kritisch, als da ich keine konkreten Zahlen hinlänglich der Zugezogenen nennen kann.
27 Warum die Wohnstandortwahl in den gegenteiligen Fällen zu Gunsten des Wohnortes der Ehefrau ausgefallen ist, ist mir jedoch nicht bekannt und durchaus untersuchenswert. Zu Fragen wäre ebenso, inwiefern diese Bewohner_innen dem Gesetz der Patrilokalität überhaupt Bedeutung beimessen.
28 Das Prestige der Lokalität, aus der die/der potentielle Ehefrau/-mann stammt, ist bei der Partnerwahl von großer Bedeutung. Etliche Bewohnerinnen wiesen mich darauf hin, dass der/die beste Partner_in für das eigene Kind in der Kreisstadt zu finden wäre. Ebenso meinte einer der im Rahmen der Diplomarbeit interviewten Bürgermeister, dass es eine klare lokale Rangordnung der Zigeunersiedlungen der Region gäbe: Die Roma/Romnija in seinem Ort würden nur in prekären Ausnahmefällen (so. z.B. bei Ausschluss aus der Familie) nach OMU einheiraten. Dies ist empirisch belegbar.
29 Gründe für den Auszug stellten oft direkt wie indirekt Schulden dar: Ein Familie musste a.G. von Zahlungsunfähigkeit ihre alte Wohnstätte verlassen. Eine andere Familie kann an ihrem früheren Wohnort aus Angst vor Racheanschlägen nicht mehr siedeln, da deren inzwischen in Haft sitzender Sohn im Streit um Schulden einen Mord beging. Eine weitere Familie hat sich mit den Familienangehörigen am früheren Wohnort zerstritten und dringend nach einer alternativen Bleibe gesucht.

lierter (bessere Inneneinrichtung, unverbautere Außenfläche).[30] Sie verfügen über eine überdurchschnittlich gute Reputation in OMU,[31] bessere Bildung, städtischeren Kleidungsstil und städtischeres Verhalten. Inwiefern diese sozio-kulturellen Muster, denen in OMU mit Respekt und Bewunderung begegnet wird, den Einfluss dieser Personen in OMU erhöhen, den Zugezogenen u. U. gar einen sozialen Stand gewähren, der ihnen zuvor nicht zuteil wurde, muss spekulativ bleiben.

Viele Gründe zu gehen, doch genug, um zu bleiben:
    Grundlegend ist festzustellen, dass, zumindest hypothetisch, viele Bewohner_innen an einem Auszug aus OMU interessiert sind. Es sind mir jedoch nur zwei Kernfamilien bekannt, die diesen in den Endsommermonaten 2009 realistisch angegangen sind. In einem Fall wurde der Umzug durch Erbschaft einer Wohnmöglichkeit in der nahegelegenen Bezirksstadt ermöglicht, im anderen Fall fühlte sich eine junge Mutter veranlasst, gar genötigt, an den Wohnort ihres Ehemannes/Freundes zu ziehen.[32]
    Einige wenige Bewohner_innen möchten in OMU bleiben, resp. denken nicht über einen Auszug nach. Sie begründen dies äußerst häufig damit, dass sie hier, an diesen Wohnort, so gewöhnt sind, seltener damit, dass ihnen ihre hiesige Bleibe inkl. Wohnumfeld ausreicht. Es ist zu vermuten, dass sich das Argument des ‚Gewöhnt seins‘ nicht nur auf den Fakt, die Gepflogenheiten in OMU zu kennen, sondern auch auf lebenssichernde Netzwerke, Verwandte, Gleichgesinnte, Kinder, Familie (in der Nähe) zu (erhalten, bezieht. Festzustellen ist ebenso, dass Personen, die über Wohneigentum verfügen, an einem Auszug weit weniger Interesse haben. Wohneigentum stellt einen wichtigen Bleibefaktor dar; der Besitz dessen wertet OMU als Wohnstandort überdeutlich auf.
    Die Anzahl derer, die OMU gerne verlassen würden, ist jedoch immens. Letztendlich sieht sich der Großteil dieser dennoch zum Bleiben gezwungen. So fehle es an Geld, um sich anderswo niederzulassen, andernorts fielen die Lebenserhaltungskosten zudem zu hoch aus.
    Ein fast ähnlich häufig genanntes Argument wie das der finanziellen Knappheit ist, ‚es gäbe kein wohin‘. Dessen Bedeutungsebenen klar aufzufächern, gelingt nur bedingt.

---

30 Dies gilt nur im Vergleich zum Durchschnitt der schon länger siedelnden Bewohner_innen, von denen einige über Wohneinheiten verfügen, die in Quantität und Qualität denen der Zugezogenen kaum/ nicht nachstehen.
31 Jedoch trifft auch das auf einige Familien nicht zu.
32 Sie ist eine der Personen, die äußerte, sie sei verpflichtet, an den Wohnort des Mannes/Freundes zu ziehen, auch wenn ihr dies nicht behage. Von Interesse ist jedoch v. a. der ‚Wegzug‘ der anderen Familie, die wenige Monate später nach OMU zurückkehrte, in Eigenaussage, weil die Lebenshaltungskosten in der Kreisstadt zu hoch gewesen wären. Ein Bewohner OMUs erklärte jedoch, sie seien zurückgekommen, da sie sich mit den dortigen mitwohnenden Verwandten ordentlich zerstritten hätten. Dies war leider nicht zu verifizieren.

Am plausibelsten erscheint die Bedeutung, es fehle an konkreten Einzugsmöglichkeiten, wobei Verwandtschaft eine übergeordnete Rolle in der Organisation und Verteilung von Wohnraum spielt.

Vereinzelt wurden praktische Gründe, die einen an OMU bänden, angebracht: Man sei hier gemeldet/bekäme seine Sozialhilfe hier ausgezahlt, verlöre mit Wegzug seinen Arbeitsplatz, sowie dass Familie vor Ort zu versorgen sei. Es wurden von einigen Bewohner_innen ebenso emotionale Gründe vorgebracht: Man hätte Familie/Kinder hier oder einen Sohn auf dem Friedhof begraben, die möge man nicht alleine lassen.

Wie es in OMU sei und wie man lieber wohnen würde…:

Einen Zusammenhang zwischen einem hypothetischen Auszugsinteresse und der Einschätzungen OMUs als Wohnstandort konnte, u. U. bedingt der Tatsache, dass viele Bewohner_innen ihre Kritikpunkte teilen, nicht beobachtet werden. Die Bewohner_innen OMUs lassen sich anhand der Gewichtung ihrer Kritikpunkte ,lediglich' wie folgt unterscheiden: Wer seinen Wohnraum vorerst als gesichert und einigermaßen ausreichend ansieht, beschwert sich vornehmlich über die ,unguten[33] Leute', die in OMU wohnen. Wem es jedoch an ausreichend und qualitativen Wohnraum mangelt, der sieht in diesem sein primäres Problem. Beiden Punkten wird in den nächsten Abschnitten gesondert nachgegangen werden.

Die die Infrastruktur betreffenden Kritikpunkte werden von der Mehrheit der Bewohner_innen geteilt. So fehle es an einem ordentlichen und nahe gelegenen Laden und fließend Wasser. Vornehmlich rein feststellenden bis leicht negativen Charakters sind die vielfachen Aussagen zu verstehen, ,ganz OMU sei eine Familie', resp. dessen differenzierte Version ,fast alle hier sind Familie'. ,Kinder hier! Massig!', ist die Standardantwort, wobei Kinder (negativ) mit Lärm und Chaos/Unordnung verbunden werden und der Meinung vieler, gerade der 40-/50-Jährigen, nach unerzogen sind. OMU wird weiterhin von einigen als ,trauriger Fleck'/,langweilig'/,nichtsnutzig' beschrieben, es sei ein ,Kaff'. Interessant ist hierbei, dass diese Aussagen nie von Bewohner_innen, die sich mit der Pflege ihrer Kinder über-/gefordert fühlten, getroffen wurden, sondern vorzüglich von den Jüngeren und Personen, die früher regulärer Arbeit nachgingen. Gerade auch diese beschreiben OMU als ,rückständig' und wie zu ,alten Zeiten'.

Die aktuelle Wahrnehmung OMUs macht sich stark an den Veränderungen in der Siedlung fest: Früher sei OMU ein prächtiges Dorf gewesen! Unordnung und Lärm hätten immens zugenommen, die Anzahl der Kinder explodiere. Veränderungen in OMU werden stark mit dem Zuzug ,schlechter fremder' Zigeuner_innen in Verbindung ge-

---

33 Vom slowakischen ,byť dobrý' – im Folgenden stets mit ,gut' übersetzt. Jedoch verfügt das Wort über weitere Bedeutungen: wohl/zurecht/richtig/fein/gediegen/brav etc.

bracht, die ebenfalls den Bau von *chatrče*[34] eingeläutet hätten. Die Zeiten, in denen der Gadjo/die Gadji noch Nachbar_in war, werden von denen, die diese erlebt haben, gepriesen und beschönigt.[35]

Bejahende Einschätzungen über OMU wurden mir kaum entgegengebracht:[36] Das wohl Positivste drückt sich in der Dankbarkeit aus, überhaupt ein Dach über dem Kopf zu haben und dem Wissen, anderswo könne es einem noch schlechter ergehen.

Die Kritikpunkte an OMU weisen bereits darauf hin, welche Wohnumfelder die Bewohner_innen OMUs ihrem derzeitigen Wohnstandort gegenüber bevorzugen würden. Der Großteil dieser wohne lieber in der Stadt (denn Dinge des täglichen Bedarfs, so z.B. Fleisch und Ärzte, seien nah und überhaupt/kostengünstig zu erreichen, es sei dort möglich, in Ruhe im Park spazieren zu gehen), nur wenige würden lieber in einem Dorf wohnen (Ruhe, Subsistenzwirtschaft möglich). Einigen Bewohner_innen ist dabei egal, inwiefern sie unter Weißen oder Zigeuner_innen wohnen. Erstaunlich viele meinten jedoch, sie würden einen Wohnstandort unter Weißen klar bevorzugen. Das primäre Argument scheint hierfür jedoch nicht die räumliche Segregation zu sein, sondern an einem Ort besserer Infrastrukturausstattung und unter gesprächigen, ‚normalen‘ Gadje/ Gadjia, statt den derzeitigen Nachbar_innen, zu wohnen. Einige wenige, v.a. junge und vulnerable Bewohner_innen, ziehen jedoch ein Wohnumfeld zwischen Roma/Romnija dem der Weißen vor. Für wohl jede_n der Bewohner_innen OMUs gilt, dass, wäre er vor die Wahl gestellt, einem Einfamilienhaus (in Eigentum, wahrscheinlich auch einfacher Art) stets Vorrang vor Sozialwohnungen gegeben würde, *chatrče* theoretisch, jedoch selten praktisch, eine Wohnnotlösung darstellen.

Es lässt sich konstatieren, dass sich OMU größtenteils aus sich selbst heraus generiert und Zuzug vorwiegend a.G. von Einheirat erfolgt. OMU scheint früher für Zuziehende

---

34 Provisorische Wohneinheiten, vgl. Fußnote 15.

35 In und um OMU wird in den gleichen lobenden Tönen von den früheren Zeiten berichtet, denn damals wäre die Ortschaft noch schön und die Zigeuner_innen noch gut gewesen. Die sich an diese Zeiten erinnernden Roma/Romnija OMUs preisen die so äußerst guten Beziehungen mit den Weißen der damaligen Zeit. Ebensolcher positiven Worte bedienten sich zwei von mir interviewte gadjikene frühere Bewohner_innen OMUs. Erst explizites Nachfragen brachte zu Tage, dass die damaligen Beziehungen keinesfalls als integriert oder assimiliert zu bezeichnen sind: Mit den Zigeuner_innen ging man zwar zur Schule, war aber nicht mit diesen befreundet. Paare zwischen ihnen gab es keine. Ein, zwei Mal wäre man kurz bei ihnen in dem kleinen dunklen Häuschen gewesen. Gesessen und erzählt hätten sie, die Zigeuner_innen, den ganzen Tag, und hätten sie Hunger gehabt, hätte die Mutter ihnen geborgt. Betonenswert, dass es genau dieser asymmetrische Zustand ist, der beiderseits als der ‚normale‘ kommuniziert wird.

36 In der Reflexion des Feldforschungsablaufs ist mir bewusst geworden, dass ich äußerst selten aktiv nach positiven Momenten gefragt habe. U.U. ist dieses Aufmerksamkeitsdefizit aber auch gerade durch eine solche Überpräsenz der negativen Aspekte entstanden.

durchaus auch Potential geboten zu haben. Aktuell beurteilen die wenigen Zuziehenden OMU eher als bestmöglichen Kompromiss. Hierbei ist festzustellen, dass, auch wenn OMU rein infrastrukturell zumeist schlechter ausgestattet ist als die vorherigen Wohnorte, OMU den Zugezogenen u. U. auch Vorteile zum früheren Wohnstandort bietet (höheres Ansehen, Möglichkeit des Eigentumserwerbs). Auch die nicht a. G. von Einheirat nach OMU Gezogenen verfügen, mit Ausnahme einer Kernfamilie, über verwandtschaftliche Beziehungen in OMU. Verwandtschaft ist primärer Organisationsrahmen des Wohnraums, was nicht nur an den Zuziehenden, sondern auch anhand der äußerst wenigen Bewohner_innen deutlich wird, die einen Wegzug realisieren.[37] Viele Bewohner_innen würden gerne ausziehen, sehen sich jedoch außerstande: kein Geld, kein Wohin. Sie seien emotional/funktional hier gebunden.[38] An einem Bleiben sind nur wenige interessiert. Diese wohnen oft schon lange in OMU, sind älter (> 40 Jahre) und ‚gewöhnt‘, oder relativ junge und vulnerable Mütter. Für die Zukunft ist so wohl ein weiterer Anstieg der Bewohner_innenzahl OMUs zu erwarten, wobei davon auszugehen ist, dass Zuziehende darauf weiterhin einen geringeren Einfluss ausüben werden als die natürliche Reproduktion. OMU erscheint als Wohnstandort, abgesehen von den relativ niedrigen Lebenserhaltungskosten, nicht sonderlich attraktiv.

Zur Bedeutung der Wohnsituation und der internen Segmentierung (Fragmentierung) in OMU am Beispiel des sozialen Wohnungsbaus

Einige Monate vor meinem Feldforschungsaufenthalt lief in OMU die Diskussion um die Planung von Sozialwohnungsbauten an und wurde oft zum Gegenstand und Aufhänger von Gesprächen. Vom zuständigen Bürgermeister ist angedacht, 17 Sozialwohnungen in fünf (kleineren) Wohnblöcken zu errichten. Die Basisgrundstücke zur Errichtung dieser wurden in den letzten Jahren durch die Gemeinde erworben, eine vorläufige Planung ist angeregt, derzeit läuft die Akquise von Finanzmitteln.

An dieser Stelle soll die OMU-interne Diskussion um den Sozialwohnungsbau aufgegriffen werden, da sich an ihr viele, die Bewohner_innen bewegende Punkte herauskristallisieren. Im vorigen Abschnitt wurde bereits angedeutet, dass alle Bewohner_innen OMUs materielle Mängel in ihrer Wohnsituation reklamieren, die jeweilige Wohn-

---

37 Wer nach OMU zieht, verfügt normalerweise ausnahmslos über verwandtschaftliche Beziehungen. OMU ist jedoch insofern speziell, als dass die Pfarrei in Tvarožna bis vor einigen Jahren ein Haus in OMU unterhielt, welches sie Wohnungssuchenden zur Verfügung stellte. Die einzige Kernfamilie ohne direkte oder indirekte Verwandtschaft in OMU ist über diese nach OMU vermittelt worden.
38 Hier sei noch einmal angemerkt: Die Aussagen basieren auf der Einschätzung der Bewohner_innen und müssen keineswegs, können aber, den reellen Gegebenheiten entsprechen.

situation von den Bewohner_innen jedoch unterschiedlich stark prekär eingeschätzt wird. Zudem bemängeln einige Bewohner_innen stärker die unzureichende materielle Wohnsituation, andere klagen vornehmlich über die ‚unguten' Menschen in OMU. Im Folgenden wird anhand der Darstellung der positiven Seiten eines Einzugs in die Sozialwohnungen die wahrgenommenen Mängel der materiellen Wohnsituation gespiegelt und auf die Bedeutungen der materiellen Wohnsituation eingegangen. Zweitens wird anhand der als negativ empfundenen Aspekte von Sozialwohnungen die Binnendifferenzierung der Bewohner_innen und einige der dieser folgenden Konsequenzen dargelegt und drittens dargestellt, welche Funktionen Bürgermeister, Neid und Solidarität zukommen (könnten).

Sozialwohnungen? Ja Danke! – Zur Wahrnehmung der materiellen Wohnsituation

„Ich würde [da hinziehen]. Weißt Du warum? Wegen Wasser. Wasser, zum Waschen [...]. Und ich habe eine Dusche, nicht wahr, [...]. Ich schließe eine Waschmaschine an, habe ein Badezimmer, nicht wahr, da ist alles. [...] Und ich hätte nicht mehr so ein Chaos."

„Ich hätte dort alles. Toilette, Badezimmer, Speisekammer, alles."

„Noa, brauch ich sie [die Sozialwohnung] doch, wir wissen nicht, wo wir wohnen sollen."

Die Wohnstätten der Bewohner_innen OMUs weisen, was Quantität und Qualität dieser angeht, durchaus Unterschiede auf. Einen Mängelpunkt jedoch teilen alle: den fehlenden Anschluss an das öffentliche Trinkwassernetz. Würde dieser endlich gegeben sein, organisierte sich das Leben ungemein leichter. Für viele der Bewohner_innen ist fließend Wasser und die damit einhergehende Möglichkeit, ein Bad einzurichten oder eine vollautomatische Waschmaschine betreiben zu können, ein ausschlaggebendes Motiv, in eine Sozialwohnung, zumindest theoretisch, ziehen zu möchten. Dies gilt jedoch nicht für alle Bewohner_innen. So gaben einige Wenige an, ihre Wohneinheit lieber in Eigenregie an die im Fall des Baus von Sozialwohnungen in OMU endlich installierte Grundinfrastruktur anzubinden und ihr Hauseigentum behalten zu wollen. Das größte Interesse, gar ein Verlangen nach potentiellen Sozialwohnungen haben jene Bewohner_innen, die derzeit in stark überfüllten Wohneinheiten wohnen und über keine freien Zimmer und keine Möglichkeiten zum Bau neuer Wohneinheiten verfügen. Derzeit wird der starke Platzmangel von einigen, gerade jungen Paaren durch den Bau von Wohneinheiten aus Europaletten zu lindern versucht. Die Bauten aus Europaletten sind verhältnismäßig billig und schnell in der Anschaffung,[39] allerdings auch minder qualitativ und in OMU mit einem relativ negativen Image verbunden.[40] Für viele Bewohner_innen stellt die Nutzung der Europaletten eine weitere visuelle Stufe des Verfalls OMUs – nach derer der Ankunft der ‚Fremden‘ und deren Bau der *chatrče* – dar. Die Bewohner_innen der Wohneinheiten aus Europaletten scheinen durchaus um die Schwachstellen dieser Bauten zu wissen, dennoch gaben sie an, sehr glücklich über die Möglichkeit des selbständigen Wohnens zu sein und hegten viele Gestaltungspläne, so dass der in OMU gerade auch von etablierter Wohnenden öfters hervorgebrachte Vorwurf, ihnen wäre die Ästhetik ihrer Wohneinheiten recht egal, widerlegt werden muss.[41] Die Unterschiede in der Qualität der Wohneinheiten werden beiderseits registriert. Man meint zu wissen, wer schlechter wohne und wer besser. So verteidigt man sowohl sich selbst, als auch nahe stehende Verwandte: „Was [ist das] für eine Zeit gerade, das ist nicht zu schaffen“, meinte eine Bewohnerin, selbst relativ saturiert wohnend, die schlechter Wohnenden, die zur näheren Familie gerechnet werden, verteidigend.

Wie der/die Bewohner_in wohnt, scheint jedoch nicht ausschließlich Ausdruck der finanziellen Situation zu sein. So meinen etliche Bewohner_innen, die individuelle Wohnsituation sei maßgeblich durch die Fähigkeiten der Bewohner_innen bestimmt: Die einen wohnten nicht in der *chatrče*, weil sie weniger Geld hätten, sondern weil sie niemanden kennen, der den (Aus-)Bau übernehmen könnte oder wollte und ihnen selbst das Geschick fehle. Dennoch vermuten auch die stärker etabliert Wohnenden oft, dass das Wohnen in den *chatrče* für deren Bewohner_innen wohl die unter den gegebenen Bedingungen einzige Möglichkeit darstelle und beschweren sich so grundlegend weniger

---

39 Zum Bau wird das Holz von Europaletten genutzt, zu deren Entdeckung es im Winter 08/09 kam, als sich herausstellte, dass der Erwerb dieser als Heizmaterial günstiger kommt als der Kauf ‚echten‘ Brennholzes. Europaletten können, auch auf Raten, bei einem Bewohner eines Nachbarortes erworben werden, der diese nach OMU bringt (Paletten für eine Wohneinheit kosten rund 100 €, hinzu kommen weitere Ausgaben wie Schrauben, Dämmmaterial etc.).

40 Dies spiegelt sich z. B. in der Reaktion einer Bewohnerin auf meine Vermutung hin, sie würde in einer der Wohneinheiten aus gemischter Bausubstanz in der Mitte OMUs wohnen: „Ich wohne nicht in den Holzbauten! Nein!“ Eine weitere Bewohnerin OMUs meinte „Wie im Stall wohnen sie in den *chatrče*. Nur ein Schwein fehlt ihnen, Ziegen gehören dorthin.“ Es wäre interessant zu ergründen, worin diese Abneigung genau bedingt ist (Übernahme äußerer Meinungen, Ausdruck für schlechtere Lebensqualität, Armut o. a.).

41 Exemplarisch sei hier auf die Aussagen einer jungen Bewohnerin einer solchen Unterkunft verwiesen: „Nun, ich wusste nicht, wo ich hin kann. Ich wusste nicht wo hin mit ihm [ihrem Freund] und da haben wir das gebaut, damit ich weiß wohin. Aber ich verändere hier noch was, hier kommen solche Matten hin, […] und ich richte mir das ganze hier ein, und das, was ich neu habe, das kommt hier hin. […] Und wenn sie wieder kommen, dann hole ich Sie, und Sie kommen rein. Dann kommen Sie, und dann werden Sie sehen, wie schön das hier gemacht ist.“

über deren Existenz, als vielmehr über die angeblich nicht hinreichende Bemühung um eine ästhetische Aufbesserung/Instandhaltung dieser.[42]

In OMU zählt, wie bereits anklang, das ‚Einfamilienhaus' – und dies, je gadjikener es wirkt (großräumig bewohnt, Schrankwände, Ordnung), als umso erstrebenswerter. Grundlegendes Moment hierfür ist nicht das Bewohnen des Hauses durch nur *eine* Kernfamilie, sondern der Fakt, dass diese ihren Wohnraum zudem in Eigentum hat. Auf den Ausführungen dieses Abschnittes aufbauend wäre hypothetisch zu konstatieren, dass, wer in Eigenengagement – dessen grundlegende Komponente außer dem Willen auch ein Vorhandensein benötigter Fähigkeiten darstellt – seinen *eigenen* Wohnraum*besitz* einigermaßen in Ordnung halten kann und nicht unter extremem Platzmangel leidet, nicht in die Sozialwohnungen ziehen würde, selbst wenn diese in OMU eines Tages stehen werden. Letztendlich überzeugen deren qualitative Verbesserung nur diejenigen, die unter besonderem Druck der eigenen materiellen Wohnsituation stehen.

Sozialwohnungen? Nein Danke! Zur internen Segmentierung[43]

„Solche Häuser, ordentliche Häuser, da würde ich einziehen. […] Was weiß denn ich, was die da für Häuser bauen werden, wie die da werden, welche Leute dort sein werden, verstehst Du? Falls die dort sein werden, die Dreckigen; um mit denen dort zu wohnen werde ich nicht hinziehen, was soll's. Ich soll mich mit ihnen für immer streiten? Was schon, wir werden schon sehen, welche Leute ausgewählt werden. […] Und falls da eine ordentliche Familie in die Häuser kommt, dann ja, dann würde ich gehen, dann zöge auch ich da ein. Die Sauberen, falls die da wohnen werden, nicht wahr?"

---

42 So meinte eine Bewohnerin, dass die Existenz der *chatrče* derzeit wohl nicht umgänglich sei. Diese seien allerdings stark unschön, die Bewohner_innen könnten sie ja z. B. wenigstens anmalen.

43 In der tschechischen/slowakischen Fachliteratur findet der Begriff ‚Segmentation' Verwendung und wird auch in diesem Artikel genutzt. Dies ist insofern problematisch, als dass Émile Durkheim diesen Begriff prägte und mit ihm eine soziopolitische Organisationsstruktur von akephalen Gesellschaften, also Gesellschaften ohne staatliche oder zentrale Instanz kennzeichnete. Diese Gesellschaften bestehen nach Durkheim aus jeweils mehreren tendenziell gleichstarken und gleichrangigen Segmenten, die in- und miteinander verschachtelt sind, wobei abhängig der (Konflikt-)Situation unterschiedliche Segmentidentifikationen (z. B. Familie, Sippe, Clan) zum Tragen kommen. Die Segmente tendieren zu fortschreitender Segmentierung (z. B. Familienneugründungen), halten jedoch Verbindung zu den anderen Segmentebenen. Sie sind autark, das heißt theoretisch auch auf sich allein gestellt überlebensfähig. Abspaltungen und die sukzessive Entfernung von den Segmenten treten als ein kontinuierlicher Prozess auf. Im Falle der vollständigen Distanzierung inklusive der Aufgabe der Kontakte entstehen Fragmente, wobei ein einzelnes Fragment für sich allein nicht überlebensfähig ist und so Teil eines übergeordneten Segments bleiben muss (Sigrist 1967). Bei den im Artikel angesprochenen Segmentierungen handelt es sich darum streng genommen um Fragmentierungen.

Was hält einige Bewohner_innen OMUs davon ab – abgesehen vom Besitz von Wohn-eigentum – Interesse an solch einer Sozialwohnung zu entwickeln? Das stärkste Argu-ment, wirklich keinesfalls in eine solche Sozialwohnung zu ziehen, wird durch die bloße Vorstellung geweckt, man könnte da mit den falschen Leuten zusammen wohnen müs-sen.[44] Mit den Dreckigen zum Beispiel, wie obiges Zitat darlegt. Nicht selten hörte ich: „Sozialwohnung? Gerne, aber meine extra!"

Die Bewohner_innen OMUs segmentieren sich intern, verstehen sich als ‚sich' und ‚andere', konstruieren Gruppen des ‚wir' und ‚die' anhand verschiedener Kriterien – ein für *osady* typisches Phänomen (vgl. z.B. Hirt & Jakoubek 2008:31 f.; Vaňura 2008:106). Spürbar wird dies nicht nur im Diskurs um den Sozialwohnungsbau. So folgen einem manche Kinder nur zu bestimmten Personen, bei anderen warten sie vor der Tür. Eine clevere Mutter ließe ihr Kind nicht mit jedem spielen, meinten einige. Sichtbar werden die Segmente auch an den Personen, die sich in einem *dvoreček* (nicht) aufhalten, an der Zusammensetzung einer Hochzeitsgesellschaft oder an den zum Kartenspiel oder Saufgelage (nicht) erscheinenden Personen, deren Zusammensetzung stets bewusst und berechnend gewählt wird und keinesfalls dem Zufall überlassen ist.[45]

Inwiefern die gezogenen Grenzen reine Behauptung sind, bleibt diskutabel, ebenso, welche Funktion(en) diese Abgrenzungen konkret bedienen.[46] Fakt ist, dass viele Bewoh-ner_innen wenig, oft gar nichts über manche Bewohner_innen OMUs wissen und wis-sen möchten – weder die konkreten Namen, noch den genauen Grund ihres Zuzugs, noch den früheren Wohnort etc. Oft war zu hören: „Keine Ahnung, Du kennst Dich hier besser aus als ich. Mit denen rede ich nicht, zu denen gehe ich nicht."[47] Die Kommunika-

---

44 Ein weiteres Argument gegen einen Einzug stellt die Empfindung dar, Sozialwohnungen seien keine ‚ordentlichen' Wohnstätten, was vermutlich dahingehend zu interpretieren ist, dass es sich nicht um eigenständigen Wohnraum handelt. Abschreckend ist für einige Bewohner_innen OMUs zudem, dass für diese Sozialwohnungen regelmäßig Miete zu zahlen sei und außerdem ein An-/Ausbau rechtlich unterbunden würde.

45 So zählte mir eine Bewohnerin z.B. die ausgewählten Gäste der Hochzeitsfeier ihrer Tochter auf und war stolz auf jede_n, der/die der gewählten Einladung gefolgt war. Nachgefragt, ob diese oder jene Person auch dagewesen sei, meinte sie, dass sie an ihm/ihr kein Interesse hätte.

46 Zu denken wären bzgl. der Funktion der Abgrenzung z.B. die Einschränkungsmöglichkeit eines verpflichtenden Solidarnetzes, die Identitätskonstruktion am ‚Anderen' oder der u.a. von Jakoubek (2003:17 ff.) angesprochene potentielle Verlust des eigenen sozialen Standes (innerhalb der Subgruppe) bei Kontakt mit den falschen Personen. Dies muss jedoch spekulativ bleiben.

47 Das ‚Nicht-Gehen' wird m.E. nach wirklich umgesetzt. ‚Nicht-Reden' hingegen ist in erster Linie als ein Desinteresse/Unwille an Kommunikation mit gewissen Personen zu verstehen. Trifft man solch eine auf der Straße, so müsse man mit ihr zumindest kurz reden, auch wenn man nicht möchte, z.B. weil diese betrunken ist. Das gebühre der Anstand. Eine Bewohnerin erzählte, man würde nicht einmal an der Bushaltestelle in der nahe gelegenen Kreisstadt miteinander kommunizieren – sie nicht mit diesen, pfui, und die anderen aber auch nicht untereinander, denn diese stritten sich immer.

tion zwischen bestimmten Bewohner_innen scheint nicht existent zu sein, vorhandene Kommunikation wird unterbrochen.[48]

Die Bewohner_innen OMUs grenzen sich durch weit mehr Kriterien als nur der des ‚Dreckigseins' von anderen und andere von sich ab. Dies hat zur Folge, dass die Abgrenzungskriterien in OMU nicht deckungsgleich kommuniziert werden, für Außenstehende oft nur aus der Perspektive weniger Personen stimmig erscheinen. Verschiedene Abgrenzungskriterien charakterisieren das gleiche Phänomen und werden ‚synonym' verwendet. So stehen die Kriterien ‚gut', ‚gebührlich/manierlich' und ‚sauber' zur Beschreibung von Bewohner_innen, deren Umgang man schätzt. Gegenteilige werden als ‚dreckig', ‚ungut' oder ‚degeši'[49] bezeichnet. Es ist durchaus möglich, dass die Kriterien untereinander leichte Bedeutungsverschiebungen aufweisen. Sie trennscharf zu rekonstruieren, ist mir jedoch nicht möglich und u.U. darauf zurückzuführen, dass sie vermutlich intuitiv und nicht vordefiniert genutzt werden und negative wie positive Andersartigkeit situativ ausdrücken: „Hier sind sie dreckig, nicht wahr. […] Aber wenigstens einige sind sauber", meinte eine Bewohnerin beim Passieren der Mitte OMUs. Später darauf angesprochen, was sie damit konkret meine, hatte sie kurz zuvor für sich hinzukommend eine andere Kultur reklamiert: „Hmmm, wo liegt der Unterschied, hm. Der Unterschied ist der, dass ich nicht gewöhnt bin so zu leben, wie diese. Ich, einfach…Wie soll ich Dir das sagen? Denn sie sind so erzogen, dass… Nun, einige Roma hier sind dreckig. Einige baden sich überhaupt nicht. […] Sie fürchten sich vor dem Wasser. […] Ich denk mir das so, dass sie sich vor dem Wasser fürchten, wie als koste es 500 Kronen." Da keiner in OMU für Wasser gesondert zahlt, ist diese Erklärung im wortwörtlichen Sinne falsch. Sie zeigt aber, dass der Begriff des ‚Dreckig-Seins' sich in seiner Bedeutung einerseits auf eine sichtbare

---

48 In OMU kann (und auch dies nur bedingt) verbale Kommunikation unterbrochen/gestört werden, jedoch die nonverbale/indirekte Kommunikation a.G. der räumlichen Enge oft nicht vermieden werden. Um Kommunikation als Indikator interner Segmentierung nutzen zu können, wäre eine Klärung des Stellenwertes dieser und deren Duktus/Themenbreite von Nöten. Da ich jedoch nicht über Kenntnisse des Romanes verfüge, ist mir eine Beurteilung der Alltagssprache und der Kommunikationsthemen nicht möglich.

49 ‚Degeši' ist mir gegenüber in OMU nur ein Mal benutzt worden. Es bezeichnet, im slowakischen Romanes, eine_n rituell unreine_n Rom/Romni (Jakoubek & Hirt 2008:712). Die rituelle Reinheit entspringe der Vorstellung, dass eine bestimmte immaterielle, magisch-irrationale Qualität existiere und der Mensch bei Berührung mit deren Überträgern (Gegenstand, Tier, Mensch) unrein und unsauber (nicht im unsrigen hygienischen Sinne) werde. Zur Übertragung der Unreinheit käme es einerseits durch den Kontakt mit charakterlich Unsauberem (z.B. Frösche, Schlangen, Hunde etc.) oder mit Personen, die im Laufe ihres Lebens verunreinigt wurden. Der Reinheitskomplex wirke, da institutionalisiert und somit sich selbst reproduzierend, als unsichtbares Segmentationsprinzip, dessen logische Konsequenz die Endogamie zwischen den Gruppen sei (Jakoubek 2003:17 ff.). Dessen aktuelle Bedeutungsbeimessung wird, mit Ausnahme im Essverhalten, jedoch angezweifelt (vgl. Novák 2003).

Sauberkeit bezieht, jedoch auch an Verhaltensweisen festgemacht wird. Unsauber, so erklärte auch ein Junge, seien die, die trinken.[50]

Von den Trinkenden wie auch den ‚Dreckigen‘ hält Zuweisende_r jedenfalls nicht viel: „Nein, sie schuften nicht, denn sie sind dreckig, so dass sie nichts begreifen. Die Kinder wissen sie nicht ordentlich zu erziehen [...].“ Die Zuweisenden sind sich ebenso einig, dass es die ‚Dreckigen‘ nicht störe, dass sie dreckig seien.[51] ‚Gut‘ zu sein ist hingegen der als anstrebenswert geltende Zustand. So wird der Vorwurf, man sei nicht gut, zugleich abgewiesen und als Beleidigung aufgefasst und scheint für betreffende Personen inakzeptabel.[52]

In OMU wird neben den oben genannten vor allem eine weitere Zuschreibung äußerst häufig kommuniziert: ‚fremd‘. Diese ist jedoch in ihren Abgrenzungs- und Bedeutungsmöglichkeiten recht uneindeutig geblieben, denn sie wird von unterschiedlichen Personen mit unterschiedlicher Funktion/Bedeutung zur Abgrenzung resp. Beuteilung Anderer, sowie auch sich selbst, herangezogen.[53] Eine grundlegende Bedeutung kommt ihr gegenüber den Zugezogenen zu. Der Zuzug der ‚Fremden‘ ist, wie zuvor schon angedeutet, für viele Bewohner_innen OMUs mit einer negativen Zeitenwende gleichgesetzt. Die Zuschreibung, ja der Vorwurf des ‚Fremdseins‘ bezieht sich jedoch nicht auf alle objektiv Zugezogenen, sondern nur auf diese, die in *chatrče* wohnen,[54] allen voran auf die, die die ersten dieser *chatrče*, in der Dorfmitte OMUs, errichteten. Als ‚fremd‘ werden diese beschrieben, ungeachtet dessen, dass sie Verwandte in OMU haben. Andere Bewohner_innen, die ebenfalls zugezogen sind aber ‚ordnungsgemäß‘ wohnen, gelten nicht

---

50 Inwiefern sich die Zuschreibungen an ‚reellen‘ Fakten, Vorstellungen über die Lebensart der Bewohner_innen oder dem – in seiner aktuellen Bedeutung nicht unumstrittenen (vgl. Novák 2003) – Konzept der rituellen Unreinheit (vgl. Fußnote 49) orientieren, muss spekulativ bleiben.

51 Erst bei der Auswertung der Daten ist mir aufgefallen, dass ich nie eine_n Zuweisende_n gefragt habe, ob sie/ er meine, dass sich Adressat_in der Zuweisung überhaupt über die Zuordnung bewusst sei. Von Interesse ist diese Frage, da die Bewohner_innen im Allgemeinen Störfaktoren nicht kommunizieren.

52 So reagierte z. B. eine Bewohnerin aus der gedrängten Dorfmitte auf mein Erscheinen sofort und ungefragt: „Wir hier sind nicht gut? Wir sind betrunken?“

53 Das Kriterium des ‚Fremdseins‘ wird zudem nicht nur innerhalb OMUs kommuniziert, sondern auch von den Gadje/Gadjia, so z. B. in M, genutzt. Dies verwirrt die Kategorie des ‚Fremdsein‘ um ein Weiteres, färbt u. U. auch auf die Verwendung dieser Zuweisung innerhalb OMUs ab. Sie wird von den Gadje/Gadjia als Dichotom zu *unsere* Zigeuner_innen‘ genutzt. Den ‚seinigen‘ Bewohner_innen OMUs gegenüber, sprich denen, die in OMU geboren sind, empfinde man Empathie. Den ‚Fremden‘ jedoch ist man nicht zur Hilfe verpflichtet, mögen diese sich bitte um sich selbst kümmern. Jedoch werden meines Erachtens diese ‚Fremden‘ keineswegs differenziert betrachtet. Auch hier gilt, ebenso wie in OMU: Fremd ist, wer zuzog *und* in *chatrče* wohnt.

54 „Und danach kamen Fremde [...]“ Wer das sei? „Holzbauten, haben sie. [...] Die, die die Holzhütten haben.“

als fremd.[55] Als ‚fremd' zu gelten bedeutet demzufolge nicht nur ‚nicht von hier' oder ‚neu' zu sein, sondern vor allem die Integration mit den ausschlaggebenden Bewohner_innen OMUs nicht realisiert zu haben.

‚Fremd zu sein' funktioniert nicht nur als Zuschreibung von außen, sondern auch als Selbstbezeichnung. Dies sowohl in negativer Form – so fühlt sich einer der Zugezogenen selbst als fremd und meint in OMU keinen Einfluss und keine Freunde zu haben[56] – als auch in positiver Zuschreibung: Eine Bewohnerin, die aus der Außenperspektive mir gegenüber nie als ‚fremd' eingeordnet wurde, grenzte sich gegenüber den ursprünglichen und ihrer Meinung nach zurückgebliebenen Bewohner_innen OMUs als ‚fremd' ab: „… dass sie sich liiert haben, dass hier Cousin mit Cousine, darum sind sie so. Eine Familie, darum so. Würden sie wie wir leben, jetzt, fremd mit fremd, dann wären sie auch anders." Die Zuschreibung des Fremdseins wird oft auch mit der des ‚Gemeldetseins' in Verbindung gebracht. Wer seinen ständigen Wohnsitz nicht in OMU hat, ist empathisch noch ‚ferner'.[57]

In OMU treten noch weitere Zuschreibungen, quer zu den vorher genannten möglichen Kriterien der Ausdifferenzierung laufend, auf: ‚jung' vs. ‚alt',[58] ‚reich' vs. ‚arm'[59]

---

55 „Hier gibt es viele Fremde." Wer das sei? „Na, alle, genügend. Und Ordnung machen sie nicht." Diese Familie da, die sei doch aber auch neu, oder? „Ja. […] Aber die haben die Stuben. […] Groß haben sie es da, groß, nicht wahr, dort sind Häuser."

56 Er wohnt in einem ‚ordnungsgemäßen' Haus, verweist jedoch (außer der eigenen Kernfamilie) nicht über Verwandtschaft in OMU. Inwiefern er von außen auch als fremd beschrieben wird, kann ich nicht beurteilen, da die Familie in der Kommunikation in OMU eine äußerst geringe Rolle spielt. „Das ist fremd hier. Wir sind fremd hier, wir können hier nichts."

57 „Und wenn der Bürgermeister gut wäre, […] würde die Gendarmerie hierher kommen, nicht? Ein Haus nach dem anderen, wer angemeldet ist, und wer nicht. Raus! Alle raus! Und warum macht er das nicht? Nun, warum gehen sie nicht in ihr eigenes Dorf? Dahin wo ihre Dörfer sind, haben sie doch, nicht? Woher waren sie?" Mit dem ‚sie' waren die als ‚dreckig' und ‚fremd' geltenden Kernfamilien der Dorfmitte gemeint, wie die Antwort des mit im Zimmer sitzenden Jungen verdeutlichte.

58 Mit den ‚Jungen' wird überwiegend die 3./4. Generation (zur Problematik der altersmäßigen Bestimmung der Generationen siehe Fußnote 23) verbunden. Diese Kategorie wurde mir nie von diesen selbst (z. B. in Form von ‚wir Jungen'), sondern stets von den Älteren kommuniziert. Diese verbinden mit dieser Generation in erster Linie Personen, die nicht wissen, wo sie derzeit hinziehen könnten resp. bereits in *chatrče* wohnen (müssen). Mit den ‚Jungen' wird außerdem eine gewisse Faulheit („Die Alten arbeiten, die Jungen sitzen") und vor allem auch aufkommende Verkommenheit verbunden. Als ‚alt' wird nicht nur die 3. oder 2. Generation betrachtet, sondern auch Personen, die bereits verstorben sind. „Wie die Alten hier noch lebten…" – ein oft gesprochener Satz, dem zumeist folgt, wie gut die Zeiten und die Alten damals waren.

59 So meinte eine Bewohnerin: „Manche haben's, andere nicht." In OMU ist niemand reich, im Sinne von wohlhabend, aber ärmer oder reicher als der Durchschnitt.

weiß'[60], ,Gadje/Gadjia'[61] oder ,Kameradschaften'[62]. Diese stellen meines Erachtens nach jedoch eher Binnendifferenzierung als Segmentierungen dar: An ihnen wird sich orientiert, jedoch nicht trennend sortiert, die Zugehörigkeit zu einer dieser Differenzierungen ist nicht zwingend ein Hinderungsgrund der Kommunikation mit Nichtzugehörigen.

Nach Jakoubek & Budilová stellt die Verwandtschaft ein primäres soziales Organisationskriterium der *osady* dar, das auch in OMU durchaus zu beobachten ist: „Klar, wo sie doch meine Schwester ist!" Verwandtschaft als maßgebliches Segmentierungskriterium in OMU nachzuweisen, erscheint jedoch nur schwer möglich, da, wie bereits dargelegt, fast alle Bewohner_innen mehr oder weniger verwandtschaftlich verbunden sind. Das von Budilova & Jakoubek beschriebene Phänomen der „Manipulation der Verwandtschaft" (2008) – dessen Realisierung ebenfalls darauf hindeutet, dass Verwandtschaft relevantes Kriterium der Segmentierung ist – ist ebenso in OMU zu beobachten gewesen.[63] Neben der Verwandtschaft dient auch die Patenschaft der Festigung der Segmente. Oft gehört sind Sätze wie „Das ist der [Tauf-]Pate meiner Tochter!" oder „Ich bin doch bei denen Pate." Budilová & Jakoubek meinen, dass Patenschaften primär dem Aufbau ,neuer' Verwandtschaften (ebd.) dienten und so soziale Allianzen legitimierten. Inwiefern diese in ihrem Charakter wirklich Verwandtschaften nahe kommen, kann hier nicht geklärt werden. Eine Grundlage für enge Beziehungen und starke Verbundenheit bilden sie definitiv.

Verwandtschaftliche Bindungen und eine stark (klein-)kollektive Identitätsbildung sind sicher dominante Faktoren der Sozialordnung. Mir scheint jedoch, dass dem Einfluss des individuellen Charakters der Bewohner_innen auf Sozialordnung und Lebensgestaltung zu wenig Bedeutung beigemessen wird und dieser stark untererforscht ist. Es kondensiert sich z. B. gerade an einer Person (deren Charakter/Fähigkeiten) ein Segment

---

60 Es wurde mir gegenüber ,lediglich' als Erkennungsmerkmal einer bestimmten Person kommuniziert, sprich ohne weiter Konnotation verwendet. ,Weiß' resp. ,schwarz' zu sein kann jedoch durchaus mit Bedeutung beladen sein, wobei ,weiß' aufwertend, ,schwarz' abwertend konnotiert ist (vgl. zu letzterem Hajská & Poduška 2003).

61 „Als wir ankamen [Zuzug], da dachten wir, das seien Affen! Nicht mal zur Wasserpumpe habe ich mich getraut. Ich habe ihnen dann versucht beizubringen, dass man sich an den Bus anstellt oder Kirschen nicht pflückt, wenn sie noch grün sind. Einen Gadjo haben sie mich geschimpft. Gadjo…" Oder, in positiver Konnotation: „Schau mal, die da wohnen wie die Gadje, so gut."

62 Den Verweis auf existente Kameradschaften brachten mir hauptsächliche Jugendliche (in Form des ,man habe Kameraden' in der Schule) und die Frauen der zweiten bis dritten, noch während des Sozialismus sozialisierten Generation entgegen, die von solchen auf ihren früheren Arbeitsstellen, in ihren Geburtsorten und mit den früher hier wohnenden Weißen behaupten. Allerdings erschienen mir diese, bis auf eine Ausnahme, eher als das, was als weiche Bekanntschaft im Sinne des ,man kennt sich ein bisschen besser' verstanden wird, auch wenn Kamerad_in im Slowakischen auch für ,Freundschaft' steht.

63 Soweit mir bekannt, ist OMU jedoch auch Forschungsobjekt der Studie Budilová & Jakoubeks gewesen, so dass die Wahrnehmung dieses Phänomens im Zuge meiner Feldforschung nicht zwingend auf eine breitere Gültigkeit des Phänomens rückschließen lässt.

heraus („Wir sind hier vor allem mit [dieser Person] zusammen" etc.). Dem Beachtung geschenkt, ist zu fragen, wieso gerade diese eine Person eine so zentrale Stellung einnimmt, wieso es genau ein Bruder von vielen schafft, sich ein großes Haus zu bauen, wieso gerade diese eine von vielen Schwestern verstoßen wird.

Die Aussage, man würde bei Gefahr des Bezugs der Sozialwohnungen mit ‚falschen‘ Familien nicht in diesen wohnen wollen, ist ernst zu nehmen. Die Bewohner_innen OMUs distanzieren sich voneinander bewusst und mit Nachdruck, wobei jedoch anzunehmen ist, dass die in der Kommunikation diesbezüglich ertönende Bestimmtheit unter reellen, praktischen Gegebenheiten pragmatisch aufweicht.

Woanders, da haben sie sie schon! Zum Solidaritätsgedanken, Neid und dem Verlangen nach Verlangen

Bei den Gesprächen in OMU überraschte immer wieder, wie scheinbar gering Empathie gegenüber vielen anderen Bewohner_innen ausfiel. Das ‚Engbeieinanderleben‘ erschien oft gar einem Desinteresse am Leben (bestimmter) Anderer gleich. Allen Segmentierungsbekundungen, all den vielen ‚Mit dem rede ich nicht!‘, ‚Da gehe ich nicht hin.‘, folgte stets: „Aber mit ihnen habe ich kein Problem!" Es scheint, dass dem/der Bewohner_in OMUs prinzipiell nicht an einer Konfrontation mit anderen Bewohner_innen gelegen ist. Jeder lebe *sein* Leben und über dieses könne er/sie sich durchaus im Klaren sein und mit der Gestaltung dessen bitte auch selbst zurechtkommen: „Jeder weiß, wie er wohnt. Jeder hat sein Leben. Und jeder weiß, was er zu machen hat."[64] Inwiefern sich in das Leben ‚Fremder‘, so z. B. das der Schwester oder Kameradin, eingemischt wird, scheint unterschiedlich: Manch eine_r redet mit der Schwester nicht (zumindest nicht über solche Dinge), hat diese doch nicht nur *ihr* Leben, sondern auch *ihre* Familie: „Ich habe meine Familie, ich habe meine Kinder, angenommen, ja? Ich weiß, wie ich mein Leben auszurichten habe. Nun, sie……jeder für sich." Ob sie sich für die Schwester verantwortlich fühle? „Nein. […] Das ist ihr Leben. Jeder weiß, welches Leben… Jeder sollte das wissen." Manch eine beteuert aber auch, die eigene Meinung über anderer Leute Leben diesen durchaus kund zu tun, meint aber lediglich Hohn zu ernten: „Nun, da muss man schon aufpassen, nicht wahr? Nun, und wenn der [Ehemann] auch keinen Verstand hat, was, weiß nicht, dass er mit ihr schläft, trinkt. Er betrinkt sich und sie lieben sich, er weiß nicht, wann die Ehefrau fruchtbar ist. Nicht wahr? So, sage ich nicht die Wahrheit? Nun, so so. Wessen Fehler ist das? Das ist nicht des Kindes Fehler. […] Nein. Und Du denkst,

---

64 So auch eine weitere Bewohnerin: „Jeder weiß, was er tut, nicht?!" Zu klären, inwiefern diese das wirklich wissen, wäre eine interessante Forschungsfrage, die jedoch auf Grund der sich zu den betreffenden Personen noch komplizierter gestaltenden Feldforschungssituation (Trunkenheit, viel Zeit für den Vertrauensaufbau nötig, relativ unangenehme Aufenthaltsumstände etc.) schwierig zu klären ist.

ich sage ihnen das nicht? Ob Schwägerin, ob nicht Schwägerin, direkt sage ich das, in die Augen. […] Sage ich. Sie lachen nur. […] Das ist somit Eure Sache, sage ich, schon Eure Sache. […] Aber nichts. Weiter weiter. So haben sie dort 16 Kinder, nicht?"

Solidarität und gemeinsame Lebensausrichtung wirken zwischen denen, die man als enge Verwandte sieht: „…wir Brüder wohnen hier, da der eine Bruder, hier, genau. Hier wohnt ein Bruder. Nicht? Und hier überall werden Brüder wohnen. Und wir helfen uns gegenseitig, wir Brüder, einfach so, auf wie ab." Jedoch vollzieht sich diese Hilfe hier nicht primär aus Freude am Teilen, sondern aus einer gefühlten Verpflichtung heraus.[65] Empathiefern hingegen bleibt, wer ‚fremd' ist, wer ‚nicht gemeldet' ist, wer ‚dreckig' ist. Demjenigen steht kein Mitleid zu.

Beeindruckend ist ebenso, wie einige, so v. a. die stark gedrängt Wohnenden, ihre Hoffnungen und Erwartungen an den zuständigen Bürgermeister delegieren und diesen für eine Verbesserung der aktuellen Situation verantwortlich machen, sich selbst ein Anrecht auf Lösung ihrer als problematisch empfundenen Wohnsituation mit Hilfe von Sozialwohnungen zusprechen.[66] Einige der wohnlich schlechter dastehenden Bewohner_innen werfen dem Bürgermeister vor, er kümmere sich nicht in dem Maße um sie, wie er verpflichtet sei. So meint u. a. eine der Bewohner_innen aus der gedrängten Siedlungsmitte: „…den Bürgermeister kümmert's nicht, wie wir leben. […] Er kümmert sich um nichts. […] Wie wohnen [die Zigeuner hier]? Und haben Sie wo anders mal geguckt, wie schön dort Einfamilienhäuser sind?! […] Fertig gebaut und schön." Nicht nur, dass man um den Bau dieser für Zigeuner_innen andernorts weiß. Auch in OMU, so meint man, wurden bereits erste Vorbereitungen getroffen: „Zweimal waren sie schon hier, fotografiert haben sie." Die Enttäuschung über stete Vertröstungen steht diesen Ankläger_innen, die sich an die Versprechen erinnern, ins Gesicht geschrieben, richtiggehend zornig wird gefragt: „Und wo haben wir die Sozialwohnungen? Wo haben wir sie? Wohnungen, wo haben wir sie?" Noch stärker ist man über die dahinter stehende, dreiste Ungerechtigkeit entrüstet: „Nichts. Aber Geld bekommen! Auch Sie bekommen welches!" Die Anklage, der Bürgermeister würde dieses Geld für sich behalten, erschien anfangs absurd, doch wird von einigen Bewohner_innen die Situation genau so interpretiert – in sich logisch, denn: Des Bürgermeisters Job sei, sich um die Roma zu kümmern, dafür bekäme er Geld.

---

65 „Ich hasse es [Betteln der verwandten Kinder], ich hasse es. Das hasse ich. Aber dass…die Familie, was schon…. Schon teile ich. Wenn da, wenn da ein Fremder kommt, aber Familie. Wenn das Fremde wären, dann gäbe ich nichts. […Der Familie] gebe ich, aber auch nicht immer. Einmal. Zweimal. Da muss ich springen…"

66 Es sei vorweggenommen, dass es mir nicht möglich ist, konkrete Ursachen hierfür aufzuschlüsseln, da mir die meiner Feldforschung zeitlich vorhergehenden Auseinandersetzungen zwischen Bürgermeister, Vertreter_innen OMUs und deren Bewohner_innen bezüglich eines möglichen Sozialwohnungsbaus nicht transparent sind.

Doch käme von diesem in OMU, genau, nichts an! Und das, wo sich der Bürgermeister doch ein riesiges Haus gebaut habe… Viele der Bewohner_innen OMUs sehen die Situation jedoch realistischer. Exemplarisch stehe hier die Aussage der Nachbarin der obigen Ankläger_innen: „Sie sagen über den Bürgermeister, dass er sich nicht um sie kümmern würde. Aber der Bürgermeister hat nicht die Verpflichtung, sich um sie zu kümmern. […] Nun, der Bürgermeister hat ihnen erklärt, dass, sollte es Geld geben, dann mache er das Projekt. Falls sie bewilligen, dass er ihnen dann welche baut. Und wenn es keine Kronen geben wird, aus was – denn man muss dafür zahlen – dann das Projekt? Das ist nötig für Wasser und das da, die Baugenehmigung, alles. Und für das, was er abgekauft hat, das Haus. Er hat auch das Zentrum gekauft, das Haus, er, der Bürgermeister, kaufte auch das zweite Haus, nicht? Solange er keine Grundstücke hat, kann er auch nirgendwo drauf bauen. […] Das ist nicht seine Verpflichtung, nicht? Denn wenn, wenn die Regierung, vielleicht auch der Staat, die Kronen nicht bewilligt, wie soll er dann die Häuser bauen? Von seinem eignen Geld?"

Die Kommentare der Bewohner_innen lassen viele Aspekte in neuem Licht erscheinen. Sind Sozialwohnungen wirklich eine Lösung, zumal die Erfahrung gezeigt hat, dass diese oft zerstört werden, sie die räumliche Segregation, und damit wohl auch den sozialen Abstand zur Mehrheitsgesellschaften, weiter perpetuieren? Der slowakische Staat selbst konstatiert, dass „…vereinfacht gilt, dass umso weiter sich die [Roma-]Siedlung vom Mutterort/der Stadt entfernt befindet, um so schlechter deren Lebensqualität ausfällt" (Úrad splnomocnenca vlády Slovenskej republiky pre rómske komunity o.J.a). Aus solcher Perspektive scheinen Festlegungen wie diese nur schlusslogisch: „Der Standort des sozialen Wohnungsbaus darf die räumliche und soziale Segregation nicht vertiefen, sondern muss ein Mittel der Integration mit den Bewohnern der umliegenden Gemeinde darstellen."[67] (Úrad splnomocnenca vlády Slovenskej republiky pre rómske komunity 2006a:A.5.) Dies wird jedoch insofern ad absurdum geführt, als dass fast hundertprozentig räumlich segregierte Siedlungen schwer noch stärker zu segregieren sind, diesen Festlegungen in der Praxis so auch kaum Bedeutung gezollt wird (Gespräch mit Dritten). So konstatiert auch Hurrle, dass die slowakische Regierung „…weniger die Beseitigung des Ghettocharakter der Siedlungen als vielmehr die Überwindung der Slums" (Hurrle 2005:103) verfolgt.

Vor den aufgeführten Hintergründen, dass die Bewohner_innen OMUs sich intern segmentieren, der Bau der Sozialwohnungen räumliche Segregation nicht kompensiert und, wie gezeigt werden konnte, sogar einen Gewöhn- und Verlangeffekt nach staatlicher

---

67 Dies sei „…messbar durch die Entfernung von der Gemeinde und dem Zugang zu öffentlichen Diensten, die gemeinsam von der Mehrheit und der Minderheit in der Gemeinde genutzt würden". (Ebd.)

Zuwendung zu produzieren scheint, gilt es zu fragen, wie Alternativen in der Beseitigung der durchaus als mangelhaft zu bezeichnenden Wohnsituation aussehen könnten.

Die Überlegung einer Bewohnerin OMUs deutet solch einen alternativen Weg in der Veränderung der Wohnsituation an: „… [H]m, wenn ein Rom sich ein ordentliches Haus bauen würde, dann, denke ich, würde jeder eins wollen. Bei uns sind solche Roma, dass wenn einer ein Haus mit zwei Balkonen baut, wie es meine Schwester baute. Und dann, nach und nach, würden die anderen Zigeuner folgen. […] Alle wollen besser wohnen als sie. Sie bauen sich etwas und nach und nach würde sich das in Bewegung setzen. Dort hatten alle Hütten. […] Keine Ahnung, vielleicht organisieren sie sich auch anders, was weiß ich. Sie leben dort wie auch hier von Sozialhilfe. […] Die Auszahlung aus der *aktivácne práce* bekommen sie, nun, aber sie wissen zu sparen, ja. […] Hier sind die Roma schon dran gewöhnt, dass sie einfach so leben müssen. Na das mache nichts, dass ich dreckig bin oder so […] Ich, wenn ich im Sozialamt arbeiten würde, ich würde das so machen: Kein Geld! Wir würden ihnen Scheine geben, für Essen und Kleidung. So würde ich das machen. Geld, glaube mir, würde ich ihnen nicht geben." Könnte Neid wirklich ein Auslöser sein, um Bewegung in die (Wohn-)Situation OMUs zu bringen? Die Bewohner_innen OMUs sind mit dieser relativ zufrieden, sobald sie über einigermaßen ausreichend Wohnraum verfügen, insbesondere wenn dieser auch ihr Eigentum darstellt. Der Besitz von Eigentum ist theoretische Standardausstattung jeder Kernfamilie und der Besitz dieser wird erwartet (vgl. auch Budilová & Jakoubek 2008:196 ff.): „…drei Kinder wird er haben und ein Haus hat er nicht. Dass er beim Schwager wohnt…". Oft wurde mir mit Stolz entgegengebracht, das sei das eigene Haus und darüber hinaus das eigene Schaffenswerk: „… siehst du da, dass habe ich mir selbst gekauft, jetzt. […] Von meinem Geld!" Stolz schwingt hier wie auch in vielen weiteren Begegnungen mit: „Hier habe ich gespart, dort habe ich dann anbauen können." Die mit dem Besitz von Wohneigentum einhergehenden direkten Vorteile (Souveränität über Gestaltung und Nutzung des Wohnraums, eindeutigere Privatsphäre etc.) sind nur ein Aspekt des Gewinns. Dieser wird vermehrt durch das Kapital des Prestige, dass demjenigen, der ,gut wohnt', ,reich und nicht arm', ,groß und nicht beengt', entgegengebracht wird. Relativierend sei angemerkt, das Anerkennung auch bereits demjenigen gezollt wird, der sich nach seinen Kräften wahrnehmbar um eine ,Besserung' der Wohnsituation und Verhinderung von ,Unordnung' bemüht.[68]

---

68 Eines der Phänomene OMUs ist, dass die Bewohner_innen permanent in die Schaffung von Ordnung Kraft und Zeit investieren. Interessant hierbei, dass jedoch der Erhaltung dieser oft keine vergleichbare Motivation entgegengebracht wird, zu beseitigende Unordnung so stets nachproduziert wird.

Fazit

„Überall gut, doch zu Hause am Besten!" Verblüfft ob der Erkenntnis, dass gerade der slowakische Volksmund Antworten auf meine Fragen brachte, stand ich am dritten Tage meiner Feldforschung in OMU und sollte diese tradierten Worte noch öfters erklingen hören, Worte, die meinerseits längst für die gadjikene Bevölkerung reserviert waren. Sie spiegeln kulturelle Nähe, die trotz aller aufgebauter Distanz zwischen den Bewohner_innen OMUs und den Gesellschaftsmehrheiten stets zu finden ist. Spiegeln diese Worte zudem, dass die Bewohner_innen OMUs ihren Wohnort als ‚normal' empfinden, dieser, wie von Gauß behauptet, Heimstätte *ihrer* Wohnkultur ist? Die Bewohner_innen vermerkten, mit Ausnahme der wenigen frisch Hinzugezogenen, sie hätten sich an OMU gewöhnt. Das ‚Gewöhntsein' an OMU, das Gefühl, OMU als ‚normal' anzusehen, ist jedoch nicht mit dem Verständnis gleichzusetzen, die Wohnsituation in OMU würde für gut geheißen werden, sondern: sie ist ‚normal' im Sinne des ‚Alltäglichen' und gestaltet sich in der Wahrnehmung der Bewohner_innen auch innerhalb OMUs äußerst different.

Die Bewohner_innen OMUs sehen hinsichtlich ihrer Wohnsituation etliche problematische Punkte, so z.B. die fehlende öffentliche Infrastruktur, die teils eklatanten Engpässe in der materiellen Wohnsituation oder die als anders empfundene Kultur der Nachbar_innen. All dies hindere sie, ihrem ‚eigentlichen' Lebensstil in physicher und psychischer Zufriedenheit nachzugehen. Letztendlich wohne man aber lieber hier, als nirgendwo. Wohnstandortalternativen scheinen rar, bedeuten nicht nur höhere Lebenskosten, sondern vor allem die Frage eines ‚Wohin?' zu lösen. Doch die Organisation des Wohnraums ist in OMU, wie auch viele weitere Aspekte, stark an die Potentiale, die sich im Kreis der engen Verwandtschaft auftun lassen, geknüpft. Alternativen hierzu werden von vielen Bewohner_innen nur im – fraglichen – sozialen Wohnungsbau gesehen. Wer mit den Bewohner_innen OMUs länger kommuniziert, wird nicht umhinkommen, die Gauß'schen Worte neu zu schreiben. Den Gesprächen in OMU nach würden sie wie folgt lauten: „Sie, die Bewohner_*innen*, wollen tatsächlich *nicht* anders leben als wir." Ein Rom [a] zeigte mir stolz, dass er mit seiner Frau, seinen vier Kindern und Eltern auf 30 Quadratmetern alleine wohne. Das ist *keine* Normalität, sondern eine Frage von Ressourcen, Fähigkeiten und Prioritäten [der Ehre und Liebe]. Auch den *nicht-eigenen*[69]

---

69 Meines Erachtens nach existiert in OMU kein öffentlicher Raum im hiesigen Sinne. Öffentlicher Raum ist für mich verbunden mit dem Bewusstsein darüber, dass dieser ein gemeinschaftliches Gut darstellt, dessen Pflege gesellschaftlich geregelt wird. Die Bewohner_innen verfügen über eigenen Raum. Der ihnen nicht zugehörige Raum ist der nicht-eigene, für den keine Verantwortung und Sorge übernommen wird, diese aber auch nicht bewusst delegiert wird. Aus dieser Sicht kann nur von einem nicht vorhandenen Eingriff in den nicht-eigenen Raum – jedoch nicht von einem nicht vorhandenen Eingriff in den öffentlichen Raum – die Rede sein.

[öffentlichen] Raum sehen sie anders. Lärm oder Schmutz stören sie [nicht]. Das führt zu Konflikten, *jedoch kommunizieren sie diese den Verursacher_innen nur bedingt.*" (verändert nach Greenpeace Magazin 2004)

Dass die Souveränität über die Gestaltung ihres Lebens in OMU nur wenige abgegeben haben, zeigt nicht nur der Diskurs um den sozialen Wohnungsbau. Bieten sich Potentiale der Veränderung, so werden diese im Rahmen des möglich Erscheinenden genutzt. Dieser fällt unter den Bewohner_innen jedoch stark unterschiedlich aus: Der eine streicht, der andere richtet Ziegel, ein weiterer kann sich – finanziell prekärer gestellt aus Europaletten, betuchter aus Steinen – ein Haus erbauen. Eigentum kommt allein schon aus dieser Perspektive große Bedeutung zu: hier kann nach eigenem Belieben an-/aus-/umgebaut werden. Sozialwohnungen, auch wenn diese voraussichtlich höhere infrastrukturelle Standards als der runtergewirtschaftete alte Hausbestand mit sich bringen werden, bedingen den Verlust der Eigenständigkeit und bürgen die Gefahr, mit den ‚falschen' Personen in räumlicher Nähe wohnen zu müssen. Denn die Bewohner_innen OMUs weisen sich gegenseitig Zuschreibungen zu, konstruieren ein ‚wir' und ‚ihr' durch Kriterien wie ‚sauber/dreckig', ‚gut/schlecht', ‚fremd/nicht-fremd' u. v. m. Die Grenzen dieser Segmentierungen sind jedoch dynamisch. Zudem muss über diese hinweg auf Grund der räumlichen Nähe nonverbale Kommunikation stattfinden. Die Nichtexistenz von Kommunikation wird teilweise ‚nur' behauptet, öfters aber auch realisiert. Sie ist grundlegend als ein Nichtinteresse an Kommunikation mit den ‚Anderen' zu verstehen. Die Grenzziehung zwischen den Segmenten ist so keinesfalls undurchlässig, doch haben viele Bewohner_innen ein nachweisbares Desinteresse am Leben anderer Bewohner_innen, waren nie in deren *dvoreček*, wissen nichts über diese. Die Zuschreibungen sind nur teilweise ‚realistisch' von Außenstehenden nachzuvollziehen. Sie werden so z. B. an räumlichen Kriterien oder der wahrgenommenen Sauberkeit verankert, sind in vielen Fällen jedoch auch symbolischer Natur. Dennoch lassen sich zwischen den Bewohner_innen auch reelle Unterschiede in Qualität und Quantität, z. B. des Wohnraums oder dessen Instandhaltung, festmachen. An der Kommunikation über die Wohnsituation lässt sich auch die Verherrlichung des gadjiken Wohnstils (Ordnung, großzügiger Wohnraum, Schrankwände) nachzeichnen: Wer sich diesem Ideal nähert, erfährt Prestige.

Hinsichtlich der materiellen Wohnsituation ist ein weiterer Zusammenhang auszumachen: Ist diese prekär, so sehnt sich der/die Bewohner_in den Einzug in eine Sozialwohnung herbei. Diese werden von vielen Bewohner_innen jedoch aus verschiedenen Gründen (hohe Fixkosten, Nähe zu unerwünschten Nachbar_innen, kein Eigentum und somit kein freier An-/Ausbau möglich) abgelehnt. Es ist nicht nur fraglich, inwiefern der Bau dieser in OMU wirklich zu Entspannungen führen würde, sondern auch, ob die mit diesem Weg verbundene Verfestigung der Segregationen wirklich in Kauf genommen werden sollte. Ziel jeglicher Interventionen müsste es vielmehr sein, die keineswegs gelähmten, jedoch oft der Starre nahen Eigenaktivitäten zu entwickeln und diese organisch zu unterstützen.

Die Etablierung/Stabilisierung OMUs als *osada* wird durch soziodynamische Prozesse in der Siedlung mitbestimmt. Der Zuzug nach OMU findet in der Regel verwandtschaftsbedingt statt. Alle Zuziehenden (unter Abzug der Einheiratenden) ziehen krisenbedingt und nicht auf Grund einer möglichen Attraktivität des Ortes nach OMU. OMU erscheint diesen als einzige Alternative. Fast alle Bewohner_innen OMUs würden gerne an einem anderen Ort, v. a. in der Kreisstadt (Nähe zu Gütern des täglichen Bedarfs und zur medizinischen Versorgung) und in einem Wohnumfeld von Gadje/Gadjia oder zwischen ‚guten‘ Roma/Romnija wohnen. Letztendlich, so die Bewohner_innen, fehlten für einen Wegzug jedoch die Finanzen und grundlegend auch die Verfügung über eine potentielle neue Wohnstätte, welche sich wiederum nur über verwandtschaftliche Beziehungen generieren zu lassen scheint.

Im Artikel wurde angesprochen, welche Gründe die Bewohner_innen anführen, nach OMU zu ziehen bzw. aus OMU wegzuziehen, und besprochen, inwiefern die Bewohner_innen OMU als Wohnstandort attraktiv finden. Diese Einschätzung wird maßgeblich auch von der internen Segmentierung und der materiellen Wohnsituation beeinflusst. Beide beeinflussen die Entwicklung OMUs und spiegeln Grenzen und Herausforderungen einer möglichen Veränderung.

Inwiefern die Ergebnisse dieser Mikrostudie, gerade auch bezüglich der stets kommunizierten Nähe der Bewohner_innen OMUs gegenüber den Weißen, auf andere *osady* übertragbar sind, bleibt im Hinblick auf die sozial spezifische und *osada*-untypische Siedlungsgeschichte OMUs fraglich.

Literatur & Quellen

Bán, A. & Májchrak, J. 2009. Neexistuje kriminality etnickej skupiny. *Týždeň* 33:18–21.

Budilová, L. & Jakoubek, M. 2008. Verwandtschaft, soziale Organisation und genealogische Manipulationen in *cigánské osady* in der Ostslowakei (*In* Jacobs, F. & Ries, J. (Hg.), *Roma-/Zigeunerkulturen in neuen Perspektiven*. Leipzig: Leipziger Universitätsverlag. S. 93–214.)

Gális, T. & Závodský B. 2009. Pozriem sa a vidím. *Týždeň* 33:14–17.

Girtler, R. 2001. *Methoden der Feldforschung*. Wien: UTB.

Greenpeace Magazin 3.04 2004. *Apartheid in der EU. Slowakei: Keine Chance für die Roma*, http://www.greenpeace-magazin.de/index.php?id=3194, Zugriff: 02.10.2009.

Hajska, M. & Poduška, O.2003. Barva pleti jako sociálně determinující fenomén. (*In* Jakoubek, M. & Poduška, O. (Hg.), *Romské osady v kulturologické perspektivě*. Brno: Doplněk. S. 83–94.)

Heineberg, H. 2004. *Einführung in die Anthropogeographie/Humangeographie*. Paderborn: Ferdinand Schöningh.

Hirt, T. & Jakoubek, M. 2008. Výzkum a možnosti řešení situace „rómských" sídel v SR z pozíc sociální a kulturní antropologie: obecný úvod do problematiky (*In* Hirt, T. & Jakoubek, M. (Hg.), *Rómske osady na východnom Slovensku z hľadiska terénneho antropologického výskumu, 1999–2005*. Bratislava: Open society foundation. S. 15–39.)

Hurrle, J. 2005. Die Dritte Welt in der Ersten Welt. Entwicklungs- und Erneuerungsstrategien für ländliche Roma-Ghettos in der Slowakei. (*In* Altrock, U., Güntner, S., Huning, S. & Peters, D. (Hg.), *Zwischen Anpassung und Neuerfindung. Raumplanung und Stadtentwicklung in den Staaten der EU-Osterweiterung*. S. 89–108.)

Jakoubek, M. 2003. Romské osady – enklávy tradiční společnosti. (*In* Jakoubek, M. & Poduška, O. (Hg.), *Romské osady v kulturologické perspektivě*. Brno: Doplněk. S. 9–30.)

Jakoubek, M. 2004. *Romové – konec (ne)jednoho mýtu. Tractatus culturo(mo)logicus*. Praha: Socioclub.

Jakoubek, M. & Poduška, O. (Hg.) 2003. *Romské osady v kulturologické perspektivě*. Brno: Doplněk.

Mušinka, A. 2002. Bývanie Romov. (*In* Vašečka, M. (Hg.), *Čačipen pal o Roma – Súhrnná správa o Rómoch na Slovensku*. Bratislava: Inštitút pre verejné otázky. S. 631–656.)

Novák, K. A. 2003. Romská osada – tradice versus regres (*In* Jakoubek, M. & Poduška, O. (Hg.), *Romské osady v kulturologické perspektivě*. Brno: Doplněk. S. 31–40.)

ORF 2009. Anti-Roma-Demonstration in Krompachy, http://www.volksgruppen.orf.at/slowaken/aktuell/ stories/110562/, Zugriff: 20.10.2009.

Radičová, I. 2002. Rómovia na prahu transformácie (*In* Vašečka, M. (Hg.), *Čačipen pal o Roma – Súhrnná správa o Rómoch na Slovensku*. Bratislava: Inštitút pre verejné otázky. S. 79–92.)

Růžička, M. 2004. Sociální funkce manželství v romské osadě (*In* Hirt, T. & Jakoubek, M. (Hg.), *Romové: Kulturologické etudy (Etnopolitika, příbuzenství a sociální organizace)*. Plzeň: Vydavatelství a nakladatelství Aleš Čeněk. S. 274–291.)

Růžička, M. & Toušek, L. 2008. Radobytce – „cigánská" osada (*In* Hirt, T. & Jakoubek, M. (Hg.), *Rómske osady na východnom Slovensku z hľadiska terénneho antropologického výskumu, 1999–2005.* Bratislava: Open society foundation. S. 249–275.)

Sigrist, C. 1967. *Regulierte Anarchie. Untersuchungen zum Fehlen und zur Entstehung politischer Herrschaft in segmentären Gesellschaften Afrikas.* Freiburg: Walter.

SME [Tageszeitung] 2009a. *Obec zaplatila plot. V rómskej osade sú ako v zoo,* http://www.korzar.sme. sk /c/5064772/obec-zaplatila-plot-v-romskej-osade-su-ako-v-zoo.html, Zugriff: 20.10.2009.

SME [Tageszeitung] 2009b. *Polícia rozohnala protest extrémistov, Kotlebu zadržala,* http://www. korzar. sme.sk/c/4966724/policia-rozohnala-protest-extremistov-kotlebu-zadrzala.html, Zugriff: 13.09.2009.

UNDP 2006: *Správa o životných podmienkach rómskych domácnosti na Slovensku.* Bratislava: Renesans.

Úrad splnomocnenca vlády Slovenskej republiky pre rómske komunity 2006. *Dlhodobá koncepcia bývania pre marginalizované skupiny obyvateľstva a model jej financovania.* http://www.romovia.vlada. gov.sk/ 1799/vladne-materialy.php?page=0, Zugriff: 18.09.2009.

Úrad splnomocnenca vlády Slovenskej republiky pre rómske komunity o. J. a. *List faktov,* http://www. romovia.vlada.gov.sk/3554/list-faktov.php, Zugriff: 10.06.2009.

Úrad splnomocnenca vlády Slovenskej republiky pre rómske komunity o. J. b. *Dáta regiony.* Prešovský kraj, http://www.romovia.vlada.gov.sk/3556/regiony.php, Zugriff: 12.10.2009.

Vaňura, J. 2008. Romské osady v historické perspektivě. Stručné dějiny usazovaní Romů na Slovensku a vznik a vývoj východoslovenských romských osad (*In* Hirt, T. & Jakoubek, M. (Hg.), *Rómske osady na východnom Slovensku z hľadiska terénneho antropologického výskumu, 1999–2005.* Bratislava: Open society foundation. S. 103–130.)

Vašečka, M. 2004. Priestorová marginalita územi a rómska problematika na Slovensku. (*In* Mušinka, A. & Scheffel, D. Z. (Hg.), *Rómska marginalita.* Prešov: Prešov Centrum antropologických výskumov. S. 43–54.)

HARIKA DAUTH

Mobilität und Flexibilität: wandernde Konzepte und ihre Experten.[1]
Eine nomadologische Reise in die postmoderne Tsiganologie

> „Unsere eigene Kultur gleicht unserer
> eigenen Nase. Wir sehen sie nicht, weil
> sie genau vor unseren Augen liegt und
> wir gewohnt sind, die Welt unmittel-
> bar durch sie hindurch zu betrachten."
> (Nigel Barley)

Obwohl die meisten Menschen, die sich Roma/Zigeuner[2] nennen oder als solche bezeichnet werden, heutzutage sesshaft sind, werden sie häufig noch immer mit Nomadismus assoziiert. Sowohl die Mehrheitsgesellschaft als auch Wissenschaftler verwenden,
wenn auch auf zwei unterschiedlichen, sich jedoch oft gegenseitig beeinflussenden Ebenen,

---

1 Für wertvolle Hinweise, Kommentare und Denkanstöße zu diesem Text danke ich David Giagnorio,
Johannes Ries, Andrea Steinke, Fabian Jacobs, Nina Stoffers und Olaf Günther. Ein gesonderter Dank
geht an Bernhard Streck, ohne dessen zahlreiche Seminare und fruchtbare Kontroversen dieser Beitrag
nie entstanden wäre.
2 Wenn ich im Folgenden von Roma/Zigeunern spreche, so handelt es sich hier lediglich um eine
nicht wertende und theoretische Verallgemeinerung eines Gruppenkonzeptes, die aus der Not der Ver-
einfachung geboren ist, aber nicht den universellen Anspruch hat, Angehörige der Roma/Zigeuner als
homogene Einheit zu betrachten. Roma/Zigeuner können ausschließlich kontextuell verstanden werden und sollten nach Möglichkeit nach ihren jeweiligen Eigenbezeichnungen (z. B. Manouche, Gabor,
Kalderash, Sinti, Ashkali, Travellers, Gitanos etc.) benannt werden.

Begriffe, die an Nomadismus angelehnt sind. In der Regel wird in diesem Zusammenhang von Gruppen gesprochen („Die Nomaden", „Die Zigeuner", „Die Traveller"), ohne diese Form der Kategorienbildung von Gruppen zu hinterfragen. Der US-amerikanische Soziologe Rogers Brubaker (2004) hat darauf aufmerksam gemacht, dass Alltagsgespräche, politische Analysen, Medienberichte und sogar konstruktivistische wissenschaftliche Arbeiten von ethnischen „Gruppen", „Rassen" und „Nationen" sprechen und dabei unkritisch Kategorien ethnopolitischer Praxis adaptieren. Die Aufgabe von Sozialwissenschaftlern sei es jedoch, politische, soziale, kulturelle, psychologische, und wie ich hinzufügen möchte, historische Prozesse zu beschreiben und nicht primordiale Entitäten. Der „ethnic common sense", so Brubakers Kritik, gehöre nicht zu unserem analytischen Werkzeugkasten, sondern sei Teil unserer empirischen Datensammlung. (Brubaker 2004:2 f.) Anstatt „Gruppen"-Termini unreflektiert und selbstverständlich zu übernehmen, sollte von praktischen Kategorien, von kulturellen Idiomen, diskursiven Rahmen, organisatorischen Routinen, institutionellen Formen, politischen Projekten etc., also von „groupness"[3] die Rede sein. Nicht „Ethnien" sollen analysiert werden, sondern „Ethnisierungen", nicht „Nationen", sondern „Nationalisierungen". Anders formuliert: „As analysts *of* naturalizers, we need not be analytic naturalizers". (Gil-White 1999: 803, zit. n. Brubaker 2004:3, Herv. i. Orig.) Denn als Sozialwissenschaftler analysieren wir Personen, Kollektive, Phänomene und Dinge, die von anderen als natürlich gesehen werden. Und indem wir analysieren, entwerfen wir Konzepte.

Konzepte, wie ich sie im Folgenden verstehe, und zwar unabhängig von dem Aneigner dieser Konzepte, sind situationale und relationale Abbilder der Realität, in diesem Sinne „wandernde Konzepte", wie sie die niederländische Kulturhistorikerin Mieke Bal versteht:

> „(…) concepts are not fixed. They travel – between disciplines, between individual scholars, between historical periods, and between geographically dispersed academic communities. Between disciplines, their meanings, reach and operational value, differ. These processes of differing need be assessed before, during and after each 'trip'." (Bal 2002:24)

---

3   Obwohl in der deutschen Ausgabe von Brubaker's „Ethnicity without groups" der Begriff „groupness" mit „Zusammengehörigkeitsgefühl" übersetzt wird, möchte ich im Folgenden den Begriff „Gruppentum" verwenden. Damit möchte ich nicht nur auf die Gemeinschaft stiftenden Elemente verweisen, die durch diesen Begriff semantisch transportiert werden, sondern auch auf den Konstruktivismus, den der Begriff „groupness" widerspiegelt.

Konzepte, wie sie hier explizit für eine interdisziplinäre Anwendung begriffen werden, sind Konzepte, die performiert werden. Für den Fall der Tsiganologie bedeutet das, dass es sich bei der wissenschaftlichen Betrachtung vom Roma/Zigeunern um keine neutrale Perspektive handeln kann, sondern um ein komplexes Konzept, das innerhalb eines klar umrissenen historischen Rahmens angesiedelt ist, aber kontroverse und ggf. sogar konfliktbehaftete Unterscheidungen hervorbringt.[4]

Indem das von der Wissenschaft transportierte Bild von Roma/Zigeunern als wanderndes Konzept betrachtet wird, ist es möglich 1) auf den dogmatischen Gebrauch des Begriffes Roma/Zigeuner aufmerksam zu machen und 2) die Reise des Begriffes zwischen den Theorien, Disziplinen und ideenbasierten Feldern aufzudecken und 3) künstlerische und kulturelle Repräsentationen in die Terminologie Roma/Zigeuner einzubinden, wie wir sie definiert haben. Im folgenden Text möchte ich mich auf den dritten Punkt konzentrieren und damit auch Fragen aufwerfen, die nach der Legitimation der Tsiganologie suchen: Lassen sich tsiganologische Konzepte wirklich nur auf Roma und Zigeuner anwenden? Welche Interessengruppen gibt es, die mit dem ethnischen Konzept Roma und dem einerseits wirtschaftsethnologischen, andererseits auch stereotypbehafteten Konzept Zigeuner arbeiten? Sind tsiganologische Konzepte, die oftmals phänomenologischer Natur sind und den Anschein von „kultureller Eindeutigkeit" wecken, überhaupt in der Lage, so unbestimmbare „Gruppen" wie Roma und/oder Zigeuner zu kategorisieren? Und was haben sie mit uns zu tun – mit den Forschern und der Mehrheitsgesellschaft, die sie entwerfen?

In einem Seminar der Leipziger Tsiganologie sagte ihr Begründer Bernhard Streck unlängst, dass es in der Tsiganologie um Konzepte und nicht um Menschen gehe. Vergegenwärtigen wir uns das Gros theoriegeleiteter tsiganologischer Arbeiten, mag das stimmen. Und doch erscheint es klar, nicht zuletzt in einer empirischen Disziplin wie der Tsiganologie: ohne Menschen und ihre Beziehungen keine Konzepte. Das impliziert nicht zuletzt auch *das* Konzept der Leipziger Tsiganologie der „tsiganologische Relationalismus", der Roma/Zigeuner in ihrer Beziehung zur Mehrheitsgesellschaft untersucht, weil sie ohne die sie umgebende oder umschließende Gesellschaft nicht begriffen werden können und sowohl Teil als auch Gegenteil von ihr sind. Das könnte also auch bedeuten: Nur durch die Phantasmagorien der Mehrheitsgesellschaft und der Sozialwissenschaft, die „den Zigeuner" portraitiert haben, werden Zigeuner als solche dargestellt. Den tsiganologischen Relationalismus könnte man im Übrigen auch auf den Kopf stellen und behaupten, dass er auch für Tsiganologen geltend gemacht werden kann, deren

---

4   Vgl. mit Maria Melms & Michael Hönicke in diesem Band.

wissenschaftliches Handeln sich nur im Hinblick auf das Konzept von heterogenen Roma-/Zigeunergruppen verstehen lässt. Der französische Anthropologe Patrick Williams drückt das noch deutlicher aus: „[D]ie Arbeiten, die vom ‚Bild der Zigeuner' handeln, lehren uns mehr über die Vorstellungen dieser Gesellschaften, als über die Realität derer, denen diese Etikette zugeschrieben wird." (Williams 2010:1)

Deshalb ist es mir im folgenden Artikel ein Anliegen, dieses „Bild der Zigeuner" im Hinblick auf die Mehrheitsgesellschaft und die Tsiganologie zu reflektieren. Des Weiteren möchte ich einmal mehr die *relationale* und die *situationale* Perspektive beleuchten, um aufzeigen, dass die Beziehungen zwischen „Mehrheit" und „Minderheit" von bestimmten Situationen und Prämissen abhängig sind. Nicht nur Roma/Zigeuner haben sich Konzepte der Mehrheitsbevölkerung zu eigen gemacht. Auch unterschiedliche Teile der Mehrheitsgesellschaft haben sich Konzepte dieser „Minderheiten" – wenn auch „ungewusst" – angeeignet. Beginnen wir mit dem Konzept der Nomadologie.

Nomadologie

„Der Mensch hat keine Wurzeln, sondern Füße" (Seidel 2004) könnte die Quintessenz der nomadologischen Philosophie lauten, die das französische Wissenschaftspaar Gilles Deleuze und Felix Guattari (Guattari & Deleuze 1977) entworfen hat und die auch in der Tsiganologie auf Resonanz gestoßen ist (Jacobs & Ries 2009). Der nomadologischen Perspektive widerspricht es, einen Standpunkt zu haben. Vielmehr gleicht sie einer postmodernen Parole: Hier stehe ich und kann auch noch ganz anders (vgl. Seidel 2004 und Guattari & Deleuze 1977). Im Gegensatz zu postmodernen Vorstellungen von Mobilität[5] und zu dienstleistungsnomadischen und peripatetischen Roma/Zigeunern[6], kennt das

---

5   Mit Mobilität werden allgemein Bewegungen von Personen (als Individuen, Familien oder Gruppen) zwischen sozialen Positionen, Kategorien oder Lagen bezeichnet. Dabei wird in der Regel zwischen *räumlicher*, also *regionaler Mobilität* oder *Migration*, also Pendel, Nah-und Fernwanderungen und sozialer Mobilität in einem engeren Sinn unterschieden, auch wenn beide Formen sich oft überschneiden. Unter *sozialer Mobilität* werden Bewegungen oder Wechsel zwischen beruflichen Positionen oder zwischen sozialen Lagen, Schichten oder Klassen subsumiert. Wenn während der sozialen Mobilität Ungleichheiten in der Bewertung oder in der Ausstattung der Ressourcen bestehen, spricht man von *vertikaler Mobilität*. Bewegungen zwischen gleich oder ähnlich ausgestatteten bzw. bewerteten Positionen innerhalb einer sozialen Mobilität werden als *horizontale* bzw. *laterale Mobilität* bezeichnet. (Vgl. Berger 2000)

6   Ihre Bewegungen bestehen in der Regel aus relativ stabilen Routen/Wegen und Einzugsbereichen, die sie gegen andere Dienstleistungsnomaden verteidigen, da ein fester Kundenstamm Sicherheit bietet. (Vgl. Rao 1987, Hayden 1979) Die Option zur „ungesteuerten" Mobilität („hazardous movement"/vagrants, vagabundieren) bleibt dabei immer bezüglich der Erschließung neuer Nischen bestehen.

philosophische Konzept des Nomaden keinen Zielort. Nomaden wird hier unterstellt, nicht von A nach B zu gehen, auch wenn sie Punkte kennen, zu denen sie immer wieder gerne zurückkehren. Vielmehr ist der Weg ihr Ziel.

Doch das philosophische Denken hält hier dem ethnologischen Blick nicht stand. Denn aus ethnologischer Perspektive geht es zwar auch um die Bewegung, um das Weiter- und Fortkommen, oder auch die Flucht, aber auch um die Zeltstange. Denn nach der Bewegung muss es einen Punkt geben, an dem diese aufgestellt wird. Für „den Nomaden" ist der Mittelpunkt seiner Welt die Zeltstange (oder heute auch sein Camper/Caravan). Sie suggeriert Beständigkeit.[7]

Um welche Formen der Mobilität geht es in der Tsiganologie? Die häufig in der Disziplin verwendeten Begriffe wie „Dienstleistungsnomaden"[8] und „Peripatetiker"[9] suggerieren Gruppenkonzepte, die in der Regel auf vormoderne, ländliche Mobilität Bezug nehmen. Inwiefern aber sind diese Konzepte für ethnologische Arbeiten, die Mobilität im urbanen, postmodernen Kontext, im „Zeitalter der Diaspora" (Bauman 2008:22) erforschen, noch relevant?

Wie hängen heute die Mobilität, also die faktische, realisierte soziale oder geographische Ortsveränderung durch „Bewegungsperformanz" mit der sogenannten Motilität, dem Bewegungspotenzial, etwa im virtuellen Raum (vgl. Bonß & Kesselring 2001), miteinander zusammen?

Welche Gruppenentwürfe gibt es heute, die aus sozioökonomischer Perspektive ähnlich mobil und flexibel agieren wie die, die unter den Begriffen Roma-/Zigeuner zusammengefasst werden? Was steckt hinter dem inflationär gebrauchten Ausdruck der Mobilität der Postmoderne? Haben postmoderne Mobilität/Motilität und die zugeschriebene

---

7   Für diesen Erkenntnisgewinn danke ich Olaf Günther.

8   Das Konzept des *Dienstleistungsnomadismus* bzw. der *service nomads* geht zurück auf Robert Hayden (1979) mit denen er Entertainer-, Handwerker und Händlergruppen von anderen nomadischen und sesshaften Gruppen vorindustrieller Gesellschaftsformen insbesondere dahingehend unterschied, dass *Dienstleistungsnomaden* sich ihre Umwelt nicht „natürlich" erschließen, sondern von ihrer „sozialen" Umgebung leben. Von dieser sozialen Umgebung, die in der Regel aus sesshaften Menschen besteht, seien *Dienstleistungsnomaden* abhängig.

9   *Peripatetiker* ist ein Begriff, der von Joseph C. Berland (1982) kreiert wurde. Laut der Kölner Ethnologin Aparna Rao bezeichnet er u. a. jene endogamen Ethnien, die als Händler, Handwerker oder Dienstleister aufgrund ihrer räumlichen Mobilität und ihrer flexiblen Organisationsform beweglich und spontan auf die Bedürfnisse der Mehrheitsbevölkerung reagieren können. Peripatetische Gruppen können binnen kürzester Zeit ökonomische Nischen besetzen. Das ist möglich, weil kein einheitliches Prinzip der Gruppenzusammensetzung herrscht, sondern aufgrund bestimmter Situationen immer neu verhandelt wird und die Gruppe somit ständig im Wandel begriffen ist. Mobilität und Flexibilität gekoppelt an einen sozial niedrigen Status, sind die gemeinsamen Merkmale, die Peripatetiker – und darunter fallen selbstverständlich nicht nur bestimmte Roma/Zigeuner – teilen (Rao 1987:510 f.).

Mobilität von Roma-/Zigeunergruppen etwas miteinander zu tun oder handelt es sich hier um ein nomadisches bzw. nomadologisches Konzept, das zuerst Eingang in die Wissenschaft und dann in den Mainstream gefunden hat?

Die Dilemmata der Tsiganologie

Für den Tsiganologen Streck haben die Gruppen, die er unter dem Konzept Zigeuner subsumiert, entgegen der Annahme von Linguisten und Roma-Aktivisten, keine gemeinsame Herkunft, Sprache oder Geschichte. Denn nicht alle Zigeuner beziehen sich auf die gemeinsame Herkunft aus Indien, nicht alle sprechen Romanes und ihre orale und schriftliche (Migrations-)Geschichte variiert stark untereinander. Ihre Heterogenität ist so „unendlich", dass für Streck der Begriff „Zigeuner" ethnisch, sprachlich und historisch unbestimmt bleiben muss (Streck 2010:1). Für bestimmbar und als vergleichende Parameter für die unterschiedlichen Gruppen hält er dennoch wenige, sozioökonomische Aspekte: die Abhängigkeit von der Mehrheitsbevölkerung mit der sie ständig ökonomisch interagieren; das „problemlose Oszillieren zwischen sesshaften und mobilen Lebensweisen" (Marushiakova, Mischek, Popov, Streck 2008:10), welches die „Dienstleistungsnomaden" von Pastoral- und Hirtennomaden unterscheidet; das Nicht-Produzieren von Lebensmitteln (vgl. Rao 1982), die sie von Bauern- und Agrarkulturen abhebt; das Besetzen wirtschaftlicher Nischen und Zwischenräume des jeweiligen ökonomischen Systems der Mehrheitsbevölkerung, die Asymmetrie ihrer Tauschbeziehungen mit der Umgebungsgesellschaft, der sie Waren und Dienstleitungen anbieten und nicht zuletzt ihre „Kontrast-Kultur" im Sinne einer „gewussten kulturellen Dissidenz" (Streck 2010).

Auffällig an diesen Kategorien, die Roma/Zigeuner von den sie umgebenden Gadje (Nicht-Roma/Zigeunern) abgrenzen sollen, ist ihre Tendenz, Grenzen zu überschreiten und damit ihre inhärente Wechselhaftigkeit. Mobilität und Flexibilität kennzeichnen demnach nicht nur Formen ihrer Wirtschafts- und teilweise auch Lebensweisen, sondern auch die Beziehung zu ihrer Umgebung. Die Frage ist, ob das einen hinreichenden Grund darstellt, sie zu charakterisieren? Gibt es nicht andere Personenkollektive, die es ihnen gleichtun? Und – hier kommen wir als Wissenschaftler ins Spiel – ist es nicht per se die Aufgabe von Ethnographen, sich eher zwischen und innerhalb von Grenzzonen, als in homogen postulierten Gemeinschaften zu bewegen, Grenzzonen, die per se in Bewegung und nicht eingefroren für Inspektionen sind? (Vgl. Rosaldo 1993:217)

Oszillierende Phänomene für die Sozialwissenschaft greifbar zu machen, erscheint jenseits einer „hybridologischen"[10] Annäherung als *mission impossible*. Und auch Hybride sind nur ein schwaches Hilfsgebäude, da sie von erkennbaren Elementen – also Herkunftskulturen – ausgehen, die in ihrer Hybridität das Dritte, das Neue, gar nicht erkennen können. Also, so ließe sich argumentieren, ist auch die Hybridologie nur eine Mischung von Dualismen.

Ist das der Grund, weshalb – exemplarisch an der Tsiganologie aufgezeigt – noch immer an deskriptiven Dualismen wie Roma/Zigeuner versus Mehrheitsbevölkerung, Tradition versus Moderne, Essentialismus versus Konstruktivismus festgehalten wird? Wenn Roma/Zigeuner sich weder dem einen noch dem anderen Konzept zuordnen lassen, sich mobilerweise mal hierhin, mal dorthin bewegen, sich flexibel anpassen und abgrenzen, das Band zur Mehrheitsgesellschaft als elastisch begreifen, wieso sollten wir dann homogene Einheiten konstruieren, wie es Tsiganologen heute zwar nicht intendieren, als Vertreter der Disziplin aber suggerieren; wie es Wissenschaftler, die sich mit Anti-Ziganismus beschäftigen (vgl. End, Herold, Robel 2009), implizieren, indem sie den Fokus auf einen „Opfer-Diskurs" reduzieren; wie es politische Vereinigungen[11] tun, indem sie – exklusiv Roma und Sinti – als eine aus Indien stammende (Trans-)Nation, unter einer Flagge mit einer Muttersprache und einer Nationalhymne vereinigt sehen möchten; wie es auch die Zigeunermission der Pfingstkirche proklamiert, die in den gläubigen Zigeunern, die besseren Zigeuner sieht (vgl. Ries 2010); und wie es letztlich auch weite Teile der Mehrheitsgesellschaft gerne proklamieren, die Roma/Zigeuner als ein stereotypes Bild in den öffentlichen Diskurs weitertragen?

Wenn, wie der italienische Anthropologe Leonardo Piasere unlängst vorgeschlagen hat, Roma/Zigeuner sich mit dem Konzept des Tricksters, als „einsame Erkunder der

---

10 Ich beziehe mich hier auf die Definition von Elka Tschernokoshewa. Ihr zufolge ist Hybridologie „die Wissenschaft, die Prozesse der Zusammenführung erklärt. Es ist eine Beobachtungsperspektive, die den Umgang mit kulturellen Differenzen ins Zentrum des Forschungsinteresses stellt. Mit dem Terminus ‚hybrid' oder besser ‚Hybridisierung' kann einerseits über Konstruktion, andererseits über Überschreitung von Grenzen nachgedacht werden. Mit der Begrifflichkeit können auch Trends wie die Gleichzeitigkeit des Ungleichzeitigen oder das lebenslange Schaffen an der eigenen Biografie studiert werden. Multikulturelle Städte, neue Medien und Künste, Migrationsgesellschaften und globale Vernetzungen, die Vermischung von geschlechtertypischen Mustern und Rollen oder die Platzverschiebungen in der Jugend- und Alterskultur werden zur Diskussion gestellt." (Tschernokoshewa 2011)
11 Neben unzähligen Aktivisten, Parteien, Abgeordneten, Vereinen, Initiativen etc. soll hier exemplarisch, da wegweisend, die Internationale Romani Union angeführt werden, die 1971 das erste Mal 23 Vertreter unterschiedlicher Roma-/Zigeunergruppen aus neun Staaten zusammenbrachte, um den bis dahin Ungehörten eine Stimme zu verleihen. Laut Rajko Djurič wurde dort „das erste Mal das Streben nach ‚nationaler Einheit' sowie der gemeinsame Kampf gegen Rassismus und Diskriminierung und für den Fortschritt des Volkes der Roma formuliert." (Djurič 2003:23, zit. nach Jacobs und Ries 2009:4)

Nicht-Ordnung, in einem Hin- und Her zwischen Kontinuum und Nicht-Kontinuum"
(Piasere 2010:2) begreifen lassen, müsste nicht wenigstens die wissenschaftliche Forschung, die „analysts of naturalizers", diesem Streben nach „Unendlichkeit" Rechnung tragen
und sich von Polaritäten lösen? „They are both inside *and* outside the dominant culture.
Their outsider status is imposed but also chosen" (Okely 1994:61, Herv. i. Orig.), inter-
pretierte die britische Ethnologin Judith Okely die „unkategorisierbare" Verortung von
Roma-/Zigeunergruppen. Wenn wir diese Wechselhaftigkeit anerkennen, erscheint es
alles andere als sinnvoll, Roma/Zigeuner *nur* als Delinquenten zu betrachten – ein Bild,
zu dem vor allem die Rassenkunde (Arnold 1975, Ritter 1939) ihren Beitrag geleistet hat –
oder sie *nur* als Opfer zu stigmatisieren.

Sicherlich geht es in der Ethnologie grundsätzlich um die verbindenden und um die
trennenden Aspekte im Verhältnis der Kulturen zueinander. Doch die daraus resultierenden
Radikalisierungen haben Verzerrungen hervorgebracht, und, wider Willen, die Grenzen
einer jeden Modellbildung offenbart: Jedes Modell lenkt unseren Blick auf das Gegenmo-
dell und erweitert somit die Begrenztheit unseres Blicks. Eine Einsicht, zu der zwar schon
die „Writing Culture"-Debatte (Clifford & Marcus 1984) gekommen ist, die aber noch immer nicht konsequent in die Praxis umgesetzt wurde. Wenn wir die Ethnologie als offene
Disziplin verstehen, die Widersprüchlichkeiten nicht nach dem Entweder-oder-Prinzip
begreift und sie auch nicht harmonisch nach dem Sowohl-als-auch-Denken auflösen will,
sondern sie als die Ungereimtheiten, die das menschliche Leben ständig produziert, stehen
lassen will, was hält uns dann am „Kulturinseldenken" fest, wie Jacobs und Ries (2009) es
unlängst nannten? Gibt uns allein der Status „Wissenschaftler" einen Freischein dafür, aus
einer mannigfaltigen sozialen Realität homogene theoretische Axiome und „Kernpunkte"
zu kreieren? Laufen wir nicht Gefahr, nationalstaatlichen Homogenisierungstendenzen
einer Status-Quo-Politik zuzuarbeiten, wissenschaftliches Universaldenken zu befähigen
und mehrheitsfähige Stereotype zu forcieren statt aufzubrechen?

- Die Ethnologie ist die „Wissenschaft der Differenz". Sicherlich birgt die Idee der Differenzen Vorteile, wenn es um das Sichtbarmachen von Kultur gegenüber Außenstehenden geht. Gleichzeitig gestaltet sich das Konzept als schwierig, weil es häufig einen
  Absolutheitsanspruch suggeriert (Rosaldo 1993:202). Was hindert uns also, Differenz
  in räumliche und zeitliche Kontexte einzubetten (vgl. Williams 2010:8), Universalis-
  men abzuschaffen und zu *bricolagieren*?
- Die Ethnologie als die Wissenschaft von der Beziehung von Gruppen, meistens von so
  genannten Mehrheiten und Minderheiten: Wie können wir diese Beziehung verstehen,
  wenn wir uns auf so exklusive Weise mit Minderheiten befassen? Was hält uns davon
  ab, Gruppen aus der Mehrheit und der Minderheit miteinander zu vergleichen?

- Die Ethnologie als die Wissenschaft der Selbstreflexion: Das Studium anderer Kulturen hat zur Folge, sich gerade auch mit sich selbst im Bezug zu seiner eigenen Gesellschaft auseinanderzusetzen. Was behütet uns davor, unsere eigene Position zu hinterfragen?
- Die Ethnologie als „Wissenschaft der gezeigten und der verborgenen Kultur" (Streck 2007): Mehr als das ostentativ zu Schau gestellte, verdeckt die verborgene Kultur oft die Widersprüche. Was hält uns dann davon ab, Widersprüche in unserer eigenen Wissenschaftskultur offenzulegen und zu ent-tabuisieren?

„Das Ende der Zweideutigkeit"

Das Denken in binären Strukturen hat eine lange Tradition. Descartes Zweiteilung von Geist und Körper hat sie salonfähig gemacht, der Strukturalismus hat sie zum universellen Denksystem erhoben. Der französische Anthropologe Levi-Strauss beispielsweise, der herausfinden wollte, wie der menschliche Geist funktioniert, war davon überzeugt, dass er im binären Denken ein universelles Denkmuster des menschlichen Geistes entdeckt hatte: Tag und Nacht, Natur und Kultur, Mann und Frau, gut und böse, bekannt und fremd, sind ihm zufolge Gegensatzpaare, die sich in allen Kulturen finden lassen und die tief im archaischen Denken verwurzelt sind. Empirische Befunde legen nahe, dass sich Roma/Zigeuner jedoch seit jeher stark von der Mehrheitsbevölkerung abgrenzen und vice versa. Spätestens auf den zweiten Blick jedoch wird deutlich, dass die scheinbaren Grenzen durchlässig sind. Roma/Zigeuner leben nicht nur innerhalb der Mehrheitsgesellschaft und interagieren auf ökonomischer Ebene mit Gadje (Nicht-Roma/Zigeuner), sondern assimilieren sich teilweise so stark, dass sie ihre Roma/Zigeuner-Identität negieren. Das kann durch nationalstaatliche Interessen gegenüber Minderheiten ausgelöst werden oder – wie im Falle der von einzelnen Mitgliedsstaaten der EU, des Open Society Institutes und der Weltbank finanzierten Decade of Roma Inclusion[12] – durch

---

12 Die Decade of Roma Inclusion ist ein von der EU für den Zeitraum zwischen 2005 bis 2015 angelegtes „Ideen"-Programm. Ihre Akteure verstehen darunter „an unprecedented political commitment by European governments to improve the socio-economic status and social inclusion of Roma. The Decade is an international initiative that brings together governments, intergovernmental and nongovernmental organizations, as well as Romani civil society, to accelerate progress toward improving the welfare of Roma and to review such progress in a transparent and quantifiable way. The Decade focuses on the priority areas of education, employment, health, and housing, and commits governments to take into account the other core issues of poverty, discrimination, and gender mainstreaming." (Quelle: http://www.romadecade.org/about), zuletzt abgerufen am 1.6.10.

suprastaatliche Integrationsmaßnahmen forciert sein. Assimilierungstendenzen können sich aber auch losgelöst von der staatlichen Ebene entwickeln.

Ein Beispiel dafür, dass sich beide Tendenzen auch innerhalb eines Landes nicht ausschließen, ist die Türkei. Auf der einen Seite wird dort seit der Gründung der Republik 1923 durch Kemal Atatürk bis heute eine erfolgreiche und rigide Assimilationspolitik praktiziert, die mitverantwortlich dafür war, dass viele Roma/Zigeuner sich der Mehrheitsgesellschaft so sehr angenähert haben, dass sie sich in erster Linie als Türken bezeichnen, Kurden als „Staatsfeinde" wahrnehmen, Elemente des sunnitischen Islams übernommen haben und in vielen Fällen kein Romanes mehr sprechen. Auf der anderen Seite gibt es Roma-/Zigeunergruppen, die sich anderen ethnischen oder religiösen Minderheiten im Land angeglichen haben, wie die Lom als „kurdisiert", „armenisiert" oder wie die Dom als „arabisiert" gelten können oder sich selbst als Christen oder Aleviten bezeichnen. In beiden Fällen haben Roma-/Zigeunergruppen sowohl Elemente der Mehrheitsbevölkerung oder/und der Minderheiten, als auch der lokalen Nachbarschaft adaptiert (vgl. Strand 2003:100).

Auch Piasere versuchte zu zeigen, wie Zigeunergruppen ihre Kultur unter steter Einbeziehung von importierten Elementen konstruieren. Eine von ihm untersuchte Gruppe muslimischer Roma aus dem Kosovo etwa konstruierte ihr Verwandtschaftssystem auf einer Blutverwandtschafts-Terminologie „serbischen" Typs, ihr Zusammengehörigkeitsgefühl nach einem „griechischen" Typ und die Regeln der Vendetta nach albanischem Typ (vgl. Piasere 1984, 2010). In diesem Sinne basiert die Beziehung zwischen Roma/Zigeunern und Gadje auf ständigem Austausch kultureller, ökonomischer, politischer und religiöser Elemente.

Dieser Transfer verläuft keineswegs in einer Einbahnstraße, wie das Beispiel Musik[13] zeigt. Während in Deutschland beispielsweise begeisterte Massen unermüdlich zu sogenannter Balkan-Gypsy-Musik tanzen, handelt es sich dabei nicht nur um „authentische" Zigeunermusik, sondern um gesampelte DJ-Vorstellungen einer solchen. Populäre Musik der Mehrheitsbevölkerung wiederum fließt in Liedkompositionen von Roma-/Zigeunermusikern ein wie lokale Lehnwörter in ihre Sprache. In Shuto Orizari, einer Romasiedlung in Skopje/Mazedonien, singen lokale Musikstars in einem Englisch-Romanes-Pidgin zu Synthie-Flöten und Violinen Arabesk-Melodien, die von R'n'B-Rhythmen untermalt sind. Auf der Internet-Plattform Youtube rappen junge Roma, ausgestattet mit einem unechten Waffenarsenal und Plastik-Juwelen in den Ohrlöchern, zu US-Westcoast Beats auf Romanes, Serbo-Kroatisch, Deutsch, Französisch oder/und Mazedonisch. Wurzel und Triebe sind hier kaum mehr voneinander zu trennen. Und doch werden auf beiden

---

13 Siehe auch den Beitrag von Nina Stoffers in diesem Band.

Seiten immer wieder alte und neue Grenzen gezogen – trotz der allgegenwärtigen Kakophonie von Hybridität in einer globalisierten und glokalisierten Welt. „Wir und die anderen" scheint eine anthropologische Konstante, die dem dekonstruktivistischen Feuer der Postmoderne wie eine Mauerfestung zu trotzen scheint. Doch, beginnen wir mit der Moderne.

Moderne: Schach matt

Die Moderne hatte – im Gegensatz zur Postmoderne – eine feste Konsistenz und genormte Struktur. Charakteristisch steht für sie, so der britisch-polnischen Soziologe und Philosoph Zygmunt Bauman, das Regulative, das Definierte, das Territorialisierte und Nationen-fixierte. Wie Foucault begreift Bauman die „Bewohner" der Moderne als Disziplinargemeinschaft, deren „gefügige" Individuen primär durch äußeren Druck, Fleiß und Gehorsam, und deren „Delinquenten" durch den Einsatz panoptischer[14] Überwachung zusammengehalten werden. Die Angst vor der Ungewissheit durch den Zerfall der ständischen Gesellschaft wurde somit abgelöst durch die Furcht vor der Abweichung der Gleichförmigkeit und Konformität und die damit verbundene Bestrafung. Roma / Zigeuner – wie sie als Bild sowohl von Mehrheitsgesellschaften als auch von Wissenschaftlern vermittelt wurden – spielten in diesem Kontext eine prominente Rolle, galten sie doch als staatsuntreue „Non-Konformisten" und ‚Vagabunden', die sich über physische und politische Grenzen hinwegsetzten. Den Behörden und staatlichen Autoritäten waren sie ein Dorn im Auge, denen mit repressiven Gesetzen begegnet wurde. Streck schreibt dazu:

> „Zigeunergruppen haben die längste Zeit ihrer Geschichte in komplexen Gesellschaften existiert, wo die einzelnen Räume fast unvermittelt nebeneinander stehen und sich so wenig wie über den Nachbarraum auch über Zwischenräume kümmern. Erst die moderne Gesellschaft (…) mit der Durchsetzung der allgemeinen Gleichgerechtlichkeit schuf ein spezifisches ‚Zigeunerproblem'." (Streck 2008: 33 f.)

---

14 Das Panopticon oder Panoptikum ist ein vom britischen Philosophen Jeremy Bentham stammendes Konzept zum Bau von Gefängnissen und ähnlichen Anstalten, aber auch von Fabriken. Allen Bauten des Panopticon-Prinzips ist gemeinsam, dass von einem zentralen Ort aus alle Fabrikarbeiter oder Gefängnisinsassen beaufsichtigt werden können. Diese Idee wurde vom französischen Philosoph Michel Foucault aufgegriffen, der diese als wichtiges Ordnungsprinzip westlich-liberaler Gesellschaften erkannte, die er auch „Disziplinargesellschaften" nannte. Das Panoptikum wird als eine Schlüsselmetapher für Macht in der Philosophie und der Soziologie diskutiert. Felluga, Dino. Modules on Foucault: On Panoptic and Carceral Society. Introductory Guide to Critical Theory. URL: http://www.purdue.edu/guidetotheory /newhistoricism/modules/foucaultcarceral.html, zuletzt abgerufen am 27.7.10.

Mit der Moderne wurden die Lücken im System zubetoniert, denn das moderne Weltbild, sah – und daran hat sich heute zumindest auf politischer Ebene nur wenig geändert – Risse und Spalten nicht vor: „Vom Selbstverständnis, bzw. vom ideologischen Ziel der Moderne her, dürfte es überhaupt keine Zwischenräume mehr geben, da die Welt in zivilgesellschaftlicher Perspektive als ein einheitlicher Raum begriffen wird." (Streck 2008:28)

Die Moderne erinnert auch an das gekerbte Raumkonzept des französischen Wissenschaftspaares Gilles Deleuze und Felix Guattari, die in ihrer Abhandlung über Nomadologie den Raum, in dem sich die Rivalität von Kriegsmaschine und Staatsapparat abspielt, mit dem Schachspiel vergleichen:

> „Schach ist ein Staatsspiel oder ein Spiel des Hofes; der Kaiser von China hat es gespielt. Schachfiguren sind codiert, sie haben ein inneres Wesen oder ihnen innewohnende Eigenschaften, aus denen sich ihre Bewegungen, Stellungen und Konfrontationen ergeben. Sie haben bestimmte Eigenschaften, der Springer bleibt ein Springer, (…), der Läufer bleibt ein Läufer. Jede Figur ist so etwas wie ein Aussagesubjekt, das eine relative Macht besitzt; und diese relativen Mächte verbinden sich in einem Äußerungssubjekt, also entweder im Schachspieler selber oder in der inneren Form des Spiels." (Deleuze & Guattari 1997:484)

Dieser Raum lässt Bewegungen zu, aber sie müssen geordnet, gemessen und geführt sein – genauso wie die Identitäten selbst, denen klare Eigenschaften zugeschrieben werden. In der Moderne gibt es im Sinne Deleuze' und Guattari's rhizomatischen Denkens[15] keine Hauptwurzel mehr wie es die binäre Logik des Wurzelbaumes verkörpert hat: „Die Hauptwurzel ist (hier) verkümmert, ihr Ende abgestorben, und schon beginnt eine Vielheit von Nebenwurzeln wild zu wuchern". Und trotzdem wird die Moderne immer noch an entscheidender Stelle der Idee der Vielheit nicht gerecht. Denn die Vielfalt der

---

15 Der Begriff stammt aus der Biologie und bedeutet Spross, Stängel, Trieb. Ein Rhizom kann unter- und überirdisch wachsen. Ein Rhizom kann Knoten bilden und seine Verästelungen können sich kreuzen. Sowohl Wurzel als auch Trieb bleiben in beständigem Austausch mit der Umwelt. Strukturell unterscheidet sich das Rhizom vom Baum, da es weder binär als Wurzel und Baum zu verstehen ist. Ungleich wie der Baum besitzt das Rhizom außerdem kein Größenwachstum, sondern stirbt, nachdem es eine bestimmte Größe erreicht hat, ab, genauso wie es sich am treibenden Ende verjüngt, so dass nach einer Zeit ein vollkommen anderes, erneuertes Gewächs entsteht. Das Rhizom bzw. rhizomatisches Denken widersteht der Verlockung, ein Großes und ein Ganzes herzustellen. Nichts ist abgerundet, nichts abgeschlossen. Deleuze und Guattari verstehen das Rhizom nicht als Metapher, sondern als ontologische Kategorie, die die Struktur von Sein beschreibt. Das heißt: die Welt ist nicht wie ein Rhizom, sie *ist* ein Rhizom bzw. sie *macht* Rhizom (vgl. Seidel 2004).

Erscheinungen der äußeren Welt wird zwar reflektiert, aber nur, wenn dies ein starkes identisches Subjekt leistet. Ergo, ist die Dualität des Denkens damit noch nicht beseitigt, denn „während die Einheit im Objekt fortwährend vereitelt wird, triumphiert im Subjekt ein neuer Typ von Einheit". (Deleuze & Guattari 1977:10). Die objektive Welt vom klassischen Monismus zu befreien und in Pluralismus zu transformieren, geschieht hier auf Kosten eines noch zentralistischeren Subjekts, so dass sich im Umkehreffekt „eine totalisierende Einheit dann um so mehr durchsetzt" (ebd.).

Bauman seinerseits veranschaulicht die Moderne nicht durch das System, sondern durch das Individuum. Die Chiffre für die Lebensweise der Moderne erkennt Bauman in der Figur des Pilgers. Er zeichne sich dadurch aus, dass er die Wahrheit immer woanders sucht: „Hier ist das Warten, dort ist die Befriedigung" (Bauman: 1997:142). Für die Pilger der Moderne war das Leben leer. Im Geist des Kapitalismus warteten sie auf die verheißungsvolle Erfüllung ihrer Sehnsüchte, auf Befriedigung und auf Identität.

„Verflüchtigte Postmoderne"

> „Den meisten Menschen ist nicht bewußt, daß die (…) Theorien einer bestimmten Zeit nicht zufällige Entdeckungen einzelner Individuen, sondern das Ergebnis eines kollektiven Experiments sind." (Georges Bataille)

Im neuen postmodernen Zeitalter der Anti-Vereinheitlichung, das Bauman „liquid modernity", Anthony Giddens „späte Moderne", und Marc Augé „Übermoderne" nennt, stellt sich die schweißtreibende Vorarbeit des Pilgers, sein mühevolles Sparen, als vergeblich heraus. Die Zukunft muss nicht mehr, mehr noch, sie darf nicht mehr kontrolliert werden. Selbst die Kontrolle der staatlichen Behörden „verflüchtigt" sich im Sinne einer beabsichtigten Unsichtbarkeit. Die Macht bewegt sich nun unabhängig von Territorien, beispielsweise mit Hilfe von elektronischen Signalen wie bei Mobiltelefonen, GPS-Systemen und Internet. Die „post-panoptische", man könnte auch sagen transparente Überwachung gilt nach Bauman nicht mehr nur den Delinquenten, sondern ist heute dem gesamtem Alltag, sprich auch der Arbeit und dem öffentlichen Raum, gewidmet.

Für das postmoderne Individuum heißt der Angelpunkt der Lebensstrategie „nicht Identitätsbildung, sondern Vermeidung jeglicher Festlegung" (Bauman 1997:146). Zeitliche Kontinuität, wie sie die von ihm beschriebene Moderne und nicht zuletzt auch

essentialistische Konzepte in den Sozialwissenschaften vermitteln, wird durch ein Al-
les-ist-temporär-Denken abgelöst, in dem Unterbrechungen und Unverbindlichkeiten
oberste Priorität zu haben scheinen. „Das Gesamtresultat ist die Fragmentierung der
Zeit in Episoden, jede für sich, losgelöst von Vergangenheit und Zukunft, jede in sich
geschlossen und unabhängig. Die Zeit entspricht nicht mehr einem Fluss, sondern einer
Ansammlung von Teichen und Tümpeln." (Bauman 1997:148) Eine widerspruchsfreie
und einheitliche Lebensstrategie wie in der Moderne wird hier vergeblich gesucht. Deshalb ersetzt Bauman den Pilger durch eine Vierergruppe als Metapher der postmodernen
Ungebundenheit, bzw. der Angst vor Gebundenheit. Anstelle eines einzigen Idealtypus
erscheinen nun auf der wissenschaftlichen Spielbrett-Oberfläche Baumans „der Flaneur",
„der Vagabund", „der Tourist" und „der Spieler". Obwohl auch sie wie Idealtypen erscheinen, trügt der klare Schein der vier einzelnen Figuren:

> „Obwohl es sich hier um eine Vierergruppe handelt, stehen diese Typen nicht zur Aus-
> wahl, kein Entweder-Oder; das postmoderne Leben ist viel zu vertrackt und inkohä-
> rent, als daß man es durch ein einziges geschlossenes Modell erfassen könnte. Jeder
> Typus vermittelt gerade mal einen Teil der Geschichte, die sich kaum jemals zu einem
> Ganzen zusammenfügt.(…) Im postmodernen Chorus singen alle vier – manchmal
> harmonisch, doch sehr viel häufiger in einer Kakophonie." (Ebd.:149 f.)

Was Bauman hier beschreibt, so scheint es, sind Rollen (vgl. Goffman 1959), die wir
uns heute, je nachdem, in was für einer Umgebung wir uns befinden, selbstverständlich
überstreifen und dabei behaupten, es handle sich um Identitäten, „sogar, wenn Identitäten in keiner anderen Gestalt oder Form, als der von Rollen verfügbar sind" (Bauman
1994:240).

Flaneure und die Sehnsucht nach der schönen neuen Welt

Der *Flaneur* oder auch die Figur des Spaziergängers bewegt sich durch die Stadt als Fremder unter Fremden, die er lediglich als solche erkennt, indem er sie sieht. Begegnungen
sind *Episoden,* Ereignisse ohne Vor- und Nachspann. Der Flaneur ist der Meister der
Simulation. Seine Biosphere ist die Shopping-Mall: „Einkaufsstraßen machen die Welt
(oder einen sorgfältig abgeschirmten, elektronisch überwachten und scharf kontrollierten
Teil der Welt) sicher für das Leben-als-Spaziergang. Oder genauer, Einkaufsstraßen sind
die Welten, wie sie von den Reißbrett-Designern zum Maß des Spaziergängers gemacht
wurden. Orte der Vergegnung, von Begegnungen, die garantiert nur episodisch bleiben,
von Oberflächen, die Oberflächen vertuschen. In diesen Welten kann sich jeder Flaneur

selbst für einen Regisseur halten, obwohl sie allesamt die Objekte der Regie sind" (Bauman 1997:152). Die letzten verbliebenen Unannehmlichkeiten der Shopping Mall – Unreinheit und Abfall – können auf eine noch vollendetere und reinere Oberfläche reduziert werden: das Fernsehen. Nach dem Motto „zappe also bist du frei", wähnt er sich in einem Zustand der Freiheit, die ihn trotzdem nie ganz ausfüllt, da Konsum Verlangen nicht gänzlich zu stillen in der Lage ist.

Und vergessen wir nicht: Es sind nicht nur spießige Yuppies, die durch Shopping-Malls flanieren und sich nichts sehnlicher wünschen als einen Flachbildschirm. Es sind vor allem die, die sich aus welchen Gründen auch immer eine schöne neue Welt wünschen. Auch wenn sie wissen, dass sich unter der Oberfläche ein Hohlraum mit einem Kabelsalat verbirgt: Kraft ihres Schmerzes und ihrer Imagination verdrängen sie all das, was nicht glänzt. Teens, die ihrem Schwarm lieber SMS schicken, als ihn/sie persönlich zu treffen, die mit Strass besetzte Pali-Tücher tragen, deren Bedeutung sie nicht kennen und demonstrativ in ihren Nike-Turnschuhen wippen. All dies gibt es in Roma-/Zigeunersiedlungen jenseits der EU genauso wie in westeuropäischen Großstädten.

Vagabunden, urban nomads und MEMs

Die Figur des *Vagabunden*, das Unheil der frühen Moderne, der die bestehende Ordnung bedrohte und im „Zigeuner" seine Projektionsfläche fand, wurde und wird nie wirklich als „Einheimischer" betrachtet, weil ihm das „Woanders" immer anhaftet. Er verkörpert die personifizierte „Unzugehörigkeit". Seine Bewegungen sind nicht vorhersehbar, einfach deshalb, weil er sie selbst nicht prognostizieren kann. Er gewöhnt sich freiwillig nicht schnell an einen Ort, bleibt unbeständig, weil womöglich andere, noch unbekannte Orte gastfreundlicher sind als der aktuelle. Wie beim nomadologischen Konzept ist auch der Weg das Ziel dieser Figur, nicht aber, weil es Teil seiner Philosophie ist, sondern weil er – wie der Fernfahrer – keine andere Wahl hat. Er ist zum Nomaden verdammt. Überall werden neue Zelte aufgeschlagen, überall muss man sich dem Anderen vertraut machen. Während es in der Moderne mehr Sesshafte als Vagabunden gab, dreht sich das Verhältnis in der Postmoderne um. Die Wahrscheinlichkeit, dass er nun Menschen trifft, die auch heimatlose Vagabunden sind, ist höher als früher. Baumans Vagabunden sind die Outcasts, die sozialen Außenseiter unserer Gesellschaft: die Obdachlosen, Hausbesetzer, Flüchtlinge. In der Soziologie und Ethnologie wird dieses Gruppentum Paria (vgl. Weber in Swedberg 2005) genannt. Seine Wirtschafts- und Lebensweise ist meist ähnlich mobil und flexibel wie die von dienstleistungsnomadischen und peripatetischen Roma-/Zigeunergruppen. Das Ethnologen-Quartett Elena Marushiakova, Udo Mischek Vesselin Popov und Bernhard Streck schreiben über die Wirtschaftsweise der Paria: „Ihr

Nomadismus ist eher situational, sie leben gleichsam ‚auf dem Sprung‘, ziehen es aber vor, nicht zu springen, auch wenn sie wesentlich schneller ‚das Weite suchen‘ als die übrige Bevölkerung" (Marushiakova, Mischek, Popov, Streck 2008:10).

„Das Paria-Prekariat" ist dem Staat noch immer ein Dorn im Auge, daran hat auch die grenzenlose Postmoderne nichts geändert. Um sich Zugang zu den Parias zu ver-schaffen, ist ihre behördliche Erfassung unabdingbar – und somit ihre Bezeichnung. Was in der Moderne „gleichgerechtlich" war, ist in der Postmoderne „pc" (dt.: politisch kor-rekt) und schließt deshalb historisch negativ besetzte und tabuisierte Begriffe wie „Zigeu-ner" oder „Ausländer" kategorisch aus. Es ist dann die Rede von HWAO (Personen mit häufig wechselndem Aufenthaltsort), „mobilen ethnischen Minderheiten", kurz: „Mems" oder auch „Rotationseuropäern". Ausgedrückt wird hier, was nicht gesagt werden darf: „Un-Bürger", „homo sacer"[16]. Tabus werden durch das altbewährte Prinzip Euphemis-mus umgangen, frei nach dem Prinzip ein „kultureller Kollateralschaden" ist immer noch besser als Rassismus. Zumindest ist er „pc". In der Frankfurter Allgemeinen Zeitung vom 2.11.2009 ist beispielsweise die Rede von „bis zu 200 ‚Rotationseuropäern‘", die auf „ag-gressive Art und Weise" in Frankfurt betteln (vgl. Iskandar 2009). Hinter dieser Sprache und der bürokratischen Political Correctness verbergen sich tabuisierte Rassismen, die die Figur des Vagabunden weiter mehrheitsfähig halten, indem sie ihn als Bedrohung für die homogene Gesellschaft inszenieren.

Touristen und andere Zaunschauer

Wie der Vagabund ist der *Tourist* ständig unterwegs. Und auch er gehört niemals dazu. Im Gegensatz zum Vagabunden ist aber sein Unterwegssein mehr freiwilliger Natur. Auch wenn er sich ein wenig verpflichtet fühlt, Erfahrungen an Orten zu sammeln, zu denen er nicht gehört. Wenn er genug vom (oftmals domestizierten) Fremden hat, geht er nach Hause, notfalls auf dem Fluchtweg. Denn im Gegensatz zum Vagabunden hat er ein Heim. Sein Blick auf das Fremde ist ästhetischer Art. Harte Realitäten sind nichts für ihn. Und doch, je mehr Tourist er ist, desto uneindeutiger wird, wo sein (oftmals postuliertes) Zuhause und der Ort ist, an dem er Gast ist. Heimweh und die Furcht vor Heimatgebun-

---

16 Mit dem Begriff Homo sacer beziehe ich mich hier auf die von dem italienischen Rechtsphiloso-phen Giorgio Agamben in einer Trilogie thematisierten „Un-Personen". Agamben entwickelt darin eine Philosophie rechtsfreier Räume und der Reduzierung von Menschen auf ihr „nacktes Leben". Historisch bezeichnet Homo sacer (lat. für der heilige/verdammte Mensch) eine obskure Figur des römischen Rechts: eine Person, die verbannt wurde, von jedem getötet werden konnte aber nicht in einem reli-giösen Ritual geopfert werden konnte. Homo sacer waren demnach von allen zivilen Rechten ausge-schlossen, während sie „heilig" im negativen Sinn waren (vgl. Agamben 1998).

denheit wechseln wie die Orte, die er aufsucht: „Das ‚Heim' hält sich am Horizont des Touristenlebens als eine unheimliche Mischung aus Schutzraum und Gefängnis." (Bauman 1997:159)

Ein Tourist ist ein Zuschauer, der sich das Theaterstück voller Entzücken ansieht und doch nie hinter die Kulissen schaut. Das kann ebenso für Ethnologen gelten, deren teilnehmende Beobachtung in der Teilnahme oder in der Beobachtung stecken bleiben, ohne die Produktivität der Widersprüche seiner „double persona" (vgl. Rosaldo 1993) zu erkennen. Es kann aber auch für Roma/Zigeuner gelten, die, wie in Shuto Orizari in Skopje passiert[17], zunächst in tuschelnden Trauben und schließlich in Form eines aufgebrachten Mobs einem vorbeilaufenden Homosexuellen begegnen, ihn mit Steinen bewerfen und später lachend und erleichtert ob des vertriebenen Fremden wieder nach Hause gehen.

Spieler und Glücksökonomen

Der *Spieler* letztlich ist auf seine Intuition und die Einschätzung von Risiken angewiesen. Nichts ist vorhersagbar, alles ist möglich. Dazu gehört Glück, aber auch gute Strategien. Die Karten müssen gut ausgespielt werden. Dazu gibt es zwar Faustregeln, aber keine Algorithmen. Jedes Spiel ist seine eigene „Sinnprovinz" (Schütz 1971:237 ff.). Das heißt auch, dass, wer mitspielen will, zu Beginn die Spielregeln akzeptieren muss. Wer dies nicht tut, muss raus. Dass es ein Anfang und ein Ende gibt, steht fest, wie das Spiel verläuft, bleibt offen. Entspricht das Ergebnis nicht den Vorstellungen, geht es darum, ohne viele Verluste einstecken zu müssen, das Gesicht zu bewahren und von vorne anzufangen. Spielerisch ist dabei im Idealfall der Umgang mit dem Spiel, das nach Außen getragene Bewusstsein, dass dies „einfach nur ein Spiel" ist: „Das Merkmal des postmodernen Erwachsenseins ist die Bereitschaft, das Spiel so rückhaltlos zu akzeptieren wie Kinder." (Bauman 1997:161)

Was Bauman hier für die doch eher „unbewusste Rolle" des Spielers beschreibt, trifft genau ins Schwarze der als solche betitelten „gewussten" Glücksökonomie, deren Anhänger der Leipziger Tsiganologe Olaf Günther auch als Kairosökonomen[18] bezeichnet.

---

17 Dieses Ereignis spielte sich während meines Aufenthalts 2007 in Shutka ab.

18 Kairos ist in der griechischen Mythologie der Gott der günstigen Gelegenheit, der oft als nackter, immerzu laufender Jüngling mit geflügelten Schuhen und einem Zopf dargestellt wird. Diesen Zopf – die günstige Gelegenheit – ist der Mensch angehalten zu greifen. Mitglieder der Kairos-Ökonomie entdeckt Günther daran, dass sie a) am richtigen Ort und b) zur richtigen Zeit sind. Das unausweichliche Dilemma: a) und b) sind geprägt durch unvorhersehbare Dynamiken. (Vgl. Günther, im Druck) Im Folgenden werde ich den Begriff Kairosökonomie verwenden, da er meiner Meinung nach präziser

Diese Form der Wirtschaft, der auch teilweise glücksökonomische Roma/Zigeuner nachgehen,[19] zeichnet sich dadurch aus, dass trotz bzw. wegen schwankender und unsicherer Bedingungen Profit erzielt wird. Das ist beispielsweise der Fall für Gaukler und Zirkusartisten (Günther 2006), mobile Autowäscher, Bettler (vgl. Piasere 1987, Tauber 2008), Los-Verkäufer, Geld-Verleiher (vgl. Martin Fotta 2010), ohne Lizenz arbeitende Taxifahrer, Spieler und Straßenmusiker. Gerade der informelle Sektor, der viele Nischen für die Kairosökonomen bereithält und mit dem die Mehrheitsbevölkerung die prekäre und unsichere Arbeitswelt verbindet, bietet für sie hohe Chancen (vgl. Dauth 2010). Kalkuliert wird nicht der Kosten-Nutzen-Faktor, sondern das Risiko (ebd.), oder positiv ausgedrückt: die günstige Gelegenheit. Günther präzisiert das an einem Sprichwort von Zigeunern aus dem Ferghanatal, den mittelasiatischen Mugat: „Der Wolf ernährt sich von seinen Beinen". Das Sprichwort illustriere, so Günther, eben nicht das Nomadisierende (Günther 2008:85). Die Mugat haben hier vielmehr eine „Heimat" und ein „Revier". Sobald sich aber eine günstige Gelegenheit ergibt, machen sich die Mugat auf den Weg und legen mitunter weite Wegstrecken von mehreren tausend Kilometern zurück, um Handel zu betreiben. „Einen guten Riecher für Geschäfte haben" beinhaltet, die Lage auszukundschaften, ständig leichtfüßig zu bleiben, auf der Suche nach Informationen aufnahmefähig zu bleiben, zu netzwerken, sich ohne Schwierigkeiten unterschiedlichsten Umgebungen anpassen zu können, und nur den Gewinn, nicht aber den Verlust vor Augen zu haben. Kairosökonomen pokern hoch. Das Resultat ist nicht immer golden und trotzdem bleiben sie reich. Ein Paradox, das der französische Schriftsteller Honoré de Balzac schon für die Bohème erkannt hat, als er 1840 in *Ein Fürst der Bohème* schrieb: „Die Bohème hat nichts und lebt von dem was sie hat. Die Hoffnung ist ihre Religion,

---

veranschaulicht, was diese Ökonomie kennzeichnet: die günstige Gelegenheit. Glück hingegen ist im deutschen ein sehr schwammiger Begriff. Zudem ist der Begriff Glückökonomie schon von jenen Ökonomen besetzt, die sich damit beschäftigen, inwiefern emotionale Glückzustände von Menschen sich auf nationale Ökonomien auswirken. (Vgl. Richard Easterlin 2002, Happiness in Economics; Edward Elgar)

19 *Baxt* (wofür es im deutschen keine „glücklichere" Übersetzung als Glück zu geben scheint) wird von Michael Stewart, der bei ungarischen Roma forschte, als komplexes Konzept beschrieben, das nicht mit unserem Glückskonzept übereinstimmt. Glück wird in diesem Zusammenhang nicht wie bei uns mit Trivialität und Zufall in Verbindung gebracht, sondern ergibt sich aus der Konsequenz eines rechtschaffenen Verhaltens. Das Glückskonzept steht dabei in direktem Zusammenhang mit der Roma-Identität. Denn solange ein Rom ein „wahrer" Rom sei und seinen Roma-spezifischen soziomoralischen Verpflichtungen nachkommt, was insbesondere die gute Beziehung zu seiner Frau impliziert, könne er *baxtaló* und wohlhabend sein. Sobald ein ungarischer Rom jedoch Geschäftsbeziehungen nach außen eingeht, wird aus dem Glück-durch-Erfolg-Konzept ein Glück-durch-Gelegenheit-Konzept: „when facing 'outward' toward the *gazós*, the Gypsies might represent their success as labor-denying 'chance-luck', but from the inside 'success luck' was the result of the Gypsies' will exercised in an area of social life over which they had some control: their relations with their women." (Stewart 1997:166)

der Glaube an sich ist ihr Gesetzbuch, die Wohlfahrt gilt als ihr Budget. All diese jungen Menschen sind größer als ihr Unglück. Sie leben *unter* dem Fuß der Reichtümer und sind doch Herren *über* ihr Schicksal."[20] Balzacs literarische Analyse erinnert an Okelys Gedanken zu britischen Traveller Gypsies, wenn sie auf der einen Seite gegen die Perspektive einer in sich geschlossenen Zigeuner-Kultur argumentiert, da sie sich die Kultur der Mehrheitsbevölkerung teilweise zu eigen machen, aber andererseits unter diesem Kontakt nicht als Minderheit leiden, sondern die Hoheit darüber – und damit auch über ihre kollektive Identität – beibehalten (Okely 1983:77 ff.).

Und ist es nicht das, was Roma/Zigeuner von der postmodernen Gesellschaft unterscheidet? Dass sie trotz „gebastelter" Kulturen und ihrer permanenten Transformation und Beweglichkeit ihre Identität oftmals wahren, während wir unsere heute verändern, je nachdem aus welcher Richtung gerade der Wind bläst und die Bewegung viel stärker in den Vordergrund stellen als die Beweglichkeit? Handelt es sich bei „ihren" konstruierten Kulturen und „Gruppentümern" um einen „kontinuierlichen Trick" und bei „unserer" de-konstruierten Kultur um eine „zeitgeistliche (Überlebens-)Strategie"?

Bricolage und „das Gleichgewicht an der Grenze"

Anthropologen wie Judith Okely weisen schon lange darauf hin, dass die Kultur der Roma/Zigeuner zusammengebastelt, mehr noch, die einer *Bricolage* ist: „Gypsies provide a superb extreme case of people whose culture is constructed and recreated in the midst of others" (Okely 1994:59). Wieder ist es nicht nur die *relationale* Beziehung, die hier an die Oberfläche tritt, sondern auch die *situationale,* die der *relationalen* vorausgeht. Denn die Elemente, die Roma/Zigeuner der Mehrheitsgesellschaft entnehmen, sind nicht irgendwelche, sondern ganz bestimmte Elemente, denen neue Bedeutungen zugesprochen werden: „The Gypsies may indeed incorporate symbols, rites and myths from the larger society, but their is a systematic, not random, selection and rejection. Some aspects may be transformed or given an inverted meaning" (Okely 1983:77). Aneignung, also die nie vollständige Emanzipation von der Mehrheitsgesellschaft, und Abspaltung, die „gewusste" Abgrenzung von der Mehrheitsgesellschaft, gehören also zusammen und stellen die eigentliche Emanzipation dar, indem sie Elemente aus der Mehrheitsgesellschaft aufgreifen und neu definieren (vgl. Williams 2010:5). Williams hat darauf aufmerksam gemacht, dass der tsiganologische Begriff „Leihen" zu ungenau ist, um diesen

---

20 Balzac, 1840 Gutenberg-Projekt E-Book ohne Seitenangaben. Englisch-Deutsche Übersetzung der Autorin, Herv. d. Autorin.

Flux zwischen kultureller Aneignung und kultureller Abgrenzung zu beschreiben. Denn ein kulturelles Merkmal zu leihen würde lediglich bedeuten, etwas Eigenes mit dem Fremden zu machen. Was Williams *détachement* nennt, ist subtiler, „es geht darum, sich mit etwas zu unterscheiden, das denen gehört, von denen man sich unterscheiden will – ein Prozess, der gleichzeitig Zugehörigkeit und Emanzipation zeigt" (Williams 2010:6). Dieser Prozess offenbart nicht nur „geliehene kulturelle Merkmale", sondern auch gleichzeitig eigene Erfindungen, wie das von Williams beschriebene Ritual-Ensemble, das für die *Manouches* die Beziehung zwischen den Lebenden und den Toten regelt. Gleichzeitig geht es aber auch nicht nur um „geliehene" oder „erfundene" kulturelle Merkmale, sondern auch um die „inkorporierte" Kultur, das was der französische Soziologe Pierre Bourdieu *Habitus* nennt: Gestik, Haltung, Arten zu sprechen etc. Zuletzt, auch darauf verweist Williams, reduziert sich die Identität einer menschlichen Gruppe nicht nur auf ihre Kultur, sondern auch ihre erfahrene und orale Geschichte, ihren politischen und historischen Kontext (vgl. Williams 2010:7 f.) – ein Umstand, der von Ethnologen oft übersehen wird.

Wie Bauman will auch Williams hier im Wesentlichen auf die Variationen von Identitätskonstruktionen- und Identitätskombinationen hinweisen. Für die Tsiganologie offenbaren diese Ansätze, dass das „professionalisierte Spiel mit den Identitäten" nichts (mehr) „Roma-/Zigeunertypisches" ist, sondern etwas, das sowohl von Minderheiten- oder Randgruppen, als auch von der Mehrheitsgesellschaft genutzt werden kann. Was die Bauman'schen Vierer-Typologie betrifft, erscheint allerdings vor allem die Figur des Spielers und die des Vagabunden für die Tsiganologie als fruchtbares Feld, weil hier eine Verlinkung zu beispielsweise kairosökonomischen Kollektiven bzw. Gruppentümern hergestellt werden kann, während der Flaneur und der Tourist vorwiegend für Individuen geltend gemacht werden können.

Wir sind heute Zeugen einer Bewegung der „modernist culture of calculation to the postmodernist culture of simulation" (vgl. Turkle 1995). Deleuze und Guattaris Rhizom oder ihre Idee des nomadologischen Denkens ist bereits adaptiert worden, noch bevor sie den Wälzer zu Ende schreiben konnten. Wurzel und Trieb sind heute genauso wenig voneinander zu unterscheiden wie Original und Kopie. Ob das nun hip und einer „opensource"-Ethik entspricht oder gar moralisch verwerflich, da es einem „Diebstahl geistigen Eigentums" gleichkommen könnte, möchte ich an dieser Stelle nicht bewerten. Vielmehr möchte ich die Weiterleser und -denker dieses Textes, wie unzählige Autoren vor mir, dazu anregen, Begriffe zu überdenken.

Was Bauman mit dem etwas veralteten Begriff der Vagabunden bezeichnete, nennen Jüngere heute „urbane Nomaden". Sich ihrer grenzenlosen Freiheit bewusst, ohne sie begreifen zu können, outen sie sich mit dieser Begriffsverwendung als Kenner der globalen

Metropolen, Langzeit-Wohnungslose oder einfach nur als Teil einer undefinierten Avant-garde. Das Spektrum der „urban nomads" ist breit und reicht von „Kartonmöbel-Inge-nieuren" bis zu Luxusreise-Anbietern, die „the most unique travel experiences in the new-est form of polar travel through kite-skiing in Antarctica, paragliding with raptors in Nepal, or a spot of horseback falconry in Mongolia"[21] feilbieten. So, wie Roma/Zigeuner ihre Umgebungsgesellschaft als Kollektive schon längst durchdrungen haben, fangen andere Kairosökonomen der Postmoderne „mit einem guten Riecher fürs Geschäft" an, Mobilität bzw. Motilität und Flexibilität, das „(Über-)Lebenselexier" von Roma/Zigeunern, das in der Fast-Food-Gesellschaft bereits zur Floskel geworden ist, für sich auszuschlachten. Im folgenden Abschnitt weise ich deshalb exemplarisch auf den Gesellschaftsentwurf einer anderen „mobilen und flexiblen Randgruppe" der Mehrheitsgesellschaft hin, ohne den Anspruch zu haben, beide Gruppenbildungskonzepte nebeneinander, miteinander oder gegeneinander zu denken, sondern durcheinander. In diesem Sinne maße ich mir für einen Augenblick die Rolle des Tricksters an, denn, das fragt Piasere: „Ist nicht genau das die Rolle des *Trickster*? Das herrschende Weltbild zu destabilisieren, um zu zeigen, dass mit demselben kulturellen Material andere Weltbilder möglich sind?" (Piasere 2010:14) Tauchen wir also ein in die „Erkundung der Nicht-Ordnung", was Piasere auch als „Horror Infiniti"[22] bezeichnete, ins Reich des Unendlichen, den Raum der Einsen und Nullen.

„Die digitale Bohème"

Auf der Website eines „global creative think tank", das seine Mitglieder als „urban nomads" versteht, werden diese beschrieben als „eine neue Gesellschaftsdefinition für eine urbane Gesellschaft, die Mobilität in ihr Alltagsleben integriert hat. Das heißt, sie können mit Hilfe tragbarer Computer überall arbeiten, unabhängig von räumlichen und zeitlichen Begrenzungen (…). Das Konzept Bewegen-Spielen-Einstecken-Ausstecken ermöglicht es ihnen, sich schneller an die neue Gesellschaft und den Raum anzupassen."[23] Interes-

---

21 Vgl. http://www.urbanenomads.com/Altai-Luxury-Travel.html.

22 Zum „Horror Infiniti" schreibt Piasere: „Wir können sagen, dass die Trickster aus der Folklore die ana-logen Entsprechungen zu den *irrationalen Zahlen* in der Mathematik sind, also Zahlen, die nicht wie eine endliche Zahlenfolge geschrieben werden können, und keiner *Ratio* folgen: bis in die Unendlichkeit; auch der *Trickster* kann nie mit einer endlichen Serie von Handlungen beschrieben werden: er kann alles ma-chen, ohne *Ratio*: bis in die Unendlichkeit. Und ist der *Trickster* nicht genau wie die Zahlen eine Erfindung des menschlichen Gehirns? Im Verhältnis zu den ungefähr 1080 existierenden Atomen kann das mensch-liche Gehirn ungefähr 1070.000.000.000.000 Gedanken fassen (Barrow 2005:25): darunter ist sicher auch ein Platz für die irrationalen Zahlen. Und für die *Trickster* …" (Piasere 2010:15, Herv. i. Orig.).

23 Vgl. http://www.addictlab.com/index.php/URBAN_NOMADS (dt. Übersetzung der Autorin).

santerweise beruft sich das netzwerkende Think Tank Projekt, (wenn auch ausgeklammert), auf „Gypsies", und befrachtet dieses essentialistisch konstruierte Bild mit seiner eigenen Bedeutung: „Dieses Projekt beruft sich auf urbane Nomaden (dieses Thema wurde inspiriert durch die Lebensweise der Gypsies, ihre Art sich zu sozialisieren und ihre eigene Community aufzubauen)." (Ebd., dt. Übersetzung der Autorin)

In der Mehrheitsgesellschaft geht es heute mehr denn je um die Vermittlung von Wissen und Kontakten. Berufe werden nicht mehr als Lebensberufe aufgefasst, denn sie können aus dem Nichts auftauchen und fast unbemerkt wieder verschwinden. Man spricht von Projekten und Jobs, nicht mehr von Festanstellung, ein Wort, mit dessen Gebrauch sich Menschen heute eher als antiquiert oder konventionell outen oder zumindest suggerieren, dass sie sich in unsicheren Zeiten ein Stückchen Sicherheit leisten wollen. Wer hingegen mobil und flexibel sein möchte, ist nicht mehr an eine Festanstellung gebunden, sondern arbeitet im Projekt- oder Dienstleistungssektor[24]. In der neuen, flexiblen Arbeitsstruktur lässt sich immer schwerer erkennen, wer eigentlich die Kommandos gibt. Die alte Anweisung Henry Fords, die Arbeiter hätten „nur das Blech" zu bewegen, hat sich in die namenlose Aufforderung verkehrt, selbst aktiv den Produktionsprozess mitzugestalten. „Mitbestimmung pur" heißt das Konzept der neuen Beschäftigungsverhältnisse, deren Avantgarde in der so genannten Kreativ-Branche, in den neuen Medien, der Software- und Designerbranche zu Hause ist. Die beiden Autoren Holm Friebe und Sascha Lobo nennen die Anhänger dieser neuen Arbeit *digitale Bohème*. Und auch sie sind nichts anderes als ein Konzept, das stärker homogenisiert, als ihr Vielheit anzuerkennen. Arbeit ist hier nicht mehr nur Mittel zum Zweck der Karriereförderung, sondern ein wesentliches Element zur Selbstverwirklichung und dem Erhalt von sozialen Netzwerken[25]. Die digitale Bohème, sagen Friebe und Lobo, lebe nicht nur so, wie sie leben will, sie arbeite auch so. Auch wenn sich hier die Frage stellt, inwieweit dies durch eine strukturelle Angst, einer möglichen Existenzlosigkeit entgegenzuwirken, begründet ist bzw. inwieweit der Mangel an ökonomischen Alternativen es heute geradezu erfordert, sich überall „zu connecten". Die digitale Bohème ist die Gruppe, die Mobilität und Flexibilität – die Zauberworte des globalen Kapitalismus – professionell verinnerlicht hat. Wer

---

24 Analysen von Henning Klodt, dem Leiter des Zentrum für Wirtschaftspolitik am Institut für Weltwirtschaft zufolge sind in der deutschen Industrie seit 1991 vier Millionen Arbeitsplätze verloren gegangen und zugleich mehr als fünf Millionen neue Arbeitsplätze im Dienstleistungssektor entstanden. Zwischen 2005 und 2007 sind dann zwar in der Industrie wieder rund 75.000 neue Jobs geschaffen worden, in den Dienstleistungsbranchen aber im gleichen Zeitraum 946.000 zusätzliche Stellen.
25 Laut Schätzungen der Beauftragten der Bundesregierung für Kultur und Medien vervierfachte sich in Deutschland die Zahl der Erwerbstätigen im Kultur- und Mediensektor zwischen 1995 und 2003 von 184 000 auf 780 000 Personen. Das entspricht einem Wachstum von 320 Prozent, während die Gesamtbeschäftigtenzahl stagnierte. Auch die Zahl der Selbstständigen stieg im gleichen Zeitraum viermal so schnell an wie die in der Gesamtwirtschaft (Friebe & Lobo 2006:32).

früher mobil war und damit räumlich flexibel im physikalischen Sinne, nämlich vorwiegend die Personen, die im Besitz eines Vehikels waren, müssen heute dafür weder einen fahrbaren Untersatz haben, geschweige denn sich dafür außer Haus begeben. Mobil und flexibel ist heutzutage, wer ein Mobiltelefon, Internet und im Idealfall über ein Notebook und andere multimediale Endgeräte verfügt. Mobil im Verständnis der digitalen Bohème heißt immer und überall zu Hause zu sein, sich behände von Projekt zu Projekt, von Sprache zu Sprache zu hangeln und dabei nicht mehr wirklich zwischen Arbeit und Freizeit zu unterscheiden. Für die digitale Bohème sind diese Prämissen ihres Lebens gleichzeitig „hip, hoch qualifiziert, diffus, kreativ und arm" (Friebe & Lobo 2006:35) zu sein so selbstverständlich wie die Latte Macciato, die nebst Notebook auf den Tischen europäischer Großstadt-Cafés steht. Für den ungeschulten Beobachter sehen sie auf den ersten Blick eher so aus, als gingen sie einer Freizeitbeschäftigung nach. Erst bei näherem Betrachten fällt auf, dass sie in den Cafés einer selbstständigen Arbeit oder sogar ihrer Anstellung nachgehen. Diese mobilen Kleinstunternehmen mit einem oder mehreren Beschäftigten, die vom Büro oder heimischen Schreibtisch aus wissensintensive Dienstleistungen anbieten, werden „SOHO" (Small Office/Home Office) genannt (Friebe & Lobo 2006:97). Das kann unter Umständen soweit gehen, wie der Fall der von Friebe und Lobo beschriebenen Berliner Zahnärztin, auf deren Visitenkarte lediglich Email-Adresse und Telefonnummer stehen. Der Grund dafür: die Medizinerin ist nicht im Besitz einer eigenen Praxis, sondern mietet sich als Freelancerin temporär in Gemeinschaftspraxen ein (Friebe & Lobo 200:272).

Selbst auf den Computern der arbeitenden Masse, die noch immer einer Festanstellung nachgeht, laufen neben der Arbeit Messenger, Telefonie-Dienste und andere Kommunikations-Programme, die alle den Zweck verfolgen, die „Eingesperrten" mit der Welt draußen zu verbinden, „die das gefühlte Gegenteil von Abteilungsleitersitzungen und Marketingmeetings darstellt" (Friebe & Lobo 200:67).

Kairossökonomen, „Lumpenkapitalisten" und die „gefundene" Ökonomie

Der (post-)moderne Kapitalismus, erwähnte Anton Landgraf unlängst in der Wochenzeitung *Jungle World*, ist auch deshalb so erfolgreich, weil er zumindest teilweise auf die Bedürfnisse der Beschäftigten eingeht: „Während das alte Fabrik-Kommando fast ausschließlich auf Disziplinierung und standardisierten Abläufen basiert, ermöglicht die flexible Produktion nicht nur einen Rationalisierungsschub, sondern individualisiert auch die jeweiligen Betriebsabläufe" (Landgraf 2010:3). Selbst ist der Unternehmer in der Ich-AG- Epoche – und flexibel allzeit bereit, allzeit zu Hause, sei es durch Internettelefonie, Mailbox oder einen „konventionellen" Anrufbeantworter. Schließlich könnte man ja eine günstige Gelegenheit verpassen: einen Freund, der ein Jobangebot hat oder die Einladung zu einer Party, auf der man wichtige Kontakte knüpfen kann. Formeller und informeller Dienstleistungssektor überschneiden sich. Was auch zur Folge hat, dass das Gros der Allein-Dienstleister am Existenzminimum lebt, obwohl sie nonstop arbeiten. Die Grauzone, in der sie existieren, die außerhalb eines Sozialsystems liegt, in das selbst Drogenabhängige und Obdachlose eingebunden, jedoch keine Alleinunternehmer integriert sind, ist ihr Zwischenraum. „Lumpenproletariat" ist durch die „Lumpenkapitalisten" ersetzt worden. Dieser Begriff scheint auf jene bohemianischen Bildungseliten zu passen, unter denen es als schick gilt, sich als intimen Kenner der Gegenwelt auszugeben. „Weil sie neugierig und experimentierfreudig ist", schreiben Friebe und Lobo „permanent auf der Suche nach Novitäten und bewusstseinserweiternden Erfahrungen, stellt die Bohème, insbesondere auch die digitale, aus Sicht des Marketing eine ideale Zielgruppe von Konsumpionieren dar. Als ‚Trendsetter' und ‚Early Adopter' bilden sie den vordersten Bereich einer Glockenkurve, nach deren Muster Konsum-und Freizeittrends in den gesellschaftlichen Mainstream einsickern." (Friebe & Lobo 2006:126) Aber können sie wirklich nur als Zielgruppe verstanden werden? Entspringen die Ideen und Kontakte, aus denen die digitale Bohème ihr, wenn auch teilweise mageres Kapital schlägt, nicht auch selbst einer modernen kapitalistischen Marketingstrategie? Sind die „neuen Ideen" wirklich von unserer Suche nach neuen Produkten und neuen Formen der Unterhaltung zu unterscheiden? Schon Horkheimer und Adorno wussten, dass das Aufmüpfige und Dissidente eine feste Rolle an den Rändern der Kulturindustrie einnimmt: „Was widersteht, darf überleben nur, indem es sich eingliedert." (Adorno und Horkheimer 1973:118) Auch wenn es unter der digitalen Bohème vertikale Mobilität und konsumfreudige und kaufkräftige Eliten gibt, bleibt das Gros dieser Gruppe arm. So arm, dass selbst die grenzwertige Bezeichnung „urbaner Penner" ihre Berechtigung in der Demaskierung einer ökonomischen Misere erhält, die von den Betroffenen selbst gerne überspielt wird. Lobo und Friebe schreiben dazu: „Die Disziplin besteht darin, Durststrecken zu überbrücken, während man gleichzeitig hochtrabende Pläne verfolgt, die vielleicht niemals Realität werden" (Friebe & Lobo 2006:33). Aus dem Prinzip, wenig zu besitzen, einen Lifestyle zu machen, ist Kelly Sutton gelungen. Er schreibt auf seinem weblog cultofless.com:

> „While I don't consider myself to be some sort of ascetic or societal recluse, I've found that more stuff equates to more stress. Each thing I own came with a small expectation of responsibility. I look into my closet and feel guilt. I glance into my desk drawers and see my neglect. When was the last time I wore *this*? Have I ever even used *that*? Instead of trying to distribute my time too thin among all of my possessions, I will simply get rid of most of them. I will eliminate a large part of stress in my life and I will truly cherish the few things that I own." (Sutton 2009, cultofless.com, Herv. i. Orig.)

Zu diesen wenigen Dingen, die er wertschätzen wird, gehört nicht sein Auto, das ihn *mobil* macht. Das Auto ist bereits verkauft. Was er behalten hat, sind zwei Kisten, zwei Taschen und ein Gegenstand, der ihn *motil* macht: sein Laptop.

In diesem Sinne können die Anhänger der digitalen Bohème als Vorzeige-Asketen einer schleichenden Marktradikalisierung und Massenverarmung betrachtet werden, zu der im Übrigen auch die *Generation Praktikum* zählt. Ihre „Kombination aus hoher akademischer Qualifikation und extrem niedrigen, zudem schwankenden Einkommen lässt sich von außen oft nur als Scheitern auf hohem Niveau interpretieren" (Friebe & Lobo 2006:99). Dabei handelt es sich um eine gewollte bzw. „gewusste" Entscheidung. „Die Fähigkeit, ein gewisses Maß an Zukunftsangst und Unsicherheit auszuhalten, ist gewissermaßen die Grundvoraussetzung für ein Leben in der digitalen Bohème" (ebd.:100), schreiben Friebe und Lobo und sind sich wohl kaum darüber bewusst, dass sie hier die von Tsiganologen viel beachteten Kairosökonomen beschreiben.

Hier wird deutlich, dass die Verweigerungshaltung der (digitalen) Bohème – und das haben sie mit glücksökonomischen Roma-/Zigeunergruppen gemein – in der Regel nicht beim Konsum oder bei der Politik ansetzt, sondern bei der Produktion und der Arbeit. Selbstbestimmte Arbeitsbedingungen werden schlicht geschaffen, Arbeit wird gefunden oder aber er-funden.

Das Finden spielt in der virtuellen Welt grundsätzlich eine zentrale Rolle, nämlich dann, wenn es um das Finden von Information geht, wozu in der Regel Suchmaschinen verwendet werden, die das Finden für den Suchenden bereits strukturieren und selektieren. Gefunden wird, was in den Ergebnislisten weit oben rangiert, Seiten, die eine hohe Verlinkung aufweisen und dementsprechend populär sind. Das Suchen gehört bei der digitalen Bohème zum Alltag und ist durch Algorithmen standardisiert.

Das Prinzip des Findens bei kairosökonomischen Zigeunern ist in der Regel nicht virtueller Natur, sondern vollzieht sich im sozialen Leben, welches auf seine Weise vorstrukturiert ist. Bernhard Streck beispielsweise fand bei den sudanesischen Halab-Zigeunern die Frage „Hast du etwas gefunden?" in seiner Häufigkeit beinahe als Grußformel gebraucht vor (Streck 2008:29). Auch der englische Anthropologe Michael Stewart entdeckte bei den ungarischen Roma das „finding" als ökonomisches Leitmotiv. Diese Form des Wirtschaftens, das auf dem Ergreifen einer günstigen Gelegenheit basiert, deckt das „dissidente" Konzept von Roma/Zigeunern, der digitalen Bohème und ihrem historischen, „analogen" Gegenpart als pragmatische und nicht ideologisch motivierte Verweigerungshaltung auf. Sie folgt durchaus einem egoistischen Motiv: das bessere Leben im Hier und Jetzt zu beginnen.

Thomas Röbke, der die Lebenslage für eine der klassischen Bohème-Berufe, nämlich die der bildenden Künstler, empirisch erkundet hat, beschreibt sie als „karge Ökonomie der Improvisation und informelle Netzwerke gegenseitiger Hilfe" (Röbke 2000). Das bessere

Leben, das zwar im Hier und Jetzt beginnt, aber durchaus zukunftsorientiert angelegt ist, hängt dabei nicht ausschließlich mit ökonomischen, sondern vor allem mit sozialen Prämissen zusammen. Roma/Zigeuner und die Anhänger der digitalen Bohème sind Netzwerker. Was letztere von ersteren unterscheidet: Die digitale Bohème ist keine bestandsbildende Gruppe. In ihr gibt es kein „Gruppentum" im Sinne Brubakers – zumindest nicht in der realen Welt. Vielmehr erscheint dieses Konzept als Übergangsstation einer bürgerlichen Jugendlichkeit, dass seine Anhänger durch unsichere Zeiten bringt. Das gilt auch für ihre Respektnetzwerke. In ihnen bläst der Wind des Vergänglichen. Doch, wenn für die Tsiganologie im Streck'schen Sinne ethnische Marker für die wissenschaftliche Auseinandersetzung mit Roma/Zigeunern nicht per Definition Ausschlag gebend sind, wieso sich nicht auch mit den Respektnetzwerken der digitalen Bohème beschäftigen?

Respektnetzwerke

Das soziale Kapital, schreiben Lobo und Friebe über die Digitale Bohéme, hat gegenüber dem ökonomischen, drastisch an Bedeutung gewonnen:

> „Statt ökonomisches Kapital anzuhäufen und einen Bausparvertrag abzuschließen, investiert sie Zeit, Arbeit und Energie in die Respekt-Ökonomie, das heißt in den Aufbau und die Pflege sozialer Netzwerke. Statt nach formalen Abschlüssen und Einträgen im Lebenslauf zu streben, investiert sie in Wissen, Fähigkeiten und Techniken, die vielleicht in Zukunft noch viel mehr gefragt sein werden und es ihr ermöglichen, ihren Lebensunterhalt zu bestreiten, ohne jemals im Leben wieder eine Bewerbung zu schreiben." (Lobo & Friebe 2006:76)

Die Pflege sozialer Netzwerke ist auch ein zentraler Schlüssel zum Verständnis der Kairos-ökonomie bei Roma/Zigeunern. Was bei der digitalen Bohéme eine temporäre Strategie sein kann, ist bei kairosökonomischen Roma/Zigeunern Habitus. Piasere, der die Ökonomie von bettelnden Xoraxané-Zigeunern, die zwischen dem Balkan und Norditalien hin- und herpendeln, untersucht hat, schreibt:

> „The Xoraxane do not arrive in the West to sell their labour, whether manual or intellectual, nor to invest their labour capital or their commercial or financial capital; they do not come to enter the structures of production or goods' circulation inherent in the capitalist economic system. On the contrary, they arrive with the intention of not entering the system, and of living by asking (begging) and/or taking (theft), both of which may considered as a form of ‚gathering'." (Piasere 1987:113)

Die Nischen, die Kairosökonomische Roma/Zigeuner in der Regel ergreifen, sind jenseits von Lohnarbeit und hierarchischen Strukturen verortet. Und auch wenn Arbeit selbstverständlich mit dem Ziel des Profits verbunden ist, sind es nicht nur ökonomische Gründe, die Roma/Zigeuner veranlassen, Nischenwirtschaft oder Kairosökonomie zu betreiben. Gleichzeitig dürfen die strukturellen Gründe, weshalb es Roma/Zigeunern oft nicht möglich ist, formellen Arbeiten nachzugehen, nicht ausgeklammert werden. Aber sie können eben auch nicht als einzige Erklärung dienen. Elisabeth Tauber, die das *Manghel*, eine Kombination aus Verkaufen und Betteln, gemeinsam mit Sinti in Tirol erforschte, sieht im Respekt füreinander das zentrale Element für das Arbeiten: „Napoli's granddaughters are taking up *manghel* not only for economic reasons or because of having no other employment opportunities but because they are performing a narrative and *respect* towards their *own Sinti*". (Tauber 2008:173, Herv. i. Orig.) Respekt in diesem Kontext ist laut Tauber eng verbunden mit der Erinnerung an nahestehende/verwandte Sinti. Respekt und Erinnerung meint hier, sich das Leben, das Sprechen, die Vorlieben, die Lieblingslieder des Verstorbenen ins Gedächtnis zu rufen.

> „In the economic sphere, I have seen young Sinti men who have decided to take up collecting scrap metal, like their fathers used to do 30 years ago. Circumstances have changed, but as they drive around in their small pick-up truck, the men remember how their fathers collected scrap metal recalling stories, adventures and characteristics of the person remembered." (Ebd.:169)

Mit „intra-community respect" erklärt auch Piasere, weshalb Xoraxané bestimmte Stadtgebiete für ihre Bettel-Tätigkeit aussparen, in denen bereits andere Xoraxané arbeiten, die Gebiete in denen Sinti, also „die anderen" arbeiten, aber umstandslos für ihre Zwecke gebrauchen.

> „I would suggest that it is not only a question of saturation of resources, but also one of intra-community respect. The places where other *kumpanjá*[26] are encamped are not encroached, not because they officially belong to these kumpanje, but because these particular *kumpanjé* are present here." (Piasere 1987:121 Herv. i. Orig.)

Was für die Roma/Zigeuner die *kumpanjá* ist, ist für die digitale Bohème die Peergroup – die Bezugsgruppe, an denen sie sich orientieren, die ein elementarer, wenn nicht gar ein existen-

---

26 Als *kumpanjá* wird unter Roma/Zigeunern ein loser Zusammenschluss mehrerer Familien zu einer Wirtschaftseinheit verstanden, der je nach Bedarf verkleinert oder vergrössert werden kann. Innerhalb der *kumpanjá* werden Berufskenntnisse untereinander vermittelt und neue Nischen erschlossen (Dauth 2010).

tieller Teil ihrer lebensstrategischen Mischkalkulation ist, „bei der das Geldverdienen nicht mehr hinreichende Bedingung, sondern nur noch notwendig für die Existenzsicherung ist. Soviel für Geld arbeiten wie nötig, so viel in Respektnetzwerke investieren wie möglich." (Friebe & Lobo 2006:79) Und das ist eine durchaus rationale Überlegung, denn je unsicherer die (ökonomische) Zukunft ist, umso verlässlicher und zukunftsweisender sind informelle Netzwerke, seien sie nun freundschaftlicher oder verwandtschaftlicher Art.

Altes und neues Vitamin B

Unsere Gesellschaft splittert immer weiter auf. An den Splitter-Enden entstehen neue Kristallisationspunkte, an denen sich neue Gemeinschaften bilden, deren Zugehörigkeit nicht mehr nur über Blutsbande, Berufsstände, Nachbarschaftsverhältnisse festgelegt ist, sondern über Freundschaft, Neigungen, Interessen. Dabei geht es weniger um Konsumgemeinschaften, als um fließende, wie Friebe und Lobo es nennen, „Vitamin-B-Netzwerke"[27], freier Prosumenten[28], die sicherlich in vielen Fällen keine zeitliche Beständigkeit aufweisen, sondern nur für begrenzte Zeiträume zusammenfinden, nichtsdestotrotz eine hohe Verbindlichkeit, Loyalität zueinander aufweisen können – auch auf virtueller Ebene im World Wide Web. Spätestens seit 2004, dem offiziellen Startschuss des so genannten Web 2.0, der sozialen Dimension des Internets, das das E-Commerce Zeitalter ablöste, werden Menschen nicht nur vorrangig mit Firmen oder Maschinen verbunden, sondern auch mit anderen Menschen.

Die Solidargemeinschaften, die sowohl aus virtuellen als auch aus realen Netzwerken erwachsen, stehen in ihren Funktionen denen einer Großfamilie oft in nichts nach (vgl. Friebe & Lobo 2006:277). Die Verbindlichkeiten, die sich aus einer Großfamilie ergeben – ein Phänomen das Kurt Lewin (1951) bereits in den 1950ern als „strong ties" nannte – bezeichnen Friebe und Lobo als das „alte Vitamin B", das letztlich auf „eine ungerechtfertigte Vorteilsnahme- und beschaffung" (Friebe & Lobo 2006:87) abziele, wobei in kleinstädtischen oder großbürgerlichen Milieus oft schon der Familienname reiche, um sich Eintritt zu dem Ort seiner Begierde zu verschaffen.

---

27 Vitamin B ist eine metaphorische Beschreibung für Kontakte, Verbindungen, also Vitamin B(eziehung).

28 Die Partizipation des Konsumenten reicht heute oft über die reine Zweck-Nutzung hinaus. Vielfach wird der Konsument zum (Mit-) Produzent seines Produktes, dass er im Zweifel weiterveräußert. Produzent und Konsument verschmelzen, vor allem in virtuellen Netzwerken, z.B. in Foren, bei der Erstellung von Podcasts und Weblogs etc. Der Endverbraucher bleibt somit nicht mehr letztes Glied in der Verwertungskette, sondern wird zum Zwischenglied.

Die „weak ties", also die non-familiären Verbindungen, wie Freundschaften, Bekanntschaften und sonstigen sozialen Netzwerkbeziehungen, stellen die Kontakte dar, die für Friebe und Lobo das *neue* Vitamin B charakterisieren: „Als leichtes Fluidum diffundiert es über Berufsfelder hinweg, eher in die Breite als entlang der Hierarchiestrukturen (…) Zum Wesen des neuen Vitamin B gehört es, dass es über Beziehungen zweiten Grades (friends of friends) enorm schnell anwächst" (ebd.:87 f.). Auf diese Weise kann es zum expotentiellen Wachstum der Kontakte führen, was sich in Business-Netzwerken der digitalen Bohème nicht nur positiv äußern kann, wenn Personen in sozialen Netzwerkportalen wie Xing oder Facebook über 9000 bestätigte Kontakte verfügen. Die Beliebigkeit der Kontakte und das Ranking-Verständnis (je mehr virtuelle Kontakte/Freunde/Reichweite, desto größer der Respekt/das Geschäft) kann die Gabe des Vitamin B sich leicht durch Überdosis in Gift wandeln und das Vitamin B unverträglich werden lassen.

Der Begriff ist jedoch insofern irreleitend, als dass es sich bei den *weak ties* um kein unbedingt „neues" Phänomen handelt. Die Ethnologie kennt unterschiedliche Formen von *weak ties*, die zu verbindlichen Beziehungen führen können (z. B. Big Man, Patronage, soziale Elternschaft etc.). Was aber relativ neu ist, ist die Tendenz in modernen Gesellschaften, dem neuen Vitamin B immer mehr Bedeutung beizumessen. Auch wenn im Falle der Postmoderne der verbindliche Charakter der Beziehungen auf Sympathiebasis sich nicht immer dazu eignet, die eigene Identität an sie zu binden, weil in ihnen die Möglichkeit der Trennung immer schon enthalten ist.

Ausblick aus einem Fenster

Was sagt es uns, dass es offensichtlich noch immer ein kollektives Sehnsuchtsfeld „Bohème" zu geben scheint, das sich aus den Zutaten Gemeinschaft, Kreativität und Selbstbestimmtheit zusammensetzt und die geheimen Wünsche einer weitaus größeren Gruppe adressiert, fragen Friebe und Lobo (ebd.:126). Sicherlich, dass es sich bei der Lebens-und Wirtschaftsweise des Gruppentums von Roma/Zigeunern um kein exklusives handelt, sondern um ein wanderndes Konzept.

Mobilität und Flexibilität, Eigenschaften, die Roma-/Zigeunergruppen so gerne zugeschrieben werden, haben sich wie die Gruppen und ihr „Gruppentum" selbst gewandelt und sind zum Paradigma unserer Zeit geworden. Was diese Gemeinschaften bereits seit Jahrhunderten praktizieren, indem sie Nomaden, Migranten und Händler gewesen sind und es dabei verstanden haben, genau so weit in die Sphären der Mehrheitsgesellschaft vorzudringen wie sich von ihr zu distanzieren, ist dem „modernen" Menschen erst durch die Entwicklung hoch-technologisierter Geräte und der Globalisierung möglich geworden. In diesem Sinne haben weite Teile der Mehrheitsgesellschaft die Vorzüge von Handwagen und Wohnwagen erst durch das kollektive Gedächtnis des Cyberspace kennengelernt. Die räumliche Beweglichkeit kairosökonomischer Roma-/Zigeunergruppen hat sich bei der digitalen Bohème in den virtuellen Raum verlagert und ist nur noch abhängig vom Internet-Standort und einem funktionierenden Rechner, der nun die Zeltstange ersetzt. Letztere ernähren sich zwar immer noch von ihrer sozialen Umgebung, da sie jedoch virtueller Natur sind, bleiben sie physisch unbeweglicher. Ihre Mobilität wird zur Motilität. Ihre Flexibilität, würde Bauman sagen, hat das Rückgrat verloren. Und trotzdem bewegen sich beide noch so flexibel, dass sie nur schwer in statistische Raster gepresst werden können, geschweige denn als trennscharf umrissene Klasse auftauchen.

Was bringt der Tsiganologie nun dieser Vergleich von Roma/Zigeunern mit der digitalen Bohème, urbanen Nomaden und Glücksökonomen abgesehen davon, dass ihnen eine, wenn auch auf unterschiedlichen Ebenen, mobile und flexible Wirtschafts- und Lebensweise gemein ist? Mit der semiologischen Herangehensweise von Williams (2010) ließe sich sagen, dass der Signifikat, in diesem Fall der Fakt des Unterschiedes, die „gewusste" Abweichung von sozialen Normen und dem Status Quo, beide (populär-) wissenschaftlichen Konzepte, die der Roma/Zigeuner und die der digitalen Bohème miteinander verbindet. Dass sich aber ihre Signifkanten, also der Inhalt dieser Unterschiede, zum Beispiel ihre kulturellen Merkmale, deutlich voneinander unterscheiden. Da die digitale Bohème sich nicht „gewusst" von der Mehrheitsbevölkerung abgrenzt, wird sie wohl auch kaum Abbild solcher Phantasmagorien und Stereotype werden, wie es bei Roma/Zigeunern im Laufe der Geschichte der Fall gewesen ist.

Was gewinnen wir daraus, dass sich diverse (post-)moderne soziologische und teilweise auch ethnologische Konzepte, die den Anspruch haben, Grenzen aufzubrechen und den „Vielheiten" zu entsprechen, wenn sie die verglichenen Gruppen wiederum in neue Kategorien pressen? Henrietta Moore spricht den Punkt an, auf den ich hier hinaus will:

> „For one thing anthropology has long been very clear that the purpose of cross-cultural comparison is not just the study of ‚them' but the equally important study of ‚us' – whoever ‚us' might be – though this has conventionally been taken to mean the study of ‚our' cultural beliefs, concepts, attitudes and behaviours, and not the study of ourselves as selves." (Moore 1994:119)

Und doch, je weiter die konstruierte Wirklichkeit der Ethnologie/Anthropologie demaskiert wird – und das hat Vincent Capranzano (1983) deutlich gemacht – je mehr wir selbstkritisch gegenüber unseren eigenen Bildern und Texten werden, desto offenkundiger wird das ethnologische Selbst, in diesem Fall das tsiganologische Selbst. Kommen wir also zum Schluss: Der Grund, weshalb die Tsiganologie trotz ihrem Hang zur „Nicht-Ordnung" (vgl. Piasere 2010) noch immer an Dichotomien festhält, lässt sich anhand eines Phänomens erklären, das bereits viele Ethnologen/Tsiganologen beschäftigte: die Frage, wie Roma-/Zigeunerkulturen es schaffen, trotz ihrer hohen Anpassungsfähigkeit gegenüber einem konstanten Flux von Sprachen, Ländern, ökonomischen Systemen und Umgebungen distinktive ethnische Gruppen zu bilden (vgl. Sutherland 1986:xi). Und beziehen wir Moores Gedanken in unsere Überlegung mit ein: Wie schaffen es Tsiganologen, trotz ihrer konzeptuellen Anpassungsfähigkeit gegenüber einem konstanten Flux an Gruppen und Subgruppen, Regionen, Systemen und Klassen eine distinktive wissenschaftliche Gruppe zu bleiben?

Sutherland, die sich, um eine Antwort auf diese Frage bemühend, auf Fredrik Barth's *Ethnic Groups and Boundaries* (1969) bezieht, könnte hier Licht ins Dunkel bringen. Eine ethnische Gruppe im Barth'schen Sinne bilden demnach Akteure, die ethnische Identität benutzen, um sich selbst und andere zum Zweck der Interaktion zu kategorisieren. Tsiganologen bilden zwar keine ethnische Gruppe, scheinen aber auch sich selbst – inklusive ihrer „Forschungssubjekte" – zum Zwecke der Interaktion mit anderen Disziplinen und Gruppen, die sich mit Roma/Zigeunern beschäftigen, abzugrenzen. An dieser „ethnic boundary" schält sich auch der Unterschied zwischen ethnischer Einheit und kulturellen Gemeinsamkeiten heraus. Denn, so macht Barth deutlich, die Merkmale einer ethnischen Gruppe sind nicht die objektiv beobachtbaren Unterschiede, sondern diejenigen, die von den Akteuren als Symbole der Unterschiedlichkeit verwendet werden: „When defined as an ascriptive and exclusive group, the nature of continuity of ethnic unit is clear: it depends on maintanance of boundary." (Barth 1969:14) Demnach ist die ethnische Gruppe eine Form der sozialen Organisation, in deren Peripherie die Grenze steht und nicht etwa die kulturellen Merkmale, die von dieser eingeschlossen sind. Das heißt, kulturelle Inhalte und Formen, also die Signifikanten, können sich ändern, das Fortbestehen der ethnischen Gruppe ist aber gesichert, solange das Anderssein, der Signifikat – in diesem Fall die Dichotomie in Mitglieder und Außenstehende – fortdauert. Die US-amerikanische Tsiganologin Rena Gropper hat diese Einsicht auf einen delikaten Punkt gebracht:

„Only those individuals who are unshakable in their convictions of the superiority of Rom-ness and only those units who can safeguard Gypsyhood by the judicious strategy of fission-and-fussion, bend-and-resist, cooperate-and-disband are capable of passing Romany way on the next generation." (Gropper 1975:189)

Die Aufrechterhaltung von Dichotomien, um die Identifikation mit der „eigenen" Gruppe zu verstärken und ihr Fortbestehen zu sichern, ist von Ethnologen und Tsiganologen an dem Verhältnis Roma/Zigeuner versus Gadje und „kulturellen Institutionen" von Roma-/Zigeunergruppen wie der *kris*[29], und Dualitäten von Reinheit und Unreinheit etc. festgeklopft worden. Was bislang leider weitestgehend ausgespart wurde, ist, dass diese ex- oder inklusiven Dichotomien auch die Tsiganologie selbst betreffen. Denn es scheint gerade die „ethnische" Form der Grenzziehung zu sein, dem die Tsiganologie ihre Legitimation verdankt, obwohl oder/und gerade weil sie Roma/Zigeuner nicht ethnisch definiert. Ansonsten könnte die Tsiganologie auch schmerzfrei in einem Forschungszweig aufgehen, der sich *Hybridologie* nennen könnte. Oder im Sinne Piaseres eine Wissenschaft der Nicht-Ordnung werden, eine *Tricksterologie*. Vielleicht würde es uns dann leichter fallen, Differenzen selbst-bewusster und nicht nur über „die Anderen" zu definieren und die Vielheit nicht nur anzustreben, sondern zu machen. Wenn wir über Konzepte und Beziehungen sprechen, wie wir es bei Roma/Zigeunern und ihren Mehrheitsgesellschaften tun, müssen wir auch über die Disziplin sprechen, die einerseits an solchen Dichotomien festhält, sie andererseits aber auch aufbrechen kann: die Tsiganologie.

---

29 Der *Kris* ist eine Institution zur Regelung interner Konflikte. *Kris* bezeichnet das Recht im Allgemeinen, sowie die Institution, der es zusteht, dieses Recht anzuwenden. Der Richterspruch des *kris*, der in der Regel durch Ältere der Gemeinschaft ausgesprochen wird, ist bindend. Auf seine Missachtung folgt der Ausschluss aus der Gemeinschaft (ausführlicher dazu vgl. z. B. Gropper 1975).

Literatur & Quellen

Adorno, T. W. & Horkheimer, M. 1973. *Dialektik der Aufklärung*. Frankfurt a.M.: Fischer-Taschenbuch-Verlag. S. 108–150.

Arnold, H. 1975. *Randgruppen des Zigeunervolkes*. Neustadt (Weinstrasse): Pfälzische Verlagsanstalt.

Bal, M. 2002. *Travelling Concepts in the Humanities*. Toronto, Buffalo & London: University of Toronto Press.

Balzac, H. d. 1840. *Ein Fürst der Bohème*. München: Wilhelm Goldmann.

Barth, F. (Hg.) 1969. *Ethnic groups and boundaries. The social organization of culture difference*. Oslo: Universitetsforlaget.

Bauman, Z. 2008. Culture in a Globalised City. (*In* Smolak, A. & Ujma, M. (Hg.), *Transkultura: Art and Fluid. Reality of the 21st Century*. Conference materials – a selection of papers. Warsaw: Bunkier sztuki. S. 20–28.)

Bauman, Z. 1995. Making and Unmaking of Strangers. *Thesis Eleven* 43:1–16.

Bauman, Z. 1994. Parvenü und Paria. *Merkur* 3:237–248.

Bell, D. 2004. *Die nachindustrielle Gesellschaft*. Neuausgabe. Frankfurt a.M.: Campus.

Bonß, W. & Kesselring, S. 2001. Mobilität am Übergang von der Ersten zur Zweiten Moderne. (*In* Beck, U. & Bonß, W. (Hg.), *Die Modernisierung der Moderne*. Frankfurt a.M.: suhrkamp. S. 177–190.)

Brubaker, R. 2004. *Ethnicity without Groups*. Los Angeles: University of California.

Capranzano, V. 1983. *Tuhami. Portrait eines Marokkaners*. Stuttgart: Klett-Cotta.

Certeau, M. d. 1988. *Die Kunst des Handelns*. Berlin: Merve.

Clifford, J. & Marcus, G. E. (Hg.) 1984. *Writing Culture. The Poetics and Politics of Ethnography*. Berkely, Los Angeles & London: University of California Press.

Dauth, H. 2010. „Ich verdiene überall meine Brötchen, sogar in der Wüste". Glücksökonomie bei Roma-/Zigeunergruppen. *Blickpunkte – Tsiganologische Mitteilungen* 7:14–20.

End, M., Herold, K. & Robel, Y. 2009. *Antiziganistische Zustände: Zur Kritik eines allgegenwärtigen Ressentiments*. Münster: Unrast Verlag.

Deleuze, G. & Guattari, F. 1977. *Rhizom*. Berlin: Merve Verlag.

Friebe, H. & Lobo, S. 2006. *Wir nennen es Arbeit. Die digitale Bohème. Oder: Intelligentes Leben jenseits der Festanstellung*. München: Wilhelm Heyne Verlag.

Fotta, M. 2010. The Money-lenders among the Calons. Panel of South America: Gypsies Scenarios in the Americas. Vortrag bei *Netzwerken III* in Leipzig am 23.–25. April.

Gay y Blasco, P. 2002. Gypsy/ Roma Diasporas. A comparative perspective. *Social Anthropology* 10(2):173–188.

Goffman, E. 1959. *Presentation of Self in Everday Life*. Garden City & New York: Doubleday Anchor Books.

Günther, O. 2006. *Die dorboz im Ferghanatal. Erkundungen im Alltag und der Geschichte einer Gauklerkultur.* Frankfurt a.M.: Peter Lang Verlag.

Günther, O. (im Druck). Kairos economics at Central Asian Border Lands. (*In* Hymphrey, C. [et al.],*Economies of Fortune and Luck. Perspectives from Inner Asia and Beyond.* Cambridge: Cambridge University Press.

Hall, S. 1990. Cultural Identity and Diaspora. (*In* Rutherford, J. (Hg.), *Identity, Community, Culture and Difference.* London: Lawrence and Wishart Ltd. S. 223–237. First published in *Framework* 1(36).)

Hayden, R. 1979. The Cultural ecology of Service Nomads. *The Eastern Anthropologist* 32(4):297–309.

Hodgkinson, T. 2004. *Anleitung zum Müßiggang.* Berlin: Rogner & Bernhard.

Iskandar, K. 2009. Aggressive Bettelei. Ordnungsamt vor schwierigen Aufgaben. *Frankfurter Allgemeine Zeitung* 2.11.2009. URL: http://www.faz.net/s/RubFAE83B7DDEFD4F2882ED5B3C15AC43E2/ Doc~E24B0EE86F7E74112898926F49960BBF5~ATpl~Ecommon~Scontent.html, Zugriff: 31.10.10.

Jacobs, F. & Ries, J. 2009. Gegen Einheit und Essenz in der „Tsiganologie". *Blickpunkte – Tsiganologische Mitteilungen* 5:2–14.

Jakoubek, M. & Budilová, L. 2008. Verwandtschaft, soziale Organisation und genealogische Manipulationen in *cigánské osady* in der Ostslowakei. (*In* Jacobs, F. & Ries, J. (Hg.), *Roma-/Zigeunerkulturen in neuen Perspektiven.* Leipzig: Leipziger Universitätsverlag. S. 193–217.)

Landgraf, A. 2010. Standort, Standort über alles. *Jungle World* 17(29. April):3–4.

Marotta, V. 2000. The Stranger and Social Theory. *Theses Eleven* 62:121–134.

McDonagh, M. 1994. Nomadism in Irish Travellers' Identity. (*In* McCann, M., O' Siochain, S. & Ruane, J. (Hg.), *Irish Travellers: Culture and Ethnicity.* Belfast: Institute of Irish Studies, Queens University Belfast. S. 94–95.)

O' Connell, J. 1994. Ethnicity and Irish Travellers. (*In* McCann, M., O' Siochain, S. & Ruane, J. (Hg.), *Irish Travellers: Culture and Ethnicity.* Belfast: Institute of Irish Studies, Queens University Belfast. S. 110–120.)

Okely, J. 1998 [1989]. *Traveller Gypsies.* Cambridge: Cambridge University Press.

Okely, J. 1994. Constructing Difference: Gypsies as „Other". *Anthropological Journal on European Cultures* 3(2)55–73.

Marushiakova, E., Mischek, U., Popov, V. & Streck, B. (Hg.) 2008. *Zigeuner am Schwarzen Meer.* Leipzig: Eudora Verlag.

Moore, H. L. 1994. *A Passion for Difference.* Bloomington: Indiana University Press.

Mühlmann, W. E. 1985. Ethnogonie und Ethnogenese. Theoretisch-ethnologische und ideokritische Studie. (*In Studien zur Ethnogenese.* Opladen: Westdeutscher Verlag. S. 9–27.)

Piasere, L. 2010. *Horror Infiniti. Die Zigeuner als Europas Trickster.* Vortrag am Institut für Ethnologie an der Universität Leipzig. 25.05.2010.

Piasere, L. 1987. In search of new niches. The productive organization of the peripatetic Xoraxane in Italy. (In Rao, A. (Hg.), *The Other Nomads.* Köln: Böhlau, S. 111–132.)

Rao, A. 1987. *The other nomads. Peripatetic Minorities in Cross-Cultural Perspective.* Köln: Böhlau Verlag.

Ries, J. 2010. Gypsy church or people of God? The dynamics of Pentecostal mission and Romani ethnicity management. (*In* Stewart, M. & Rövid, M. (Hg.), *Multi-Disciplinary Approaches to Romany Studies.* Selected Papers from Participants of CEU Summer Courses 2007–2010. Budapest: Central European University Press. S.271–280.)

Ries, J. 2005. *Antibürger – Gotteskinder. Über die kulturelle Souveränität siebenbürgischer Zigeuner und den Einfluß des Pfingstchristentums.* Dissertationsschrift. Institut der Ethnologie an der Universität Leipzig.

Ritter, R. 1939. Die Zigeunerfrage und das Zigeunerbastardproblem. *Fortschritte der Erbpathologie, Rassenhygiene und ihrer Grenzgebiete* 3(1):2–20.

Rommelspacher, B. 2009. *Intersektionalität – über die Wechselwirkung von Machtverhältnissen.* (*In* Kurz-Scherf, I., Lepperhoff, J. & Scheele A. (Hg.), *Feminismus: Kritik und Intervention.* Münster: Westfälisches Dampfboot. S. 81–96.)

Rommelspacher, B. 1995. *Dominanzkultur: Texte zu Fremdheit und Macht.* Berlin: Orlanda Frauenverlag.

Röbke, T. 2000. *Kunst und Arbeit. Künstler zwischen Autonomie und sozialer Unsicherheit.* Essen: Klartext.

Schütz, A. 1971. Das Problem der sozialen Wirklichkeit. (*In* Schütz, A., *Gesammelte Aufsätze* Bd. 1. Nijhoff: The Hague.)

Seidel, J. 2004. *Rhizom.* URL: http://seidel.jaiden.de/rhizom.php, Zugriff: 1.6.10.

Simmel, G. 1992 [1908]. Exkurs über den Fremden. (*In* Simmel, G., *Soziologie. Untersuchungen über die Formen der Vergesellschaftung.* Gesamtausgabe Bd. 11. Frankfurt a.M. S. 764–771.)

Strand, E. 2003. Romanlar and Ethno-Religious Identity in Turkey: A Comparative Perspective. (*In* Marsh, A. & Strand, E. (Hg.), *Gypsies and the problem of identities. Contextual, Constructed and Contested.* Istanbul: I. B. Tauris.)

Streck, B. (Hg.) 2007. *Die gezeigte und die verborgene Kultur.* Wiesbaden: Harrossowitz Verlag.

Streck, B. 2008. Kultur der Zwischenräume. Grundfragen der Tsiganologie. (*In* Jacobs, F. & Ries, J. (Hg.), *Roma-/Zigeunerkulturen in neuen Perspektiven.* Leipzig: Leipziger Universitätsverlag. S. 21–49.)

Streck, B. 2010. *Roma und andere Zigeuner.* Unveröffentlichtes Manuskript.

Swedberg, R. 2005. *The Max Weber Dictionary. Key Words and Central Concepts.* Stanford: Stanford University Press. S. 193 f.)

Tauber, E. 2008. „Do you remember the time we went begging and selling?" The Ethnography of Transformations in Female Economic Activities and its Narratives in the Context of Memory and *Respect* among Sinti in North Italy. (*In* Jacobs, F. & Ries, J. (Hg.), *Roma-/Zigeunerkulturen in neuen Perspektiven.* Leipzig: Leipziger Universitätsverlag. S. 155–175.)

Tauber, E. 2006. *Du wirst keinen Ehemann nehmen! Respekt, Bedeutung der Toten und Fluchtheirat bei den Sinti Estraixaria.* Berlin: Lit Verlag.

Tschernokoshewa, E. 2011. Die hybridologische Sicht. Von der Theorie zur Methode. (*In* Tschernoko-shewa, E. & Keller, I. (Hg.), *Dialogische Begegnungen. Minderheiten – Mehrheiten aus hybridologischer Sicht*. Münster, New York, München & Berlin: Waxmann. S. 13–30).

Turkle, S. 1995. *Life on the Screen: Identity in the Age of the Internet*. New York: Simon & Schuster.

Autoren

AGUSTINA CARRIZO-REIMANN

Jahrgang 1984, studierte Antropologia Social an der Universidad de Buenos Aires sowie Ethnologie und Ostslavistik an der Universität Leipzig. Sie schrieb ihre Magisterarbeit über Gitano-Gemeinschaften in Buenos Aires. Zurzeit arbeitet Sie in der Abteilung Linguistik am Max-Plank-Institut für evolutionäre Anthropologie in Leipzig. Weitere Interessen: Urbanismus und lateinamerikanische Geschichte.

HARIKA DAUTH

Jahrgang 1982, studierte Ethnologie, Religionswissenschaft und Journalistik in Leipzig und Istanbul. Feldforschungen zu Roma/Zigeunern führten sie nach Mazedonien und in die Türkei. Sie beschäftigt sich in Theorie und Praxis mit feministischer und politischer Anthropologie, Migration und dem so genannten postmodernen Leben. Ihre ständigen Begleiter sind die Neugierde und der Zweifel.

JULIA GLEI

Jahrgang 1984, studierte Ethnologie sowie Mittlere und Neuere Geschichte an der Universität Leipzig. Nach ihrer letzten Reise zu ihrer mazedonischen Roma-Gast-Familie entschloss sie sich, die Erlebnisse in ihrer Magisterarbeit zu verarbeiten. Daneben ist sie Idealistin, Aktivistin und Romantikerin.

JANINA HECKL

Jahrgang 1982, studierte Französisch, Spanisch und Erziehungswissenschaften an der Universität Leipzig. Ihre Begeisterung für Sprache(-n) und deren Vielschichtigkeit führte sie zur Thematik der *langues tsiganes* und eröffnete ihr so die Möglichkeit, Erfahrungen und Erkenntnisse auf bis dahin eher unbekanntem Gebiet zu sammeln. Derzeit arbeitet sie als Gymnasiallehrerin in Fulda.

MICHAEL HÖNICKE

Jahrgang 1982, studierte Ethnologie und Philosophie in Leipzig. Er verfasste seine Magisterarbeit zur Topologie von Zigeunergruppen in Leipzig 1991–1993. In dieser Arbeit wurden die Formen moderner Regierung (Gouvernementalität, Vorsorgestaat, Normalisierung) in diskursiver Weise mit den zeitgenössischen Ausschließungspraxen (Asyl, Duldung, Repatriation) in Beziehung gesetzt. Gegenwärtig bilden vor allem Migrationsforschung und die kritische Aufarbeitung von Wissenschaftstraditionen das Erkenntnisinteresse des Autors.

ANNE LOSEMANN

Jahrgang 1978, studierte Journalistik und Ethnologie an der Universität Leipzig. Durch die Begeisterung für Hörspiel- und Feature-Sendungen im Hörfunk gelangte sie zum Journalismus. Während des Studiums arbeitete sie beim Leipziger Universitätsradio und als freie Hörfunkautorin unter anderem für Deutschlandfunk, SFB, NDR und HR. Seit 2004 ist sie als freie Fernsehautorin in Berlin für verschiedene deutsche Magazinsendungen und Reportageformate tätig.

TOBIAS MARX

Jahrgang 1974, studierte nach seiner Berufsausbildung zum Energie-elektroniker und einem dreijährigen Arbeitsaufenthalt in Rumänien Ethnologie und Afrikanistik an den Universitäten Leipzig, Halle und Dar es Salaam (Tansania). Nach seinem Magisterabschluss begann er an seiner Promotion zum Thema Roma/Zigeuner-Eliten in Bulgarien und Mazedonien zu arbeiten.

MARIA MELMS

Jahrgang 1984, studierte an der Universität Leipzig Ethnologie und Hispanistik. Nach ersten Einblicken in das Kaleidoskop von Zigeunerkulturen und deren wissenschaftlicher Betrachtung im Rahmen der tsiganologischen Lektürekurse in Leipzig machte sie praktische Erfahrungen im Forschungsfeld Mazedonien, welche sie in ihrer Magisterarbeit festhielt. Aktuell beschäftigt sie sich u. a. mit theoretischen Fragestellungen der Tsiganologie.

ESTHER NIEFT

Jahrgang 1982. Nach dem Abitur verschlug es sie für ein Jahr Europäischen Freiwilligendienst in einen kleinen tschechischen Ort. Landschaft und Leute schafften es, ihren anfänglichen Skeptizismus zu besänftigen und ihr Interesse an Ostmitteleuropa zu wecken. Sie studierte anschließend Geographie und Ost-/Südosteuropawissenschaften in Leipzig, wobei sie ein Jahr ihres Studiums in die Slowakei verlagerte. Während und nach ihrem Studium war sie am Leibniz Institut für Länderkunde Leipzig beschäftigt. Aktuell arbeitet sie als Multimediaredakteurin beim Westermann-Verlag.

ANDREA STEINKE

Jahrgang 1983, studierte an der Universität Leipzig Ethnologie, Kommunikations- und Medienwissenschaft und Soziologie. Ihre Abschlussarbeit beschäftigte sich mit der visuellen Repräsentation der Roma/Zigeuner von Shutka und stellte den Versuch dar, Brücken zwischen verschiedenen Disziplinen zu schlagen. Andrea Steinke arbeitete lange als wissenschaftliche Hilfskraft am Institut für Ethnologie der Universität Leipzig. Im Moment promoviert sie am Lateinamerika-Institut Berlin zur Konzeption von Gerechtigkeit religiöser Gruppierungen in Haiti.

NINA STOFFERS

Jahrgang 1978, studierte Kulturwissenschaften und ästhetische Praxis sowie Médiation culturelle als Doppeldiplom an den Universitäten Hildesheim und Aix-Marseille (Frankreich). Nach ihrem Abschluss arbeitete sie an der Hochschule für Musik und Theater „Felix Mendelssohn Bartholdy" Leipzig und begann mit ihrer Dissertation über integrative Musikförderung und der Frage nach Inklusion und Exklusion solcher Projekte von und für Roma/Zigeuner in Deutschland. Sie lebt ausgesprochen gerne mit Mann und Kindern in Leipzig.

MÁRCIO VILAR

Jahrgang 1978, studierte Sozialwissenschaften mit dem Schwerpunkt soziokultureller Anthropologie an der Föderativen Universität Paraíba (BA) und an der Föderativen Universität Rio de Janeiro (MA). Im Zuge seines Promotionsvorhabens am Institut für Ethnologie der Universität Leipzig und als Mitglied in der Klasse „Kultureller Austausch" der Research Academy Leipzig (RAL) begann er im Oktober 2007 seine Forschungen über Tod und Trauerarbeit bei den Calon-Zigeunern im Nordosten Brasiliens. Im Verlauf wurden die Themen Emotion und Segmentarität für das Verstehen der Bestattungsbräuche der Calen wesentlich.

CLARA WIECK

Jahrgang 1982, studierte Ethnologie, Indologie und Medien- und Kommunikationswissenschaften an der Eberhard-Karls Universität Tübingen und der Universität Leipzig. Mobile Lebensformen und der ethnographische Film bildeten die Interessenschwerpunkte ihres Studiums. Zurzeit ist sie als wissenschaftliche Hilfskraft am Institut für Ethnologie der Universität Leipzig beschäftigt.

Verzeichnis der Abschlussarbeiten zu Roma/Zigeuner-Kulturen zwischen 2000 & 2010

AGUSTINA CARRIZO
Roma/Zigeunergruppen in Buenos Aires. Los otros hijos de la Pachamama
(Magisterarbeit Universität Leipzig, Ethnologie 2010)

Die 12-Millionen-Einwohner-Stadt Buenos Aires beherbergt 70.000 *Gitanos*, die sich mindestens in fünf unterschiedliche *Natii* klassifizieren: Die *Romanes* sprechenden Rom Kalderascha, Lovara und Xoraxane, die Rumänisch sprechenden Ludar und die Kale. In der Geschichte Argentiniens wurden die *Gitanos* in Buenos Aires, wie andere europäische Immigranten, mit wechselnder Ausländerpolitik und argentinischen Vorstellungen von nationaler Identität konfrontiert. Dennoch blieben sie, wie die indigenen Bevölkerung, von den offiziellen Diskursen ausgeschlossen, und sie distanzierten sich selbst von den *Criollos*, den Nachfahren der europäischen Einwanderer. Noch heute gehören die *Gitanos* zu den „fremden" Gemeinschaften in Buenos Aires. Zugleich aber unterscheiden sie sich von anderen Gruppierungen, indem sie für die *Criollos* „unsichtbar" bleiben. Einerseits beziehen die *Gitanos* in Buenos Aires einen anderen Status in der nationalen Gesellschaft als die europäischen Roma/Zigeuner. Sie sind *in* der Minderheit. Andererseits nehmen einige *Gitanos* in Buenos Aires aktiv an den neuen internationalen „Identitätsprojekten" der Roma und Pfingstler teil. In Argentinien wie in Europa werden mit der Entwicklung von ethno-politischen Strategien neue Grenzen sowie Übergänge zwischen den *Gitanos* und ihrer sozialen Umwelt geschaffen. In diesem Sinn kann das Verlangen einiger lateinamerikanischer Aktivisten nach der Anerkennung der *Gitanos* als indigene Gemeinschaften, als *Hijos de la Pachamama*, in Richtung Verbesserung ihrer Nischen innerhalb der modernen und postmodernen Gesellschaften interpretiert werden. Die Adaptation-in-Widerstand (Stern 1990) ist schon immer eine allgemein verbreitete Überlebensstrategie unter den Roma/Zigeunern gewesen.

Der Beitrag „The other children of Abraham: Iglesia Evangelica Misionera Biblica Rom of Buenos Aires" als Ausschnitt der Magisterarbeit erhielt den „Marian Madison Gypsy Lore Society Young Scholar's Prize" in Romani Studies 2010.

JENS BENGELSTORF

Die „anderen Zigeuner": Zur Ethnizität der Rudari und Bajeschi in Südosteuropa
(Magisterarbeit Universität Leipzig, Ethnologie 2007)

In den letzten Jahren rückten zahlreiche Minderheiten in den Fokus der Romani-Studies
bzw. Tsiganologie, welche nicht eindeutig den Gemeinschaften der Roma zugeordnet
werden können. Eine solche Minderheit stellen die Gruppen der Rudari und Bajeschi
dar, welche in den Ländern Südosteuropas beheimatet sind und heute auch Diasporagemeinden in anderen europäischen und amerikanischen Ländern vorweisen können.

In der Magisterarbeit behandelt der Autor eine zentrale Fragestellung der Romani-
Studies bzw. Tsiganologie: Sind alle Zigeuner Roma oder müssen wir das Bild der Roma
als einer ethnischen Gemeinschaft erweitern und andere Komponenten mit in den Diskurs einbeziehen?

Die Rudari und Bajeschi teilen zwar die soziokulturelle Stellung der Roma im südosteuropäischen Raum, jedoch teilen Sie weder deren Sprache, noch würden Sie sich
ohne Weiteres selber als Roma bezeichnen. Ein möglicher Diskurs, der zumeist von den
Rudari und Bajeschi selbst geführt wird, ist der ihrer eigenen Abstammung von den alten
Rumänen, den „Dakoromanen", aufgrund der Tatsache, dass sie nur rumänisch sprechen.
Auf der anderen Seite werden sie aber von der bäuerlichen Bevölkerung sehr wohl als
„țigani" bezeichnet und betrachten sich selbst auch als eine abgegrenzte und isolierte
Bevölkerungsgruppe.

Die Magisterarbeit versucht die Gründe für die Frage nach der ethnischen Identität
der Rudari herauszuarbeiten. Sie beschreibt in Ihrem theoretischen Teil, welche unterschiedlichen Konzepte den Begriffen „Zigeuner" und „Roma" zugrunde liegen. In der
Folge beschreibt der Autor die Geschichte der Forschung zu Rudari und Bajeschi und
führt uns in drei verschiedene Feldforschungsregionen, in denen diese Bevölkerung
wohnt: die südrumänische Tiefebene (Walachei), der Karpatenbogen bzw. das Kar-
patenvorland sowie die als multiethnisch bekannte Vojvodina. Im Abschluss arbeitet
der Autor heraus, welche Kriterien für die Zuordnung der Rudari und Bajeschi zu den
Zigeunern/Roma verantwortlich sind und welche Eigenschaften sie mit den Rumänen
gemeinsam haben. Diese Ergebnisse verbinden sich zu einem Theorieentwurf über die
nicht-ethnisch-zentrierten Merkmale zigeunerischen Lebensstils.

Erschienen als:
Die „anderen Zigeuner" – Zur Ethnizität der Rudari und Bajeschi in Südosteuropa,
Leipzig: Eudora-Verlag 2009.

JULIA GLEI
„Eine Katze hat neun Leben, und das Weib sieben Häute wie die Zwiebel."
Weibliche Lebenswelten in Shutka/Skopje
(Magisterarbeit Universität Leipzig, Ethnologie 2009)

Südosteuropa ist ein Raum mit vielen sprachlichen und religiösen Überlagerungen. So zeigen auch die verschiedenen Bewohner Shutkas in dieser Hinsicht eine Variantenvielfalt, deren Darstellung sich unbedingt lohnt. Genauso vielschichtig wie die Region, die Geschichte Shutkas und deren Bewohner, waren auch meine Eindrücke und Erlebnisse, die in der Magisterarbeit „ethnopoetisch" aufgearbeitet wurden. Ich hatte mir vorgenommen, knapp vier Wochen intensiv in der Familie zu leben und vor allem der Welt der jungen Frauen besondere Aufmerksamkeit zu schenken. Glücklicherweise ergab es sich schnell, dass mich meine Gastschwestern auf jeden Weg, den sie gingen und zu jedem Besuch, den sie tätigten, mitnahmen. So konnte ich Einblick gewinnen in eine Welt, die von Gegensätzen, Überraschungen und eben auch viel „Weiberkram" belebt wurde.

OLAF GÜNTHER
Die *dorboz* im Ferghanatal. Erkundungen im Alltag und der Geschichte
einer Gauklerkultur
(Dissertation, Humboldt-Universität zu Berlin, Zentralasienwissenschaften 2006)

In der Dissertation zur Geschichte und Gegenwart der *dorboz*, einer Gauklerkultur Mittelasiens, ist der Gedanke der Sammlung zentral. Sie ist das Ergebnis einer Kritik an der herkömmlichen akademischen Wissensverbreitung. Es erschöpft sich nicht in der Präsentation von Interpretationen durch die alleinstehenden Gedanken eines Wissenschaftlers. Vielmehr wird durch die Trennung der einzelnen Teile der Arbeit (Bibliothek, Feldforschungsnotizen und Metatext) der Leser zum wandelnden Lesen und letztlich zur hermeneutischen Eigeninitiative aufgefordert. Zur Verfügung stehen ihm der Weg in die Bibliothek – Auszüge aus historischen Texten, die zu Gauklern Stellung nehmen, Interviews und Feldforschungsnotizen sowie das Kabinett der Schatullen, wenn er im Leben und der Kultur der *dorboz* herumstöbern will. Alle Einzelteile sind dabei durch die Leerstelle verbunden, an der die Denkinitiative des Lesers beginnen kann.

Erschienen als:
Die *dorboz* im Ferghanatal. Erkundungen im Alltag und der Geschichte einer Gauklerkultur. Frankfurt a. M.: Peter Lang 2008.

JANINA HECKL

Die „Langues Tsiganes" in Frankreich und ihr Einfluss auf das Französische
(Examensarbeit Universität Leipzig, Romanistik 2007)

Die Arbeit widmet sich dem Vorkommen von Zigeunerwörtern in der französischen
Sprache. Es wird gezeigt, dass, und in welchen Bereichen, ein Einfluss dieser Lexik be-
deutsam ist. Die Arbeit ist interdisziplinär angelegt, indem sie theoretische Standpunkte
aus der Linguistik, der Soziologie und der Ethnologie miteinander verknüpft und For-
schungskontroversen aus verschiedenen Blickwinkeln darstellt, um einem für den Forschungsgegenstand adäquaten theoretische Rahmen zu gestalten. Die eigentliche Untersuchung basiert auf einem Korpus von etwa 90 ausgewählten Lexemen, die mithilfe
elektronischer Medien in verschiedenen Kontexten lokalisiert werden. Die Ergebnisse
geben Auskunft über die Nachhaltigkeit des Spracheinflusses. Die Betrachtung des Kontextes und die Einordnung der Lexeme in semantische Gruppen geben darüber hinaus
Aufschluss über das sprachliche Milieu, in dem der Sprachkontakt stattfindet und lassen
auch Rückschlüsse auf den sozialen Kontext der Sprecher zu.

MICHAEL HÖNICKE

Eine Odyssee der Zuflucht – Zur Topologie von Zigeunergruppen in Leipzig 1991–1993
(Magisterarbeit Universität Leipzig, Ethnologie 2009)

Das Ziel meiner Magisterarbeit war es, die komplexen Bedingungsgefüge von bundes-
politischer, regionaler und lokaler Administration als spezifisches gouvernementales Dis-
positiv zu beschreiben. Dabei wurden verschiedene Diskursebenen in Beziehung gesetzt
oder kontrastiert, um aufzuzeigen, wie die Steuerungselemente moderner Regierung auf
die Bedingungen und Auswirkungen der zeitgenössischen Migrationsbewegungen praktisch anwendbar sind und wie die Grenzen dieser Kontrollmechanismen nutzbar gemacht
werden können durch die Erschließung von Handlungsmöglichkeiten in dieser liminalen
Krise. Diese Migrationsstrategien wurden vor allem anhand der zeitweiligen Unterbringung von rumänischen und aus dem ehemaligen Jugoslawien stammenden Zigeunern in
Leipziger Lagern rekonstruiert. Der Regulation von Sicherheit und urbaner Zirkulation
durch die Behörden konnten die Mittel der Selbstsorge bei Migranten gegenübergestellt
werden. Dabei kamen Differenzen zwischen der politischen Repräsentationsebene, Mi-
grationsbewältigungsstrategien einzelner Akteure und der Normalisierungsmacht zum
Vorschein.

FABIAN JACOBS
Porträt einer Hutzigeunerfamilie in Neumarkt/Rumänien
(Magisterarbeit Universität Leipzig, Ethnologie 2003)

In einem einführenden Abriss über die Zigeuner in der Geschichte Siebenbürgens wird
der gesellschaftshistorische Hintergrund der heutigen ethnischen Verhältnisse bearbei-
tet. Die ethnische Heterogenität, die sich auch in der Binnendifferenzierung unter den
Zigeunergruppen Rumäniens zeigt, versuche ich anhand historischer Quellen mit der
Jahrhunderte langen Rolle Siebenbürgens als Grenzland zwischen Osmanen und Habs-
burgern zu belegen. Im folgenden Teil findet eine Fokussierung auf die regionale Ebene
Neumarkt (rumänisch Tîrgu Mureş, ungarisch Marosvásárhely) statt. Durch eine sozial-
statistische Analyse wird die ethnische Zergliederung der Gesamtgesellschaft am spezi-
fischen Forschungsfeld verifiziert. Neben Rumänen und Ungarn kristallisieren sich die
Gabor/Hutzigeuner (beides Eigenbezeichnungen der Gruppe) als eine von neun Zigeunergruppen Neumarkts mit einem ihnen eigenen Kulturentwurf heraus. In der zweiten
Fokussierung auf die Gruppenebene wird dieses Kulturprofil anhand der inter- und in-
nerethnischen Abgrenzungsverhältnisse der Gabor gezeichnet, bevor es in einer letzten
Fokussierung zur Porträtierung einer ausgewählten Familie kommt. Sowohl die Ein-
passung der Familie in die Gesamtkultur der ethnischen Gruppe als auch die familien-
spezifische Umsetzung der inner- und interethnischen Abgrenzungsstrategien werden
diskutiert und mit Zitaten der Familienmitglieder belegt. Dabei wird das Phänomen
der Konversion der gesamten Familie zum Adventismus im Hinblick auf ihr Verhältnis
zur Gruppe besonders interessant, da sie eine der ersten Bekehrten zum inzwischen als
dominante Denomination proklamierten Adventismus waren. Es werden konversions-
bedingte Veränderungen in Habitus, Weltbild und Praktiken wie etwa die Abkehr von
Schweinefleisch, Alkohol, Tanz und Magie hinterfragt, die Umstrukturierungen der internen Gruppenorganisation und ihrer Familien zur Folge haben, aber auch – wie im Fall
des Endogamiegebots – an ihre Grenzen stoßen.

FABIAN JACOBS
Bodenvage Netzwerker. Horizontale und vertikale Mobilität am Beispiel der Gabor in
Siebenbürgen (Dissertation Universität Leipzig, Ethnologie 2010)

Wechselwirkungen horizontal-räumlicher und vertikal-sozialer Mobilität bei Roma/Zi-
geunern namens Gabor in ihrer historisch gewachsenen Umweltbeziehung in Siebenbür-
gen/Rumänien führen den Autor zu ihrer Konzeptualisierung als bodenvage Netzwerker.

Die Gabor sind demnach Träger einer Kulturform, die aufgrund ihrer ökonomischen Abhängigkeit von der sozialen Umwelt eine hybride Verknüpfung von Mobilität und Sesshaftigkeit traditionell verinnerlicht haben. Im Gegensatz zu bodensteten Kulturformen, die sich eher aus der Bindung an eine Scholle, also einem tendenziell verwurzelten Leben von der natürlichen Umwelt ableiten, wird diese lange Zeit wissenschaftlich marginalisierte Kulturform als bodenvag bezeichnet. Demnach sind die Gabor in erster Linie Akteure, die sich im Sinne Siegfried Schmidts in der prozessualen Verstricktheit in Geschichten und Diskursen in interaktivem, gemeinschaftlichem Handeln über horizontale und vertikale Mobilitätsoptionen hinweg permanent neu vernetzen. Im Hinblick auf die stete, sozioökonomische Nischenbesetzung zwischen ruralem und urbanem Kontext als eine Minderheit mit hoher innerer Beziehungsdichte und mit der bleibenden Souveränität einer tendenziell kontrastierenden Kultur zwischen oraler Tradition und Schrifttum beschreibt Jacobs eine kontinuierliche Geschichte der Gabor als bodenvage Netzwerker.

ANNE LOSEMANN

„Beobachten, wie wir beobachten". Zigeuner im Spiegel der deutschen Presse
(Magisterarbeit Universität Leipzig, Ethnologie 2003)

Ziel dieser Arbeit ist es, zum einen Aussagen über medial vermittelte „Zigeunerbilder" zu treffen und darzustellen, wie diese Bilder durch die Arbeit der Presse geprägt werden, zum anderen die Indienstnahme der Presse, beispielsweise durch gezielte Öffentlichkeitsarbeit der Interessengruppen, nachzuzeichnen. Die Aussagen werden mittels einer Inhalts- und Diskursanalyse von 466 Presseartikeln aus der Lokalpresse Mitteldeutschlands zwischen 1991 und 2002 erschlossen. Die in öffentlichen und wissenschaftlichen Diskursen vertretenen Positionen werden aufgespürt, gegenübergestellt sowie nach möglichen Ursachen für ihr Zustandekommen gesucht. Dabei wird herausgearbeitet, dass bei den zu beobachtenden Diskursen zwischen der Reproduktion von Mehrheitsvorstellungen und gezielter Öffentlichkeitsarbeit der Interessenvertreter, also Indienstnahme der Presse, zu unterscheiden ist.

Es wird deutlich, dass die Fronten sowohl zwischen den Konfliktparteien in der Kontroverse über eine adäquate Darstellung der Minderheit in der deutschen Presse als auch innerhalb der Forschung verhärtet sind. Durch die Kombination kommunikationswissenschaftlicher und ethnologischer Herangehens- und Denkweisen wird der Konflikt zwischen dem „Zentralrat deutscher Sinti und Roma" und dem „Deutschen Presserat" als Symptom beschrieben, der die Kommunikationsbeziehung zwischen Mehrheit und Minderheit in Deutschland kennzeichnet: eine Kommunikationsbeziehung, die sich im medialen Diskurs der Gesamtgesellschaft widerspiegelt.

TOBIAS MARX

Das Verhältnis zwischen „offener" und „geschlossener" Gesellschaft – Am Beispiel des „Open Society Institute" (OSI) und dessen Projekt „Decade of Roma Inclusion 2005–2015" (Magisterarbeit Universität Leipzig, Ethnologie 2007)

In seiner Magisterarbeit stellt Marx diese beiden Gesellschaftsmodelle vor. Anhand von Karl Poppers und Henri Bergsons Gesellschaftsmodellentwürfen bzw. Entwürfen der Ethikmodelle dieser Gesellschaftsformen, werden deren Inhalte einzeln diskutiert und ihre „gedanklichen Väter", Popper und Bergson, biographisch vorgestellt.

Im Zusammenhang mit der Bestrebung des OSI, die größte Minderheit des ost- und südosteuropäischen Raumes, „die Roma" zu inklusionieren, wird die „Decade of Roma Inclusion 2005–2015" inhaltlich und programmspezifisch analysiert. Den Begründer, Hauptfinanzier des OSI und Schüler Karl Poppers, George Soros, stellt der Autor ebenso biographisch vor als auch seine im OSI verarbeite Integrationsideologie.

Anhand von einigen Monographien über Roma/Zigeuner-Gemeinschaften auf dem Gebiet Ungarns und Rumäniens versucht Marx herauszustellen, welchem der Gesellschaftsmodelle in diesen Fällen die untersuchten Roma/Zigeuner-Gemeinschaften entsprechen.

Zusammenfassend werden einige Schwächen der Integrationsmaßnahme des OSI und der Gesellschaftsmodelle in Beziehung gesetzt. Erfolge bisheriger Integrationsmaßnahmen bleiben oft hinter den von ihnen hervorgerufenen Erwartungen zurück. Die Arbeit versucht so mögliche Gründe für diese nur mäßigen Erfolge zu finden.

MARIA MELMS

Hochzeiten in Shutka – performative Tendenzen in Zigeunerkulturen (Magisterarbeit Universität Leipzig, Ethnologie 2009)

Die alte Bahnhofsuhr in Skopje manifestiert noch heute die Geburtsstunde Šutkas. Das große Erdbeben von 1963 mit seiner enormen Zerstörungskraft ließ nicht nur die Uhr, sondern die ganze Bevölkerung erstarren und war dennoch gleichzeitig ein fruchtbarer Ausgangspunkt für die Geburt dieser Gemeinde. In Šuto Orizari oder kurz Šutka leben Roma, Ashkali, Ägypter, Albaner, Mazedonier, Bosniaken, Türken und Serben in einer prekären Harmonie, deren Bewahrung eine tägliche Herausforderung ist.

In dieser Arbeit habe ich mir die Frage gestellt, warum das Hochzeitsfest, welches in der Hochsaison (Juli/August) auf den Straßen Šutkas bis zu fünf Mal täglich zu sehen und lautstark zu hören ist, einen derartigen Ereignischarakter hat. Ich schreibe in dieser Arbeit über ein Thema, das sich als zentral im Leben der Bewohner Šutkas und deren

Angehörigen herausstellt und erörtere in diesem Zusammenhang, in welchem Umfang man dieses performative Ritual als gemeinschaftsstiftend betrachten kann. Inwieweit das Hochzeitsfest als Ritualhandlung in dieser komplexen Gesellschaft soziale Beziehungen stabilisieren oder solidarisieren kann, wird näher beschrieben.

Im Fokus des ersten Teils meiner Arbeit steht die Darstellung des Themas Hochzeit innerhalb der ethnologischen Forschung. Anschließend erfolgt die Darstellung des empirischen Feldes als erster Einblick und grober Überblick über die Bewohner Šutkas und Šutka selbst sowie der Einbettung in die Mehrheitsgesellschaft. Das Hauptkapitel basiert primär auf der Auswertung und Bearbeitung meines empirischen Materials. In diesem Zusammenhang erfolgt eine Einbettung des Themas Hochzeit innerhalb der Tsiganologie. Hauptuntersuchungsfelder sind: die Eröffnung der Hochzeitszeremonie in ritualisierten Tanzkreisformationen, die Hochzeitsprozessionen auf den Straßen Šutkas sowie die Rolle der Musiker und des Kameramannes. Anhand der Beschreibung eines Fallbeispiels im letzten Kapitel, genauer gesagt anhand der Darstellung einer äußerst verkürzten und „unüblichen" Hochzeit, werden die idealtypischen Hochzeitszeremonien kontrastiert und besondere Elemente wie zum Beispiel die Fluchtheirat mit einbezogen.

JANINE METELMANN
„Virtuelle Ethnizität" am Beispiel von Zigeuneraktivisten
(Magisterarbeit Universität Leipzig, Ethnologie 2005)

Nur zögerlich wird das Internet von Ethnologen als neues „Feld" (an-)erkannt. Dies ist bedauerlich, denn für marginalisierte Gruppen bzw. Minderheiten erweist sich das Internet als zunehmend zugängliches und effektives Instrument zur Durchsetzung konkreter politischer, sozialer, religiöser oder auch wirtschaftlicher Ziele. Die Forderung nach informationeller Selbstbestimmung, nach eigener Verantwortlichkeit im Hinblick auf Darstellung und Präsentation der eigenen Gruppe wird immer lauter. Die Frage nach den Verantwortlichen, den Produzenten der Bilder, die über eine Gruppe konstruiert werden, bleibt weiterhin bestehen. Waren es zuvor Außenstehende, so handelt es sich nun um ausgewählte Mitglieder der eigenen Gruppe, um eine Elite, die mit bestimmten Mitteln und Strategien sich selbst dazu autorisiert, die Gruppe im Gesamten nach Außen darzustellen und zu vertreten. Es gilt, diese konkreten Strategien aufzudecken. Es muss geklärt werden, wie der Anspruch dieser Eliten auf Vertretung und Repräsentation für die ganze Gemeinschaft legitimiert und gerechtfertigt wird. Im Hinblick auf die theoretischen Überlegungen zur „Virtuellen Ethnizität" des Soziologen Nils Zurawskis wird gezeigt, wie Ethnizität im Internet konstruiert wird.

In dieser Arbeit wird konkret dargestellt, wie sich Zigeuner das Internet als Instrument der Mehrheitsgesellschaft kulturspezifisch zu Eigen machen und für ihre Zwecke (be-)nutzen. Es wird gezeigt, auf welche Art und Weise zwei verschiedene und oppositionelle Organisationen, die *Sinti Allianz Deutschland* (www.sintiallianz-deutschland.de) und der *Zentralrat deutscher Sinti und Roma* (http://zentralrat.sintiundroma.de), sich auf ihrer eigenen Homepage präsentieren. Es werden die Strategien aufgedeckt, mit deren Hilfe der Vertretungsanspruch auf den Homepages gerechtfertigt wird.

Das Internet stellt hier lediglich eine neue Art und Form der Darstellung dar und existiert neben anderen Formen der Präsentation. Veranschaulicht werden soll, dass die Organisation, die sich auf einer Homepage präsentiert, real existiert und die Homepage als Mittel benutzt, sich darzustellen. Ebenfalls entstehen keine neuen, von der Realität losgelöste Gemeinschaften, Selbstsicht und Ziele der jeweiligen Organisation werden lediglich von der realen in die virtuelle Welt transferiert.

ESTHER NIEFT
Všade dobre, doma najlepšie? Überall schön, zu Hause am besten?
(Diplomarbeit Universität Leipzig, Geographie 2010)

Die Diplomarbeit stellt eine Mikrostudie dar, die auf Feldforschung in einer in der Zips/ Slowakei gelegenen Zigeuner- resp. Romasiedlung (osada (Sg.)/ osady (Pl.)) basiert. Sie berichtet, was die Bewohner_innen der *osada* ihren eigenen Aussagen nach bewegt hat, in diese segregierte und infrastrukturell minder ausgestattete Siedlung zu ziehen und was sie veranlasst, in ihr wohnen zu bleiben. Ebenso setzt sie sich damit auseinander, wie die Bewohner_innen die *osada* als Wohnort überhaupt bewerten. Aus den Feldforschungsdaten haben sich vier Themenbereiche ergeben, die den Hauptteil der Diplomarbeit darstellen: Erstens werden die Gründe für den Zuzug bzw. das Bleiben skizziert, zweitens die allgemeinen Einschätzungen zu der bewohnten *osada* dargelegt, drittens die Bewertungen der materiellen Wohnsituation gespiegelt und viertens die interne Segmentierung der Siedlung aufgezeigt. Die aus den Daten gewonnenen Erkenntnisse werden anschließend hinsichtlich möglicher Entwicklungspfade diskutiert.

Die Erstellung der Diplomarbeit führte zu der Einsicht, mehr über die Praxis von Wissenschaft erfahren zu haben als über das, was die Bewohner_innen denken. So berichtet sie vom Ringen um verwertbare Ergebnisse und reflektiert über Vermögen wie Unvermögen angewendeter Methoden qualitativer Sozialforschung, insbesondere der Feldforschung in Form ero-epischer Interviews. Schließlich werden auch die alltägliche wie analytische Konfiguration der Bewohner_innen der *osady* – den Roma/Romnija resp.

Zigeuner_innen – diskutiert, wie auch die Darlegung der derzeitigen, den spezifischen soziokulturellen Charakters der *osady* erläutern sollenden, deskriptiven Konzepte – das Konzept der ‚Enklaven traditioneller Gesellschaft(en)' und das Konzept der ‚Kultur der Armut'. Alles Kategorisierungen, die bei dem Versuch des Fassens eher entgleiten zu scheinen, als ein vertretbares Bild der lokalen Situation zu generieren.

Die Arbeit wurde 2010 mit dem 1. Preis der Geographischen Gesellschaft zu Leipzig e. V. ausgezeichnet.

MARIA PAPAPAVLOU
Der Flamenco als Präsentation von Differenz. Gitanos und Mehrheitsbevölkerung Westandalusiens in ethnologischer Perspektive
(Dissertation Universität Leipzig, Ethnologie 2000)

Die Zigeunerforschung hat bisher die andalusischen Gitanos in ihrem abgetrennten Milieu beschrieben, wobei die soziokulturelle Interaktion mit der Mehrheitsbevölkerung wenig diskutiert worden ist. Von Seiten der Flamencoforschung überwog die Tendenz, den Flamenco als Bestandteil entweder der andalusischen oder der Zigeunerkultur zu betrachten. Diese Arbeit macht einen neuen Interpretationsvorschlag. Der Flamenco soll nicht als ein allgemeingültiges Kulturmerkmal, weder der andalusischen noch der zigeunerischen Kultur erklärt werden, sondern als ein Weg, den die Einheimischen gewählt haben, um kulturelle Unterschiede zu präsentieren. Der Flamenco bietet eine Bühne, worauf die Akteure ihre Unterschiede darstellen können. Diese ethnologisch orientierte Arbeit, die auf langjähriger sowohl theoretischer als auch empirischer Feldforschung basiert, konnte zeigen, dass der Flamenco ein hervorragendes Differenzierungsmittel zwischen den Gitanos und der Mehrheitsbevölkerung in Jerez de la Frontera ist. Es wird insbesondere dann benutzt und betont, wenn andere Unterschiede nicht ausreichen, die soziale Person der Gitanos zu präsentieren oder zu bewahren. Der Flamenco stellt eine ideale Bühne dar, um Unterschiede zu inszenieren, aufzuführen oder zu betonen.

Erschienen als:
Der Flamenco als Präsentation von Differenz. Gitanos und Mehrheitsbevölkerung Westandalusiens in ethnologischer Perspektive, Göttingen: Cuvillier Verlag 2000.

JULIA PFEIFER
Gypsies in British English Literature
(Magisterarbeit Universität Leipzig, Anglistik 2008)

Ziel der Magisterarbeit ist die Analyse des Zigeunerbildes vor allem in bekannten Texten der englischen Literatur in unterschiedlichen Jahrhunderten. Dabei wird im ersten
Teil der Arbeit auf die ethnologische Literatur über Zigeuner auf den Britischen Inseln,
deren Geschichte, die Unterscheidung zwischen englischen und walisischen Gypsies, den
schottischen und irischen Travellers sowie auf deren Abgrenzung zu Travellers, Tinkers
und New Age Travellers detailliert eingegangen. Der zweite Teil vertieft den Blick auf
britisch-englische Zigeuner und ihre Kultur anhand von ethnographischer Literatur, um
im dritten Teil durch die Literaturanalyse drei Sichtweisen auf Zigeuner in der britischen
Literatur herauszufiltern. Die ersten beiden sind – wie erwartet – die stereotypische
Darstellung vom „exotischen Zigeuner", der durch seine unstete Lebensweise entweder
als Bedrohung der englischen Gesellschaft gesehen oder als romantische Illusion eines
freien Lebens gezeichnet wird. Nur im Rahmen des fantastischen Genre kommt es zu
einer positiv interessierten und gebildeten Sichtweise über Gypsies.

JOHANNES RIES
Über die kulturelle Souveränität siebenbürgischer Zigeuner und den Einfluß
der Pfingstmission
(Dissertation Universität Leipzig, Ethnologie 2006)

Am Beispiel eines siebenbürgischen Dorfes untersucht die Dissertation von Johannes
Ries die Interaktion zwischen zwei verschiedenen Roma/Zigeunergruppen und Nicht-
Roma/Zigeunern sowie die Dynamiken, welche die Pfingstmission in den Kulturen der
Roma/Zigeuner entfaltet.

Träbeş ist ein siebenbürgisches Dorf, in dem neben Rumänen zwei verschiedene
Roma/Zigeunergruppen leben: Corturari und Ţigani. Erstere grenzen sich als Dienst-
leistungsnomaden und Kupferschmiede selbstbewusst von allen anderen ethnischen
Gruppen ab. Letztere wollen sich als verarmte Tagelöhner kulturell an die rumänische
Mehrheitsbevölkerung anpassen, werden von dieser jedoch systematisch ausgegrenzt.
Eine ebenfalls in Träbeş beheimatete Gemeinde von Pfingstchristen versucht in offensi-
ver Mission, Roma/Zigeuner zu einer neuen, fundamental christlichen Lebensführung
zu bekehren. Sie stellt den Diskursen der beiden Roma/Zigeunergruppen eine völlig konträr gelagerte Sinnwelt entgegen.

Anhand dieses komplexen Feldes beleuchtet die Studie verschiedene Facetten der diskursiven und praktischen Beziehungen zwischen Roma/Zigeunern und Nicht-Roma/Zigeunern. Sie untersucht detailliert die interaktive Aushandlung von ethnischer Identität und interpretiert ausführlich die ethnokulturellen, ökonomischen, sozialen und religiösen Dimensionen des diskursiven Spannungsfeldes zwischen Roma/Zigeunerwelten und Pfingstchristentum. Dadurch wird erklärbar, warum sich in Träbeş die Corturari allen Missionsbemühungen verschließen, jedoch immer mehr Ţigani zum Pfingstchristentum konvertieren.

Die Studie, die auf längeren Feldforschungsaufenthalten von Johannes Ries vor Ort basiert, ist ein Plädoyer für eine neue theoretische Herangehensweise an die Kulturen der Roma/Zigeuner. Sie macht klar: *die* Roma/Zigeunerkultur gibt es nicht, nur verschiedene Kulturhorizonte: Welten, zwischen denen Menschen hin und her wandern.

Erschienen als:
Welten Wanderer: Über die kulturelle Souveränität siebenbürgischer Zigeuner und den Einfluß des Pfingstchristentums, Würzburg: Ergon 2007.

JÖRN SIEVERS
Die Rumänienexpedition von Plischke und Block während des I. Weltkriegs
(Magisterarbeit Universität Leipzig, Ethnologie 2005)

Die Arbeit unternimmt den Versuch, eine nahezu in Vergessenheit geratene Expedition zweier Leipziger Ethnologen zu rekonstruieren, die in den Jahren 1917/18 im Auftrag des Forschungsinstituts für Völkerkunde im rumänischen Okkupationsgebiet durchgeführt wurde. Die deutschen Kolonien schienen auf absehbare Zeit als Forschungsfelder verloren, zurückgeworfen auf die Gebiete verbündeter Länder und besetzter Regionen entschlossen sich Leipziger Völkerkundler zu einer Expedition in ein Gebiet, das durch die deutsche Besatzung zugänglich geworden war und als exotisch genug gelten durfte, um als Betätigungsfeld in Frage zu kommen. Hans Plischke, ein frisch promovierter Wissenschaftler, und Martin Block, zu dieser Zeit noch Student, waren mit Ausbruch des Krieges beide zum Militärdienst eingezogen worden und führten auch diese Forschungsreise als Soldaten der deutschen Armee durch, indem sie sich auf Betreiben ihres Professors und Förderers Karl Weule in die rumänische Etappe versetzen ließen – ein Umstand, der die gesamte Expedition in besonderer Weise prägte und mit dem jähen Ende des Krieges auch zu einem überstürzten Abbruch der Arbeiten führte. Die Forscher, die sich beide die ersten Meriten im Felde verdienten, hatten im Verlauf dieser Feldforschung ihre ersten intensiven Begegnungen mit den Zigeunern des Balkanraums. Für den einen blieb es eine Episode, für den anderen eine prägende Erfahrung, die ihn zeitlebens begleitete. Auf der Grundlage der überlieferten Akten und illustriert durch Fotos dieser Reise, welche sich im Bestand des Instituts für Ethnologie befinden, wird das Zustandekommen dieser Expedition, ihr zum Teil chaotischer Verlauf und das unglückliche, weil mit dem Verlust eines großen Teils der zusammengetragenen Sammlung verbundene Ende dargestellt.

VERENA SPILKER
Madjari-Zigeuner in Transkarpatien – Das Beispiel Szernye
(Magisterarbeit Universität Leipzig, Ethnologie 2008)

Die Arbeit wurde mit einem queer-theoretischen Ansatz geschrieben, der davon ausgeht, dass Kategorien nicht aus sich selbst heraus existent sind, sondern erst durch Sprache geschaffen und dann durch die wiederholte Anwendung materialisiert werden (vgl. Butler). In dieser dekonstruktivistischen Herangehensweise werden Kategorien wie Geschlecht und Rasse als gesellschaftliche Konstrukte betrachtet, die nicht inhärent und somit in Frage zu stellen sind. Unter dieser Prämisse wurde eine ethnographische Forschung betrieben, die Bilder der Mehrheitsgesellschaft, der der Minderheit, in diesem Fall einer Gruppe Ungarisch sprechender Roma/Zigeuner_innen in Transkarpatien, Ukraine, gegenüberstellt.

ANDREA STEINKE
„Shutka – Stadt der Roma". Magischer Realismus auf dem Balkan oder Zigeunerstereotype? Der Streit um einen Dokumentarfilm
(Magisterarbeit Universität Leipzig, Ethnologie 2009)

Der Film „Shutka – Stadt der Roma" von Aleksandar Manic und die dadurch ausgelösten Diskussionen werden sowohl unter dokumentarfilm-ästhetischen als auch unter ethnologischen Gesichtspunkten beleuchtet, wobei Kategorien der Visuellen Anthropologie, der soziologische Stereotypenforschung und der ethnologischen Phänomenologie benutzt werden. Anhand von in Shutka geführten Interviews geht die Arbeit Fragen der filmischen Repräsentation von Minderheiten und performativer Kultur nach. Auch die Motivation und die Intention des Regisseurs wurde durch Interviews mit selbigen bestimmt. Der Streit, ob es sich bei „Shutka – Stadt der Roma" um einen Dokumentarfilm oder um einen Spielfilm handelt und ob sich von diesen beiden Kategorien auf die subjektive Realität von Shutka schließen lässt, findet ebenso Beachtung.

NINA STOFFERS

Als Musiker akzeptiert, als Zigeuner diskriminiert? Zur Sozial- und Kulturgeschichte von Musikern einer Minderheit
(Diplomarbeit Universität Hildesheim, Musik-/Kulturwissenschaft 2006)

Die Arbeit untersucht das Verhältnis von Minderheit und Mehrheit und geht dabei einem Widerspruch nach: Zigeunermusiker haben innerhalb der Mehrheitsgesellschaft seit jeher diverse musikalische Positionen inne, wie zum Beispiel in der Militärmusik, am Hofe, als wandernde Dienstleister, bei Hochzeiten und anderen rituellen Festen. Darüber hinaus haben sie die musikalische Tradition eines Landes wie beispielsweise in der so genannten ungarischen Zigeunermusik, im spanischen Flamenco der Gitanos, im Sinti-Swing und – als eine der jüngsten Entwicklungen – auch in der Disco- und World-Music Szene der Balkanländer und ihrem „Import" nach Westeuropa geprägt. Diese Bedeutung findet jedoch keinen vergleichbaren Niederschlag in der sozialen Stellung ihrer Protagonisten bzw. der ethnischen Gruppe, welcher diese angehören. Im Gegenteil: häufig waren und sind Einzelpersonen, vor allem aber ganz allgemein „die Zigeuner" Opfer von Diskriminierungen, von Vertreibung, Verfolgung und Vernichtung.

Die kritische Literaturanalyse untersucht zeitlich und räumlich, wo sich Belege für Akzeptanz bzw. für Diskriminierung von Zigeunermusikern finden lassen. Diese Belege werden unter bestimmten gesellschaftlichen Aspekten wie beispielsweise Exotik und Mode oder der diskriminierenden Gesetzgebung betrachtet. Dabei lässt sich feststellen, dass die Diskriminierung der Minderheitsgesellschaft durch die Mehrheitsgesellschaft sowohl mit positiven als auch mit negativen Stereotypen und Klischees fortgeführt wird, wobei nicht zwischen der einzelnen Person des Musikers und der ethnischen Gruppe unterschieden wird.

Die positive wie negative Diskriminierung der Minderheit, die trotz der Akzeptanz der Zigeuner als Musiker stattfindet, lässt das Verhältnis zwischen Minderheit und Mehrheit paradox erscheinen.

MARIA ELISABETH THIELE

Trickster, Transvestiten und *Ciganas*: Pombagira und die Erotik in den afrobrasilianischen Religionen
(Dissertation Universität Leipzig, Ethnologie 2005)

Pombagira, deren Kult im Verborgenen stattfindet, ist ein weiblicher Besessenheitsgeist, der in verschiedenen afrobrasilianischen Religionen verehrt, aber gleichzeitig gefürchteten Sphären zugerechnet wird. Sie gilt als Patronin der Sexualität und der Prostitution, aber auch als Teufelin, Herrin des Todes, Hexe und Zigeunerin.

Die Gestalt der Pombagira vereint in sich afrikanische Tricksterelemente sowie eine Mystifizierung des europäischen Zigeuner-Bildes mit Hexenglaube und christlichen Teufelsvorstellungen. Ihre religiösen Riten, die von ausschweifenden Feiern, Alkoholgenuss, ekstatischen Tänzen und Anzüglichkeiten bestimmt werden, können als eine Art Umkehrritual beschrieben werden. Die patriarchalisch-christliche Ordnung der brasilianischen Gesellschaft wird für die Zeit des Ritus auf den Kopf gestellt.

Die Dissertation, die auf Thieles Feldforschungen in Bahia in den Jahren 2001–2003 basiert, stellt den Kult der Pombagira erstmals ausführlich in einer wissenschaftlichen Monographie vor und arbeitet eine Verwobenheit von Religion und Erotik heraus, die außerhalb der abrahamitischen Traditionen oft im Zentrum religiösen Denkens und Handelns steht. Dies ist auch hier der Fall, jedoch in einer Synthese mit christlichen Elementen und mit Termini belegt, die immer wieder auf die Vorstellung von Sünde verweisen.

Darüber hinaus rekonstruiert die Autorin die Geschichte und Mystifizierung der Zigeuner in Brasilien bis hin zu den Zigeunergeistern im afrobrasilianischen Volksglauben, um die Entwicklung einer Figur wie die der Pombagira Cigana nachzuvollziehen.

Erschienen als:
Trickster, Transvestiten und Ciganas. Pombagira und die Erotik in den afrobrasilianischen Religionen, Leipzig: Universitätsverlag 2006.

CLARA WIECK
Zum Problem der Repräsentation nordwestindischer Nomaden in der ethnologischen Forschung. Vorstudien zu einer Ethnographie der Van Bagria
(Magisterarbeit Universität Leipzig, Ethnologie 2010)

Ihrem Namen nach erstmalig in Quellen der 1980er Jahre aufgeführt, gelten die in den ariden Gebieten Rajasthans und abseits der Dörfer lebenden Van Bagria als eine der letzten traditionellen Wildbeutergemeinschaften Nordwestindiens. Aufgrund ihrer relativen Abgeschiedenheit fügte sich die Gemeinschaft bislang nicht in den indischen Mainstream ein. Jedoch befindet sich die Kultur der Van Bagria in Folge der Verknappung natürlicher Ressourcen gegenwärtig im Wandel. Dabei bildet die Interaktion mit anderen gesellschaftlichen Gruppen die Voraussetzung für neue Wirtschaftsstrategien zur Risikominimierung. Wohl auch aufgrund ihrer relativen Abgeschiedenheit gliederte sich die Gemeinschaft bislang nicht in den indischen Mainstream ein. Jedoch unterliegt die Kultur der Van Bagria insbesondere in Folge der Verknappung natürlicher Ressourcen gegenwärtig großen Wandlungsprozessen. Dabei bildet die Interaktion mit anderen gesellschaftlichen Gruppen die unbedingte Voraussetzung für neue Wirtschaftsstrategien zur Risikominimierung.

Im Rekurs auf meine eigenen Beobachtungen, die ich im Rahmen eines Praktikums bei der indischen Nichtregierungsorganisation „Lokhit Pashu Palak Sansṭhan" gewinnen durfte, diskutiert meine Magisterarbeit die vorhandene Literatur zu den Van Bagria und skizziert ein Bild ihrer Gemeinschaft. Als „Vorstudien zu einer Ethnographie" beschreibt die Arbeit eine kulturelle Momentaufnahme und bemüht sich, die Beziehungen der Van Bagria zu der sie umgebenden sesshaften Gesellschaft aufzuzeigen.